"信毅教材大系"编委会

主　　任	王　乔
副 主 任	邓　辉　王秋石　刘子馨
秘 书 长	陈　曦
副秘书长	王联合
编　　委	许基南　匡小平　胡宇辰　李春根　章卫东
	袁红林　陆长平　汪　洋　罗良清　毛小兵
	邹勇文　蒋悟真　关爱浩　叶卫华　尹忠海
	包礼祥　郑志强　陈始发　陆晓兵
联络秘书	宋朝阳　张步云

信毅教材大系

成本会计学

● 郭小金　主编　　吉伟莉　张绪军　副主编

Cost Accounting

复旦大学出版社

内容提要

　　本书的体例结构和写作风格，充分借鉴和参阅了国内外最新的科研、教学成果和相关文献，针对成本会计学的特点，尽量以图表、案例和数据提炼等形式进行分析说明，增进教材的生动性，注重学生的学习习惯，深入浅出，内容翔实，简明易懂，便于学生自学，富操作性，有利于提高学生对成本会计实务的理解能力和操作能力。

　　本书的主要特色体现在：引导案例增加学生兴趣；学习目标重点突出；逻辑框架明确内容；体系合理、脉络清晰，注重成本核算和分析，避免与管理会计和财务管理中的内容重复；力求创新，密切跟踪企业会计准则、会计制度及其他经济法规的变化；总结思考的目的是引导学生认真归纳、积极思考，做好课后的复习，从而使学生进一步理解所学的内容，扎实地掌握相关知识。

　　本书注重理论联系实践，突出成本会计核算体系，整体设计科学完整、层次分明，可作为普通高等院校财会专业和其他经济管理专业的教材使用。

总 序

世界高等教育的起源可以追溯到1088年意大利建立的博洛尼亚大学,它运用社会化组织成批量培养社会所需要的人才,改变了知识、技能主要在师徒间、个体间传授的教育方式,满足了大家获取知识的需要,史称"博洛尼亚传统"。

19世纪初期,德国的教育家洪堡提出"教学与研究相统一"和"学术自由"的原则,并指出大学的主要职能是追求真理,学术研究在大学应当具有第一位的重要性,即"洪堡理念",强调大学对学术研究人才的培养。

在洪堡理念广为传播和接受之际,德国都柏林天主教大学校长纽曼发表了"大学的理想"的著名演说,旗帜鲜明地指出"从本质上讲,大学是教育的场所","我们不能借口履行大学的使命职责,而把它引向不属于它本身的目标",强调培养人才是大学的唯一职能。纽曼关于"大学的理想"的演说让人们重新审视和思考大学为何而设、为谁而设的问题。

19世纪后期到20世纪初,美国威斯康星大学查尔斯·范海斯校长提出"大学必须为社会发展服务"的办学理念,更加关注大学与社会需求的结合,从而使大学走出了象牙塔。

2011年4月24日,胡锦涛总书记在清华大学百年校庆庆典上,指出高等教育是优秀文化传承的重要载体和思想文化创新的重要源泉,强调要充分发挥大学文化育人和文化传承创新的职能。

总而言之,随着社会的进步与变革,高等教育不断发展,大学的功能不断扩展,但始终都在围绕着人才培养这一大学的根本使命,致力于不断提高人才培养的质量和水平。

对大学而言,优秀人才的培养,离不开一些必要的物质条件保障,但更重要的是高效的执行体系。高效的执行体系应该体现在三个方面:一是科学合理的学科专业结构,二是能洞悉学科前沿的优秀的师资队伍,三是作为知识载体和传播媒介的优秀教材。教材是体现教学内容与教学方法的知识载体,是进行教学的基本工具,也是深化教育教学改革,提高人才培养质量的重要保证。

一本好的教材,要能反映该学科领域的学术水平和科研成就,能引导学生沿着正确的学术方向步入所向往的科学殿堂。因此,加强高校教材建设,对于提高教育质量、稳定教学秩序、实现高等教育人才培养目标起着重要的作用。正是基于这样的考虑,江西财经大学与复旦大学出版社达成共识,准备通过编写出版一套高质量的教材系列,以期进一步锻炼学校教师队伍,提高教师素质和教学水平,最终将学校的学科、师资等优势转化为人才培养优势,提升人才培养质量。为凸显江财特色,我们取校训"信敏廉毅"中一前一尾两个字,将这个系列的教材命名为"信毅教材大系"。

"信毅教材大系"将分期分批出版问世,江西财经大学教师将积极参与这一具有重大意义的学术事业,精益求精地不断提高写作质量,力争将"信毅教材大系"打造成业内有影响力的高端品牌。"信毅教材大系"的出版,得到了复旦大学出版社的大力支持,没有他们的卓越视野和精心组织,就不可能有这套系列教材的问世。作为"信毅教材大系"的合作方和复旦大学出版社的一位多年的合作者,对他们的敬业精神和远见卓识,我感到由衷的钦佩。

王 乔

2012 年 9 月 19 日

前　言

　　成本会计学属于会计学的一个分支学科,同时也是会计专业的核心课程之一。随着全球经济的快速发展以及企业经营管理要求的不断提高,成本会计作为会计工作的重要组成部分,在企业生产经营管理中起着举足轻重的作用。当今的互联网时代更能充分发挥成本信息的功能,更加重视成本核算,加强成本会计工作。

　　成本会计学是一门实践性很强的学科,有着自身相对独立的理论和方法体系,成本会计的内容是企业管理人员应该具备的必要知识。因此,不论是高等院校的财经类专业学生的成本会计课程的学习,还是企业成本会计实务操作,都需要一本资料翔实丰富、体系结构合理、内容简明扼要、叙述通俗易懂、知识体系完整和理论联系实际的教材。本书以此为目标,较为系统地阐述了成本会计的对象、成本会计的目的、成本会计的环节和成本会计的组织等成本会计相关基本理论问题,对学生全面认识成本会计的内容和作用、把握课程与其他相关课程之间的分工具有非常重要的意义。

　　本书在编写过程中,更加重视成本会计的形成过程和发展趋势,尤其对成本会计的具体核算内容、成本会计的计算方法、特殊行业的成本核算以及成本会计前沿知识等内容的详细介绍,便于学生更好地掌握成本会计的历史、现在和未来。

　　成本会计的理论与实务都在不断地更新,出现了许多新的研究领域。本书在结构体系、内容安排以及创新上具有以下独到之处:

　　(1) 注重基本理论、基础知识和基本技能,注意理论联系实际,具有较强的实用性和可操作性,结合我国会计改革的实践和经验,注意与相关学科的内部衔接,遵循《企业会计准则》《企业财务通则》《企业产品成本核算制度》和有关行业会计制度的要求。

　　(2) 从成本计算方法的通用性出发,以生产过程最为典型的工业企业为例,以产品制造成本和期间费用为核算内容来对各种成本核算的理论和方法进行了全面、系统的阐述,同时,考虑到各行业在成本核算方面的差别,对其他主要行业成本核算的特点进行了概括的阐述。

(3)成本报表,作为一种内部报表,它是成本会计工作向企业内部各有关方面提供成本信息,借此发展经营管理的重要工具。

(4)教材的编排比较重视成本核算,运用大量的图表和实例,在加强理论的同时还会抓好实务的展示,帮助学生提高实践性操作能力。

(5)及时补充新的理论、观点以及成本会计发展前沿性的问题,将成本会计学领域发生的变化及时反映到教科书中,充实教学内容。

(6)教材的内容和知识点的设计尽可能满足与会计类、经济类的"成本会计学"考试用书相关性的需要,比如与注册会计师考试中"成本会计学"涉及财务会计、财务管理和管理会计的一些内容保持一致。

本书是江西财经大学"信毅教材大系"教材之一,由郭小金教授担任主编,吉伟莉副教授和张绪军教授担任副主编。教材分为十三个章节,各章节的具体编写分工如下:第一章"总论"由郭小金和方芳编写;第二章"产品成本核算原理"由郭小金编写;第三章"要素费用的归集和分配"和第四章"综合费用的归集和分配"由郭小金编写;第五章"生产费用在完工产品与在产品之间的分配"由张绪军编写;第六章"产品成本计算方法概述"由吉伟莉和方芳编写;第七章"产品成本计算的品种法"由吉伟莉编写;第八章"产品成本计算的分批法"和第九章"产品成本计算的分步法"由熊家财编写;第十章"产品成本计算的辅助方法"和第十一章"成本报表的编制和分析"由张绪军编写;第十二章"其他行业成本核算"由郭小金编写;第十三章"成本核算专题"由吉伟莉编写。最后由郭小金负责全书的总纂、修改和定稿工作。

互联网+时代会对成本会计学教材提出新的要求,许多理论和方法需要补充到教材当中,由于编者学术水平和经验有限,书中难免存在错误和不妥之处,敬请专家、同行和广大读者提出宝贵意见,以期本书再版时进一步修正和提高。谢谢!

编　者
2016年8月于江西财经大学

目 录

总序 ·· 001
前言 ·· 001

第一章　总论 ·· 001
【学习目标与要求】 ··· 001
【本章逻辑框架】 ··· 001
第一节　成本的经济实质和作用 ·· 002
一、成本的经济实质 ··· 002
二、成本的作用 ·· 003
第二节　成本会计的形成历程 ··· 005
一、成本会计的产生 ··· 005
二、成本会计的发展 ··· 006
第三节　成本会计的职能和任务 ·· 008
一、成本会计的职能 ··· 008
二、成本会计的任务 ··· 010
第四节　成本会计的对象 ·· 012
第五节　成本会计工作组织 ·· 013
一、成本会计工作的组织原则 ·· 014
二、成本会计机构设置 ·· 014
三、成本会计人员配备 ·· 015
四、成本会计制度 ·· 016
本章小结 ··· 017
思考题 ·· 018
业务题 ·· 018

第二章　产品成本核算原理 ·· 019
【学习目标与要求】 ··· 019
【本章逻辑框架】 ··· 019
第一节　成本核算的原则 ·· 020
一、分期核算原则 ·· 020
二、权责发生制原则 ··· 020
三、实际成本核算原则 ·· 021

四、一致性原则 ……………………………………………… 021
五、合法性原则 ……………………………………………… 021
第二节 成本核算的基本要求 …………………………………… 026
一、算管结合，算为管用 …………………………………… 026
二、正确划分各种费用界限 ………………………………… 026
三、正确确定财产物资的计价和价值结转的方法 ……… 028
四、做好成本核算的基础工作 ……………………………… 029
五、适应生产特点和管理要求，采用适当的成本计算
方法 ……………………………………………………… 030
第三节 成本费用的分类 ………………………………………… 031
一、生产费用及其与支出和产品成本的关系 …………… 031
二、费用按经济内容的分类 ………………………………… 032
三、费用按经济用途的分类 ………………………………… 033
四、费用要素与成本项目的关系 …………………………… 035
五、费用的其他分类 ………………………………………… 035
第四节 成本核算的基本程序与账务处理 …………………… 039
一、成本核算的一般程序 …………………………………… 039
二、账户的设置 ……………………………………………… 039
本章小结 ……………………………………………………………… 042
思考题 ………………………………………………………………… 043
业务题 ………………………………………………………………… 043

第三章 要素费用的归集和分配 ……………………………… 045

【学习目标与要求】 ………………………………………………… 045
【本章逻辑框架】 …………………………………………………… 045
第一节 要素费用分配概述 ……………………………………… 045
一、要素费用的归集 ………………………………………… 046
二、成本对象构成要素 ……………………………………… 046
三、成本分配方法 …………………………………………… 047
第二节 各项要素费用的核算 …………………………………… 048
一、材料费用的核算 ………………………………………… 048
二、动力费用的核算 ………………………………………… 055
三、职工薪酬的核算 ………………………………………… 056
四、其他要素费用的核算 …………………………………… 064
本章小结 ……………………………………………………………… 068
思考题 ………………………………………………………………… 068
业务题 ………………………………………………………………… 069

第四章　综合费用的归集和分配 ········ 070
【学习目标与要求】 ········ 070
【本章逻辑框架】 ········ 070
第一节　辅助生产费用的核算 ········ 071
一、辅助生产费用归集与分配的意义 ········ 071
二、辅助生产费用的归集 ········ 072
三、辅助生产费用的分配 ········ 075
第二节　制造费用的核算 ········ 083
一、制造费用的内容 ········ 083
二、制造费用的归集 ········ 084
三、制造费用的分配 ········ 085
第三节　生产损失的核算 ········ 089
一、生产损失概述 ········ 090
二、废品损失的核算 ········ 090
三、停工损失的核算 ········ 095
第四节　期间费用概述 ········ 096
一、销售费用的核算 ········ 097
二、管理费用的核算 ········ 098
三、财务费用的核算 ········ 099
本章小结 ········ 100
思考题 ········ 101
业务题 ········ 101

第五章　生产费用在完工产品与在产品之间的分配 ········ 103
【学习目标与要求】 ········ 103
【本章逻辑框架】 ········ 103
第一节　在产品的概念及其数量的核算 ········ 104
一、在产品的含义及内容 ········ 104
二、在产品数量的核算 ········ 104
第二节　完工产品与在产品之间费用的分配 ········ 107
一、在产品成本和完工产品成本之间的关系 ········ 107
二、生产费用在完工产品与在产品之间的分配方法 ········ 108
第三节　完工产品成本的结转 ········ 127
本章小结 ········ 128
思考题 ········ 129
业务题 ········ 129

第六章 产品成本计算方法概述 …… 131

【学习目标与要求】…… 131
【本章逻辑框架】…… 131

第一节 生产特点和管理要求对产品成本计算的影响 …… 132
一、产品生产的类型 …… 132
二、生产类型和成本管理要求对产品成本计算的影响 …… 133

第二节 产品成本计算的主要方法 …… 134
一、产品成本计算的基本方法 …… 134
二、产品成本计算的辅助方法 …… 135

本章小结 …… 136
思考题 …… 136
业务题 …… 136

第七章 产品成本计算的品种法 …… 138

【学习目标与要求】…… 138
【本章逻辑框架】…… 138

第一节 品种法的特点和适用范围 …… 139
一、品种法的含义及适用范围 …… 139
二、品种法的特点 …… 139

第二节 品种法的成本计算程序 …… 140
一、典型品种法成本计算程序 …… 140
二、简单品种法成本计算程序 …… 141

第三节 典型品种法的应用举例 …… 141
第四节 简单品种法的应用举例 …… 146

本章小结 …… 148
思考题 …… 149
业务题 …… 149

第八章 产品成本计算的分批法 …… 151

【学习目标与要求】…… 151
【本章逻辑框架】…… 151

第一节 分批法概述 …… 152
一、分批法的含义 …… 152
二、分批法的适用范围 …… 152
三、分批法的特点 …… 152
四、两种分批法的计算：间接费用的典型分批法和简化分批法 …… 153

第二节　分批法的成本计算程序 ······ 154
　一、按批别或订单开设成本明细账 ······ 154
　二、归集与分配本月发生的各种费用 ······ 154
　三、分配辅助生产费用 ······ 154
　四、基本生产单位制造费用 ······ 154
　五、分配并计算批内完工产品成本和月末在产品成本
　　　 ······ 154
　六、计算并结转完工产品成本 ······ 154

第三节　典型分批法 ······ 155
　一、举例一 ······ 155
　二、举例二 ······ 159

第四节　简化分批法 ······ 162
　一、简化分批法的含义 ······ 162
　二、间接费用累计分配率 ······ 163
　三、简化分批法的账簿体系 ······ 163
　四、简化分批法的特点 ······ 163
　五、简化分批法实例 ······ 164
　六、简化分批法的优缺点 ······ 170

本章小结 ······ 171
思考题 ······ 171
业务题 ······ 172

第九章　产品成本计算的分步法 ······ 174
【学习目标与要求】 ······ 174
【本章逻辑框架】 ······ 174

第一节　分步法概述 ······ 175
　一、分步法的含义 ······ 175
　二、分步法的适用范围 ······ 175
　三、分步法的特点 ······ 175
　四、分步法成本计算的一般程序 ······ 176
　五、分步法的分类 ······ 176

第二节　逐步结转分步法 ······ 177
　一、成本核算为什么要计算半成品成本 ······ 177
　二、逐步结转分步法的计算程序 ······ 177
　三、逐步结转分步法的特点 ······ 178
　四、半成品成本的结转方法 ······ 179
　五、逐步结转分步法的优缺点与适用范围 ······ 192

第三节　平行结转分步法 ······ 192

一、平行结转分步法的概念与适用范围 …………… 192
　　二、平行结转分步法的核算程序 …………………… 193
　　三、平行结转分步法的特点 ………………………… 193
　　四、各步骤应计入产成品成本份额的计算 ………… 194
　　五、平行结转分步法成本核算举例 ………………… 195
　　六、平行结转分步法的优缺点 ……………………… 200
　　七、逐步结转分步法与平行结转分步法的比较 …… 201
本章小结 …………………………………………………… 202
思考题 ……………………………………………………… 203
业务题 ……………………………………………………… 203

第十章　产品成本计算的辅助方法 …………………… 206
【学习目标与要求】 ……………………………………… 206
【本章逻辑框架】 ………………………………………… 206
第一节　产品成本计算的分类法 ……………………… 207
　　一、分类法的主要特点 ……………………………… 207
　　二、分类法的适用范围 ……………………………… 208
　　三、分类法的计算程序 ……………………………… 208
　　四、联产品、副产品和等级品的成本计算 ………… 211
第二节　产品成本计算的定额法 ……………………… 218
　　一、定额法的特点 …………………………………… 218
　　二、定额法的计算程序 ……………………………… 218
　　三、定额法计算举例 ………………………………… 228
　　四、定额法的优缺点、适用范围和应用条件 ……… 230
第三节　各种成本计算方法的实际应用 ……………… 231
　　一、同时应用几种产品成本计算方法计算成本 …… 231
　　二、结合应用几种产品成本计算方法计算成本 …… 231
　　三、几种成本计算方法的结合应用举例 …………… 232
本章小结 …………………………………………………… 237
思考题 ……………………………………………………… 238
业务题 ……………………………………………………… 238

第十一章　成本报表的编制和分析 …………………… 240
【学习目标与要求】 ……………………………………… 240
【本章逻辑框架】 ………………………………………… 240
第一节　成本报表概述 ………………………………… 241
　　一、成本报表的特点 ………………………………… 241
　　二、成本报表的种类 ………………………………… 241

三、成本报表的编制要求 ·········· 242
第二节　成本报表的编制 ················ 242
　　一、产品生产成本表的编制 ········ 243
　　二、主要产品单位成本表的编制 ···· 246
　　三、制造费用明细表的编制 ········ 247
　　四、销售费用、管理费用和财务费用明细表的编制········ 248
第三节　成本报表的分析 ················ 250
　　一、成本报表的分析步骤 ·········· 250
　　二、成本报表的分析方法 ·········· 251
　　三、产品生产成本表的分析 ········ 257
　　四、主要产品单位成本表的分析 ···· 264
　　五、产品成本的技术经济分析 ······ 272
　　六、各种费用明细表的分析 ········ 276
本章小结 ······························ 277
思考题 ································ 278
业务题 ································ 278

第十二章　其他行业成本核算 ········ 281

【学习目标与要求】 ···················· 281
【本章逻辑框架】 ······················ 281
第一节　房地产开发企业成本核算 ········ 282
　　一、房地产开发企业及其特点 ······ 282
　　二、产品成本核算对象 ············ 283
　　三、产品成本核算项目 ············ 283
　　四、产品成本归集、分配和结转 ···· 283
第二节　物流企业成本核算 ·············· 286
　　一、物流企业及其特点 ············ 286
　　二、运输成本的核算 ·············· 286
　　三、成本核算项目 ················ 287
　　四、成本费用归集和分配 ·········· 287
第三节　石油石化企业成本核算 ·········· 289
　　一、石油石化企业及其特点 ········ 289
　　二、油气产品 ···················· 289
　　三、炼化产品 ···················· 291
第四节　钢铁企业成本核算 ·············· 293
　　一、钢铁企业及其特点 ············ 293
　　二、产品成本核算对象 ············ 294
　　三、产品成本核算项目 ············ 294

四、产品成本归集、分配和结转 ……………… 295
　本章小结 ……………………………………… 296
　思考题 ………………………………………… 297
　业务题 ………………………………………… 297

第十三章　成本核算专题 …………………… 299
　【学习目标与要求】 …………………………… 299
　【本章逻辑框架】 ……………………………… 299
　第一节　标准成本核算 ……………………… 300
　　一、标准成本法产生的背景及意义 ………… 300
　　二、标准成本的制定 ………………………… 300
　　三、标准成本差异的计算与分析 …………… 302
　　四、标准成本法下的账务处理 ……………… 305
　第二节　作业成本核算 ……………………… 306
　　一、作业成本法产生的背景及意义 ………… 306
　　二、作业成本法的概念和基本思想 ………… 307
　　三、作业成本核算的基本程序 ……………… 308
　第三节　质量成本核算 ……………………… 311
　　一、质量成本核算的内容 …………………… 311
　　二、质量成本核算的意义 …………………… 312
　　三、质量成本核算的方法 …………………… 312
　　四、质量成本的会计处理 …………………… 313
　第四节　环境成本核算 ……………………… 314
　　一、环境成本核算的内容 …………………… 314
　　二、环境成本的确认与计量 ………………… 315
　　三、环境成本核算的方法 …………………… 316
　　四、环境成本的会计处理 …………………… 316
　本章小结 ……………………………………… 317
　思考题 ………………………………………… 318
　业务题 ………………………………………… 318

附录：企业产品成本核算制度(试行) ………… 320

参考文献 ………………………………………… 327

第一章　总　论

> **引导案例**
>
> 　　大学生小吴2016年7月毕业后应聘到北方机械厂当成本会计员,财务部成本科的刘科长向小吴介绍了公司的有关情况,北方机械厂的基本情况如下:
>
> 　　该厂主要生产大型重型机械,用于矿山等生产,是国内矿山机械的龙头企业,公司设有7个基本生产车间,分别生产矿山机械的各种零部件和零部件的组装;另外,还设有4个辅助生产车间,为基本生产车间和其他部门提供服务。现有会计人员36位,其中成本会计人员8位(不包括各生产车间的成本会计人员)。由于该公司规模较大,现在实行分散式成本核算体制,厂部和车间分别设置有关的成本费用明细账进行核算。
>
> 　　刘科长让小吴再了解几天企业成本核算以及其他方面的情况后书面回答以下几个问题:(1)根据本厂的具体情况应采用什么样的核算体制?(2)车间和厂部应设置哪些成本会计核算岗位?(3)车间和厂部应设置哪些成本总账和明细账?(4)成本费用应按什么程序进行归集和分配费用?(5)对企业现在实行的成本核算模式提出进一步的改进意见。

【学习目标与要求】

通过本章学习,理解成本的经济实质和成本的作用,以及实际工作中的成本开支范围与马克思的理论成本之间的联系与区别;了解成本会计发展演进的几个阶段;熟悉成本会计的对象和内容;明确成本会计的职能和任务之间的关系以及成本会计的各项职能、各项任务之间的关系,全面、准确地理解和掌握成本会计的职能和各项具体任务;掌握成本会计应遵循的法规、制度和主要原则,明确成本会计人员的职责和权限,了解成本会计机构的设置和成本会计制度所包括的内容。

【本章逻辑框架】

```
                    ┌─ 成本的经济实质和作用 ─┬─ 成本的经济实质
                    │                        └─ 成本的作用
                    │
                    ├─ 成本会计的形成历程 ───┬─ 成本会计的产生
                    │                        └─ 成本会计的发展
                    │
         总论 ──────┼─ 成本会计的职能和任务 ─┬─ 成本会计的职能
                    │                        └─ 成本会计的任务
                    │
                    ├─ 成本会计对象
                    │
                    │                        ┌─ 成本会计工作的组织原则
                    │                        ├─ 成本会计机构设置
                    └─ 成本会计的工作组织 ───┤
                                             ├─ 成本会计人员配置
                                             └─ 成本会计制度
```

第一节 成本的经济实质和作用

成本是商品经济的价值范畴,是商品经济发展到一定阶段的产物,它随着商品交换而产生,又随着商品经济的发展而不断地改变其表现形式。加强成本管理,合理降低成本,对于企业乃至整个国民的经济效益有着极为重要的影响。因而,从理论上充分认识成本的实质是进行成本管理工作的前提。

一、成本的经济实质

马克思指出,按照资本主义方式生产的每一个商品的价值(W),用公式来表示是 $W=C+V+M$。如果我们从这个商品价值中减去剩余价值 M,那么剩下的就只是一个在生产要素上耗费的资本价值($C+V$)的等价物或补偿价值,只是补偿商品使资本家自身耗费的部分。对资本家来说,这就是商品的成本价格。马克思观点中的商品成本价格,即为商品成本。

社会主义市场经济与资本主义市场经济有着本质的区别,但两者具有共性——都是商品经济。在社会主义市场经济中,企业自主经营、自负盈亏,其基本的经营目标就是向社会提供商品,满足社会的一定需要,同时要以商品的销售收入抵偿自己在商品的生产经营中所支出的各种耗费,并取得盈利。只有这样,才能使企业以至整个社会得以发展。因此,商品价值、成本、利润等经济范畴,在社会主义市场经济中必然存在,只是它们所体现的社会经济关系与资本主义市场经济有所不同。

在社会主义市场经济中,商品的价值仍然由三部分组成:① 已耗费的生产资料转移的价值(C);② 劳动者为自己劳动所创造的价值(V);③ 劳动者为社会劳动所创造的价值(M)。从理论上讲,上述的前两部分,即 $C+V$,是商品价值中的补偿部分,构成了商品的理论成本。

综上所述,可以将理论成本的内涵概括为:在生产经营过程中所耗费的生产资料转移的价值和劳动者为自己劳动所创造的价值的货币表现,也就是企业在生产经营中所耗费的资金总和。

马克思关于商品成本的论述是从理论上对成本内涵的高度概括。这一理论是指导我们进行成本会计研究的指南,是实际工作中制定成本开支范围、考虑劳动耗费的价值补偿尺度的重要理论依据。但是,社会经济现象是纷繁复杂的,企业在成本核算和成本管理中需要考虑的因素也是很多的。因此,理论成本与实际工作中所应用的成本概念有一定的差别。这主要表现在以下两个方面:

(1) 在实际工作中,成本的开支范围是由国家通过有关法规制度加以界定的。为了促使企业加强经济核算,促进企业厉行节约,减少生产损失,对于劳动者为社会劳动所创造的某些价值,如财产保险费等,以及一些不形成产品价值的损失性支出,如工业企业的废品损失、季节性和修理期间的停工损失等,也计入成本。可见,实际工作中的成本开支范围与理论成本包括的内容是有一定差别的。就上述的废品损失、停工损失等损失性支出来说,从实质上看,并不形成产品价值,因为它不是产品的生产性耗费,而是纯粹的损耗,其性质并不属于成本的范围。但是考虑到经济核算的要求,将其计入成本,可促使企业减少生产损失。当然,对于成本实际开支范围与内涵的背离,必须严格限制,否则,成本的计算就失去了理论依据。

(2) 理论成本中的"成本"概念是就企业生产经营过程中所发生的全部耗费而言的,是一个"全部成本"的概念。在实际工作中,是将其全部对象化,从而计算产品的全部成本,还是将其按一定的标准分类,部分计入产品成本,部分计入期间费用(也称期间成本),则取决于成本核算制度。如按照我国现行会计制度的规定,工业企业应采用制造成本法计算产品成本,从而企业生产经营中所发生的全部耗费就相应地分为产品制造(生产)成本和期间费用两大部分。在这里,产品制造成本是指为制造产品而发生的各种费用总和,包括直接材料费用、直接人工费用和全部制造费用。期间费用包括管理费用、销售费用和财务费用。在制造成本法下,期间费用不计入产品成本,而是直接计入当期损益。

上述对理论成本的表述主要是针对商品产品成本而言的,在实际工作中为了加强企业的成本管理和正确进行决策,涉及和应用的成本概念是多种多样的,其内涵的已经超出了商品产品成本的范围。比如,机会成本等。

从理论成本和实际成本的关系可以看出,实际成本受理论成本的指导,同时它又在检验理论成本,对理论成本起到了丰富和发展的作用。正确处理两者关系,对理顺当前的成本核算和成本管理工作、发展成本理论、深化改革都有着十分重要的意义。

二、成本的作用

成本的经济实质决定了成本在经济管理工作中具有以下重要的作用:成本是补偿生产经营耗费的尺度;成本是综合反映企业工作质量的重要指标;成本是制定产品价格的一项重要因素;成本是企业进行经营预测和决策的重要依据;成本是企业参与竞争的手段。

(一) 成本是补偿生产经营耗费的尺度

为了保证企业生产经营的不断进行,必须对生产经营耗费,即资金耗费进行补偿。在社会主义市场经济条件下,企业是自主经营、自负盈亏的商品生产者和经营者,其生产经营耗费是用自身的生产成果,即销售收入来补偿的。而成本就是衡量这一补偿份额大小的尺度。企业在取得销售收入后,必须把相当于成本的数额划分出来,用以补偿生产经营中的资金耗费。这样才能维持资金周转按原有规模进行。成本也是划分生产经营耗费和企业利润的依据,在一定的销售收入中,成本越低,企业利润就越多。可见,成本起着衡量生产经营耗费尺度的作用,对经济发展有重要影响。

(二) 成本是综合反映企业工作质量的重要指标

成本是一项综合性的经济指标,企业经营管理中各方面工作的业绩,都可以直接或间接地在成本上反映出来。例如,产品设计的好坏、生产工艺的合理程度、固定资产的利用情况、原材料消耗的节约与浪费、劳动生产率的高低、产品质量的高低、产品产量的增减以及供、产、销各环节的工作是否协调等,都可以通过成本直接或间接地反映出来。

由于成本是综合反映企业工作质量的指标,那么可以通过对成本的计划、控制、监督、考核和分析等来促使企业以及企业内各单位加强经济核算,努力改进管理,降低成本,提高经济效益。例如,通过正确确定和认真执行企业以及企业内部各单位的成本计划指标,可以事先控制成本水平和监督各项费用的日常开支,促使企业及企业内部各单位努力降低各种耗费;又如,通过成本的对比和分析,可以及时发现在物化劳动和活劳动消耗上的节约或浪费情况,总结经验和教训,找出工作中的薄弱环节,采取措施挖掘潜力,合理地使用人力、物力和财力,改进各环节的管理工作,从而降低成本,提高经济效益。

(三) 成本是影响产品价格制定的一项重要因素

在市场经济条件下,产品价格是产品价值的货币表现。产品价格应大体上符合其价值,无论是国家还是企业,在制定产品价格时都应遵循价值规律的基本要求。但在现实的经济社会中,人们还不能直接计算产品的价值,而只能计算成本,通过成本间接地、相对地掌握产品的价值。因此,成本就成了影响产品价格制定的重要因素。

当然,产品的定价是一项复杂的工作,要考虑的因素很多,如国家的价格政策及其他经济政策、各种产品的比价关系、产品在市场上的供求关系及市场竞争的态势等。制定产品价格是以成本为基础,产品成本为制定产品价格的最低经济界限。产品价格若低于其成本,劳动耗费就无法得到补偿,企业生存就会受到威胁。但是,作为制定产品价格依据的成本,不是指一个企业的个别成本,而是生产经营该产品的部门平均成本或社会成本。所以成本只是影响产品价格制定的一项重要因素。

(四) 成本是企业进行经营预测和决策的重要依据

在市场经济条件下,市场竞争异常激烈,企业要想在激烈的竞争中取胜,就必须努力提高在市场上的竞争能力和经济效益,这是社会主义市场经济条件下对企业的客观要求。而要做到这一点,企业首先必须进行正确的生产经营决策,对生产计划的安排、工艺方案的选择、新产品的开发等都采用现代化科学管理的手段进行经营预测,从而作出有效的决策。同时,为了更好地对企业的生产经营活动进行管理和控制,还必须定期和不定期地对企业生产经营情况进行分析,从而采取有效措施,促使企业完成各项计划任务。在进行生产经营决策时,需要考虑的因素很多,成本是主要因素之一。这是因为,在价格等因素一定的前提下,成本的高低直接影响企业盈利的多少,而较低的成本,可以使企业在市场竞争中处于有利地位。企业的很多决策都需要用到不同的成本数据,如生产何种新产品、亏损产品是否停产、自制还是外购、特殊订单、产品组合、最优生产批量以及供应商选择等决策。只有及时提供准确的成本资料,才能使预测、决策和分析等活动建立在可靠的基础之上。因此,成本的指标就成为企业进行经营预测和决策的重要依据。

(五) 成本是企业参与竞争的手段

企业追求利润是在保证质量的前提下,当价格不变的情况下,利润的多少取决于成本的高低,要以目标利润为基础和前提,采用目标利润决定目标成本、目标成本控制实际成本的方法,力争使企业成本降到最低限度。成本控制是有关降低产品成本方面一切管理工作的总称。随着国内市场经济环境日趋成熟,企业面临的竞争压力不断增大,降低产品的成本正成为企业竞争的有效手段,只有加强成本控制才能降低产品成本、提高经济效益,在激烈的市场竞争中获得生存发展空间。因此,加强成本控制、提高成本管理水平,成为企业财务管理乃至经营管理的核心。目前,我国多数企业已充分认识到对成本进行管理和控制的重要性,而且也采取了措施加以控制,但效果不尽如人意,仍存在许多突出问题亟待解决。

第二节 成本会计的形成历程

一、成本会计的产生

成本会计作为会计学的一个重要分支,其产生于何时,人们的认识不是很统一。

有一种说法认为,在工业革命之前,工厂手工业作坊中就已经存在若干成本会计的理论与方法。例如,1531年,意大利麦克代斯(Medici)家族在他们的毛纺织业中就开始应用成本明细账,将制造过程分为拣选、清洗、梳刷等步骤,设置7种成本明细账进行记录。法国人克里斯托弗尔·普拉廷(Christopher Plantin)在1555年创办的普拉廷印刷厂中就建立了一套简单的成本核算账户体系,按出版的每本书籍设置总账,并采用相当于现在品种法的计算方法,在这些账户中详细反映生产特定书籍所需耗用的纸张成本、劳务费和其他多种生产费用,待书本印刷出来后,再将这些账户的余额向被称为"库存本账户"的产品账户结转。根据该企业1565年4月26日编制的试算表可知,当时该企业还将材料账户、在产品账户和库存本账户作为统制账户来运用,在成本核算过程中同时采用货币和实物作为度量标准,以前者为主,后者为辅,反映多项经济业务和生产过程。

不过,19世纪之前已经出现的生产费用记录和成本计算方法只是成本会计的萌芽。大多数人认为,成本会计的产生与确立应当在工业革命以后,是机器代替人的手工劳动的产物。这是因为,16世纪的资本主义是商业资本占优势的时代,工业资本还处在初期阶段,即工厂手工业时期。英国是这样,法国、德国、荷兰等西方资本主义国家也不例外。当时,折旧还不是一个普遍使用的概念,也无直接费用、间接费用的划分,虽然有些家族企业在成本计算技术中引进复式记账法,设置了一些成本明细账,但并没有形成一套较为成熟的成本计算理论和体系。

一般认为,成本会计的产生与确立在19世纪下半叶至20世纪初期。在这个创立期内,有许多杰出的代表人物对成本会计的产生与发展做出了贡献,其中以英国的托马斯·巴特斯比(Thomas Battersby)、E.卡克(E. Garcke)和J. M.费尔斯(J. M. Fells)等最具代表性。托马斯·巴特斯比是英国曼彻斯特的一名会计师,他在1878年3月1日出版了《优秀的复式簿记人员》一书。该书的主要内容为:① 提出了"主要成本"概念。他认为所谓主要成本,"就是直接材料费用和直接劳务费用";② 论述了"直接费用"和"间接费用"的划分方法和原则;③ 介绍了"正规的折旧制度"。他认为应当将折旧费作为主要成本项目之一。在巴特斯比的影响下,英国的电力工程师E.卡克和J. M.费尔斯于1887年在伦敦出版了《工厂会计》一书。该书提出了在总账中设置"生产""产成品""营业"等账户,用来计算和结转产品成本,并通过"营业"账户借贷双方余额的结算,计算营业毛利。该书还讨论"间接费用""开办费""一般费用"的账务处理问题,主张按照生产成本对库存产品的价值进行计价。该书对于成本会计的正式建立具有十分重要的影响,它的可贵之处在于它将成本计算与复式记账完全紧密联系在一起,这在成本会计发展史上是一个根本性的转变。该书被后人公认为近代成本会计的杰出文献。

早期成本会计理论与方法的探索者们由于受历史条件的限制,在讨论成本计算问题时都无法对成本会计的内容勾画出一个清晰的轮廓,但他们毕竟是成本会计的开拓者,为后人建立完整的成本会计理论与方法体系奠定了基础。

二、成本会计的发展

成本会计作为一门独立的会计分支学科,从 19 世纪下半叶产生到目前为止,大致经历了以下几个发展阶段。

(一) 早期成本会计阶段

早期成本会计阶段是指成本会计创立和确立阶段,时间大约是 1880—1920 年。这一时期,英国、法国、德国等资本主义国家已先后完成了工业革命,机器大生产已取代传统的手工劳动,企业的生产规模、生产效率迅速提高,企业之间的市场竞争明显加剧。为了适应竞争的需要,合理确定产品价格,人们普遍重视生产成本管理问题,在前人已有的一些成本计算方法的基础上,开始系统地研究成本计算问题。

最初是在会计账簿之外,借用统计方法来计算成本。后来为了提高成本计算的真实性、准确性,适应企业外部审计的需要,开始将成本计算与复式记账法有机结合起来,完成了成本计算从统计方法向会计方法的转变,一切生产积累计算过程完全以会计账簿记录资料为依据,以货币为统一的计量单位来度量产品总成本和单位成本。

这一时期,成本会计取得了长足发展,表现在以下几个方面:

(1) 有许多企业建立了比较完善的工时记录和生产记录制度。对产品在生产过程中消耗的生产时间和生产数量进行连续、完整的记录,以便为事后生产费用的分配提供依据;并且,将生产工人的工资费用先按照发生地点、部门进行归集,然后采用生产工时、产品产量等标准进行分配,较好地解决了生产人员工资费用的分配问题。

(2) 许多企业建立了比较完善的材料入库、保管、领用管理制度。对库存材料采用"永续盘存制"进行记录,采取"领料单制度"控制生产过程中材料的消耗量,按先进先出法、加权平均法等方法对发出材料的成本进行计价。

(3) 对间接费用的会计处理更为合理。很长一段时期内,人们基本上按照传统的商业会计方法将设备的购置费用作为购置当期的损益来处理,产品成本只包括生产过程中的直接材料和直接人工费用。随着生产规模的迅速扩大,机器设备的购置费用越来越大,间接制造费用增长很快,再按传统的商业会计方法处理间接制造费用显然不利于平衡各期的盈亏,也不利于正确评价经营者的工作业绩。为此,许多工厂改变了传统做法,将间接制造费用采用一定的分摊方法分配之后计入各种产品成本。

(4) 许多工厂已经能够根据本企业的生产特点采用分批法或分步法计算产品成本。不仅能够计算出每一种产品的所有生产成本,还能够计算出它们在每个生产步骤、环节的成本,提供的成本资料更全面、完整。如今仍然在使用的大多数实际成本计算方法,就是在这个阶段创立和完成的。

这一时期成本会计最主要的局限性是:生产费用的发生没有计划性,人们缺乏对生产成本的事前控制意识,生产过程中究竟是节约还是浪费只有等生产结束之后才能计算出来,工厂管理者对整个生产费用的管理处于被动状态。成本计算主要是计算出产品生产过程中的实际耗费,为企业产品定价和损益计算提供依据,属于事后成本核算。例如,当时的成本会计学家劳伦斯(W. B. Lawrence)对成本会计学做出如下定义和解释:"成本会计就是运用普通的会计原理、原则,系统地记录某一工厂生产和销售产品时所发生的一切费用,并确定各种产品或服务的单位成本和总成本,以供管理当局决定经济的、有效的和有利的产销政策时参考。"这里强调利用会计原理和原则计算成本,主要是针对过去用统计方法计算产品成本而言。

(二)近代成本会计阶段

标准成本会计阶段,又叫近代成本会计阶段,时间大约在20世纪20—40年代。这一时期,许多西方国家的经济开始慢慢从卖方市场转向买方市场,来自市场的压力逐渐加大,许多企业意识到只有进一步提高生产效率、降低成本,才可能在市场竞争中处于优势地位,于是就产生了泰罗的"科学管理"思想。其核心是企业内部一切工作都应当严格规范化、标准化,尽量减少不必要的浪费,通过标准化提高工作效率。受此影响,会计上的"标准成本会计制度"应运而生。

标准成本会计制度就是人们预先制定出产品的标准成本,然后将实际成本与标准成本相比较,记录和分析两者之间的差异,以衡量生产人员的工作业绩,分清成本、费用超支和节约的原因及责任,寻求降低成本的途径。最初,预先制定的标准成本只作为一种备忘录,随时同账簿上的实际成本进行比较,直到1935年,标准成本计算才被纳入会计账簿体系,以加强日常的成本控制。

标准成本会计制度较之于以前的实际成本会计制度,最主要的特点是将成本计算、控制、分析融为一体,有利于在日常会计工作中控制生产费用和成本,及时发现成本差异产生的环节、原因和责任,从而使成本管理者能够主动控制成本,明确责任,降低生产消耗。从成本控制观念看,它已经不再单纯强调成本计算问题,而是强调在计算的同时要对成本进行积极的调节和控制。它将成本会计从事后控制发展到事前、事中控制这一新的历史阶段。

在这一时期,除了工厂广泛采用标准成本会计制度外,成本计算的应用范围已扩大到农业、交通运输业等多个行业,成本计算不再仅仅是工商业的问题。此外,工厂在采用标准成本制度的同时,还广泛采用编制预算的方法对间接费用和期间费用进行控制。最初采用固定预算方式,以后发展到采用固定预算与弹性预算相结合的方式,以便更准确地考核经营管理者的工作业绩。

(三)现代成本会计阶段

现代成本会计阶段,时间大约是20世纪40年代中期以后。第二次世界大战结束后,许多应用于战时的最新科学技术,如激光、电子计算机技术、系统工程等广泛应用于民品生产,使得企业生产规模和生产效率有了惊人的提高,社会物质产品生产逐渐从战时的供不应求发展到普遍的供过于求。市场的这一根本性转折,使得企业之间的竞争更加激烈。这种新的生产经营环境对企业管理者提出了更为严峻的挑战:一方面要求企业加强管理,提高劳动生产效率,降低成本;另一方面企业必须重视对外部经营环境的调查研究和分析,随时掌握市场的变化。为适应新的生产经营环境的要求,企业管理思想开始从科学化管理发展到现代化管理阶段。

现代化管理与科学化管理相比较,强调"管理的重心在于经营,经营的重心在于决策"。它认为经营决策比具体的执行更重要,如果经营决策失误,具体政策执行得再好也无济于事。受这种管理观念的影响,成本会计也发生了一些根本性变化,即从注重日常成本计算、控制、分析发展到重视成本预测、规划、决策,将提供经营决策所需的成本信息作为成本会计的首要任务,强调成本会计参与企业经营决策的重要性。当时有一句名言:"不同的目的,不同的成本。"就是说在实践中,没有一种成本计算方法能够适应一切成本预测、规划、决策的需要。人们逐渐意识到成本的归集和分配除了按产品品种、生产步骤、生产批别进行之外,也可以按照业务量、可控性、相关性等标准进行。为了满足决策分析的需要,人们采用了一种有别于对外财务报告所使用的成本计算法即变动成本法,在变动成本法的基础上,提出了量本利分析、生产决策分析、存货决策分析、长短期投资决策等一系列成本会计参与决策分析的模型和理论,将成本会计发展到一个崭新水平。正如美国著名的成本会计学家查尔斯·T.霍恩格伦所说:"成本会计目前涉及收集和提供各种决策所需的信息,从经常反复出现业务的经营管理直至制定非常性战略决策以及制定组织机构重要的方针。重要的是把现代成本会计制度的着眼点放在帮助经理们解决好目前和将来所出现的问题上。它关心过去,这只有在帮助预测未来和满足对外报告需求的情况下才是合适的。"

这一阶段的成本会计的职能被大大拓展,强调成本会计预测、规划、决策、控制职能的发挥。大量数学方法被引入成本会计领域,运用预测理论和方法,建立起一定的数量模型,对成本未来的发展趋势做出科学测算;运用决策理论和方法,根据成本数据,按照最优化决策的要求,研究各种方案的可行性,选择最优方案。同时,为了加强产品设计阶段的成本控制,提出了价值工程分析法;为了加强企业内部组织责任制,将成本与企业内部激励机制相结合,适应日益扩大的生产规模和分权制的要求,推行责任成本核算和管理,使成本控制更为有效;为了适应 20 世纪 80 年代以后在信息技术革命基础上发展起来的零库存、多品种、小批量的弹性制造系统,提出了"实时生产系统"(JIT)和"全面质量管理"(TQM)等一些新理念,重新认识传统成本计算方法在间接制造费用分配方面的缺陷,开始研究信息化社会生产技术、生产组织管理对成本会计的影响,提出了作业成本法(ABC)这一新的成本计算与管理制度。目前作业成本法的理论和方法正在逐步完善。

综上所述,成本会计产生于工业革命以后,它的发展始终与人类社会生产力密切相关,每一次生产力的变革都会带来管理理念的变革,使得成本会计的内容和职能不断地得到丰富与发展。就现代成本会计而言,它实际上是会计与管理的直接结合。它运用专门的管理技术和方法,以货币为主要计量单位,对企业生产经营过程中的资源耗费进行预测、决策、计划、控制、核算、分析和考核等一系列价值管理。也就是说,它是利用一套专门的管理技术与方法,对企业生产经营过程中发生的费用进行计算、规划和控制的管理行为。

第三节 成本会计的职能和任务

一、成本会计的职能

成本会计的职能,是指成本会计在经济管理中的作用与功能。现代成本会计与管理紧密结合,它实际上包括了成本管理的各个环节,现代成本会计的主要职能有以下几个方面的表现。

（1）预测职能：成本预测是确定目标成本和选择达到目标成本最佳途径的重要手段，是进行成本决策和编制成本计划的基础，通过成本预测可以寻求降低产品成本、提高经济效益的途径，它可以减少生产经营管理的盲目性。

（2）决策职能：在成本预测的基础上，根据市场营销和产品功能分析，挖掘潜力，拟定降低成本、费用的各种方案，并采用一定的专门方法进行可行性研究和技术经济分析，选择最优方案，以确定目标成本。

（3）计划职能：为了保证成本决策所确定的目标成本得以实现，必须通过一定的程序和方法，以货币形式规定计划期产品的生产耗费和各种产品的成本水平，并以书面文件的形式下达各执行单位和部门，作为计划执行和考核的依据。

（4）控制职能：是指根据成本计划（预算），制定各项消耗定额、费用定额、标准成本等，对各项实际发生和将要发生的成本费用进行审核，及时揭示执行过程中的差异，采取措施将成本费用控制在计划、预算之内。

（5）核算职能：采用与成本计算对象相适应的成本计算方法，按规定的成本项目，通过一系列的生产费用的归集与分配，作出有关的账务处理，正确划分各种费用界限，从而计算出各种产品的实际总成本和单位成本，并编制成本报表，为成本管理提供客观、真实的成本资料。

（6）分析职能：是指根据成本核算所提供的信息和其他有关资料，将本期实际成本与计划或目标成本、上期实际成本、国内和国外同类产品的成本等进行比较，分析成本水平与构成的变动情况，系统地研究影响成本费用升降的各种因素及其影响程度、成本超支节约的责任或原因，并提出积极建议，以采取有效措施，进一步挖掘增产节约、降低产品成本的潜力。

（7）考核职能：是定期对成本计划及有关指标实际完成情况进行总结和评价。在成本分析的基础上，以各责任者为对象，以其可控制的成本为界限，并按责任的归属来核算和考核其成本指标完成情况，评价其工作业绩和决定其奖惩。

（8）反馈职能：在考核的基础上，将成本数据向企业管理阶层进行反馈，以便作出更科学的修订、补充和完善，为下一个生产周期作出符合实际情况的判断。

上述成本会计的各项职能，既相互独立又相互联系地构成一个有机的体系。总的来说，成本会计的主要职能可以概况为反映的职能和监督的职能，下面将分别从这两个方面进行详细说明。

（一）反映的职能

反映的职能是成本会计的首要职能。成本会计的反映职能，就是从价值补偿的角度出发，反映生产经营过程中各种费用的支出，以及生产经营业务成本和期间费用等的形成情况，为经营管理提供各种成本信息的功能。就成本会计反映职能的最基本方面来说，是以已经发生的各种费用为依据，为经营管理提供真实的、可以验证的成本信息，从而使成本分析、考核等工作建立在有客观依据的基础上。随着社会生产的不断发展，经营规模的不断扩大，经济活动情况的日趋复杂，在成本管理上就需要加强计划性和预见性。因此，对成本会计提出了更高要求，需要通过成本会计为经营管理提供更多的信息，即除了要提供能反映成本现状的核算资料外，还要提供有关预测未来经济活动的成本信息资料，以便于正确地做出决策和采取措施，达到预期的目的。由此可见，成本会计的反映职能，从事后反映发展到了分析预测未来。只有这样，才能满足经营管理的需要，才能更好地发挥其在经营管理中的作用。

应当指出的是，反映过去同预测未来是密切联系的。要进行成本预测，首先必须了解能够反映成本水平现状和历史的各项指标以及它们之间的内在联系，才能据以分析未来的成本状况，以及为实现预期的成本管理目标应具备的条件和应采取的措施。因此，对实际发生的生产经营耗费的反映、提供实际的成本资料，是成本会计提供成本信息的基础。

（二）监督的职能

成本会计的监督职能，是指按照一定的目的和要求，通过控制、调节、指导和考核等，监督各项生产经营耗费的合理性、合法性和有效性，以达到预期的成本管理目标的功能。

在社会主义市场经济中，任何企业为了达到自己预期的经营目标，不仅要制定计划、分配资源和组织计划的实施，而且必须进行有效的监督，以使各项经济活动符合有关规定的要求。成本会计的监督是会计监督的重要组成部分，是对经济活动进行监督的一个重要方面。

成本会计的监督，包括事前、事中和事后监督。第一，成本会计应从经济管理对降低成本、提高经济效益的要求出发，对企业未来经济活动的计划或方案进行审查，并提出合理化建议，从而发挥对经济活动的指导作用；在反映各种生产经营耗费的同时，进行事前的监督，即以国家的有关政策、制度和企业的计划、预算及规定等为依据，对有关经济活动的合理性、合法性和有效性进行审查，限制或制止违反政策、制度和计划、预算等的经济活动，支持和促进增产节约、增收节支的经济活动，以实现提高经济效益的目的。第二，成本会计要通过成本信息的反馈，进行事中、事后的监督，也就是通过对所提供的成本信息资料的检查分析，控制和考核有关经济活动，从中及时总结经验，发现问题，提出建议，促使有关方面采取措施，调整经济活动，使其按照规定的要求和预期的目标进行。

成本会计的反映和监督两大职能是辩证统一、相辅相成的。没有正确、及时的反映，监督就失去了存在的基础，就无法在成本管理中发挥制约、控制、指导和考核等作用；而只有进行有效的监督，才能使成本会计为管理提供真实可靠的信息资料，使反映的职能得以充分的发挥。可见，只有把反映和监督两大职能有机地结合起来，才能更为有效地发挥成本会计在管理中的作用。

二、成本会计的任务

成本会计的根本任务是要使企业尽可能节约生产经营过程中活劳动与物化劳动的消耗，不断降低产品成本，提高经济效益。这同成本会计的职能有着密切联系，成本会计能否承担某一项任务，取决于它是否具有完成该项任务的职能，成本会计职能的发挥程度又受制于任务完成情况的好坏。但是成本会计的职能和任务又是各有特定含义的独立概念。职能是指成本会计本身所具有的功能，具有客观性、相对稳定性以及普遍适用性的特点；而任务是指发挥职能作用所要达到的目的和要求，它具有主观性、不稳定性以及与社会环境密切相关的特点。所以成本会计的任务不仅取决于其职能作用，还取决于一定时期社会环境的需要和企业的中心任务。

（一）正确计算产品成本，及时提供成本信息

成本会计应该根据国家有关法规、制度的要求，结合企业管理的需要，及时、正确地进行

成本核算,提供真实、有用的成本信息,这也是成本会计的基本任务。在企业的成本管理活动中,真实、有用的成本信息为成本预测、决策、计划、考核和分析等活动提供了有效的依据。如果成本资料不能反映产品成本的实际水平,不仅难以考核成本计划的完成情况和进行成本决策,而且还会影响利润的正确计量和存货的正确计价,歪曲企业的财务状况。及时编制各种成本报表,可以使企业的有关人员及时了解成本的变化情况,并作为制订售价、作出成本决策的重要参考资料。

(二) 优化成本决策,确立目标成本

优化成本决策,需要在科学的成本预测基础上收集整理各种成本信息,在现实和可能的条件下,采取各种降低成本的措施,从若干可行方案中选择生产每件合格产品所消耗活劳动和物化劳动最少的方案,使成本最低化作为制定目标成本的基础。为了优化成本决策,须增强企业员工的成本意识,使之在处理每一项业务活动时都能自觉地考虑和重视降低产品成本的要求,把所费与所得进行比较,以提高企业的经济效益。

(三) 加强成本控制,防止挤占成本

企业是独立的商品生产者,需要自负盈亏,因此,企业应该贯彻增产节约的原则,在着力降低成本的同时加大经济核算力度,从而提高企业自身的经济效益。这就使得成本会计担负着重要的责任,成本会计必须遵照国家有关成本、费用的开支范围和开支标准,结合企业自身的情况与计划,进行自我控制,以促其提高技术,厉行节约,注重效益。控制各项费用支出、营业外支出等挤占成本,从而提高企业的经济效益。

(四) 建立成本责任制度,加强成本责任考核

成本责任制是对企业各部门、各层次和执行人在成本方面的职责所作的规定,是提高职工降低成本的责任心,发挥其主动性、积极性和创造力的有效办法。建立成本责任制度,要把完成成本降低任务的责任落实到每个部门、层次和责任人,使职工的责、权、利相结合,职工的劳动所得同劳动成本相结合;各责任单位与个人要承担降低成本之责,执行成本计划之权,获得奖惩之利。实行成本责任制度时,成本会计要以责任者为核算对象,按责任的归属对所发生的可控成本进行记录、汇总、分配整理、计算、传递和报告,并将各责任单位或个人的实际可控成本与其目标成本相比较,揭示差异,寻找发生原因,据以确定奖惩并挖掘进一步降低成本的潜力。

(五) 通过成本分析,考核成本计划完成情况

成本分析在企业成本管理活动中的作用不容小觑。通过成本分析,可以揭示产品成本水平的变动,找出影响其的因素及影响程度,并进一步提出积极建议,以采取有效措施,从而降低成本,优化企业的经营管理,提高企业经济效益。成本是反映企业工作质量的重要指标。因此,成本会计必须定期对成本计划及其相关指标实际完成情况进行总结和评价,即进行成本考核,旨在肯定先进,鞭策后进,提高成本管理水平。

上述五大成本会计的任务内容是相互配合、相互依存的一个有机整体。一般来说,成本预测是成本管理的起点,也是后续管理活动的基础。成本决策时需要参考成本预测的结果,运用定性和定量的分析方法,选择最优的行动方案。以成本决策为基础,结合企业经营管理的具体要求等,进行全方位、综合性的成本计划。最后检验成本计划的完成情况,并进行成本考核,为企业日后的经营管理活动提出有效建议,提高成本管理水平和企业经济效益。

第四节 成本会计的对象

成本会计的对象是指成本会计反映和监督的内容。成本会计是会计的一个分支,同样,成本会计对象也就是会计对象的一部分,即涉及有关成本、费用的那一部分,而不是会计对象的全部。明确成本会计的对象,对于确定成本会计的任务,研究和运用成本会计的方法,更好地发挥成本会计在经济管理中的作用,有着重要的意义。但为了更加详细、具体地了解成本会计的对象,还必须结合企业的具体生产经营过程和现行企业会计制度的有关规定加以说明。

无论从事有形产品生产还是无形产品生产的企业或者从事水、陆、空运输的企业,为了进行生产经营活动,要从外部购入各种物资,以备生产(服务)所需。在这一过程中,企业成本会计需要反映和监督各项物资的采购成本情况。这些企业把购入的各项物资投入生产过程,即从原材料投入生产到产成品制成的产品制造过程中,一方面制造出产品来,另一方面要发生各种各样的生产耗费。这一过程中的生产耗费,概括地讲,包括劳动资料与劳动对象等物化劳动耗费和活劳动耗费两大部分。其中房屋、机器设备等作为固定资产的劳动资料,在生产过程中长期发挥作用直至报废而不改变其实物形态,但其价值则随着固定资产的磨损,通过计提折旧的方式,逐渐地、部分地转移到所制造的产品中去,构成产品生产成本的一部分。原材料等劳动对象,在生产过程中或者被消耗掉或者改变其实物形态,其价值也随之一次性转移到新产品中去,也构成产品生产成本的一部分。生产过程是劳动者借助劳动工具对劳动对象进行加工、制造产品的过程,只有通过劳动者对劳动对象的加工,才能改变原有劳动对象的使用价值,并且创造出新的价值。其中劳动者为自己劳动所创造的那部分价值,则以工资形式支付给劳动者,用于个人消费,因此这部分工资也构成产品生产成本的一部分。具体来说,在产品的制造过程中发生的各种生产耗费,主要包括原材料及主要材料、辅助材料、燃料等的支出,生产单位(如分厂、车间)固定资产的折旧,直接生产人员及生产单位管理人员的薪酬以及其他一些货币性支出等。所有这些支出,构成了企业在产品制造过程中的全部生产费用。而为生产一定种类、一定数量产品而发生的各种生产费用支出的总和则构成了产品的生产成本。上述产品制造过程中各种生产费用的支出和产品生产成本的形成,是成本会计应反映和监督的主要内容。

在产品的销售过程中,企业为销售产品也会发生各种各样的费用支出。例如,应由企业负担的运输费、装卸费、包装费、保险费、展览费、差旅费、广告费,以及为销售本企业商品而专设销售机构的职工薪酬、类似工资性质的费用、业务费等。所有这些为销售本企业产品而发生的费用,构成了企业的销售费用。销售费用也是企业在生产经营过程中所发生的一项重要费用,它的支出及归集过程,也应该成为成本会计所反映和监督的内容。

企业的行政管理部门为组织和管理生产经营活动,也会发生各种各样的费用。例如,企业行政管理部门人员的薪酬、固定资产折旧、工会经费、业务招待费等,这些费用被统称为管理费用。企业的管理费用,也是企业在生产经营过程中所发生的一项重要费用,其支出及归集过程,也应该成为成本会计所反映和监督的内容。

此外,企业为筹集生产经营所需资金也会发生一些费用,例如,利息净支出、汇兑净损失、金融机构的手续费等,这些费用被统称为财务费用。财务费用亦是企业在生产经营过程中发生的费用,它的支出及归集过程也应该属于成本会计反映和监督的内容。

上述销售费用、管理费用和财务费用,与产品生产没有直接联系,而是按发生的期间进行归集,直接计入当期损益,因此,它们构成了企业的期间费用。

综上所述,按照工业企业会计制度的有关规定,可以把工业企业成本会计的对象概括为:工业企业生产经营过程中发生的产品生产成本和期间费用。成本流转过程如图 1-1 所示。

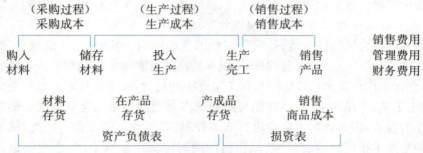

图 1-1　成本流转过程图

商品流通企业、施工企业、农业企业等其他行业企业的生产经营过程虽然各有其特点,但按照现行企业会计制度的有关规定,从总体上看,它们在生产经营过程中所发生的各种费用,同样是部分地形成了企业的生产经营业务成本,部分作为期间费用直接计入当期损益。因此,从现行企业会计制度的有关规定出发,可以把成本会计的对象概括为:企业生产经营过程中发生的生产经营业务成本和期间费用。

以上按照现行企业会计制度的有关规定,对成本会计的对象进行了概括性的阐述。但成本会计不仅应该按照现行企业会计制度的有关规定为企业正确确定利润和进行成本管理提供可靠的生产经营业务成本和期间费用信息,而且应该从企业内部经营管理的需要出发,提供多方面的成本信息。例如,为了进行短期生产经营的预测和决策,应计算变动成本、固定成本、机会成本和差别成本等;为了加强企业内部的成本控制和考核,应计算可控成本和不可控成本;为了进一步提高成本信息的决策相关性,还可以计算作业成本等。上述按照现行企业会计制度的有关规定所计算的成本(包括生产经营业务成本和期间费用),被称为财务成本;为企业内部经营管理的需要所计算的成本,被称为管理成本。因此,成本会计的对象,总括地说应该包括各行业企业的财务成本和管理成本。

第五节　成本会计工作组织

为了充分发挥成本会计职能作用,完成成本会计任务,实现成本会计目标,企业需要结合自身的生产经营特点和管理要求,科学地组织成本会计工作。成本会计的组织工作主要包括:设置成本会计机构、配置成本会计人员、建立成本会计制度。

一、成本会计工作的组织原则

任何工作的组织都必须遵守一定的原则,成本会计工作也不例外。其必须遵循的几项原则如下:

(一)成本会计工作必须与业务规模相适应

一般来说,企业应该根据本单位生产规模的大小、生产经营的特点和成本管理的要求等具体情况来组织成本会计机构设置、配置成本会计人员、安排成本会计工作。必须与企业的业务类型和生产经营规模相适应,以便全面、正确地进行成本核算和成本管理工作。

(二)成本会计工作必须与技术相结合

成本是一项综合性的经济指标,它受多种因素的影响。其中,产品的设计、加工工艺等技术是否先进,在经济上是否合理,对产品成本的高低有着决定性的影响。在传统的成本会计工作中,会计工作者基本只考虑产品加工生产中的耗费,而工程技术人员则更多地考虑产品设计、加工工艺、产品质量、产品性能与产品成本之间的关系。这就造成了成本会计工作与技术工作的脱节,进而影响了企业进行成本控制、降低成本的工作。因此,成本会计工作的组织必须与技术相结合,在提升产品质量的同时降低产品成本,为企业创造更大的经济效益。

(三)成本会计工作必须与经济责任制相结合

除了将成本会计工作与技术相结合,在成本管理工作中实行经济责任制也对降低企业成本有着重要作用。随着社会的发展,成本会计工作面临着"变化快、涉面宽"的现状,这也意味着成本会计工作不能仅仅注重于事后核算,而应该将成本会计与经济责任制相结合,以便更好地发挥成本会计在企业中的效用。例如,企业为了配合成本分级归口管理,需要完善各车间的成本会计工作,使之进行车间成本的核算与分析的同时,能够指导和监督班组的日常成本管理工作,从而使成本会计工作渗透到企业各生产经营环节中去。

(四)成本会计工作必须建立在广泛的职工群众基础之上

成本会计工作的最终目的是降低成本。而成本又发生在企业生产经营过程的各个环节中,那么想要降低成本,就必须提高各部门的工作质量。各部门的工作质量从何而来?究其根本,这取决于每一位职工的工作质量。职工群众是企业最基层的工作者,也是最了解哪里有成本浪费、哪里能节约成本的工作者。因此,想要达到成本管理工作的最终目的,就必须将成本会计工作建立在广泛的群众基础之上,充分调动企业职工在成本管理上的积极性和创造性。要实现这一点,就要求企业做好成本管理的宣传工作以加强职工的成本意识和参与意识,并经常深入了解职工群众对成本管理工作的反馈与执行情况,从而保证企业成本会计工作能够顺利进行,并达到良好效果。

二、成本会计机构设置

成本会计机构是指企业从事成本会计工作的主要职能单位。设置成本会计机构应明确企业内部对成本会计应承担的职责和义务,坚持分工与协作相结合、统一与分散相结合、专业与群众相结合的原则,使成本会计机构的设置与企业规模大小、业务繁简、管理要求相适应。

由于成本会计工作是会计工作的一部分,因而企业的成本会计机构一般是企业会计机构的一部分。在大中型企业,厂部的成本会计机构一般设在厂部会计部门中,是厂部会计处的一个成本核算科室。在小型企业,通常在会计部门中设置成本核算组或专职成本核算人员负责成本会计工作。

厂部成本会计机构是全厂成本会计的综合部门,负责组织全厂成本的集中统一管理,为企业管理当局提供必要的成本信息;进行成本预测和成本决策;编制成本计划,并将成本计划分解下达给各责任部门;实行日常成本控制,监督生产费用的支出;正确地核算企业产品成本及有关费用;检查各项成本计划的执行结果,分析成本变动的原因;考核各责任部门和个人的成本责任完成情况,实行物资利益分配;组织车间成本核算和管理,加强对班组成本核算的指导和帮助;制定全厂的成本会计制度,配备必要的成本会计人员。

企业内部成本会计的组织分工通常有集中核算和非集中核算两种组织方式。

(一) 集中核算

在成本会计工作中,采用集中核算的形式下,厂部的成本会计部门要集中处理全厂的成本会计工作。也就是说,成本会计的成本预测、成本决策、成本计划、成本控制、成本核算、成本分析及成本考核都由厂部成本会计机构集中处理。车间等二级机构的成本会计人员只负责登记、汇总原始凭证,为厂部的成本计算工作提供资料。在这种方式下,除厂部成本会计机构以外的二级单位大多只配备专职或兼职的成本会计核算人员。采用集中核算方式,厂部成本机构可以比较及时、集中地掌握全厂的成本信息,便于使用计算机处理成本资料,可以减少核算层次和核算人员。但此种方式不便于实行责任成本核算,不便于基层单位及时掌握和控制成本,不便于调动全体职工降低成本的积极性。

(二) 非集中核算

非集中核算方式,也叫分散核算方式,是指企业的成本计划的编制、成本控制、成本核算和成本分析均由车间成本会计机构或会计核算员进行。厂部的成本会计机构除对车间成本工作进行指导以外,还负责成本数据的汇总和成本预测、成本决策及成本考核等工作。非集中核算方式相应会增加成本会计人员,但有利于车间等基层单位的领导、会计人员,甚至职工及时了解和关心本部门的成本水平及其变动情况,促使全厂从领导干部到职工群众人人关心成本,个个降低成本。

究竟采用何种方式比较好,应视企业具体情况而定。企业应根据其规模大小、内部各单位经营管理的要求,以及这些单位成本会计人员的数量和素质,从有利于充分发挥成本会计工作的作用、提高成本会计工作效率出发,确定采用哪一种核算方式。一般来说,大中型企业应采用非集中核算方式,中小型企业应采用集中核算方式。为了扬长避短,也可以在一个企业中结合采用两种方式,即对某些单位采用分散核算方式,而对另一些单位则采用集中核算方式。

三、成本会计人员配备

成本会计人员是指在企业成本会计机构配备的成本会计工作人员。在企业的成本会计机构中,根据企业的规模大小、业务繁简配备适当的成本会计人员是实现成本会计目标的重要保证。为了充分地调动成本会计人员的工作积极性，《中华人民共和国会计法》规定了会计人员的职责和权限。这些职责和权限对于成本会计人员也是完全适用的。

(一) 成本会计人员的职责

成本会计人员应该根据成本会计的要求，搞好成本预测和决策，编制有关成本计划，加强日常成本控制，做好成本的核算、分析和考核工作；参与和制订企业的生产经营决策，提出改进生产经营管理、降低成本、节约费用的建议和措施；当好企业领导者的参谋，及时提供成本信息。

成本会计机构的负责人应该在企业总会计师或主管财务负责人的领导下，按照有关财经政策和法规，结合企业本身的实际情况，组织全厂的成本会计工作，执行本企业成本会计制度和核算办法，并督促成本会计人员履行其职责，组织成本会计人员学习专业知识，不断提高成本会计的业务水平，定期考核成本会计人员的工作情况，合理选任成本会计人员，以保证企业成本会计机构有一支知识水平高、业务能力强的成本会计队伍。

(二) 成本会计人员的权限

成本会计人员的权限是指成本会计人员在履行其职责过程中享有的工作权限。其工作权限包括：有权要求企业各单位、职工认真执行成本计划，严格遵守成本会计法规和制度；有权参与制订企业中与成本有关的生产经营计划和各项消耗定额、工时定额和费用定额等；有权督促检查企业内部各成本责任单位和个人对其责任的执行情况，按其责任完成情况实行物质利益分配。

(三) 成本会计人员的素质

成本会计人员应该认真履行自己的职责，正确行使自己的职权。要做到这一点，成本会计人员除了应精通成本会计、具备会计职业道德以外，还要懂得财务管理，也要熟悉生产技术。在实际工作中，影响成本的因素很多，既有经济的因素，又有技术的因素；既有企业外部因素，又有企业内部因素；既有客观的因素，又有主观的因素。这就要求成本会计人员努力学习有关的业务知识和业务技术，不断充实和更新自己的专业知识、提高个人的素质。

成本会计工作不仅限于计划、核算和考核，同时还要进行成本技术经济分析和成本效益分析，尤其是要把成本预测和决策放在首位。成本会计人员要熟练地掌握成本预测、成本决策的理论和方法。在当今互联网时代，还要求成本会计人员学会使用电子计算机进行信息处理，以适应经济发展对成本会计越来越高的要求。

四、成本会计制度

成本会计制度是组织和从事成本会计工作必须遵循的规范和具体依据，是企业会计制度的一个组成部分。建立和健全成本会计制度对规范成本会计工作、保证成本会计信息质量具有重要意义。

企业成本会计制度必须符合社会主义市场经济的要求，体现国家有关方针、政策和法规，与国家颁布的《中华人民共和国会计法》《企业会计准则》《企业财务通则》《企业会计制度》和《产品成本核算制度》保持一致。企业成本会计制度应从实际出发，适应企业生产经营的特点，满足内部经营管理的需要，符合简便易行、实用有效的原则。

成本会计制度一般应有如下几个内容：

（1）关于成本预测和决策的制度。

（2）关于成本定额的制订、成本计划编制的制度。

（3）关于成本控制的制度。

（4）关于成本核算的制度。包括成本开支范围的规定；成本会计科目、成本项目的设置；成本计算方法的规定；各项费用的归集与分配的程序和方法；完工产品与在产品之间的费用分配方法；成本报表的规定。

（5）关于成本分析的制度。

（6）关于成本考核的制度。

（7）其他有关成本会计的制度。

成本会计制度是开展成本会计工作的依据和行为规范，其是否科学、合理会直接影响成本会计工作的成效。因此，成本会计制度一经制定，应保持相对稳定。制度的修订是一项严肃的、涉及面较大且较复杂的工作，必须既积极又稳妥，不能轻易废止，以免无章可循，引起成本会计工作的混乱和影响财务成本信息及时、准确地提供。上述各项成本会计制度，一部分由国家统一制定，如成本开支范围、成本项目规定等；一部分由企业自行制定。对于国家统一规定的部分，企业应严格遵照执行；企业自己制定的成本会计制度部分，也应符合国家的财经法规和有关会计制度。

本 章 小 结

本章根据马克思的成本价格学说讨论了成本的经济实质，并给出了理论成本的定义，除了理论成本的概念之外，现实生活中还存在形形色色的成本概念，它们的经济内涵与理论成本存在一定的出入。此章节重点是加深对成本的认识，拓展视野。

企业生产经营过程中所耗费的生产资料转移的价值和劳动者为自己劳动所创造的价值的货币表现，是成本的经济实质所在，它构成了商品的理论成本。商品的理论成本与实际成本所应用的成本概念存在一定差异的。一是实际工作中成本开支范围是国家在考虑了诸多因素的基础上，通过有关法规制度加以界定的；二是理论成本是一个"全部成本"的概念，在实际工作中，是将其全部对象化，计算产品的全部成本，还是将其部分对象化、部分期间化，则取决于成本核算制度的规定；三是理论成本的概念主要是针对商品产品成本而言的，实际工作中所涉及和应用的成本概念已经超出了商品产品成本的范围。成本的经济实质决定了成本在经济管理工作中的重要作用，主要体现在经济作用和其他作用两个方面，是补偿生产经营耗费的尺度、综合反映企业工作质量的重要指标、影响产品价格制定的一项重要因素、企业进行预测和决策的重要依据，也是企业参与竞争的手段。

从历史上说，先有成本计算后有成本会计，成本会计的发展经历了早期成本会计、标准成本会计和现代成本会计三个阶段，每一阶段都有其发展的特点。早期的成本计算方法比较简单，仅仅依靠一些统计和技术方法对成本（主要是生产过程中发生的直接费用）进行汇总和估算，因此，当时所计算的成本精确度比较低。而成本会计则是将成本计算和日常化的会计核算结合起来，运用财务会计的原理、原则和方法，系统、完整地记录某一企业生产和销售产品时所发生的一切费用，并确定各种产品和劳务的单位成本和总成本，从而使成本会计成为财务会计的一门重要的分支学科。

经过了长时间的发展，成本会计正处于现代成本会计阶段，具有反映和监督两大基本职能。现代成本会计的主要内容包括成本预测、决策、计划、控制、核算、分析、考核和反馈等方面。成本会计的根本任务是促进企业改进生产经营管理，尽可能地节约资源的消耗，不断降低成本，提高经济效益。

对于成本会计的对象，可以从不同层面上加以概括。按照企业会计制度的规定，工业企业成本会计的对象是指企业生产经营过程中发生的产品生产成本和期间费用。一般行业企业成本会计的对象是指企业生产经营过程中生产经营业务成本和期间费用。考虑到企业经营管理和决策对成本信息的各个方面需要，成本会计的对象应包括财务成本和管理成本。

企业应该根据本单位生产规模的大小、生产经营的特点和成本管理的要求等来组织成本会计工作。成本会计的组织工作必须遵循以下原则：成本会计工作必须与技术相结合；成本会计工作必须与经济责任制相结合；成本会计工作必须建立在广泛的职工群众基础之上。为了有效地进行成本会计工作，充分发挥其应有作用，必须加强成本会计的组织，也就是通过建立健全成本会计机构（企业内部成本会计的组织分工通常有集中核算和非集中核算两种组织方式）、配置成本会计人员以及制定和推行合理的成本会计制度。

思 考 题

1. 谈谈你对成本经济实质和作用的理解。
2. 阐述成本会计的发展演进过程。
3. 简述成本会计的职能与任务。
4. 试述成本会计对象。
5. 如何设置成本会计组织机构？
6. 简述对成本会计人员业务素质的具体要求。
7. 成本会计工作组织应遵循哪些原则？
8. 成本会计制度一般应包括哪几方面的内容？

业 务 题

英国罗托克公司生产某种商品耗费 1 000 英镑资本。其中，劳动资料的损耗为 40 英镑，生产资料的消耗为 760 英镑，劳动力的耗费为 200 英镑，假定剩余价值率为 100%。这样，产品价值就等于 $c(800)+v(200)+m(200)=1\,200$ 英镑。减去 200 英镑剩余价值之后，还剩下 1 000 英镑的商品价值，而这 1 000 英镑只是补偿已经耗费的资本 1 000 英镑。商品价值的这个部分，即补偿所消耗的生产资料和所使用的劳动力价格的部分，只是补偿商品使资本家自身耗费的东西，所以对于资本家来说，这就是商品的成本价格。

问题：商品的成本价格包括哪些内容？谈谈商品的成本价格同生产成本的关系。

第二章 产品成本核算原理

> **引导案例**
>
> 大学生小王毕业后自己创业,开了一家农家菜小饭店,已经经营了一年,生意还算不错。快到年终了,小王根据今年的流水账大致计算了一下今年的收支情况。一年中,他在年初购买机器花费了9万元(预计能使用10年),支付了一年的房租费5万元,购买了食材和调料等支付了1万元,还支付了电费、水费、税费共计9 000元,并且雇佣了一名厨师和两名服务员3万元,店里的生意非常好,每天都是客满,高峰期还有排队等位,年底收入有15万元。小王计算了一下全年盈利,扣除费用支出等,还亏了3万多(15—9—5—1—0.9—3)。小王有些纳闷,生意这么好,为什么还是亏了呢?您认为原因在哪里呢?

【学习目标与要求】

通过本章学习,应了解遵循产品成本核算的一般原则和要求,理解费用按各种标准的分类,把握费用要素与成本项目之间的联系和区别,掌握生产性成本和服务性成本的区别,识别费用的各种分类在产品成本核算和成本管理中的作用,初步掌握产品成本核算的基本程序和账务处理,熟悉设置的主要会计科目及其用途和结构,以及明细账的设置口径、账页和登记方法。通过本章学习,为进一步学习成本核算打好基础,有助于读者理解以后各章的内容。

【本章逻辑框架】

```
                          ┌ 分期核算原则
                          │ 权责发生制原则
              成本核算的原则 ┤ 实际成本核算原则
                          │ 一致性原则
                          └ 合法性原则

                          ┌ 坚持算管结合,算为管用
                          │ 正确划分各种成本费用界限
              成本核算的基本要求 ┤ 正确的财产物资计价和结转
产品成本核算原理 ┤              │ 正确的成本核算基础工作
                          └ 正确采用适当的成本核算方法

                          ┌ 生产费用、支出和产品成本的关系
                          │ 费用要素
              成本费用分类 ┤ 成本项目
                          │ 费用要素和成本项目的关系
                          └ 费用其他分类

              成本核算的基本程序与账务处理
```

第一节 成本核算的原则

成本核算原则是成本会计人员进行产品成本核算时应当遵循的基本规范。成本核算是成本会计的核心内容,其主要工作必须按照国家有关的法规、制度和企业经营管理的要求,对生产经营过程中实际发生的各种劳动耗费进行计量,并进行相应的账务处理,以提供真实、有用的成本信息,充分发挥成本核算的作用。

我国理论界对于成本核算原则的具体内容尚未形成完全一致的看法。成本核算不仅是成本会计的基本任务,同时也是企业经营管理的重要组成部分。做好成本核算工作,对于降低成本、费用,提高企业生产经营管理水平,正确处理企业与国家、投资者之间的分配关系,具有重要的意义。由于企业性质各异,生产的产品有各自鲜明的特色,相应的,成本核算有各自的特点。为了更好地完成成本核算,应当符合企业会计准则和企业财务通则的要求,企业会计准则中规定了会计核算原则,也充分体现了成本核算的特色。因此,遵循成本核算的基本原则,才能做好成本核算的基础工作。

一、分期核算原则

分期核算原则是指企业为了取得一定期间所生产产品的成本,必须将川流不息的生产经营活动人为地按一定阶段(如月、季、年)划分为各个时期,分别计算各期产品的成本。而且成本核算的分期,必须与会计年度的分月、分季、分年相一致,以便于计算当期损益。

成本核算的内容涉及整个产品成本形成的全过程,贯穿于持续不断的企业生产经营活动之中。在实际工作中,成本的分期核算应当与会计报告期保持一致。但须指出的是成本的分期核算是对产品成本计算工作而言的,像费用的归集、汇总和分配等,都必须定期按月进行核算,至于计算完工产品与在产品成本的时期,即产品成本计算期,不一定要与会计报告期完全一致。产品成本计算期主要是受企业的生产组织特点的影响,在这种情况下,成本核算期可以按月定期也可以按生产周期不定期地核算。

二、权责发生制原则

权责发生制原则亦称应计制原则,是以权利和责任的发生来决定成本费用归属期的一项原则,是指成本费用的确认应当以成本费用实际发生时作为计量的标准。按照权责发生制原则,凡是本期已经发生或应当负担的成本费用,不论其是否已经支付,都应作为当期的成本费用处理;凡是不属于当期的成本费用(即已计入以前各期的成本费用,或应由以后各期成本负担的费用),即使已经在当期支付,都不应作为当期的成本费用。因此,权责发生制的核心是根据权责关系的实际发生期来解决成本费用何时予以确认及确认多少的问题,以便正确提供各项的成本信息。

三、实际成本核算原则

实际成本核算原则也称历史成本核算。我国 2014 年 1 月 1 日起施行的《企业产品成本核算制度（试行）》第四十八条规定：企业不得以计划成本、标准成本、定额成本等代替实际成本。企业采用计划成本、标准成本、定额成本等类似成本进行直接材料日常核算的，期末应当将耗用直接材料的计划成本或定额成本等类似成本调整为实际成本。

在进行成本核算时，不同国家的企业成本核算方法有所不同，美国一贯坚持使用标准成本核算，而我国很多企业偏好于计划成本核算。按照我国企业产品成本核算制度，成本核算必须按实际成本进行核算。

对于生产经营活动中所耗用的原材料、燃料、动力等要按实际耗用数量的实际单位计算，但在计价标准上可以采用实际价格，也可以采用计划价格；对于完工产品成本的结转也要按实际发生的成本计算。虽然原材料、燃料、产成品的账户可按计划成本、定额成本和标准成本进行核算，但在最后核算产品成本时，必须将实际成本与计划成本、定额成本和标准成本之间的差异进行加、减成本差异处理，以调整为实际成本，才能正确地计算出企业当期的盈利水平。

四、一致性原则

一致性原则是指各个会计期间所采用的成本会计核算方法必须保持前后一致，不得随意变更，以使各期成本资料有统一的口径，前后连贯，保持企业不同时期成本信息的互相可比性，有助于信息使用者对成本费用发展趋势以及存在的问题进行合理的分析评价。比如：所耗材料的计价方法、固定资产折旧的计提方法、制造费用分配方法、辅助生产成本的分配方法、在产品和产品成本的确认方法等，某种方法一经确认，不能随意更改，确实需要变更的，应在成本报告中予以说明变动缘由，并注明变更后对当期损益的影响。因此，企业在成本核算过程中，采用不同的成本核算方法，所核算出来的成本也自然有所不同，企业要根据自身的生产特点和管理要求，选择一种合适的且符合企业会计准则和企业财务通则的成本核算方法，并且尽可能始终如一地使用下去，不宜经常变更，更不允许企业为了满足一时的需要，随意变更。但是，一致性原则并不是说成本核算方法是永远不变的，确实因情况特殊企业客观条件发生了变化，原有的成本核算方法已经无法适用于本企业，采用新的成本核算方法更能体现企业成本数据的精准和有用性，才有必要变更，其变更的有关情况要及时地在当期成本报告中予以注明，并对原成本核算单中的有关数字进行必要的调整。

五、合法性原则

合法性原则是指成本核算时计入成本的费用，必须按照有关的国家法律、法规、制度等规定对于各项费用的开出进行处理，只有符合规定的费用开支才能计入成本。成本是企业为生产产品、提供劳务发生的各种经济资源的耗费，生产经营过程同时也是资产的耗费过程。费用开支标准是对某些费用支出的数额和比例作出的具体规定。计入成本的费用都必须符合国家的方针政策、法规、制度的规定。例如：目前制度、准则规定的购置和建造固定资产的支出、购入无形资产的支出、对外投资的支出、被没收的财物、各项罚款性质的支出、捐赠和赞助性质的支出等不能列入成本开支；管理费用、销售费用和财务费用作为期间费用处理，不得列入产品成本。企业严格遵守国家规定的开支范围和费用开支标准，是国家对企业核算产品成本提出的一项基本要求，这样既能保证产品成本的真实性和有用性，使同类企业及企业本身不同时期的产品成本内容一致，具有分析对比的可能，又能正确计算企业的盈亏情况并进行合理的分配，保证成本指标的合法性。

成本开支范围和费用开支标准是由国家依据企业生产经营过程中所发生费用的不同性质，根据成本的经济内容、加强经济核算和成本管理的要求，确保成本能够正确地反映和计量企业生产经营的耗费情况，对计入产品成本的各项支出的内容所作的统一规定。

成本开支范围和费用开支标准是在"企业会计准则""企业财务通则"和"产品成本核算制度"的一般原则指导下，企业应当根据生产经营特点和管理要求，按照成本的经济用途和生产要素内容相结合的原则或者成本性态等，由国家财政部按各类企业性质统一制定颁布的。它是一项重要的经济法规，每个企业都必须严格遵照执行，防止乱挤乱摊成本的行为发生。

根据2014年7月23日的《财政部关于修改〈企业会计准则——基本准则〉的决定》，企业为生产产品、提供劳务等发生的可归属于产品成本、劳务成本等的费用，应当在确认产品销售收入、劳务收入等时，将已销售产品、已提供劳务的成本等计入当期损益。企业发生的支出不产生经济利益的，或者即使能够产生经济利益但不符合或者不再符合资产确认条件的，应当在发生时确认为费用，计入当期损益。企业发生的交易或者事项导致其承担了一项负债而又不确认为一项资产的，应当在发生时确认为费用，计入当期损益。

（一）产品成本开支范围

在制造业中，国家相关法规允许以下费用列入产品成本开支范围：

（1）企业在生产经营过程中，为生产产品实际消耗的，构成产品实体的原材料以及有助于产品形成的各种主要材料、辅助材料、备品配料、外购半成品、燃料、动力、低值易耗品、包装物的原价和运输、装卸、整理等费用。

（2）企业在生产经营过程中，直接从事产品生产的职工的薪酬，即企业为获得职工提供的服务而给予其各种形式的报酬以及其他相关支出。职工薪酬包括：职工工资、奖金、津贴和补贴；职工福利费；医疗保险费、养老保险费、失业保险费、工伤保险费和生育保险费等社会保险费；住房公积金；工会经费和职工教育经费；非货币性福利；因解除与职工的劳动关系给予的补偿；其他与获得职工提供的服务相关的支出。

企业为职工缴纳的医疗保险费、养老保险费、失业保险费、工伤保险费、生育保险费等社会保险费和住房公积金，应当在职工为其提供服务的会计期间，根据工资总额的一定比例计算。

（3）企业生产部门（如生产车间）发生的水电费、固定资产折旧、无形资产摊销、管理人员的薪酬、劳动保护费、国家规定的有关环保费用、季节性和修理期间的停工损失及其他制造费用。

以上各项耗费都是企业为生产产品而发生的费用，其中第一项构成"直接材料"成本项目，第二项构成"直接人工"成本项目，第三项构成"制造费用"成本项目。

（二）费用开支范围

费用是指企业在日常活动中发生的、会导致所有者权益减少的、与向所有者分配利润无关的经济利益的总流出。费用只有在经济利益很可能流出从而导致企业资产减少或者负债增加,且经济利益的流出额能够可靠计量时才能予以确认。

1. 管理费用

管理费用指企业行政管理部门为组织和管理生产经营活动而发生的各项费用,它包括:

（1）公司经费——行政管理部门职工工资及福利费、物料消耗、低值易耗品摊销、办公费、差旅费等。

（2）工会经费——按企业行政管理部门职工工资总额的一定比例计提并拨交工会的经费。

（3）职工教育经费——为培训企业行政管理部门职工而支出的费用,按职工工资总额的一定比例计提。

（4）社会保险费——企业依法为行政管理部门人员支付的基本医疗、基本养老、失业、工伤等保险支出。

（5）住房公积金——企业为行政管理部门职工在为其提供服务的会计期间,根据工资总额的一定比例计算缴存的长期住房储备金而发生的支出。

（6）董事会费——企业最高权力机构及其成员为执行职能而发生的各项费用,包括董事会成员津贴、会议费和差旅费等。

（7）咨询费(含顾问费)——企业向有关咨询机构咨询有关科学技术、经营管理等信息时所支付的费用。

（8）聘请中介机构费——聘请注册会计师等进行查账、验资以及进行资产评估等发生的各项费用。

（9）诉讼费——企业因起诉或应诉而发生的各项费用。

（10）排污费——企业按规定缴纳的排污费。

（11）绿化费——厂区绿化而发生的费用。

（12）税金——企业按规定应缴纳的房产税、车船使用税、土地使用税和印花税。

（13）矿产资源补偿费——对在中华人民共和国领域或其他管辖海域开采矿产资源而征收的一项费用。

（14）技术转让费——企业使用非专利技术而支付的费用。

（15）研究费用——企业研究开发新产品、新技术、新工艺而发生的新产品设计费、工艺规程制定费、设备测试费、原材料和半成品的试验费、技术图书资料费、未纳入国家计划的中间实验费、研究人员工资、研究设备的折旧费、与新产品试制有关的其他费用、委托其他单位进行的科研试制以及试制失败而损失的费用。

（16）无形资产摊销——专利权、商标权、土地使用权、著作权、非专利技术等无形资产的摊销。

（17）业务招待费——企业因业务经营的合理需要而支付的招待费用,按国家规定比例计提列支。

2. 财务费用

财务费用指企业在筹集资金(理财活动)过程中所发生的各项费用。它包括:利息费用

（减利息收入）、汇兑损益（减汇兑收益）以及相关的手续费、发生的现金折扣或收到的现金折扣等。

3. 销售费用

销售费用指制造业企业在销售产品过程中所发生的保险费、包装费、展览和广告费、商品维修费、预计产品质量保证损失、运输费、装卸费等以及销售本企业商品而专门设立的销售机构（含销售网点、售后服务网点等）的职工薪酬、业务费、折旧费等经营费用以及与专设销售机构相关的固定资产修理等后续支出。

企业发生下列费用，不应计入成本：购置和建造固定资产的支出、购入无形资产和其他资产的支出；对外界的投资以及分配给投资者的利润；被没收的财物以及违反法律规定而支付的各项滞纳金、罚款以及企业自愿赞助、捐赠的支出；在公积金、公益金中开支的支出；国家法律、法规规定以外的各种付费；国家规定不得列入成本的其他支出。

已参加基本医疗、基本养老保险的企业，具有持续盈利能力和支付能力的，可以为职工建立补充医疗保险和补充养老保险，所需费用按照省级以上人民政府规定的比例从成本（费用）中提取。超出规定比例的部分，由职工个人负担。

属于个人的下列支出不得列入企业的成本（费用）：

（1）娱乐、健身、旅游、招待、购物、馈赠等支出。

（2）购买商业保险、证券、股权、收藏品等支出。

（3）个人行为导致的罚款、赔偿等支出。

（4）购买住房、支付物业管理费等支出。

（5）应由个人承担的其他支出。

国家所规定的成本（费用）开支范围和费用开支标准是国家根据成本的客观经济内涵、国家的分配方针和企业实行独立经济核算要求而规定的，是对企业成本核算的一项纪律要求。它不仅可以保证产品成本的真实可靠，而且可以使不同企业或同一企业的不同时期的成本内容一致，具有可比性。

成本核算原则，其根本目的就是为了保证并提高成本信息的有用性。有用性是指成本核算一方面对于企业内部管理者的预测、决策和控制的有用性；另一方面对于企业外部相关利益者掌握成本信息、了解财务状况与企业经营成果的有用性。为了确保高质量的成本信息，企业的成本核算必须坚持分期核算原则，执行权责发生制原则和实际成本核算原则，贯彻一致性原则和合法性原则。

【例2-1】某企业在本会计期间发生的部分经济业务内容如下：

（1）为生产产品消耗了材料费用250 000元，消耗的全部材料均为前期储备材料；

（2）为生产产品支付了工资费用150 000元；

（3）生产设备和生产用房屋计提折旧费用80 000元，行政管理部门办公设备和办公用房屋计提折旧费用30 000元；

（4）生产过程中发生废品损失5 000元；

（5）购买新的生产设备支付银行存款500 000元；

（6）维修生产用厂房支付现金3 000元；

（7）对外投资支付银行存款200 000元；

（8）向投资者分配利润30 000元；

(9) 以现金支付办公费用 4 000 元;

(10) 以银行存款支付广告费 50 000 元;

(11) 因违反税法有关规定被处罚,支付现金 6 000 元;

(12) 支付财产保险费 8 000 元,其中生产车间保险费 5 000 元,行政管理部门保险费 3 000 元;

(13) 支付本期利息支出 6 000 元;

(14) 支付生产车间水电费 1 000 元;

(15) 向长期合作单位捐赠现金 40 000 元。

该企业将上述各项支出,按照其用途分别计入当期生产的甲、乙两种产品成本中。该企业根据成本开支范围,作出了以下会计处理并说明了原因。

按照上述规定,对该企业发生的各项支出分析评述如下:

(1) 为生产产品消耗了材料费用 250 000 元,虽然消耗的全部材料均为前期储备材料,但因在本期用于产品生产,符合产品成本开支范围的规定,故应计入产品成本中;

(2) 为生产产品支付了工资费用 150 000 元,符合产品成本开支范围的规定,故应计入产品成本中;

(3) 生产设备和生产用房屋计提折旧费用 80 000 元,符合产品成本开支范围的规定,故应计入产品成本中;而行政管理部门办公设备和办公用房屋计提折旧费用 30 000 元,应计入管理费用,从当期利润中一次扣除,与产品成本没有关系;

(4) 对于生产过程中发生废品损失 5 000 元,虽然它不能形成产品的价值,但为了促使企业加强成本核算,所以将其计入产品成本中;

(5) 购买新的生产设备支付银行存款 500 000 元,是一项资本性支出,不能计入当期产品成本中,而应在该项资产投入使用后,按照合理的方式分期转入各期的成本费用中;

(6) 维修生产用厂房支付现金 3 000 元,属于生产车间发生的修理费,计入管理费用科目,不符合产品成本开支范围的规定,故不应计入产品成本中;

(7) 对外投资支付银行存款 200 000 元,不符合产品成本开支范围的规定,故不应计入产品成本中;

(8) 向投资者分配利润 30 000 元,属于企业利润分配,与生产过程没有关联,不符合产品成本开支范围的规定,故不应计入产品成本中;

(9) 以现金支付办公费用 4 000 元,应计入管理费用,而不能计入产品成本中;

(10) 以银行存款支付广告费 50 000 元,应计入销售费用,而不能计入产品成本中;

(11) 因违反税法有关规定被处罚,支付现金 6 000 元,应计入营业外支出中,与产品成本没有关系;

(12) 支付财产保险费 8 000 元,其中生产车间保险费 5 000 元,行政管理部门保险费 3 000 元。保险费虽然不形成产品价值,但生产车间保险费 5 000 元,按规定应计入产品成本中;支付的行政管理部门保险费 3 000 元,应计入管理费用中;

(13) 支付本期利息支出 6 000 元,应计入财务费用,不能计入产品成本中;

(14) 支付生产车间水电费 1 000 元,符合产品成本开支范围的规定,故应计入产品成本中;

(15) 向长期合作单位捐赠现金 40 000 元,应计入营业外支出中,与产品成本没有关系。

本案例的会计处理涉及成本开支范围问题。为了使企业成本计算口径一致,按照国家规定的成本开支范围,综合有关企业会计、财务制度规定,可以计入产品成本的各项支出包括:为生产产品而消耗的材料费用;为生产产品而耗用的动力费用;为生产工人支付的工资费用;固定资产发生的折旧费用;生产过程中发生的废品损失和停工损失;生产单位为管理和组织生产而发生的办公费等各项费用。但是,下列各项支出不能计入产品成本:一是为购置和建造固定资产、无形资产和其他长期资产的支出;二是对外投资的支出和分配给投资者的利润支出;三是被没收的财物,支付的滞纳金、罚款和捐赠支出等;四是在公积金和公益金中开支的支出。

第二节 成本核算的基本要求

成本是综合反映企业生产经营活动全过程的一项重要指标,成本核算正确与否,直接关系到成本的预测、决策、计划、控制、监督、分析和考核的各个环节。一方面,成本核算的结果真实与否,对业绩考核、财务成果的计算、报表数据等产生影响;另一方面,会计核算与会计监督是相辅相成的。比如:原材料和能源消耗的节约与浪费、生产设备的利用程度、工艺技术的先进情况、劳动生产效率的高低等,都会体现在产品成本这一经济指标中,并且直接影响企业的财务状况和经营决策。因此,为了充分发挥成本核算的作用,在成本核算工作中,应贯彻执行以下各项要求。

一、算管结合,算为管用

所谓"算管结合、算为管用"就是指成本核算应当与加强企业经营管理相结合,所提供的成本信息应当满足企业经营管理和决策的各种需要。所以,成本核算应该从满足管理层需求出发,做到核算与管理相融合,并且成本核算要为管理服务。根据决策有用性目标,成本会计不仅对企业生产产品及各项费用开支进行事后核算,提供事后成本信息,而且必须根据国家相关法规、制度和企业制定的计划以及相应的消耗定额管理依据,加强事前、事中计划、定额制定等工作并及时进行信息反馈。为了让管理层更深入地了解企业生产过程中拥有或控制的经济资源与经济资源计划的完成情况,以及节约或超支的具体原因,揭示企业各项成本费用的金额及其变动情况,尤其是各项消耗定额的执行情况,对于计划或定额不符合实际情况的要按规定程序及时加以修订。只有做到了"算为管用、算管结合",成本会计信息才有助于管理层各方正确、合理地评价企业的产品质量、费用开支水平、成本构成等;有助于企业管理层各方根据有用性管理成本信息作出理性的成本决策,以降低成本提高效益。

二、正确划分各种费用界限

为了正确地核算生产费用和经营管理费用,正确地计算产品的实际成本,必须严格划清以下几个方面的费用界限。

（一）正确划分计入产品成本与不计入产品成本费用的界限

在企业的日常经济活动中，可能发生各种各样的支出。支出是指企业的一切开支及耗费。一般情况下，企业的支出可分为资本性支出、收益性支出、营业外支出和利润分配性支出四大类。

（1）资本性支出是指支出的效益及于几个会计年度（或几个营业周期）的支出，如企业购置和建造固定资产、购买无形资产，以及对外投资的支出等。

（2）收益性支出是指支出的效益及于本年度（或一个营业周期）的支出，如生产过程中发生的原材料消耗、职工薪酬、制造费用以及期间费用的支出等。

（3）营业外支出是指与企业的生产经营活动没有直接关系的支出，如罚款支出、捐赠支出等。

（4）利润分配性支出是指利润分配环节发生的支出，如所得税支出、股利分配支出等。

为了正确计算各期产品的实际成本，必须划清应计入产品成本与不计入产品成本的费用界限。一般应区分如下内容：

① 企业用于产品生产的生产费用，应计入产品成本。用于组织和管理企业生产经营活动的管理费用、用于筹集生产经营资金的财务费用和用于产品销售的销售费用，属于期间费用，不应分配计入产品成本，而是直接计入当期损益，从当期利润中扣除。

② 与生产经营业务无直接关系的营业外支出不应列入产品成本，应该计入当期损益。用于购建固定资产、无形资产的支出不应在发生当期直接计入产品成本或期间费用，而应先将其资本化，然后分期计入产品成本或期间费用。

③ 利润分配中发生的分配性支出已退出了企业资金的循环过程，也不应列入产品成本。企业在进行产品成本核算时，如果把不应计入产品成本的支出计入了产品成本，会造成成本的虚增，利润减少，进而减少国家的财政收入；如果把属于产品成本的支出不计入产品成本，则会造成少计成本，虚增利润，超额分配，不利于补偿已消耗的生产资料价值，影响企业再生产的顺利进行。因此，无论是乱挤成本还是少计成本，都会影响成本计算的正确性，企业必须正确划分计入产品成本与不计入产品成本的费用界限。

（二）正确划分生产费用与经营管理费用的界限

生产费用是指用于产品生产的直接材料、直接人工和制造费用等，生产费用应计入产品成本。经营管理费用是指用于企业经营管理的各项费用，包括销售费用、管理费用和财务费用等，经营管理费用不计入产品成本。计入产品成本的生产费用与不计入产品成本的经营管理费用对企业的损益有着不同的影响；生产费用要在产品生产并销售以后才体现在企业的损益之中，而当月投产的产品不一定当月生产并销售，当月生产并销售的产品也不一定是当月投产的，因而当月发生的生产费用往往不等于计入当月损益、从当月收入中扣除的产品销售成本；但是，企业发生的经营管理费用是作为期间费用处理的，不计入产品成本，而直接计入当月损益，从当月收入中扣除。因此，为了正确地计算企业各个月份的损益，必须将生产经营管理费用再进一步划分为生产费用和经营管理费用，要防止混淆成本（产品成本）和费用（期间费用）的界限，防止人为地将某些产品成本计入期间费用，或者将某些期间费用计入产品成本，借以调节产品成本和各月损益的错误做法。

（三）正确划分各个会计期间费用的界限

按照企业会计准则的规定，企业要按月份反映其财务状况及经营成果。为此，成本核算必须划清各个月份的费用界限。本月发生的成本、费用,应在本月内入账,不得延至下月入账,企业不应在月末提前结账,变相地把本月成本、费用的一部分作为下月成本、费用处理。企业应贯彻权责发生制的要求,正确核算预付费用和应计费用。对于本月支出,但属于以后各期受益的预付费用(受益期超过一年的预付费用,记作长期待摊费用),应分期摊配并计入以后各期的成本、费用;对于本月虽未支付,但本月已经受益的应计费用,应预先计入本月成本、费用,到实际支付时予以冲销。企业要防止利用费用待摊和预提的办法人为调节各月的产品成本和经营管理费用,任意调剂各月损益。

(四) 正确划分各种产品费用的界限

为了满足企业成本考核和成本管理的要求,为企业的成本预测和决策提供依据,应该分别计算各种产品的实际成本。因此,对于计入本月产品成本的生产费用,还应该在各种产品之间进行划分。属于某种产品单独发生,能够直接计入该种产品成本的生产费用,应该直接计入该种产品成本;属于几种产品共同发生的费用,不能够直接计入某种产品成本的,应该采用适当的分配方法,分配计入这几种产品成本。

划分各种产品的费用界限时,应该特别注意划清盈利产品与亏损产品、可比产品与不可比产品、征税产品与减免税产品之间的费用界限。防止在盈利产品与亏损产品之间、可比产品与不可比产品之间任意调节生产成本,以盈补亏、掩盖超支、弄虚作假、粉饰业绩。

(五) 正确划分完工产品与在产品之间费用的界限

月末计算产品成本时,如果某种产品已全部完工,那么,已归属到这种产品中的生产费用之和,就是这种产品的完工产品成本;如果某种产品月末没有完工产品,这种产品的各项生产费用之和,就是这种产品的月末在产品成本。但是,当产品生产周期与会计核算期不一致时,往往出现月末某种产品一部分已经完工,另一部分尚未完工,这时,应当采用适当的分配方法,把这种产品的生产费用在完工产品与月末在产品之间进行分配,分别计算出完工产品成本与月末在产品成本。要防止通过月末在产品成本的升降来人为调节完工产品成本的错误做法。

三、正确确定财产物资的计价和价值结转的方法

制造业企业拥有的财产物资,有相当一部分是生产资料,它们的价值会随着生产过程的进行而转移到产品成本中去。因此,这些财产物资的计价和价值结转的方法会直接影响产品成本的计算。例如:涉及固定资产的计价和价值结转,有固定资产原值的计算方法、折旧方法(折旧率有高低)、固定资产修理费的入账方法等。涉及流动资产的计价和价值结转则更为复杂,有低值易耗品和包装物的计价及摊销方法、摊销期限;材料采购成本的构成内容,材料按实际成本核算时发出材料单位成本的确定(先进先出法、加权平均法、个别计价法等);材料按计划成本核算时材料成本差异率种类(个别差异率、分类差异率还是综合差异率,本月差异率还是上月差异率)及计算,材料成本差异的按期结转并将计划成本调整为实际成本;还有固定资产与低值易耗品划分标准的确定等。

对于这些财产物资的计价和价值结转,应制定既科学合理又简单易行的方法。国家有统一规定的,应采用国家统一规定的方法,以方便各企业产品成本的对比。方法一经确定,应保持相对稳定,不得任意改变。

企业要防止任意改变财产物资的计价和价值结转的方法，人为调节产品成本，例如，固定资产折旧不按规定的方法和期限计算、任意改变折旧率、任意调整材料成本差异等，其结果都会造成财产物资和成本费用的失实，给国家和企业造成损失。

四、做好成本核算的基础工作

为了使成本核算工作顺利进行，提高成本信息的质量，企业还应做好以下几项基础工作。

（一）建立和健全原始记录制度

原始记录是对企业生产经营管理活动中的具体事实所做的最初的书面记载，它是成本核算的第一手材料。如果企业的成本核算的基础工作不扎实、不完善，就不可能提供正确的成本资料，成本核算就没有实际意义了。为了满足成本核算的要求，符合各方面管理的需要，企业应制定相应的原始记录制度，使之既简便易行，又科学有效。常用的与成本核算相关联的原始记录主要有：

（1）工时记录。工时记录包括各产品生产所耗生产工人工时记录和所耗机器工时记录。前者是计算和分配生产工人工资费用的主要依据，后者是分配有关生产费用的主要依据。

（2）产量记录。产量记录包括产品品种、规格、数量、质量、完工日期等方面的记录。产量记录是计算计件工资进行生产费用分配和计算完工产品成本的主要依据。

（3）财产物资收发领用的原始记录。财产物资收发领用的原始记录包括各项实物资产的收发领用、耗用报废等方面的记录。如材料物资验收入库、发放领用、多余退库的记录单，固定资产的转移单、报废清理单以及工程竣工验收单等。

（4）有关费用支出的原始记录。有关费用支出的原始记录包括各项费用支出的原始凭证、发票、账单等。

（5）其他原始记录。其他原始记录如工资分配制度记录、职工人事记录等。

企业必须建立健全原始记录制度，做好原始记录的登记、传递、保管和审核工作，落实责任人，以便为成本核算提供准确、及时的原始资料。

（二）建立和健全科学的定额管理制度

定额是指企业在一定的生产技术和设备条件下，对生产经营活动中消耗的人力、物力和财力所制定的消耗标准和应达到效能的水平。它主要包括：生产工时定额、机器工时定额、材料消耗定额、燃料动力消耗定额等。定额管理制度是指以定额为依据，制定生产计划、组织生产、控制消耗的一种科学管理制度。

定额不仅是企业编制成本计划、进行成本控制和分析考核的依据，而且是企业开展全面经济核算、加强成本管理的基础。有时，在计算产品成本时，需要根据原材料定额和工时的定额消耗量或定额费用作为分配实际费用的标准。因此，定额既是衡量企业工作数量又是评价企业工作质量的客观尺度。

制定定额的方法一般有统计分析法、技术分析法和经验估计法等。统计分析法是根据统计数据资料，在分析比较的基础上制定定额的方法。技术分析法是指通过技术测定和技术计算，结合生产实践经验以及可能采用的技术组织措施制定定额的方法。经验估计法是指由生产工人、技术人员和定额管理人员一起,以过去的经验为依据,参考有关技术文件和资料制定定额的方法。不管采用哪一种方法,企业均应根据当前的设备状况、技术水平、职工素质等因素来综合分析,制定既先进又可行的定额。定额制定以后,如果各方面条件变化,应及时修订定额,以保证定额水平的先进性和合理性,调动职工完成定额的积极性,充分发挥定额管理的作用。

(三) 建立健全存货计量、验收、领退和盘点的制度

成本核算依据的各种原始数据,主要是反映企业各项财产物资增减变动的数量资料,为了保证财产物资的实物数量上的真实可靠,必须建立健全财产物资的计量、验收、领退和盘点的制度。

建立计量验收制度,首先必须在思想上提高认识,没有准确的计量,便不能提供准确的数量和实物消耗资料,从而使成本核算失去真实的数据基础,成本管理也就无从谈起。其次,必须根据不同的计量对象,配置必要的计量器具,而且对计量器具要做好管理和定期校验工作。再次,要设立专职的质验机构和责任人,以明确计量责任,同时应有审核制度。最后,计量工作不仅要保证数量的准确,而且要注意对质量的检验。

为了保证计量的准确性,企业还必须做好对原材料、在产品、半成品、产成品等各项财产物资的收发、领退、转移、报废和清查盘点工作,建立健全审批手续,填制必要的凭证,防止任意转移、丢失、积压、损坏变质和被贪污盗窃。

(四) 建立企业内部结算价格和结算制度

对于规模较大、组织结构复杂、计划管理基础较好的企业,为了分清企业内部各部门的经济责任,便于分析和考核内部各部门的成本计划完成情况,应该制定合理的内部结算价格,建立企业内部结算制度。

内部结算制度是指企业内部各部门、车间相互提供原材料、燃料、动力、半成品、产成品和劳务等,进行收付结算的制度。

制定企业内部结算价格,通常有三种方式:一是采用生产单位的计划成本作为企业内部价格;二是以生产单位的计划成本加上一定的内部利润作为企业内部价格;三是按内部供需双方协商确定的价格作为企业内部价格。企业内部结算价格,应由企业管理当局根据管理的需要统一制定,无论采用哪种方式制定,都应尽可能接近实际并保持相对稳定,年度内一般不作变动。

企业制定了内部结算价格,对于内部各单位的材料领用、半成品转移、劳务提供,都应先按计划价格结算,月末再按一定的方法计算价格差异,据以调整计算产品实际成本。

五、适应生产特点和管理要求,采用适当的成本计算方法

产品的生产过程同时也是产品成本的形成过程。产品生产组织和工艺特点不同,以及管理的要求不同,决定了企业应选择不同的成本计算方法。产品生产的特点主要表现在产品的生产工艺过程和生产组织方式两方面。从生产工艺过程的特点看,有单步骤生产和多步骤生产;多步骤生产又可分为装配式多步骤生产和连续式多步骤生产。从生产组织方式的特点看,有大量生产、成批生产和单件生产。成本管理的要求主要表现为对主要产品要求提供详细的成本信息,对次要产品可以提供简要成本信息,详略要适当。企业选择成本计算

方法时,应适应各种类型生产的特点和与它相适应的管理要求。如果成本计算方法选择不当,将会影响产品成本的准确性和及时性。

第三节 成本费用的分类

为了适应生产经营管理的需要,寻求企业成本的优势,科学地进行成本管理和成本核算,必须对企业的各种成本费用进行合理的分类。

费用是一项重要的会计要素,也是成本会计核算的主要内容。费用的含义是什么?它与企业的支出和产品成本有什么关系?对此有多种观点。我国《企业会计准则》中对费用的表述是:"费用是指企业在日常活动中发生的、会导致所有者权益减少的、与向所有者分配利润无关的经济利益的总流出。"美国财务会计准则委员会是表述是:"费用是某一个体在持续的、主要或核心业务中,因交付或生产了货品,提供了劳务,或进行了其他活动,而付出的或其他耗用的资产,或因而承担的负债(或两者兼而有之)。"

上述两种观点都指出费用是某企业或个体在生产经营过程中发生的有效耗费,然而,这两种观点都未表述费用是针对一定会计期间而言的。所以,费用即生产经营费用的确切含义应表述为:企业在会计期间内生产经营过程中所发生的经济资源耗费的货币表现,包括与产品生产直接相联系的生产费用和与产品生产没有直接联系的期间费用。

一、生产费用及其与支出和产品成本的关系

生产费用是指一定时期内企业为生产产品、提供劳务而发生的物化劳动和活劳动的货币表现。而支出是指企业的一切开支及耗费,它包括资本性支出、收益性支出、所得税支出、营业外支出、利润分配性支出。故生产费用仅仅是指与企业生产经营有关的支出,它包含于支出当中。

企业在生产经营过程中,伴随着各项生产费用的发生和产品的不断加工制造,直到产成品的产出或者为消费者提供各种劳务,逐步形成了企业产品成本。所以,生产费用的发生过程也就是企业产品成本的形成过程。但生产费用并不等于产品成本,两者既有联系又有区别。

支出、费用和产品成本之间的相互关系如图 2-1 所示。

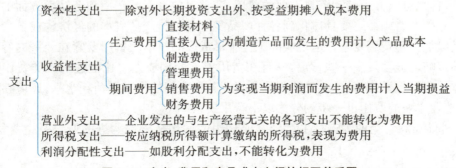

图 2-1 支出、费用和产品成本之间的相互关系图

首先,生产费用与产品成本具有相同的经济内涵。因为生产费用和产品成本都是从生产经营投入到完工产出(或完成劳务活动)的角度,采用价值指标反映生产经营过程中的物化劳动与必要活劳动的耗费,生产费用是产品成本的基础,产品成本是对象化的生产费用。也就是说,某产品或劳务的总成本是该种产品或劳务在各生产经营过程中应负担的各项生产费用的总和。换句话说为生产某一种产品生产费用即为该产品成本。其次,生产费用与产品成本两者的范围不同。生产费用是指一定时期内企业为生产产品提供劳务而发生的物化劳动和活劳动的货币表现,而企业产品成本是指为生产某种产品所生的各种耗费。故生产费用的范围要大于产品成本的范围。再次,生产费用是以"会计结算期"为核算基础,反映企业在一定时期(月、季、半年、年)内实际发生的为从事生产经营活动而投入的全部费用。不必考虑产品是否完工、劳务是否完成,以及有多少产品完工。企业产品成本是以"成本计算对象"为计算基础,反映企业为生产某种产品(提供某种劳务)而应计入该产品(或劳务)成本的全部费用。在生产性企业就必须考虑在一定的成本计算期内有多少产品完工,以及在期末还有多少产品未完工,因为本期投产的产品不一定当期全部完工。而当期完工的产品中也可能包括前期投产而在本期继续加工完成的,故本期计入产品成本的生产费用必须调整计算在产品自制半成品的期初、期末余额,才能得到完工产品成本。所以,本期发生的生产费用并不一定记入本期产品成本;而记入本期产品成本的生产费用并不一定是本期发生的。

二、费用按经济内容的分类

企业生产经营过程中耗费是多种多样的,为了科学地进行成本管理,正确计算产品成本和费用,需要对种类繁多的费用进行合理分类。将费用按照不同的标准进行分类,有助于我们进一步理解各种成本的含义及其作用,从而有效地提供和使用各种成本信息,提高成本管理的水平。在费用的各种分类中,最基本的分类方法是按经济内容和经济用途的分类,前者形成了成本(费用)要素的概念,后者形成了成本项目的概念。此外,还可以按照成本与特定产品的关系、成本的可控性、成本习性以及成本与决策的相关性等标志做出分类。

就制造业企业来说,形成产品成本的费用要素主要是生产资料的耗费以及劳动力的耗费。其中生产资料的耗费又分成劳动资料的耗费与劳动对象的耗费,它们体现了物化劳动的耗费,而劳动力方面的耗费则体现了必要劳动的耗费。因此,企业生产费用要素按其经济内容划分,首先可以分为劳动资料方面的费用、劳动对象方面的费用和劳动力方面的费用三大类。企业生产费用最终要具体化到各种产品身上,所以,产品成本的经济构成要素从大类上分也是以上三种费用要素。但是实际工作中形成产品成本的费用要素在经济内容上与理论成本的范畴可能会发生一些背离,并且在费用要素的构成上要比上述三大类费用的划分更为具体。为了更详细、具体地反映制造业企业各种费用的内容及消耗水平,还应在此基础上,将制造业企业的费用进一步划分为以下费用要素[①]。

(1) 外购材料。企业为进行生产经营而耗用的一切从外部购进的原料及主要材料、半

---

① 所谓费用要素,就是费用按经济内容的分类。

成品、辅助材料、包装物、修理用备件和低值易耗品等，不包括为在建工程和福利部门耗用的材料。

（2）外购燃料。企业为进行生产经营而耗用的一切从外购进的各种燃料，包括固体、液体和气体燃料。一般情况下，燃料应单独列作一个要素进行核算，但对于燃料耗用不多的企业，可将其包括在外购材料中，不单独考核。外购燃料中不包括在建工程和福利部门耗用的燃料。

（3）外购动力。企业为进行生产经营而耗用的一切从外部购进的各种动力，如电力、热力(蒸汽)等，不包括在建工程和福利部门耗用的动力。

（4）职工薪酬。企业为获得职工提供的服务而给予的各种形式的报酬以及其他相关支出，包括职工工资、奖金、津贴和补贴、职工福利费、社会保险费、住房公积金、工会经费和职工教育经费、非货币性福利、因解除与职工的劳动关系给予的补偿以及其他与获得职工提供的服务相关的支出。

（5）折旧费。企业按照规定计提的固定资产折旧费和无形资产等的摊销费，但不包括出租固定资产折旧费用。

（6）利息费用。企业应计入财务费用的银行借款利息费用减去利息收入后的净额。

（7）税金。企业应缴纳并计入管理费用的各种税金，包括房产税、车船使用税、印花税、土地使用税等。

（8）其他费用。企业发生的应计入损益、费用的其他支出，不属于以上各要素的费用，如邮电费、办公费、差旅费、租赁费、外部加工费、保险费和诉讼费等。

按照上列费用要素反映的费用，称为要素费用。将费用划分为若干要素进行分类核算的作用在于：

① 可以反映制造业企业在一定时期内耗费了哪些资源，数额是多少，有利于分析和考核企业各个时期各种生产费用的构成和支出水平。为编制材料采购资金计划和劳动工资计划提供资料。

② 可以反映企业生产经营中外购材料、外购燃料的支出情况以及职工工资的实际支出情况，为编制材料采购计划和劳动工资计划提供资料。

③ 可以为企业核定储备资金定额和考核储备资金周转速度提供资料。

④ 可以为计算制造业净产值和国民收入提供信息资料。

制造业企业费用的这种分类也有不足之处，主要表现在这种分类只能反映各费用要素的支出形态，说明企业在生产活动中支付哪些费用，不能说明费用发生与企业成本之间的关系，故而不利于成本分析和考核。所以，对企业的生产费用在此分类的基础上，还必须进一步按其经济用途进行分类。

三、费用按经济用途的分类

企业的各种费用按其经济用途分类，首先应分为生产经营管理费用和非生产经营管理费用。生产经营管理费用还应分为计入产品成本的生产费用和不计入产品成本的经营管理费用(即期间费用)。其中，应计入产品成本的生产费用在生产过程中的用途各不相同，有的直接用于产品生产，有的间接用于产品生产。为了具体反映计入产品成本的生产费用的各种用途,提供产品成本构成情况的资料,有必要把这些用途不同的生产费用进一步划分为若干个项目,即产品生产成本项目,简称产品成本项目或成本项目。可见,产品成本项目就是计入产品成本的生产费用按经济用途分类核算的项目,也是多数企业计算成本时进行费用分类的依据。

根据生产特点和管理要求,制造业企业一般可以设立以下五个成本项目:

(1) 原材料,亦称直接材料。即企业生产经营过程中直接用于产品生产、构成产品实体的原料、主要材料以及有助于产品形成的辅助材料。

(2) 燃料和动力。即企业为生产产品所发生的各种燃料和动力费用。在当今高科技时代,生产过程的机械化和自动化都要消耗大量的燃料和电力。为了正确地计算和考核产品生产过程中所消耗的燃料和动力,有必要将生产过程中消耗的燃料和动力成本单独作为一个成本项目反映。

(3) 职工薪酬,亦称直接人工。即企业直接参与产品生产人员的工人工资、奖金、津贴和补贴、福利费、社会保险费、工会经费和职工教育经费、住房公积金等。

(4) 制造费用。即企业内部生产经营单位(分厂、车间)为组织和管理生产经营活动而发生的各项费用,包括间接用于产品生产的各项费用(如机物料消耗、车间厂房折旧费等),以及虽直接用于产品生产,但不便于直接计入产品成本,因而没有专设成本项目的费用,如机器设备的折旧费等。

(5) 废品损失。即企业在生产过程中,产出了不符合产品质量要求的废品所产生的损失,包括可修复废品发生的修复费、不可修复废品的全部生产成本。为了计算和考核企业因产生废品而造成的损失,而这一损失是应由当期生产的合格品负担的,所以废品损失就构成了合格品的生产成本的一个项目。通过废品损失的单独核算,有利于促进企业提高产品生产质量,降低产品成本。

根据生产特点和成本管理要求,成本项目可作适当的增减,在确定或调整成本项目时,应考虑以下几个因素:第一,费用在管理上有无单独反映、控制和考核的需要;第二,费用在产品成本中所占比重的大小;第三,为某种费用专设成本项目所增加的核算工作量的大小。对于管理上需要单独反映、控制和考核的费用,以及在产品成本所占比重较大的费用,应该专设成本项目反映;反之,为了简化核算工作,不必专设成本项目。例如,我国的能源比较紧张,因而一般按产品制定工艺用燃料和动力的消耗定额,并且专设"燃料和动力"成本项目,以便单独进行反映、控制和考核。但如果工艺上耗用的燃料和动力不多,为了简化核算工作,也可以将工艺燃料费用并入"原材料"成本项目,将工艺用动力费用并入"制造费用"成本项目。

如果企业在生产过程中发生的废品损失占产品成本的比重较大,需要作为一项重点费用进行核算和管理上需要单独反映就增设"废品损失"成本项目;如果没废品,或有的企业在生产过程中产生的废品较少,发生的废品损失占产品成本的比重也较小,可以不必单独设立"废品损失"成本项目。在采用逐步结转分步法计算产品成本的企业,为了计算和考核半成品成本,可增设"半成品"成本项目等。

由此可见,成本项目的设置,应根据企业的生产特点和成本管理的要求来决定。但是同行业的成本项目应尽可能一致,以便于比较。

另外,企业的期间费用按照经济用途可分为销售费用、管理费用和财务费用。

四、费用要素与成本项目的关系

费用按经济内容与经济用途分类（即费用要素与成本项目），是成本会计中两个非常重要的基本要概念，它们之间既有联系又有区别。

从联系上看，费用要素与成本项目都是对企业某一特定的费用所作的分类，有些费用要素与成本项目的名称也非常类似，如材料、工资等，它们都反映了企业的耗费。另外，就核算程序而言，成本项目的金额总是由费用要素转化而来的，费用要素中生产费用要素形态都将转化并归属到不同的成本项目之中。当然，这里的费用要素与成本项目间的对应关系，既可能是一对一，也可能是一对几的关系。

费用要素与成本项目间的区别主要表现在以下三个方面：

（1）分类的标准不同。这是两者最根本的区别。费用要素的分类标准只是经济内容而不论用途；成本项目的分类标准只是经济用途而不论内容。即所谓费用要素就是指具有相同经济内容的各不同用途的耗费之和，而成本项目是指具有相同经济用途的各不同内容的生产耗费之和。正因为费用要素与成本项目的分类标准不同，从而导致了两者间的对应关系有时变得错综复杂：同一费用要素，可能有多种经济用途，从而与多个成本项目相对应；同一成本项目，也许包含了多种不同的费用内容，从而又与多个费用要素相对应。

（2）被分类的费用不同。费用要素是对总费用进行分类，而成本项目只是对总费用中的生产费用进行分类。将生产费用按经济内容为依据进行划分所得到的若干类别便被称为生产费用要素。

（3）费用所属的时期不同。费用要素只反映本期发生的费用，而成本项目可能包括本期和以前几个时期发生的费用。即费用要素反映的费用具有时期性的特征，而成本项目反映的费用具有对象性的要求。

此外，费用要素与成本项目在具体的划分类别及各自的作用等方面也存在区别。

为进一步弄清费用要素与成本项目的关系，举例说明如下。

【例 2-2】假设某企业本月共耗用外购材料 100 万元，其中生产产品耗用 80 万元，企业行政管理部门和车间管理部门用于办公室装修各耗用 10 万元；本月共支付工资 50 万元，其中基本生产工人 30 万元，企业行政管理人员 10 万元，车间管理人员 5 万元，销售人员 5 万元。则作为费用要素的外购材料 100 万元、工资 50 万元，作为成本项目的直接材料只有 80 万元、直接人工只有 30 万元，而另一成本项目制造费用却包含了费用要素中的材料费用 10 万元和工资 5 万元。至于用于企业行政管理及产品销售的材料费用及工资就不作为生产费用，自然也就不列入任何成本项目，而是计入管理费用与销售费用之中。

五、费用的其他分类

企业的各种费用，首先应分为生产经营管理费用和非生产经营管理费用；生产经营管理费用还应分为计入产品成本的生产费用和不计入产品成本的经营管理费用。按照企业自身的生产特点和组织成本核算的要求，生产费用在生产过程中的用途各不相同，还可以从不同角度进一步分类。

(一) 按经营目的不同分类

企业生产费用按其经营目的不同,可以将其划分为生产性成本和服务性成本两大类。生产性成本计入产品生产成本和期间费用,服务性成本计入劳务成本。

1. 生产性成本

生产性企业指那些通过一系列生产工艺过程,采用一定的技术方法,将投入的生产要素有机结合起来,生产出具有某种使用价值的、实物形态产品的企业。这类企业的劳动成果都有特定的实物形态,能够以产品产出的地点和时间确定成本计算对象、归集生产费用、计算产品成本。产品成本是指生产性企业为生产一定质量和数量的产品,在生产要素上发生的各种耗费。

在生产性企业中,成本按经济用途可划分为生产成本和非生产成本两大类。

生产成本通常由直接材料、燃料和动力、直接人工和制造费用构成,是在产品生产过程中所发生的成本。直接材料又称原材料,是指加工后直接构成产品实体的原材料以及有助于产品形成的主要材料和辅助材料;燃料和动力,是指直接用于产品生产的燃料和动力,生产部门直接用于生产的燃料和动力,直接计入生产成本;生产部门间接用于生产(如照明、取暖)的燃料和动力,计入制造费用;直接人工又称职工薪酬,是指在生产中对材料进行直接加工制成产品所耗用的工人的工资、奖金和各种津贴,以及按规定比例提取的福利费、社会保险费等;制造费用,是指企业为生产产品和提供劳务而发生的各项间接费用,包括企业生产部门(如生产车间)发生的水电费、固定资产折旧、无形资产摊销、管理人员的职工薪酬、劳动保护费、国家规定的有关环保费用、季节性和修理期间的停工损失等。通常在生产中所发生的除了直接材料及直接人工以外的各种费用,由间接材料、间接人工和其他制造费用三个部分构成。

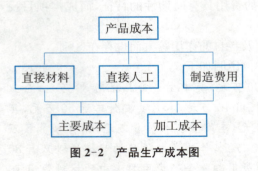

图 2-2 产品生产成本图

在产品生产成本中,直接材料和直接人工之和一般称为主要成本;而直接人工与制造费用之和则称为加工成本,如图 2-2 所示。

生产成本应否全额作为产品成本处理,须视成本计算方法而定。在完全成本计算模式下,生产费用全额作为产品成本处理;但在变动成本计算模式下,只将生产成本中的直接材料、直接人工和变动制造费用作为产品成本,而固定制造费用则作为期间成本处理。

非生产成本是针对生产企业而言的,其非生产成本视同期间成本,主要包括管理费用、销售费用和财务费用,又称经营管理费用。

2. 服务性成本

服务性成本是指服务性企业为提供各种劳务而发生在生产要素上个别耗费的物化劳动和提供劳动者必要活动的补偿价值。服务性企业是指那些以具有某种服务功能的设施,满足某方面需要的企业。它包括交通运输企业、物流企业、贸易企业、邮电通讯企业、饮食宾馆旅游企业、软件开发企业和金融保险企业等。服务性企业必须从所提供的劳务收入中补偿耗费的生产要素价值,这类企业的劳动成果一般不具有实物形态,只能按照所提供劳务的性质、数量和质量,汇总所发生的生产经营费用计算成本。

服务性企业也有其产品成本,其成本通常也包含直接材料、直接人工以及销售费用。例如:饮食业的采购食品的价款为直接材料成本,厨师的工资为直接人工成本,而餐馆的租金及水电空调费用等则列为销售费用。

由于劳务性企业种类繁多,经营性质差别较大,各种企业在成本构成上不尽相同,其成本构成在理论上仍可抽象为物化劳动和活劳动耗费,也统称为劳务成本。

当企业对外提供劳务时,应当归集劳务成本,劳务成本的主要构成为直接人工、其他费用和能够归属的间接费用。例如:软件开发企业为客户提供定制软件的开发服务,那么执行这一合同的所有开发人员的工资构成直接人工成本,差旅食宿以及其他开发人员为满足履行合同的直接支出费用构成其他费用;如果该公司的开发部门同时负责若干客户的软件定制开发任务(同时可能分若干项目组),那么开发部的管理人员支出的费用构成间接费用,该间接费用应当在各个项目之间进行合理分摊。

(二) 按生产费用与特定对象关系分类

生产费用对象化即将发生的费用归集属于具体的成本对象的过程,费用是否对象化取决于成本对象的范围。比如:将一个企业看作一个成本对象,则该企业发生的各种费用均可以对象化为企业成本;将企业生产的产品视为成本对象,有的费用可以对象化,有的费用就不能对象化而是直接计入当期损益。所以,生产费用与特定对象关系可分为直接生产费用和间接生产费用。

1. 直接生产费用

直接生产费用指与某一特定对象(产品、劳务、加工步骤或部门)之间具有直接联系,可按特定标准将其直接归属该对象的成本。如:产品生产过程中直接耗用的原材料、生产工人的工资和机器设备的折旧费等。由于直接生产费用可直接归属于某一特定对象,故又称可追溯成本。具体包括:直接材料,即直接构成产品实体的原材料费用;直接人工,即生产第一线加工生产产品的工人的职工薪酬;其他直接费用,即直接为生产某种产品而发生的其他费用。

2. 间接生产费用

间接生产费用是指与某一特定对象之间没有直接联系,无法按某一特定标准直接归属于有关对象的成本。如:基本生产车间和辅助生产车间的管理人员工资、办公费、机物料消耗,以及车间厂房的折旧费等。由于间接生产费用的发生与许多对象都有联系,必须选择适当的分配标准在各对象之间进行分配,才能归属于某一特定对象,故又可称其为共同成本。具体包括:间接材料,如生产车间耗用的材料费用;间接人工,如生产车间管理人员的薪酬;其他间接费用,如生产车间厂房的折旧费等。

将成本划分为直接生产费用与间接生产费用,对于正确计算产品成本是十分重要的。凡是直接生产成本必须根据原始凭证直接计入该种成本计算对象;凡是间接成本则要选择合理的分配标准分配给相关的成本计算对象。分配标准是否恰当,将直接影响成本的正确性,影响企业的利润(如图2-3所示)。

(三) 按计入产品成本的方法分类

按计入产品成本的方法,生产费用可以分为直接计入费用(一般称为直接费用)和间接计入(或分配计入)费用(一般称为间接费用)。

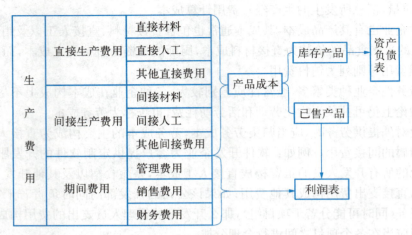

图 2-3 生产费用与产品成本的关系

1. 直接计入费用

直接计入费用是指可以分清哪种产品所耗用，可以直接计入某种产品成本的费用。直接计入费用在计算产品成本时，可以根据原始凭证将发生的费用直接计入该种产品成本明细账的相应成本项目中。如：能够分清用于某种产品的原材料费用，可根据领料单、限额领料单等原始凭证，计入该产品成本的"直接材料"或"原材料"成本项目。

2. 间接计入费用

间接计入费用，是指不能分清哪种产品所耗用、不能直接计入某种产品成本，而必须按照一定标准分配计入有关各种产品成本的费用。间接计入费用无法根据发生的原始凭证直接计入各产品成本中，需要采用适当的方法在几种产品之间进行分配，再将分配后的结果计入各产品成本明细账的相应成本项目中。例如：某企业一车间发生 50 000 元生产工人工资，生产甲和乙两种产品。据工资结算单不能分清各产品应负担的工人工资，必须采用一定的分配方法，如生产工时比例法等，将 50 000 元生产工人工资分配计入甲和乙产品的成本。

直接生产费用和间接生产费用与直接计入费用和间接计入费用之间既有区别又有联系。它们之间的联系表现在：直接生产费用在多数情况下是直接计入费用，如原材、主要材料费用大多能够直接计入某种产品成本；间接生产费用在多数情况下是间接计入费用，如机物料消耗大多需要按照一定标准分配计入有关的各种产品成本中。但它们毕竟是对生产费用的两种不同分类，直接生产费用与直接计入费用、间接生产费用与间接计入费用不能等同。例如，在生产一种产品的企业（或车间）中，直接生产费用和间接生产费用都可以直接计入这种产品的成本，因而均属于直接计入费用；又如，在用同一种原材料，同时生产出几种产品的联产品①生产企业（或车间）中，直接生产费用和间接生产费用都需要按照一定标准分配计入有关的各种产品成本，因而属于间接计入费用。

---

① 联产品是指用同一种原料，经过同一个生产过程，生产出两种或两种以上不同性质和用途的产品。

第四节　成本核算的基本程序与账务处理

一、成本核算的一般程序

生产费用是计算产品成本的基础,生产费用的发生过程也就是产品成本的形成过程。因此,成本核算的一般程序就是对企业在生产经营过程中发生的各项费用,按照成本核算的要求,逐步进行归集和分配,最后计算出各种产品的总成本和单位成本以及各项期间费用的过程。根据企业生产过程中费用的发生情况和成本核算的要求,可将成本核算的一般程序归纳如下:

(1) 按生产费用要素进行核算,对企业的各项支出进行严格的审核和控制,并按照国家的有关规定确定其是应计入产品成本还是期间费用。生产费用要素是企业生产经营过程中所发生的各项费用,通过对生产费用要素的核算可以了解企业在某个会计期间所发生的生产费用的内容和数量,它是产品成本计算的基础。也就是说,要在对各项支出的合理性、合法性进行严格审核、控制的基础上,进行要素费用的归集,以确认发生费用的内容及其数量。

(2) 按生产费用的用途进行核算,以确认其归属对象即承担者。由于生产费用要素只能反映企业在某个会计期间所发生费用的内容和数量,而无法了解其用途,因此,生产费用在按其费用要素进行核算的基础上,还应按其经济用途进行核算。将生产费用在各种产品之间按用途分为直接材料、直接人工、制造费用等各成本项目,以便直接或间接地计入产品生产成本。也就是说,在归集和分配各生产费用要素的基础上,根据成本开支范围的规定,进一步确定应计入产品成本的生产费用。直接费用直接计入各成本计算对象(产品)的"生产成本"账户,间接费用先计入"制造费用"账户,再分配计入各产品的"生产成本"账户。

(3) 按成本计算对象计算产品成本。在按成本计算对象和成本项目归集和分配费用的基础上,在成本计算单(生产成本明细账)中,将生产费用在完工产品和月末在产品之间进行分配,从而计算出完工产品的总成本和单位成本,并将完工产品总成本从"生产成本"账户转入"库存商品"账户。

二、账户的设置

在实际工作中,企业的生产费用的归集和分配,以及成本的计算都是通过建立生产费用核算的账户体系来进行的。为了正确划分各种费用界限,按成本计算对象分成本项目归集和分配生产费用,计算产品成本,企业一般应设置"生产成本""制造费用""销售费用""管理费用""财务费用""长期待摊费用"等账户。如果需要单独核算废品损失,还应设置"废品损失"账户,从而形成了一个完整的生产费用核算体系。其中,"生产成本"账户一般下设"基本生产成本"和"辅助生产成本"两个明细账户,以分别核算基本生产车间和辅助生产车间的生产成本。

(一) 基本生产成本

基本生产是指为完成企业主要生产目的而进行的商品产品生产。为了归集基本生产车间所发生的各种生产费用,计算基本生产车间产品的成本,应设置"生产成本——基本生产成本"账户。该账户借方登记企业为生产产品而发生的各种费用,包括直接材料、直接人工、制造费用、废品损失;贷方登记转出的生产完工、验收入库的产品的实际成本;余额在借方,表示期末在产品成本,即基本生产车间在产品占用的资金。

"基本生产成本"账户应按产品品种或产品批别、生产步骤上的半成品等成本计算对象设置产品成本明细分类账(或称基本生产明细账、产品成本计算单),并按产品成本项目分设专栏或专行。其格式举例详见表2-1。

表 2-1　产品成本明细账(产品成本计算单)

车间:某车间　　　　　　　　2016年1月　　　　　　　　产品:甲产品　　单位:元

月	日	摘　要	产量	成本项目			成本合计
				直接材料	直接人工	制造费用	
		月初在产品成本					
		本月生产费用					
		生产费用合计					
		本月完工产品成本					
		完工产品单位成本					
		月末在产品成本					

如果企业生产的产品品种较多,为了按照产品成本项目(或者既按车间又按成本项目)汇总反映全部产品总成本,还可设置"基本生产成本二级账户"。其格式详见表2-2。

表 2-2　基本生产成本二级账户

(各批产品总成本)　　　　　　　　　　　　　　　　　　　　　单位:元

月	日	摘　要	直接材料	生产工时	直接人工	制造费用	合　计
		在产品成本					
		本月生产费用					
		全部产品累计间接计入费用及其分配率					
		本月完工产品转出					
		在产品成本					

(二) 辅助生产成本

辅助生产是为基本生产服务而进行的产品生产和劳务供应。为了归集辅助生产所发生的各种生产费用,计算辅助生产所提供的产品和劳务的成本,应设置"生产成本——辅助生产成本"账户。该账户的借方登记为进行辅助生产而发生的各种费用;贷方登记完工入库产品的实际成本或分配转出的劳务成本;余额在借方,表示期末辅助生产车间在产品的成本,即辅助生产车间在产品占用的资金。

该账户应按辅助生产车间和生产的产品以及提供的劳务分设明细分类账,并按成本项目分设专栏或专行进行明细核算。

(三) 制造费用

为了核算企业为生产产品和提供劳务而发生的各项间接费用,应设置"制造费用"账户。该账户的借方登记实际发生的间接费用;贷方登记月末分配转出的间接费用;除季节性生产的企业外,该账户月末应无余额。

该账户应按车间、部门设置明细分类账,按费用项目设专栏进行明细核算。

(四) 销售费用

为了核算制造业企业在产品销售过程中所发生的各项费用以及为销售本企业产品而专设的销售机构的各项经费,应设置"销售费用"账户。该账户的借方登记实际发生的各项产品销售费用;贷方登记期末转入"本年利润"的数额;期末结转后该账户应无余额。

该账户的明细分类账,应按费用项目设置专栏,进行明细核算。

(五) 管理费用

为了核算企业行政管理部门为组织和管理企业生产经营活动而发生的各项费用,应设置"管理费用"账户。该账户的借方登记发生的各项管理费用;贷方登记期末转入"本年利润"的数额;期末结转后该账户应无余额。

该账户的明细分类账,应按费用项目设置专栏,进行明细核算。

(六) 财务费用

为了核算企业为筹集生产经营所需资金而发生的各项费用,应设置"财务费用"账户。该账户的借方登记发生的各项财务费用;贷方登记应冲减财务费用的利息收入、汇兑收益以及期末转入"本年利润"的财务费用;期末结转后该账户应无余额。

该账户的明细分类账,应按费用项目设置专栏,进行明细核算。

(七) 长期待摊费用

为了核算企业已经支付,但摊销期限在一年以上(不含一年)的各项费用,应设置"长期待摊费用"账户。该账户的借方登记实际支付的各项长期待摊费用;贷方登记分期摊销的长期待摊费用;该账户的余额在借方,表示企业尚未摊销的各项长期待摊费用的摊余的价值。

该账户应按费用种类设置明细分类账,进行明细核算。

(八) 废品损失

需要单独核算废品损失的企业,应设置"废品损失"账户。该账户的借方登记不可修复废品的生产成本和可修复废品的修复费用;贷方登记废品残料回收的价值、应收的赔款以及转出的废品净损失;该账户月末应无余额。

该账户应按车间设置明细分类账,按产品品种分设专户,并按成本项目设置专栏或专行进行明细核算。

综上所述,为了对成本核算账务处理有一个概括性的了解,根据成本核算的一般程序和成本核算所设置的主要账户的对应关系,产品成本核算的主要账务处理程序以"T"形账户表示,如图2-4所示。

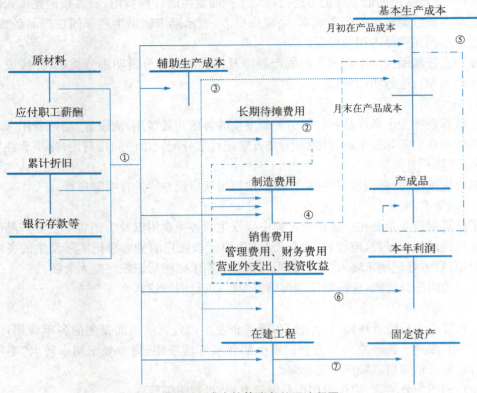

图 2-4　成本核算账务处理流程图

图示说明：
① 各项要素费用的归集和分配。
② 摊销长期待摊费用。
③ 分配辅助生产费用。
④ 分配制造费用。
⑤ 结转完工产品成本。
⑥ 结转期间费用及其各项直接计入当期损益的支出和损失。
⑦ 结转计入固定资产价值的在建工程。

本 章 小 结

本章节主要阐述了成本核算的原则、要求、账户设置与账务处理程序以及费用要素与成本项目等成本核算的有关基本问题。

成本核算是成本会计的核心内容，进行产品成本核算是成本会计的主要任务，为了更好地完成成本核算，必须遵循成本核算的一般原则，严格遵守国家所规定的成本开支范围和费用开支标准是加强成本管理的要求、做好成本核算的基础工作。

成本核算要求包括算管结合、算为管用；正确划分各种费用界限；正确确定财产物资的计价方法和价值转移方法；做好成本核算的基础工作；适应生产特点和管理要求采用适当的成本核算方法。

成本费用的分类是成本核算的主要内容。划清生产经营管理费用是正确地核算产品实际成本的依据，而生产费用的分类是正确计算产品成本的重要条件。进行成本费用的分类必须理清生产费用、支出和产品成本之间的关系。费用要素与成本项目是对企业费用所作的最基本的分类，将费用按经济内容为依据进行分类所得到的类别就是费用要素,费用要素可分为外购材料、外购燃料、外购动力、职工薪酬、折旧费与摊销费、利息支出、税金和其他支出等。将费用按经济用途为依据进行分类所得到的类别就是成本项目,成本项目可分为直接材料、直接人工和制造费用等。费用要素和成本项目之间的关系是对应关系,既可能是一对一,也可能是一对几的关系。

为了适应经营管理的需要,寻求企业的成本优势,必须分清楚生产经营费用的种类。按照各类企业经营目的的不同,可以将企业成本划分为生产性成本和服务性成本;按生产费用与特定对象关系分类,可分为直接生产费用和间接生产费用;按计入产品成本的方法分类,可分为直接计入费用和间接计入费用。

进行成本核算还需要设置专门的账户,这些账户的结构、用途有自身特点,使用这些账户对发生的业务进行会计处理,会形成一个完整的成本核算程序。成本流程就是对生产过程中发生的各项要素费用,按经济用途归类计入产品成本的过程,也就是成本核算的一般程序。成本核算需要设置"基本生产成本""辅助生产成本""制造费用"等账户,并根据企业具体情况作出增加或减少账户的选择。

成本核算的账务处理程序通常包括归集与分配各种要素费用、摊销本月的成本费用、分配辅助生产费用、分配制造费用、结转完工产品成本、结转期间费用及其他各项直接计入当期损益的支出和损失、结转完工的工程成本等。

思 考 题

1. 正确计算产品成本应划分哪几种费用界限?
2. 制造业企业成本核算的基础工作主要包括哪些方面的内容?
3. 简述费用要素成本项目之间的联系和区别。
4. 如何设置产品成本项目?
5. 简述产品成本核算的一般程序。
6. 成本会计的组织工作有哪些主要内容?各起什么作用?
7. 制定企业成本会计制度主要包括哪些方面的内容?
8. 简述费用按经济用途的分类。

业 务 题

1. 老赵的自行车厂,是一个20名职工的小厂,专门生产儿童三轮车。本月为生产产品发生了下列支出:钢管50 000元,橡胶轮胎10 000元,油漆1 000元,其他配件2 000元,车间用电费2 000元,厂部用电费1 000元,工人工资20 000元,厂长等管理人员工资8 000元,设备租金2 000元,机器修理费500元,生产设备折旧费2 000元。

会计科长要求汪宏对上述费用进行分类,最后汪宏分类的结果为:

结果一
外购材料 63 000元
外购动力 3 000元
工　　资 28 000元
折 旧 费 2 000元
修 理 费　 500元

结果二
产品成本 90 500元
生产费用 90 500元
期间费用 9 000元

结果三
直接材料 66 000元
直接人工 20 000元
制造费用 4 500元

同样的支出怎么会有三种结果？这到底是怎么回事呢？

2. 请编制以下相关会计分录：

(1) 生产车间领用乙材料 5 000 元用于生产 A 产品；
(2) 支付生产车间办公费用 1 000 元；
(3) 计算本月生产车间设备折旧费用 1 000 元，管理部门固定资产折旧费用 2 000 元；
(4) 将本月制造费用 50 000 元转入生产成本；
(5) 本月 A 产品入库，成本为 100 000 元。

第三章 要素费用的归集和分配

> **引导案例**
>
> 小王是恒业农机车辆厂的成本核算会计,2016 年 8 月 5 日机械加工车间核算员找到小王,认为本车间上月成本核算有误:其一是原材料领用后未用部分已经办理了退料手续,而成本核算未扣除;其二是为本车间购买的一项新技术费用不应归属本车间,因为它使全厂受益。小王答复,原材料领用后未用部分已经办理了退料手续可以扣除,但上月账算完了,等下月处理吧;新技术是机械加工车间使用,费用就应该由该车间承担。请问:小王的回答是否正确?

【学习目标与要求】

通过本章学习,应该了解要素费用归集方式及分配原理,掌握成本对象的特点及构成要素,熟知这些耗费有的将最终构成产品成本,有的作为期间费用计入当期损益,掌握三种成本分配的方法,理解费用在产品成本或期间费用之间分配和归集的基本程序和账务处理。识别要素费用自身特点的不同,熟练运用本章涉及的相关账务处理。全面掌握针对要素费用中的材料、燃料、外购动力、职工薪酬、折旧等要素采取不同的归集和分配方法。

【本章逻辑框架】

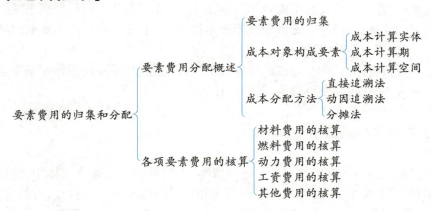

第一节 要素费用分配概述

企业在一定时期内发生的费用按经济内容分类称之为要素费用,要素费用有些被特定产品或劳务单独消耗,有些则属于多种产品或劳务的共同消耗,最终必须以适当的方式计入产品或劳务的成本,并随产品销售完成、劳务收入实现而得以补偿。此外,还有些费用不能直接与具体的产品生产、劳务供应等活动相关,而与整个企业的组织管理、产品销售和资金筹集等活动相关,这些费用只能按照会计期间归集,作为期间费用全部计入当期损益。由于企业生产经营活动中各项消费的补偿方式存在差异,因此,成本核算中必须分清各种费用的具体用途,相应确定其承担对象或归属,也就是正确、合理、有效、及时地对要素费用进行归集与分配。

一、要素费用的归集

由于基本生产成本明细账,即产品成本明细账(或产品成本计算单)是按产品品种等成本计算对象设置和登记的,账内按成本项目分设专业栏或专行。因此,在发生各种要素费用如材料、动力、职工薪酬费用时,对于直接用于产品生产而且专设成本项目的直接生产费用,例如,构成产品实体的原材料费用、工艺用燃料或动力费用,应单独记入"基本生产成本"总账科目。如果是某一种产品的直接计入费用,还应直接记入该种产品成本明细账的"直接材料""燃料及动力""直接人工"等成本项目;如果是生产几种产品的间接计入费用,则应采用适当的分配方法,分配以后记入各该种产品成本明细账的"直接材料""燃料及动力""直接人工"成本项目。

对于直接用于产品生产、但没有专设成本项目的各项费用,例如基本生产车间的机器设备的折旧费、修理费用等,应先计入"制造费用"总账科目及所属明细账的有关费用项目,然后通过一定的分配程序,转入或分配转入"基本生产成本"总账及所属明细账的"制造费用"等成本项目。

在生产经营过程中发生的用于产品销售的费用、行政管理部门发生的费用,以及筹集资金活动中发生的费用等各项期间费用,则不计入产品成本,而应分别计入"销售费用""管理费用""财务费用"总账科目及其所属明细账,然后转入"本年利润"科目,冲减当期损益。

对于购置和建造固定资产、无形资产等资本性支出,不计入产品成本和期间费用,记入"在建工程""无形资产"等科目。

各项生产经营费用的分配,通过编制各种费用分配表进行的,根据分配编制会计分录,据以登记各种成本、费用总账科目及其所属明细账。

二、成本对象构成要素

成本核算的主要目的在于独立计量各项成本,并将其分配到每个实体中,即成本对象。成本对象多种多样,为了决策需要,管理者必须知道某些成本对象的构成,有的可能是一种产品、一个生产步骤、一项服务、一个设计、一个客户、一个订单、一类商标、一项作业、一个部门或一项工作计划等。成本计算是在汇集一定时期发生的费用的基础上,运用一定的计算程序和方法,将费用按照确定的成本计算对象进行归集和分配,最终计算出各个成本计算对象的总成本和单位成本的一种方法。

成本对象是以一定时期和空间范围为条件而存在的成本计算实体。企业任何经营成果都是依存于一定时空范围而产生的。确定成本计算对象，不仅要认定计算什么产品（或劳务）的成本，而且要认定是什么地点、什么时期生产出来的产品。因而，确定成本计算对象一定要有时空概念。

通常，成本对象由以下三个要素构成：

（1）成本计算实体。成本计算实体是指承担费用的企业经营成果的实物形态。对于生产性企业而言，成本计算实体可以划分为某种产品、某批产品或某类产品的产成品或半成品；对于劳务性企业而言，往往不存在有形的成本计算实体，而只能确定劳务的性质，如运输企业的货运和客运、商贸企业的批发和零售等。

（2）成本计算期。成本计算期是指归集费用、计算企业成本所规定的起讫日期，也即每次计算成本的期间。生产性企业按其生产特点，可分别以产品的生产周期和日历月份为成本计算期。劳务性企业一般均以日历月份为成本计算期。

（3）成本计算空间。成本计算空间是指费用发生并能组织企业成本计算的地点（如部门、单位）。生产性企业的成本计算空间可分为全厂和各生产步骤，劳务性企业可划分为各部门和单位。

三、成本分配方法

把成本准确地分配到各成本对象上去，这是很关键的。歪曲的成本分配会导致错误的决策和评价。成本分配的方法主要有以下几种。

（一）直接追溯法

直接追溯法是根据成本的可追溯性分配成本的方法，是将与某一成本对象存在特定或实物联系的成本直接确认分配至该成本对象的过程。了解成本与成本对象的关系将有助于提高成本分配的准确性。成本是与成本对象直接或间接关联着的。间接成本是指不能容易或准确地归属于成本对象的成本。直接成本是指能够容易和准确地归属到成本对象的成本。"容易归属"是指成本能够以一种经济上可行的方式分配，"准确地归属"则意味着成本分配中要遵循因果联系。因而，可追溯性是指采用某一经济可行的方法并遵循因果关系将成本分配至各成本对象的可能性。成本的可追溯性越强，成本分配的准确性就越高，所以，建立成本的可追溯性法是提高成本分配准确性的关键一环。

（二）动因追溯法

动因追溯是指使用动因将成本分配至各成本对象的过程。成本动因通常是通过因果分析确定。这些动因是可观察的，并且能够计量出成本对象的资源消耗情况。它是影响资源耗用、作业耗用、成本及收入等方面的变化因素。尽管动因追溯法不如直接追溯法准确，但如果因果关系建立合理，成本归属仍有可能达到较高的准确性。

动因追溯使用两种动因类型来追溯成本：资源动因和作业动因。资源动因计量各作业对资源的需要，用以将资源分配到各个作业上。作业动因计量各成本对象对作业的需求，并用以分配作业成本。

（三）分摊法

分摊法是分配间接成本的方法。间接成本不能追溯至成本对象，即成本与成本对象之间没有因果关系，或追溯不具有经济可行性。把间接成本分配至各成本对象的过程，被称为分摊。由于不存在因果关系,分摊间接成本就建立在简便原则或假定联系的基础上。在将该种间接成本分配计入各成本计算对象时,所选择的分配标准应满足受益原则,并认为按此分配标准计入企业成本中的费用是真实的。选择的分配标准,一般要考虑以下几个方面。

(1) 要具有科学性。即这个分配标准项目要具有各种对象共有的特征,有典型的代表性;它与成本对象物化劳动或劳动的消耗有直接的联系,或表现为正比例关系。

(2) 要具有先进性。选为分配标准的项目要有助于企业加强管理。如选定某种指标作为分配标准,通过定额与实际的比较,可以促使企业不断改善成本活动。

(3) 要具有现实可能性。选为分配标准的项目,要有取得现有资料的实际可能。换言之,各受益对象所耗用分配标准的资料应该是比较容易取得的,并且可以进行客观计量。

(4) 要有相对的稳定性。任何一种分配标准都不可能与间接成本保持正比例或反比例关系,所以任何分配标准都具有主观性,选择不同的分配标准将产生不同的分配结果。为了便于各期间接成本间的比较分析,分配标准不宜经常改变,应该保持相对的稳定。

一般情况下,分配间接成本的标准主要有三类:① 成果类,例如产品的重量、体积、产量、产值等;② 消耗类,例如生产工时、生产工资、机器工时、原材料消耗量或原材料费用等;③ 定额类,例如定额消耗量、定额费用等。分配间接成本的计算公式,可以归纳如下:

$$间接成本分配率 = \frac{待分配的间接成本总额}{分配标准总额}$$

$$某成本对象应负担的间接成本 = 该成本对象的分配标准额 \times 间接成本分配率$$

综上所述,成本追溯是把直接成本分配给相关的成本对象,成本分摊是把间接成本分配给相关的成本对象。成本分配包括成本追溯与成本分摊。上述三种成本分配方法中,直接追溯法依赖于可实际观察的因果关系,因而其结果最准确;动因追溯法依赖于成本动因将成本分配至各个成本对象,其准确性次之;分摊法尽管有简单和操作的低成本等优点,但它是三种方法中最不准确的,应尽可能避免使用。实际上,在很多情况下,提高成本准确性所带来的收益在价值上会超过与动因追溯相关的额外计量成本。

第二节 各项要素费用的核算

企业生产经营活动过程中,要耗用原材料、燃料和动力,要支付职工工资、提取职工福利费以及发生的各种其他费用,这些费用就构成要素。企业一旦发生生产经营活动,伴随的就是各项要素费用的发生。所以,成本核算的第一步就是对各项要素费用进行核算。

一、材料费用的核算

材料是制造业企业生产过程中的劳动对象,是生产过程中不可少的物质资料,材料投入生产后将被全部消耗掉,其价值作为材料费用全部转移到产品成本中去,成为产品成本中最重要的组成部分。由于材料费用是制造业企业产品生产过程中耗费较多的费用,因此,材料费用的核算对正确进行产品成本核算,加强材料费用的控制和管理具有特别重要的意义。

材料费用包括企业在生产经营过程中实际消耗的各种原材料、辅助材料、外购半成品、修理用备件配件、包装物和低值易耗品等费用。

(一) 材料费用的归集与分配

1. 确定材料费用的归集对象

确定材料费用的归集对象,也就是确定材料费用的承担者,即确定材料费用应分配记入的账户及其有关的成本(或费用)项目。

(1) 直接用于产品生产,构成产品实体的原料、主要材料以及有助于产品形成的大额辅助材料,应直接或分配计入产品生产成本明细账"直接材料"成本项目中。

(2) 用于产品生产,有助于产品形成的小额辅助材料以及基本生产车间的机物料消耗应计入"制造费用"明细账"机物料消耗"费用项目中。

(3) 辅助生产车间的各种材料费用,原则上应比照基本生产车间进行处理,但可采用简化方法,全部计入"辅助生产成本"明细账"原材料"费用项目中。

(4) 销售过程中领用的各种材料应归集在"销售费用"明细账中"包装费"等有关费用项目中。

(5) 行政管理部门管理和组织生产经营活动所领用的各种材料费用应计入"管理费用"明细账"物料消耗"费用项目中。

2. 材料费用的归集

原材料费用的归集分为直接归集和间接归集。

(1) 直接归集。即可根据材料的用途具体明确确定原材料费用归集于哪一总账户及哪一明细账户。

(2) 间接归集。即不能从领料凭证直接确定原材料费用为哪一产品的实际耗用,而须选用适当的分配方法分配,方可归集于某一总账及其所属明细账。例如,同一车间生产几种产品,其共同领用的同一种材料,归集时须分配计入各种产品成本。

3. 材料费用的分配

根据材料的归集方法,材料费用的分配又分为直接计入法和间接分配法。

(1) 直接计入法。直接计入法是在有多种产品生产的企业里,凡是能明确确定其归属对象的材料费用,应根据原始凭证上填列的用途,直接计入各自成本计算对象中去的方法。采用直接计入法,不仅可以减少大量的中间计算环节,而且计算的成本准确。

(2) 间接分配法。间接分配法是在有几种产品共同耗用各种材料费用时,应选择适当的标准采用一定的分配方法分配计入各种产品成本。在实际工作中,材料费用的分配标准很多,可以按照产品的重量、体积分配,在材料消耗定额比较准确的情况下,一般常用材料定额耗用量比例法、材料定额费用比例法分配材料费用。具体如下:

① 重量比例分配法。这种分配方法是以产品的重量为分配标准进行分配,适用于耗用材料费用多少与产品的重量大小有一定关系的产品。其计算公式如下:

$$材料费用分配率 = \frac{各产品共同耗用的材料费用}{各产品重量之和}$$

$$某产品应分配的材料费用 = 该产品重量 \times 材料费用分配率$$

【例3-1】某企业2015年1月生产A产品重量为3 000千克,B产品重量为4 000千克,共同耗用的原材料费用为7 000元。材料费用分配计算如下:

$$原材料费用分配率 = \frac{7\,000}{3\,000+4\,000} = 1$$

A 产品应分配的原材料费用 = 3 000×1 = 3 000(元)

B 产品应分配的原材料费用 = 4 000×1 = 4 000(元)

使用此方法时必须注意：作为分配标准的重量的计量单位必须一致，如不一致必须调整，否则无法加总。

② 材料定额消耗用量比例分配法。这种分配方法是以材料定额消耗量为标准分配材料实际消耗量的方法。计算公式如下：

某种产品材料定额消耗量 = 该种产品实际产量×单位产品材料定额消耗量

$$材料消耗量分配率 = \frac{材料实际消耗总量}{各种产品材料定额消耗量之和}$$

某种产品应分配的材料实际消耗量 = 该种产品的材料定额消耗量×材料消耗量分配率

某种产品应分配的材料实际费用 = 该种产品分配的材料实际消耗量×材料单价

公式中：单位产品材料消耗定额是指单位产品可以消耗的数量限额；定额消耗量是指一定产量下按照消耗定额计算的可以消耗的材料数量。

【例 3-2】某企业基本生产车间 2015 年 6 月份生产 A、B 两种产品，共耗用甲种原材料 18 000 千克，每千克实际单位成本 5 元。A 产品产量为 1 000 件，单位消耗定额为 6 千克；B 产品产量为 2 000 件，单位消耗定额为 7 千克。求 A、B 两种产品应负担的材料费用。分配计算如下：

A 产品材料定额消耗量 = 1 000×6 = 6 000(千克)

B 产品材料定额消耗量 = 2 000×7 = 14 000(千克)

$$甲材料消耗量分配率 = \frac{18\,000}{6\,000+14\,000} = 0.9$$

A 产品应分配的原材料数量 = 6 000×0.9 = 5 400(千克)

B 产品应分配的原材料数量 = 14 000×0.9 = 12 600(千克)

A 产品应分配的原材料费用 = 5400×5 = 27 000(元)

B 产品应分配的原材料费用 = 12 600×5 = 63 000(元)

上例计算分配，可以考核原材料消耗定额的执行情况，有利于加强消耗的实物管理，但分配计算的工作量较大。为了简化计算分配工作，也可采用按材料定额消耗量比例直接分配材料实际费用的方法。其计算公式如下：

某种产品材料定额消耗量 = 该种产品实际产量×单位产品材料定额消耗量

$$材料费用分配率 = \frac{材料实际费用总额}{各种产品材料定额消耗量之和}$$

某种产品应分配的材料实际费用 = 该种产品的材料定额消耗量×材料消耗量分配率

以【例 3-2】的资料为例计算如下：

$$甲材料费用分配率=\frac{18\,000\times 5}{6\,000+14\,000}=4.5$$

A 产品应分配的材料费用=6 000×4.5=27 000（元）
B 产品应分配的材料费用=14 000×4.5=63 000（元）

上述两种分配方法计算结果相同。但后一种分配方法不能提供各种产品材料实际消耗量资料，不利于加强材料消耗的实物管理。

③ 材料定额费用比例分配法。这种分配方法是以材料定额费用为标准分配材料费用的方法。计算公式如下：

$$某种产品材料定额费用=该种产品实际产量\times 单位产品该种材料费用定额$$

$$材料费用分配率=\frac{材料实际费用总额}{各种产品材料定额费用总额}$$

$$某种产品应分配的材料实际费用=该种产品的材料定额费用\times 材料费用分配率$$

仍以【例 3-2】的资料为例计算如下：

A 产品材料定额费用=1 000×6×5=30 000（元/千克）
B 产品材料定额费用=2 000×7×5=70 000（元/千克）

$$甲材料费用分配率=\frac{18\,000\times 5}{30\,000+70\,000}=0.9$$

A 产品应分配的材料费用=30 000×0.9=27 000（元）
B 产品应分配的材料费用=70 000×0.9=63 000（元）

在生产多种产品或多种产品共同耗用多种材料的情况下，可采用按材料定额费用比例分配材料费用。

$$某种产品材料定额消耗量=该种产品实际产量\times 单位产品材料定额消耗量$$

$$材料费用分配率=\frac{各种产品材料实际费用总额}{各种产品材料定额费用总额}$$

$$某种产品应分配的材料实际费用=该种产品的材料定额费用\times 材料费用分配率$$

【例 3-3】某企业生产甲、乙两种产品，共同耗用 A、B 两种主要材料，共计 66 480 元。本月投产甲种产品 200 件，乙种产品 100 件。甲产品材料消耗定额为：A 材料 5 千克，B 材料 8 千克；乙产品材料消耗定额为：A 材料 7 千克，B 料 9 千克。A 材料单价 12 元，B 材料单价 14 元。分配分别计算如下：

（1）甲、乙产品材料定额费用：

甲产品：A 材料定额费用=200×5×12=12 000（元）
　　　　B 材料定额费用=200×8×14=22 400（元）
　　　　甲种产品材料定额费用合计=34 400（元）

乙产品：A 材料定额费用 = 100×7×12 = 8 400(元)
　　　　B 材料定额费用 = 100×9×14 = 12 600(元)
　　　　乙种产品材料定额费用合计 = 21 000(元)

(2) 材料费用分配率 = $\dfrac{66\,480}{34\,400+21\,000}$ = 1.2

(3) 甲、乙产品应分配材料实际费用：

　　甲产品应负担的材料费用 = 34 400×1.2 = 41 280(元)
　　乙产品应负担的材料费用 = 21 000×1.2 = 25 200(元)
　　各种产品各种材料费用合计 = 66 480(元)

在实际工作中，各种材料费用分配是通过编制材料费用分配表进行的，材料费用分配表是按车间、部门和材料的类别，根据归类后的领退凭证和其他资料编制的。

现列举某企业材料费用分配表的格式详见表 3-1。

表 3-1　材料费用分配表

应借账户		费用项目	直接计入金额（元）	分配计入		费用合计（元）
				定额消耗量（千克）	分配金额（分配率 1.8）	
基本生产成本	甲产品	原材料	25 000	3 600	6 480	31 480
	乙产品	原材料	31 000	1 200	2 160	33 160
	小　计		56 000	4 800	8 640	64 640
辅助生产成本	机修车间	原材料	8 800			8 800
制造费用	基本车间	机物料	4 600			4 600
	机修车间	机物料	1 890			1 890
	小　计		6 490			6 490
销售费用		包装物	2 200			2 200
管理费用		其他	1 910			1 910
合　计			75 400		8 640	84 040

根据表 3-1 材料费用分配表，可以编制会计分录如下：

　　借：生产成本——基本生产成本——甲产品　　　　　　　　　　　　31 480
　　　　　　　　　　　　　　　　——乙产品　　　　　　　　　　　　33 160
　　　　生产成本——辅助生产成本——机修车间　　　　　　　　　　　8 800
　　　　制造费用——基本车间　　　　　　　　　　　　　　　　　　　4 600
　　　　　　　　——机修车间　　　　　　　　　　　　　　　　　　　1 890
　　　　销售费用　　　　　　　　　　　　　　　　　　　　　　　　　2 200
　　　　管理费用　　　　　　　　　　　　　　　　　　　　　　　　　1 910
　　　　贷：原材料　　　　　　　　　　　　　　　　　　　　　　　　84 040

上述"材料费用分配表"及材料费用分配的账务处理是在按实际成本对材料日常核算情况下进行的,如果材料核算日常是按计划成本进行的,则需要加减材料成本差异,将计划成本调整为实际成本。

(二)燃料费用的归集与分配

燃料实际上也是材料,如果燃料费用很少,占成本费用比重不大,可并入原材料,即"燃料"只作"原材料"的明细科目,成本项目也不需单独设置,燃料费用的归集分配与上述原材料费用的归集分配相同。

如果燃料费用比重大,为加强对能源消耗的核算和控制,应将燃料费用单独处理,增设"燃料"会计科目,并将燃料费用单独进行分配,成本项目专门设立"燃料及动力"。根据领料用途可确定燃料费用为哪一产品生产或部门领用的,分别计入"基本生产成本""辅助生产成本"及其所属明细账的"燃料及动力"成本项目或"制造费用""管理费用""销售费用"及其所属明细账的有关费用项目。对不能从领料凭证直接确定燃料费用为哪一产品耗用(几种产品共同耗用),则需要采用适当的方法分配计入各种产品成本。

燃料费用的分配标准一般有:产品的重量、体积、机器工时、燃料的定额消耗量或定额费用等。

【例3-4】某企业2015年6月生产产品需耗用较多的燃料,生产A、B产品共同耗用燃料费用13 200元,按耗用机器工时为标准分配燃料费用,A产品耗用机器工时1 200小时,B产品耗用机器工时1 000小时。

$$燃料费用分配率 = \frac{各产品共同耗用的燃料费用}{各产品耗用机器工时之和} = \frac{13\ 200}{1\ 200 + 1\ 000} = 6$$

A产品负担燃料费用=1 200×6=7 200(元)
B产品负担燃料费用=1 000×6=6 000(元)

根据以上资料编制"燃料费用分配表",如表3-2所示。

表3-2 燃料费用分配表

2015年6月　　　　　　　　　　　　　　　　　　　　　　　　　单位:元

项目 应借科目	消耗机器工时 (小时)	分配率	燃料费用
基本生产成本——A	1 200		7 200
基本生产成本——B	1 000		6 000
合　　计	2 200	6	13 200

根据"燃料费用分配表"编制会计分录。

借:生产成本——基本生产成本——A产品　　　　　　　　　　　　7 200
　　　　　　　　　　　　　　　　——B产品　　　　　　　　　　　6 000
　贷:燃料　　　　　　　　　　　　　　　　　　　　　　　　　　13 200

(三)包装物和低值易耗品的摊销

工业企业的包装物和低值易耗品的摊销,按新准则企业应当采取一次转销法或者五五摊销法进行,计入相关资产的成本或者当期损益。一般企业的包装物和低值易耗品可在周转材料中列示,周转材料是指企业能够多次使用、逐渐转移其价值但仍保持原有形态不确认为固定资产的材料。比如：企业(建造承包商)的钢模板、木模板、脚手架和其他周转材料等;在建筑工程施工中可多次使用的材料,如钢架杆、扣件、模板、支架等。周转材料一般都要安装后才能发挥其使用价值,未安装时形同材料,为避免混淆,一般应设专库保管。在周转材料的管理与核算上,同低值易耗品一样,应采用固定资产和材料的管理与核算相结合方法进行,其摊销方法,可以采用一次转销法、五五摊销法或者分次摊销法进行摊销。

1. 包装物的核算和摊销

包装物是为包装企业产品而储备,随同产品出售、出租或出借的各种包装容器。比如：箱、瓶、桶、坛、袋等。包装物按用途可分为：生产过程中使用的作为产品组成部分的包装；随产品出售的不单独计价的包装物；随产品出售的单独计价包装物；出租或出借给购买单位使用的包装物。这种分类与包装物发出和摊销的核算相关,一般应设置"包装物"总账科目进行包装物的总分类核算。

值得注意的是包装物与包装材料的区别：属于原材料的包装物,如纸、绳、铁丝、铁皮,只要不是容器,均在原材料科目中进行核算；用于储存和保管产品的材料,不对外出售、出租或出借的包装容器,其单位价值的大小和使用年限的长短,属于低值易耗品或固定资产,应分别在低值易耗品和固定资产的科目中核算；计划中单独列为企业商品产品的自行包装物属于产成品的,应在产成品科目中核算。包装物的采购、自制和验收入库的核算同原材料,其计价可以按计划也可按实际进行核算。

由于发出包装物的用途不同,其财务处理各异。首先归集,发出用于生产过程包装产品的包装物,作为产品组成部分,属于直接用于产品生产、构成产品实体、专设成本项目的主要材料费用,应借记"基本生产成本"总账科目；同时分配,直接计入或间接计入有关产品成本明细账的"原材料"成本项目。发出用于销售过程随同产品出售不单独计价的包装物,属于产品销售费用。发出用于销售过程同产品出售需要单独计价的包装物,属于企业的其他经营业务费用。如果按计划成本进行包装物核算时,还应计算调整分配发出包装物的成本差异。

出租、出借给购买单位使用的包装物,由于发出以后报废之前,实物并没有从企业中消失,故不仅应该进行发出的核算,而且还要进行其价值摊销的核算。出借包装物,是为产品销售提供必要性的条件,属于产品销售业务的一部分,故其价值摊销和修理费,应作为产品销售费用处理；出租包装物,属于工业企业经营业务中的一种非主营业务,即其他销售业务,收取的租金作为其他业务收入,其价值摊销或处理费,属于其他业务支出应从其他业务收入中扣减。

2. 低值易耗品的核算和摊销

低值易耗品是劳务手段中单位价值和使用年限在规定限额以下的物品,包括工具、管理用具、玻璃器皿,以及在经营过程中周转使用的包装容器等。低值易耗品通过设置总账科目及按类别、品种、规格设置明细科目,其核算可以按实际成本也可按计划成本进行。低值易耗品采购、在库的核算与原材料核算相同；出库、在用与出借、出租包装物核算相似；在用低值易耗品是指车间、部门从仓库领用直到报废以前整个使用过程中的低值易耗品；低值易耗品在使用过程中的实物形态基本不变,其价值摊销应计入产品成本与期间费用。如果低值易耗品的摊销额占产品成本比重较小,又没有专设成本项目的,可将用于生产应计入产品成本的低值易耗品摊销计入制造费用；用于组织和管理经营活动的低值易耗品摊销计入管理费用；用于产品销售的低值易耗品摊销计入销售费用。

二、动力费用的核算

企业耗用的动力包括外购的和自制的。外购动力如向外单位购买电力、煤气等，支付外购动力费用时，一般通过"应付账款"账户核算；自制动力如自产电力、对外来电力进行变压等，一般通过"辅助生产成本"账户核算。

动力费用的核算是按发生地点和用途进行的，只要用途相同，无论外购或自制都归在一起进行核算。动力费用的主要用途是：① 生产工艺过程所耗用，这是直接用于产品生产的；② 组织管理生产耗用，如车间照明、行政管理部门照明用电等。企业应根据外购动力的不同用途及其发生地点进行分配。

（1）基本生产车间生产产品的动力费用，应直接或分配计入"产品生产成本"明细账"燃料与动力"成本项目中。

（2）基本生产车间组织、管理生产的动力费用以及用于产品生产但未专设成本项目的动力费用，应计入"制造费用"明细账"水电费"费用项目中。

（3）辅助生产车间的动力费用，原则上应比照基本生产车间进行处理，但可采用简化方法，全部计入"辅助生产成本"明细账"燃料与动力"费用项目中。

（4）销售过程中发生的动力费用，应归集在"销售费用"明细账中"水电费"费用项目中。

（5）行政管理部门管理和组织生产经营活动动力费用，应计入"管理费用"明细账"水电费"费用项目中。

动力费用在各车间、部门之间的分配，由于各车间、部门一般都分别装有动力耗用量的仪表，因此，可以根据计量仪表记录的实际耗用数和动力的计价标准计算分配。

直接归集是根据计量仪器仪表确定各产品、各部门的实际耗用量再乘以单价进行归集。外购动力的单价可按供电部门收取的电费总额除以各电表读数总和；自制动力的单价为辅助生产车间（发电车间）的单位成本。

$$某产品（部门）应负担的动力费用＝该产品（部门）实际耗用量×单价$$

企业各车间、部门的动力用电和照明用电，一般都分别装有电表，可根据电表读数直接归集动力费用；但对于车间动力用电，若不能按产品分别安装电表，则动力费用需分配归集。

对于生产车间为生产产品耗用的动力费用，一般不能按产品分别安装计量仪表，因此，生产车间的动力费用要分配归集。分配归集须按一定分配标准将耗用的动力费用分配于各产品，以确定各产品应负担的动力费用。

动力费用常用的分配标准有：产品的机器工时或马力工时、生产工时、定额耗用量等。计算公式如下所示：

$$动力费用分配率＝\frac{各产品共同耗用的动力费}{各产品的分配标准的数额之和}$$

$$某种产品应分配的动力费用＝分配率×该种产品分配标准数额$$

【例3-5】某企业生产车间生产A、B产品共同耗用外购动力费30 000元，A产品机器工时 30 000 小时，B 产品机器工时 20 000 小时。用机器工时比例法分配共同耗用外购动力费用，分配结果如下：

$$动力费用分配率 = \frac{30\ 000}{30\ 000 + 20\ 000} = 0.6$$

A 产品应负担动力费 = 30 000×0.6 = 18 000（元）
B 产品应负担动力费 = 20 000×0.6 = 12 000（元）

【例 3-6】某企业生产甲、乙两种产品，2015 年 6 月份共耗用外购动力费用 18 720 元。产量分别为 200 件和 100 件。甲、乙产品外购动力的消耗定额分别为 60 度和 36 度。则费用分配结果如下：

$$动力费用分配率 = \frac{18\ 720}{12\ 000 + 3\ 600} = 1.2$$

甲产品应负担动力费 = 12 000×1.2 = 14 400（元）
乙产品应负担动力费 = 3 600×1.2 = 4 320（元）

实际工作中，动力费用的分配是通过编制动力费用汇总表进行的。

根据【例 3-5】资料编制"动力费用分配表"如表 3-3 所示。

表 3-3　动力费用分配表

2015 年 6 月　　　　　　　　　　　　　　　　　　　　　　　　　　　单位：元

项目 应借科目	外购动力		
	机器工时	分配率	动力费用
基本生产成本——A	30 000		18 000
基本生产成本——B	20 000		12 000
合　计	50 000	0.6	30 000

根据"动力费用分配表"编制会计分录，登记有关账户。

借：生产成本——基本生产成本——A 产品　　　　　　　　　　18 000
　　　　　　　　　　　　　——B 产品　　　　　　　　　　　12 000
　　贷：应付账款　　　　　　　　　　　　　　　　　　　　　30 000

三、职工薪酬的核算

职工薪酬，是指企业为获得职工提供的服务或解除劳动关系而给予的各种形式的报酬或补偿。职工薪酬包括短期薪酬、离职后福利、辞退福利和其他长期职工福利。企业提供给职工配偶、子女、受赡养人、已故员工遗属及其他受益人等的福利，也属于职工薪酬。

短期薪酬，是指企业在职工提供相关服务的年度报告期间结束后 12 个月内需要全部予以支付的职工薪酬，因解除与职工的劳动关系给予的补偿除外。短期薪酬具体包括：职工工资、奖金、津贴和补贴，职工福利费，医疗保险费、工伤保险费和生育保险费等社会保险费，住房公积金，工会经费和职工教育经费，短期带薪缺勤，短期利润分享计划，非货币性福利以及其他短期薪酬。

带薪缺勤，是指企业支付工资或提供补偿的职工缺勤，包括年休假、病假、短期伤残、婚假、产假、丧假、探亲假等。利润分享计划，是指因职工提供服务而与其达成的基于利润或其他经营成果提供薪酬的协议。

离职后福利，是指企业为获得职工提供的服务而在其退休或与企业解除劳动关系后，提供的各种形式的报酬和福利，短期薪酬和辞退福利除外。

辞退福利，是指企业在职工劳动合同到期之前解除与职工的劳动关系，或者为鼓励职工自愿接受裁减而给予职工的补偿。

其他长期职工福利，是指除短期薪酬、离职后福利、辞退福利之外所有的职工薪酬，包括长期带薪缺勤、长期残疾福利、长期利润分享计划等。

在职工为企业提供服务的会计期间，企业应根据职工提供服务的受益对象，将应确认的职工薪酬（包括货币性薪酬和非货币性福利）计入相关资产成本或当期损益，同时确认为应付职工薪酬，但解除劳动关系补偿的除外。分别根据下列情况处理：应由生产产品、提供劳务负担的职工薪酬，计入产品成本或劳务成本；应由在建工程、无形资产负担的职工薪酬，计入建造固定资产或无形资产成本；上述之外的其他职工薪酬，计入当期损益。

（一）工资费用的组成

工资费用是指企业在一定时期内支付给全体职工的劳动报酬总额。按照国家统计局的规定，工资总额由以下6部分组成。

（1）计时工资。它是指根据计时工资标准和工作时间支付给职工个人的劳动报酬。

（2）计件工资。它是指根据职工完成的工作量和计件单价计算并支付的劳动报酬。

（3）奖金。它是指在基本工资之外，按照职工超额完成的工作量与增收节支情况及规定的奖励标准支付的劳动报酬。如超产奖、节约奖、质量奖、综合奖等。

（4）津贴和补贴。津贴是指为了补偿职工特殊的或额外的劳动消耗而支付的报酬，如高温津贴、夜班津贴、野外津贴、井下津贴等。补贴是指为了保证职工工资水平不受物价变动的影响而支付的报酬，如房租补贴、物价补贴等。

（5）加班加点工资。它是指按照规定标准支付给职工在法定工作时间之外从事劳动的报酬。

（6）特殊情况下支付的工资。它是指按照规定支付给职工非工作时间的报酬。如病假工资、产假工资、探亲假工资等。

在进行工资费用核算时，应该划清工资总额组成与非工资总额组成的界限。有些款项虽然随同工资一起发放给职工，却不属于工资总额的内容，如职工出差的伙食补助、误餐补助及市内交通补助，属于差旅费，应作为管理费用开支。又如，为生产工人购买劳动保护用品的支出，属于劳动保护费，应作为制造费用计入产品成本。再如，职工生产困难补助和医疗费补助，属于职工福利费，由职工福利费中开支等。这些款项都不计入工资总额，不属于工资费用。

（二）工资费用的核算原始记录

在工资总额的组成中，计时工资和计件工资是其中最基本的部分。计算计时工资，应以考勤记录为原始凭证；计算计件工资，应以产量记录为原始凭证。因此，工资费用核算的原始凭证主要是考勤记录与产量记录。

1. 考勤记录

考勤记录是登记职工出勤与缺勤情况的原始记录。考勤记录的形式多种多样,常见的有考勤簿和考勤卡两种。考勤簿按车间、科室等部门设置,根据各部门在册人员逐日进行登记,月末对本部门的出勤情况分别按个人进行归类汇总。若有人员变动,应根据人事部门的通知,在考勤簿上作相应的调整。考勤卡按人设置,每年(或每月)一张,在期初或职工调入时开设,若有人员变动,应根据人事部门的通知,在考勤卡上作相应的调整或注销。采用这种考勤形式时,月末由考勤人员根据考勤卡上的日常记录对每一职工的出勤和缺勤情况进行分类汇总。除上述考勤簿与考勤卡这两种形式外,有些单位根据企业具体情况,还采用翻牌法、移牌法、考勤钟打卡法等。不论采用何种形式进行考勤,其内容、项目和目的都基本相同。月末,车间、科室等各部门的考勤人员应将经本部门负责人审核、签章后的考勤记录,连同有关证明文件送交劳动部门和财会部门,据以计算工资,并进行工资费用的核算。

2. 产量记录

产量记录是登记职工在出勤时间内完成产量情况的原始记录。产量记录在不同行业、不同生产类型与不同劳动组织的企业和车间里,其具体的格式和登记程序不尽相同,通常使用的产量记录形式有工作通知单、工序进程单、工作班产量记录报告表等。

工作通知单,也叫派工单,它是以每个工人或生产小组所从事的每项工作为对象开设的产量记录,采用这种方式,先由生产计划部门开出工作通知单,通知工人按单内的指定任务进行生产。当任务完成后,将送检产品产量和实际工时填在通知单上,据以计算生产工人的计件工资。

工序进程单,也称路线单或跟单,它是以加工产品为对象开设的产量记录。在多步骤连续加工式生产的企业界,工序进程单要随着产品一起由上一工序移交下一工序,并顺次登记各道工序加工的实际产量和耗用工时,作为计算工资和统计产量的原始凭证。

工作班产量记录报告表,简称工件班报,它是按生产班组设置并反映产品数量完成情况的原始记录,根据工人送检的产品数量由检验员验收后进行登记。

(三) 工资的计算与结算

由于各企业可以根据具体情况采用计时工资制和计件工资制,因此,工资的具体计算方法有计时工资和计件工资两种。

1. 计时工资的计算

计时工资是指企业按照职工的劳动时间(考勤记录)和计时工资标准支付给职工的劳动报酬。由于工资标准可以按月反映,也可以按日反映,所以相应地,计时工资的计算就有两种方法:月薪制和日薪制。

按月薪制下,不管当月的日历天数是多少,职工每月都可以得到相同的全勤月工资。如果全年全勤,则能得到12个月的全勤月工资。如果有缺勤,缺勤工资应从全勤月工资中扣除。故这种方法又叫扣减缺勤工资法。其计算公式为:

$$应付月工资 = 月工资标准 - 应扣缺勤工资$$

上式中:应扣缺勤工资 = (缺勤天数 + 病假天数 × 扣款比例) × 日工资率

按日薪制下计算计时工资,即顺算法,各月应付工资是根据职工出勤天数与日工资率计算的,所以,即使职工出全勤,各月的工资也会因出勤天数的不同而不同。例如,2月份只有

28天,该月全勤月工资必然低于1、3月份的全勤月工资。但一年12个月的全勤月工资之和,仍然等于12个月的标准工资之和。其计算公式为:

$$应付月工资=(月出勤天数+病假天数×发放比例)×日工资率$$

按以上两种方法计算的应付计时工资,从某个月份来看,其结果不一定相等。但从整个年度来看,其计算结果大体上是一致的。因此,两种计算方法可任选一种,但在一年以内不得变换使用。

2. 计件工资的计算

计件工资是按产量记录中登记的完成合格品的数量或符合要求的劳务量和规定的计件单价所计算的工资。计件工资包括:① 在实行超额累进计件、直接无限计件、限额计件和额定计件等工资制度下,按照定额和计件单价支付给职工的工资;② 按工作任务包干方法支付给职工的工资;③ 按营业额提成或利润提成办法支付给职工的工资。由于集体生产或连续操作,不能够按个人计算工作量的,也可以按参加工作的集体(一般为班组)计算、支付集体计件工资。集体计件工资还应在集体成员内部按照每一职工劳动和数量及质量进行分配。

(1) 按个人计件制计算。如果职工在月份内从事同一计件单价的工作,则应付计件工资可按下列公式进行计算:

$$应付计件工资=\left(某种产品合格品产量+该种产品料废产量\right)×该种产品的计件单价$$

上式中:计件单价是根据制造某产品或加工零件所需定额工时数,乘以制造该产品或加工该零件所需某种等级工人的小时工资率计算求得的。

【例3-7】某工人本月加工完成A零件110个。其中合格品90个,料废品10个,工废品10个,该零件的计件单价为8.8元,则:

$$应付计件工资=(90+10)×8.8=880 元$$

如果一个工人在月份内从事不同计件单价的多种产品的加工,则应付计件工资可按下列公式进行计算:

$$应付计件工资=\sum\left(某种产品合格品产量+该种产品料废产量\right)×该种产品的计件单价$$

为了简化计算,亦可以将工人月份内完成的各种产品折合为定额工时数,再乘以小时工资率,即为应付的计件工资。其计算公式为:

$$应付计件工资=实际完成的定额工时数×小时工资率$$

上式中:小时工资率,是指职工每小时应得的平均工资额。可按下列公式计算:

$$小时工资率=\frac{日工资率}{每日规定的工作小时数}$$

【例3-8】某工人本月生产甲、乙零件分别为180个和360个,每个零件的定额分别为15分钟和30分钟,该工人的小时工资率为3元。则应付该工人本月计件工资为:

$$实际完成定额工时 = \frac{180 \times 15 + 360 \times 30}{60} = 225 \text{ 小时}$$

$$应付计件工资 = 225 \times 3 = 675 \text{ 元}$$

（2）按集体计件制计算。实行集体计件制，应按照班组的产量和计件单价先求得班组应得的计件工资总额，然后在班组成员之间根据每人的工资标准和实际工作时间进行分配。其计算公式为：

$$应付班组计件工资总额 = \sum \left(\begin{array}{c} 该班组加工某种产品合格 \\ 品产量与料废产量之和 \end{array} \times \begin{array}{c} 该种产品的 \\ 计件单价 \end{array} \right)$$

$$应付某工人的计件工资 = 该工人工作时间计算的工资 \times 集体计件制下工资分配率$$

上式中，集体计件制下工资分配率，可按下列公式计算：

$$集体计件制下工资分配率 = \frac{应付班组计件工资总额}{班组成员按工作时间计算的工资总额}$$

【例3-9】某生产小组本月加工完成C部件100件，该部件计价单价为35.04元。该生产小组由甲、乙、丙三个不同等级的工人组成，甲、乙、丙三人本月实际工作时间分别为200小时、200小时和180小时，每人的小时工资率分别为4.2元、5元和6元，则应付甲、乙、丙三人的计件工资分别为：

$$应付班组计件工资总额 = 100 \times 35.04 = 3\,504 \text{ 元}$$

$$集体计件制下工资分配率 = \frac{3\,504}{200 \times 4.2 + 200 \times 5 + 180 \times 6} = 1.2$$

$$应付甲工人的计件工资 = 200 \times 4.2 \times 1.2 = 1\,008(元)$$

$$应付乙工人的计件工资 = 200 \times 5 \times 1.2 = 1\,200(元)$$

$$应付丙工人的计件工资 = 180 \times 6 \times 1.2 = 1\,296(元)$$

计时工资和计件工资以外的各种奖金、津贴、补贴、加班加点工资，以及特殊情况下支付的工资，则应按国家和企业的有关规定进行计算，不再详述。

（四）人工费用的归集和分配

企业财会部门应根据计算的职工薪酬编制职工薪酬结算单，作为与职工进行工资结算的依据。根据职工薪酬结算单，按照车间、部门以及不同的人员编制"职工薪酬结算汇总表"，作为人工费用归集与分配的依据。人工费用的归集也分为直接归集和分配归集。

1. 直接归集

如果车间只生产一种产品的生产工人的人工费用，或生产多种产品的生产工人计件工资，可按发生地点和用途直接归集。即根据审核后的工资费用凭证（如职工薪酬结算单或职工薪酬结算汇总表）编制记账凭证和登记有关账户。

2. 分配归集

生产多种产品的车间，其生产工人的计时工资，以及工资总额中的奖金、津贴和补贴、特殊情况下支付的工资，通常都不能根据工资结算原始凭证确定计入哪一产品，而需要通过一定的分配方法，方可将人工费用归集于有关账户及其所属明细账。如果实行计时工资，生产工人的人工费用(含工资总额中的奖金、津贴和补贴等),一般按照产品的实际生产工时比例分配计入各产品。如果取得各种产品实际生产工时的资料较困难,或采用实际生产工时明显不合理,而各种产品的单位工时定额较准确,则可采用定额工时比例进行分配。其计算公式为:

$$人工费用分配率 = \frac{各产品共同负担的人工费用}{各产品实际生产工时(或定额工时)之和}$$

某产品应负担的人工费用＝该产品实际生产工时(或定额工时)×分配率

(1) 基本生产车间生产工人的薪酬,应直接或分配计入"直接人工"成本项目中。

(2) 基本生产车间管理人员的薪酬应计入"制造费用"成本项目中。

(3) 辅助生产车间生产工人及管理人员的薪酬,原则上应比照基本生产车间进行处理。但为了简化,可全部计入"辅助生产成本"明细账"职工薪酬"项目中。

(4) 行政管理部门管理和组织生产经营活动所发生的薪酬,应计入"管理费用"明细账"职工薪酬"项目中。

(5) 企业专门设立的销售部门,其人员职工薪酬应计入"销售费用"明细账中"职工薪酬"项目中。

(6) 其他人员如医务、福利人员及从事工程施工建设人员的职工薪酬,应分别计入"应付职工薪酬——职工福利""在建工程"账户中。

【例3-10】某企业2015年6月所产A、B两种产品的生产工人工资中,直接计入的人工费用分别为32 643元和58 232元;间接计入的人工费用共为20 160元,规定按产品的生产工时比例分配。A、B两种产品的生产工时分别为9 500小时和19 300小时。分配计算如下:

$$分配率 = \frac{20\ 160}{9\ 500 + 19\ 300} = 0.7$$

A产品应负担的人工费用＝9 500×0.7＝6 650(元)
B产品应负担的人工费用＝19 300×0.7＝13 510(元)

工资费用的分配一般应编制工资费用分配汇总表,工资费用分配汇总表是根据工资结算汇总表编制的。其一般格式如表3-4所示。

表3-4 人工费用分配汇总表

2015年6月 单位:元

应借账户		成本项目	基本生产车间			成本合计
			直接计入	分配计入		
				生产工时	分配金额	
基本生产成本	A产品	直接人工	32 643	9 500	6 650	39 293
	B产品	直接人工	58 232	19 300	13 510	71 742
	小 计		90 875	28 800	20 160	111 035
辅助生产车间——机修车间		职工薪酬	26 081			26 081

(续表)

应借账户	成本项目	基本生产车间			成本合计
		直接计入	分配计入		
			生产工时	分配金额	
制造费用	职工薪酬	5 140			5 140
管理费用	职工薪酬	32 236			32 236
销售费用	职工薪酬	14 618			14 618
应付职工薪酬——福利费	职工薪酬	3 774			3 774
成 本 合 计		172 724		20 160	192 884

根据表3-4编制会计分录如下：

借：生产成本——基本生产成本——A产品　　　　　　39 293
　　　　　　　　　　　　　　——B产品　　　　　　71 742
　　生产成本——辅助生产成本——机修车间　　　　　26 081
　　制造费用　　　　　　　　　　　　　　　　　　　5 140
　　管理费用　　　　　　　　　　　　　　　　　　　32 236
　　销售费用　　　　　　　　　　　　　　　　　　　14 618
　　应付职工薪酬——职工福利　　　　　　　　　　　3 774
　　贷：应付职工薪酬——工资　　　　　　　　　　　192 884

（五）职工其他薪酬费用的归集与分配

除了向职工支付工资以外，企业为了获得职工提供的服务还应按照国家规定给予各种形式的报酬以及其他相关支出，包括职工福利费、社会保险费、住房公积金等。此处，仅以职工福利费为例介绍职工其他薪酬费用的归集与分配。

企业用于职工福利方面的资金分为两部分：用于职工个人福利部分，计入成本、费用，从企业收入中补偿，在未支付分配给个人之前，形成企业的负债，在"应付职工薪酬——职工福利"账户核算，在资产负债表上列为流动负债；用于职工集体福利设施部分，从税后利润中提取，在"盈余公积"账户的"法定公益金"明细账户核算，在资产负债表上列为所有者权益。

按现行制度规定，职工福利费按照企业职工工资总额的一定的比例提取。职工福利费就实质来说是一种工资附加支出，因此也称工资附加费，其列支渠道可参照工资的分配方法，提取时与工资费用分配方向相同，即分别借记"生产成本""制造费用""管理费用""销售费用""在建工程""营业外支出"等账户，贷记"应付职工薪酬——职工福利"账户。

应该指出的是，由于企业生活福利部门的费用一般都应由职工福利费开支，因此，按生活福利部门人员工资和规定比例计提的职工福利费，从理论上说也应由职工福利费开支。这就是说，应该从职工福利费中计提职工福利费，即借记"应付职工薪酬——职工福利"账户，贷记"应付职工薪酬——职工福利"账户。这样计提结果，一借一贷，互相抵销，职工福利费既没有增加也没有减少。在实际工作中，为了增加职工福利费，按生活福利部门人员工资和规定比例计提的职工福利费，不由职工福利费列支，而作为管理费用列支。

即在计提职工福利费时,改为借记"管理费用"账户,贷记"应付职工薪酬——职工福利"账户。

职工福利费的计提和分配是通过编制"职工福利费计提分配表"进行的,其格式如表3-5所示。由于职工福利费根据工资总额的一定比例计提,而工资费用分配表中已经分配了各种用途的工资额,为了减少费用分配表的编制工作,这两种费用分配表也可合并编制。

表3-5 职工福利费计提分配表

2015年6月　　　　　　　　　　　　　　　　　　　　单位:元

应借账户			成本(费用)项目	工资总额	计提的应付福利费
生产成本	基本生产成本	A产品	直接人工	16 100	2 254
		B产品	直接人工	29 900	4 186
		小　计		46 000	6 440
	辅助生产成本	供电车间	职工薪酬	6 800	952
		运输车间	职工薪酬	4 500	630
		小　计		11 300	1 582
制造费用		基本生产车间	职工薪酬	2 900	406
销售费用			职工薪酬	20 500	2 870
管理费用			职工薪酬	24 800	3 472
在建工程			职工薪酬	3 400	476
合　计				108 900	15 246

根据职工福利费计提分配表,编制下列会计分录:

```
借:生产成本——基本生产成本——A产品          2 254
                          ——B产品          4 186
    生产成本——辅助生产成本——供电车间         952
                          ——运输车间         630
    制造费用                                   406
    销售费用                                 2 870
    管理费用                                 3 472
    在建工程                                   476
  贷:应付职工薪酬——职工福利                15 246
```

计提的职工福利费主要用于职工的医疗费(包括企业参加职工医疗保险所缴纳的医疗保险费)、医务经费、职工因公负伤赴外地就医路费、职工生产困难补助,以及职工医务部门、职工浴室、理发室、幼儿园、托儿所等生活福利部门职工的工资等。由于已经计提了职工福利费,所以当实际发生上列费用时,应由计提的职工福利费列支,即借记"应付职工薪酬——职工福利"账户,贷记"库存现金"或"银行存款"等账户,而不应再计入成本、费用,以免重复。

四、其他要素费用的核算

(一) 固定资产折旧的核算

固定资产,是指同时具有下列特征的有形资产:为生产商品、提供劳务、出租或经营管理而持有的;使用寿命超过一个会计年度。使用寿命,是指企业使用固定资产的预计期间,或者该固定资产所能生产产品或提供劳务的数量。固定资产同时满足下列条件的,才能予以确认:与该固定资产有关的经济利益很可能流入企业;该固定资产的成本能够可靠地计量。固定资产的各组成部分具有不同使用寿命或者以不同方式为企业提供经济利益,适用不同折旧率或折旧方法的,应当分别将各组成部分确认为单项固定资产。与固定资产有关的后续支出,符合本准则规定的确认条件的,应当计入固定资产成本;不符合本准则规定的确认条件的,应当在发生时计入当期损益。

企业应当对所有固定资产计提折旧。但是,已提足折旧仍继续使用的固定资产和单独计价入账的土地除外。企业应当根据与固定资产有关的经济利益的预期实现方式,合理选择固定资产折旧方法。可选用的折旧方法包括年限平均法、工作量法、双倍余额递减法和年数总和法等。固定资产的折旧方法一经确定,不得随意变更。固定资产应当按月计提折旧,并根据用途计入相关资产的成本或者当期损益。

1. 折旧费用的核算

折旧费用的核算,包括折旧费用的计算与分配两方面。折旧的计算方法要注意折旧计提的范围。

(1) 应计提折旧的固定资产包括:
① 房屋和建筑(不论使用与否);
② 在用的机器设备、仪器仪表、运输工具;
③ 季节性停用、大修理停用的设备;
④ 融资租入和经营租赁方式租出的固定资产。

(2) 不应计提折旧的固定资产包括:
① 未使用、不需要的机器设备;
② 以经营租赁方式租入的固定资产;
③ 在建工程项目交付使用以前的固定资产;
④ 已提足折旧继续使用的固定资产(提足折旧为固定资产原价减去预计净残值);
⑤ 未提足折旧前报废的固定资产(不足额计入"营业外支出");
⑥ 国家规定不提折旧的其他固定资产(如土地等)。

为了简化折旧的计算工作,月份内开始使用的固定资产,当月不计提折旧,下月起计算折旧;月份内减少或停止使用的固定资产,当月仍计算折旧,从下月起停止计算折旧。

折旧的计算方法很多,由于折旧方法的选用直接影响到企业成本、费用的计算,也影响企业的利润和纳税,因此企业应选择适当的折旧方法。折旧方法一经确定,不得随意变更。

【例3-11】某企业于2013年12月30日引进一套生产流水线,价值2 000 000元,预计净残值140 000元,预计使用年限为5年。预计2014年年产量10万件,以后逐年递减1万件。实际产量与预计相符。分别用以上几种方法计算折旧额。

(1) 年限法：

$$年折旧额=\frac{2\,000\,000-140\,000}{5}=372\,000(元)$$

(2) 工作量法：

$$年折旧额=\frac{2\,000\,000-140\,000}{10+9+8+7+6}=46\,500(元)$$

(3) 年数总和法：

第一年折旧额$=\frac{5}{15}\times(2\,000\,000-140\,000)=0.333\times186\,000=62\,000(元)$

第二年折旧额$=\frac{4}{15}\times186\,000=49\,600(元)$

第三年折旧额$=\frac{3}{15}\times186\,000=37\,200(元)$

第四年折旧额$=\frac{2}{15}\times186\,000=24\,800(元)$

第五年折旧额$=\frac{1}{15}\times186\,000=12\,400(元)$

共计　　　　　　　　　186 000(元)

(4) 双倍余额递减法：

$$年折旧率=\frac{2}{预计使用年限}\times100\%$$

$$折旧额=固定资产账面价值\times年折旧率$$

最后两年内差额平均分摊。

计算：年折旧率$=\frac{2}{5}=0.4$

第一年折旧额$=2\,000\,000\times0.4=800\,000(元)$

第二年折旧额$=(2\,000\,000-800\,000)\times0.4=480\,000(元)$

第三年折旧额$=720\,000\times0.4=288\,000(元)$

第四、五年折旧额$=216\,000(元)$

2. 折旧费用归集和分配

一种产品生产往往需要使用多种机器设备，而每一种机器设备又可能生产多种产品。因此，机器设备的折旧费用虽然是直接用于产品生产的费用，但一般属于分配工作比较复杂的间接计入费用，为了简化产品成本的计算工作，没有专门设立成本项目而是将其直接计入制造费用。企业行政管理部门固定资产的折旧费用，用于其他经营业务的固定资产折旧费用，则应分别计入管理费用和其他业务支出。这说明，折旧费用应按照固定资产的使用车间、部门和用途分别计入"制造费用""管理费用""销售费用"等明细账的"折旧费"费用项目中。

某企业的折旧费用分配表如表3-6所示。

表 3-6 折旧费用分配表

2015 年 1 月　　　　　　　　　　　　　　　　　　　　　　　　　单位：元

项 目	基本生产车间	辅助生产车间		行政管理部门	专设销售机构	合 计
		供 电	供 水			
折旧费	10 000	1 200	200	3 000	1 000	15 400

根据表 3-6 折旧费用分配表，可以编制会计分录如下：

借：制造费用　　　　　　　　　　　　　　　　　　　　　　　10 000
　　生产成本——辅助生产成本　　　　　　　　　　　　　　　 1 400
　　管理费用　　　　　　　　　　　　　　　　　　　　　　　 3 000
　　销售费用　　　　　　　　　　　　　　　　　　　　　　　 1 000
　　贷：累计折旧　　　　　　　　　　　　　　　　　　　　　15 400

固定资产修理费与折旧费一样，也不单独设置成本项目，对于生产车间固定资产的修理费，应先在"制造费用"账户归集，归集完成后再从"制造费用"账户转入"基本生产成本"账户，并分配计入各种产品成本。对于企业行政管理部门固定资产的修理费，应先在"管理费用"账户中归集，归集完成后，于月末直接计入当期损益中。需要指出的是，如果企业各月发生的固定资产修理费用不均衡，则可以采用待摊或预提的方法进行处理。

（二）利息费用的归集与分配

要素费用中的利息费用，是企业财务费用的一个费用项目，不构成产品成本。利息费用一般按季节结算并于季节末支付的。对利息费用的处理一般可采取以下两种方法。

1. 采用按月预提方式

如果利息费用数额较大，为正确划分各月费用界限，体现权责发生制的要求，可采用预提办法，即季内各月利息费用按计划预提，每季度实际利息费用与预提利息费用的差额，调整计入季末月份的财务费用。

【例 3-12】 某企业从 2015 年 10 月份起按月计划预提利息 1 000 元，12 月末接银行通知结算全季利息 3 200 元。则有关的账务处理如下：

(1) 10、11、12 月每月预提利息费用时：

借：财务费用　　　　　　　　　　　　　　　　　　　　　　　 1 000
　　贷：应付利息　　　　　　　　　　　　　　　　　　　　　 1 000

(2) 12 月末实际支付利息时：

借：应付利息　　　　　　　　　　　　　　　　　　　　　　　 3 200
　　贷：银行存款　　　　　　　　　　　　　　　　　　　　　 3 200

(3) 季末调整实际利息费用与预提利息费用的差额，计入 12 月份的财务费用：

借：财务费用　　　　　　　　　　　　　　　　　　　　　　　　 200
　　贷：应付利息　　　　　　　　　　　　　　　　　　　　　　 200

12 月末实际支付利息时也可以

借：财务费用　　　　　　　　　　　　　　　　　　　　　　　 1 200
　　应付利息　　　　　　　　　　　　　　　　　　　　　　　 2 000
　　贷：银行存款　　　　　　　　　　　　　　　　　　　　　 3 200

2. 不通过预提方式

如果利息费用数额不大，为了简化起见，也可以不采用预提的办法，而于季末实际支付时全额计入当月的财务费用。

如前例，12月末支付利息时：

借：财务费用　　　　　　　　　　　　　　　　　　　　　　　　　　　3 200
　　贷：银行存款　　　　　　　　　　　　　　　　　　　　　　　　　　　　3 200

（三）税费的归集与分配

要素费用中的税费，是特指应计入管理费用的各项税费，属于管理费用的一个费用项目，也不构成产品成本。具体包括：房产税、车船使用税、土地使用税、印花税等。税费计入管理费用主要有以下几种情况。

1. 预先计算应交金额的税费

如房产税、车船使用税、土地使用税，这些税金应该通过"应交税费"账户核算。

（1）预先计算应交的税费时：

借：管理费用
　　贷：应交税费

（2）交纳税费时：

借：应交税费
　　贷：银行存款

2. 不需要预先计算应交金额的税费

如印花税，这种税费不通过"应交税费"账户核算：

交税印花税时：

借：管理费用
　　贷：银行存款等

（四）其他费用的归集与分配

企业要素费用中的其他费用，是指上述各项费用以外的费用支出，包括：邮电费、差旅费、租赁费、办公费、印刷费等，这些费用有的是产品成本的组成部分，有的则是期间费用等的组成部分。即使计入产品成本的其他各项费用，也没有单独设立成本项目，因此，这些费用发生时，按发生的车间、部门和用途分别借记"制造费用""辅助生产成本""销售费用""管理费用"等账户的借方，贷记"银行存款"等账户。

【例3-13】企业以银行存款支付本月发生的差旅费、运输费等共计1 345.10元，其中：基本生产车间139元，辅助生产供电车间529元；供水车间167元，销售部门217.50元，管理部门142.60元，财务费用150元。编制会计分录如下：

借：制造费用　　　　　　　　　　　　　　　　　　　　　　　　　　　　139
　　生产成本——辅助生产成本——供电　　　　　　　　　　　　　　　　　529
　　　　　　　　　　　　　　　——供水　　　　　　　　　　　　　　　　167
　　销售费用　　　　　　　　　　　　　　　　　　　　　　　　　　　　217.50
　　管理费用　　　　　　　　　　　　　　　　　　　　　　　　　　　　142.60
　　财务费用　　　　　　　　　　　　　　　　　　　　　　　　　　　　　150
　　贷：银行存款　　　　　　　　　　　　　　　　　　　　　　　　　　1 345.10

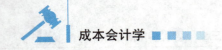

本 章 小 结

本章详细、系统地介绍了各种费用要素之间以及其他费用的归集和分配与结转,是成本核算的基础和起点。

按照成本核算的要求和程序,企业应将发生的各种费用要素先进行归集,然后采用适当的分配方法分别计入各成本计算对象中,计入有关成本账户。其中直接用于产品生产的,分配归集到产品生产成本中,即直接计入"基本生产成本明细账"相应的成本项目;间接用于产品生产的,先计入"制造费用明细账",月末再分配转入各产品成本,即计入"基本生产成本明细账"的"制造费用"成本项目;用于企业行政管理及专设销售机构的,分别计入"管理费用""销售费用"明细账户。

成本对象是指需要对其进行成本计量和分配的项目,如产品、服务、客户、部门、项目或作业等。确认及选择成本对象是成本会计工作的基础。通常,成本对象由成本计算实体、成本计算期和成本计算空间三个要素构成。

成本分配方法主要由直接追溯法、动因追溯法、分摊法三种。各项费用的分配主要包括:分配费用的基本计算公式;分配的标准的选择;各项要素费用的归集与分配,应视要素费用自身的不同特点采取不同的方法。

材料费用包括企业在生产经营过程中实际消耗的各种原材料、辅助材料、外购半成品、修理用备件配件、包装物和低值易耗品等费用。当若干种产品共同耗用一种材料时,则材料费用须在各产品之间进行合理的分配。由于低值易耗品和包装物可以多次使用而不改变其实物形态,其价值应在使用过程中摊销,按新准则企业应当采取一次转销法或者五五摊销法对包装物和低值易耗品进行摊销,计入相关资产的成本或者当期损益。

职工薪酬,是指企业为获得职工提供的服务或解除劳动关系而给予的各种形式的报酬或补偿。它是由计时工资、计件工资、奖金、津贴和补贴、加班加点工资、特殊情况下支付的工资等6部分组成。工资费用核算的原始凭证主要是考勤记录和产量记录。工资的计算主要包括计时工资的计算和计件工资的计算。当企业采用计时工资制,则生产工人的工资须在各产品之间进行合理分配。

折旧是固定资产的价值损耗,企业可以采用的折旧方法有年限法、年数总和法、工作量法、双倍余额递减法等。计提折旧时,应正确确定固定资产折旧的计提范围,科学估计固定资产的使用年限和净残值,并合理选择固定资产折旧率。折旧费用应按照固定资产的用途分别计入产品成本和当期损益。

在各项要素费用的分配中主要包括材料费用、燃料费用、外购动力费用、职工薪酬费用、折旧费用、利息支出、税金及其他支出等费用分配,其中原材料费用和工资费用的分配是重点,原材料的分配方法主要有:产品产量、重量分配法;材料定额消耗量比例分配法和定额费用比例分配法。

思 考 题

1. 企业生产费用要素包括哪些内容?
2. 进行各种要素费用的分配时,其分配标准有哪几类?
3. 材料费用分配有哪些基本方法?适用情况如何?

4. 如何计算计时工资和计件工资？
5. 包装物和低值易耗品的摊销方法的特点是什么？
6. 简要说明工资费用核算的原始凭证有哪几种？各有哪些作用？
7. 固定资产折旧常用的方法有哪些？
8. 其他要素费用包括哪些内容？

业 务 题

1. 某企业生产甲、乙两种产品，耗用原材料共计 62 400 元。本月投产甲产品 220 件，乙产品 256 件。单位原材料费用定额如下：甲产品 120 元，乙产品 100 元。

要求：采用定额费用比例法分配材料费用，并将结果填入表 3-7 中。

表 3-7 材料费用分配表

车间或部门名称： 2015 年 1 月 单位：元

车间、部门		分配计入的材料费用			材料费用合计
		定额费用	分配率	分配金额	
基本生产车间	甲产品				
	乙产品				
合　　计					

2. 某企业本月生产甲、乙两种产品，甲产品实际生产工时为 7 200 小时，乙产品实际生产工时为 4 800 小时，支付给生产工人的工资为 42 000 元，蒸汽车间生产工人的工资为 8 200 元，机修车间生产工人的工资为 5 000 元，基本生产车间管理人员的工资为 8 300 元，企业行政管理部门的管理人员的工资为 18 000 元。

要求：采用生产工时比例法分配工资费用，并将结果填入表 3-8 中。

表 3-8 材料费用分配表

2015 年 1 月 单位：元

车间、部门		成本项目	生产工时	分配率	应分配的工资费用
基本生产车间	甲产品				
	乙产品				
	小　计				
辅助生产车间	蒸汽车间				
	机修车间				
	小　计				
制造费用					
管理费用					
合　　计					

第四章 综合费用的归集和分配

引 导 案 例

刘先生是一家电风扇厂的厂长。该厂8月份投产一批新型电风扇。由于消费者对该型号电风扇不太了解,当月产出的电风扇70%没能销售出去,成本升幅却超过10%。为此,刘厂长对新型电风扇生产车间的所有员工给予严厉批评,并扣发了每个人的当月奖金。但是该生产车间主任老张感到委屈,并向厂长提供了相关数据。这些数据表明:8月份成本实际上比7月份还要略低些。因此厂长对财务科提供的成本资料的准确性表示不满,而财务科科长老王坚决否认,并提供了充足的证据说明他们提供的成本信息完全是准确的。他们的矛盾该怎么解决呢?

【学习目标与要求】

通过本章学习,应该了解辅助生产费用的含义和分类,熟悉辅助生产费用成本核算的账户设置,掌握辅助生产费用的归集和分配的账务处理,理解辅助生产费用分配的原则,掌握辅助生产费用分配所采用的方法,各种方法的特点、优缺点及适用性。在理解制造费用概念的基础上,掌握制造费用的归集和分配的程序、分配方法和账务处理。了解生产损失形成的原因,理解废品损失的含义,掌握有关账户设置,掌握废品损失的计算方法以及账务处理,了解停工损失的核算以及期间费用的归集与期末结转。

【本章逻辑框架】

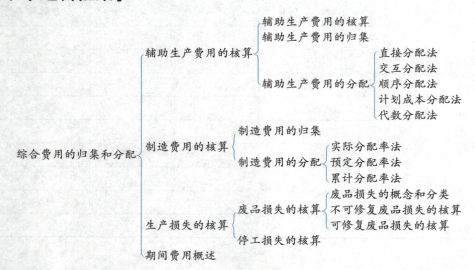

第一节　辅助生产费用的核算

一、辅助生产费用归集与分配的意义

企业的生产分为基本生产和辅助生产。基本生产是指为企业的主要商品产品生产而设置的生产过程，它们是企业的主要生产过程。辅助生产是指为企业的基本生产和其他部门服务而设置的生产过程，包括企业的供水、供电、供气、运输、修理等。辅助生产的产品、劳务和作业在满足本企业基本生产需要的前提下，有时也对外销售一部分，但这不是主要目的，在辅助生产中所占的比重很小。从事辅助生产所发生的费用称为辅助生产费用。按照辅助生产所提供的产品、劳务和作业的品种，可将其分为以下两类：

（1）只提供一种产品、劳务和作业，如供水、供电、供气、运输等辅助生产，称为单品种辅助生产，该类车间称为单品种辅助生产车间。单品种辅助生产车间里发生的各项费用都是该车间提供劳务、作业发生的直接成本，只需将车间内发生的全部费用按车间分别归集，即可计算出该车间该劳务或作业的总费用。由于这类车间都是从事劳务、作业性质的生产，月末无在产品结存，各受益部门所接受的劳务、作业服务也都是受益部门的所耗费用，因此，各辅助生产车间归集的总费用就是该月该种劳务或作业的总成本，并且该总成本即可在各受益部门或产品之间按受益量的比例进行分配。

（2）提供多种产品、劳务或作业的辅助生产，如机械修理、工具模具制造等辅助生产，称为多品种辅助生产，该类车间称为多品种辅助生产车间。多品种辅助生产车间里发生的各种费用在归集时就需要区分直接费用和间接费用，发生的费用如能分清是哪一种工具、模具所耗用的，就是直接费用，可直接计入该种工具、模具的成本中，而辅助生产车间为管理和组织生产活动发生的各项费用，就是间接费用，不能直接计入成本。因此，多品种辅助生产车间除了需要分别按不同的工具、模具归集其耗用的直接费用，还需要按辅助生产车间分别归集间接费用，月终将归集的单位费用在各种工具、模具之间采用一定的分配方法进行分配，然后再计算成本。若干辅助生产车间为基本生产车间生产的工具、模具，一般需要通过仓库的收发核算，而并非辅助生产制造完成后即列为基本生产成本。同时，辅助生产车间月末有可能结存在产品。因此，多品种辅助生产所归集的生产费用，首先要在完工产品与在产品之间划分，然后将完工产品的成本转入企业存货成本。

形成企业存货的辅助生产产品，即多品种辅助生产车间生产的产品，其成本计算方法与基本生产产品相同，所以，本节主要侧重介绍单品种辅助生产车间生产的已被基本生产车间或其他部门耗用的各种劳务、作业成本的归集和分配。

辅助生产所提供的产品、劳务、作业，除少数用于非生产，绝大部分被企业的产品生产和管理所耗用，其费用也随之按耗用比例转入各种产品的生产成本和有关费用。因此，辅助生产产品各劳务成本的高低，对于企业的产品成本水平有着重要的影响；同时，也只有在辅助生产的产品、劳务成本确定以后，才能计算商品产品的成本。此外，在有些制造业企业中，辅助生产车间之间往往相互提供劳务。例如，某企业设有供水车间、供电车间、机修车间等，供水车间为供电车间、机修车间供水,供电车间为供水车间、机修车间供电,机修车间又为供水车间和供电车间进行机器设备的维修作业服务。这样各辅助生产车间归集的费用还应该包括从其他辅助生产车间转入的费用,同时也增加了辅助生产费用分配的复杂程度。可见,辅助生产费用归集与分配的正确与否,对于保证企业的产品成本计算的正确性和及时性,有着重要的意义。

企业在进行辅助生产费用的归集与分配时应该做到:① 正确归集和计算辅助生产各成本计算对象所发生的成本;② 按一定程序和标准正确分配各种辅助生产费用;③ 控制各辅助生产成本计算对象费用的发生,促进降低辅助生产的成本,以最终降低基本生产产品成本。

二、辅助生产费用的归集

由于企业的辅助生产和基本生产的目的不同,所以企业必须区分辅助生产费用和基本生产费用。对于辅助生产费用应单独设置"辅助生产成本"账户进行归集与分配。辅助生产费用的归集除通过"辅助生产成本"总账账户外,由于企业的辅助生产部门都是具有独立职能的生产单位,所以还要设置辅助生产明细账进行核算。辅助生产明细账一般按辅助生产车间分别设置。对于生产单品种产品、劳务、作业的辅助生产车间,可按费用的经济性质即费用要素作为其成本项目设置明细账。对于生产多品种的辅助生产车间,则分别要按各车间生产的产品、劳务、作业的种类和批别设置辅助生产明细账,在该明细账中一般以费用的经济用途来划分费用,设置成本项目。对于生产多品种的辅助生产车间,辅助生产费用中的直接计入费用和间接计入费用的登记方法一般是:

一种是先通过"制造费用"账户的借方进行归集,然后再从其贷方分配转入"辅助生产成本"账户的借方。在辅助生产成本明细账中,平时对于属于材料、燃料和动力、工资及提取的职工福利费等直接费用直接计入各辅助生产的成本明细账,其他费用则先归集于制造费用明细账中,期末再按一定标准分配计入辅助生产车间的有关产品、劳务或作业的成本明细账中。

【例4-1】辅助生产成本和制造费用明细账格式详见表4-1、表4-2、表4-3、表4-4。

表 4-1 辅助生产成本明细账

辅助生产车间:修理　　　　　　2015年1月　　　　　　单位:元

日期	凭证号	摘要	直接材料	燃料及动力	直接人工	制造费用	合计	转出
		材料费用分配表	4 200				4 200	
		动力费用分配表		300			300	
		职工薪酬分配表			3 000		3 000	
		制造费用分配表				1 500	1 500	
		辅助生产成本分配表						9 000
		合　计	4 200	300	3 000	1 500	9 000	9 000

表4-2　辅助生产成本明细账

辅助生产车间：运输　　　　　　　　　　2015年1月　　　　　　　　　　　　单位：元

日期	凭证号	摘要	直接材料	燃料及动力	直接人工	制造费用	合计	转出
		材料费用分配表	2 200				2 200	
		动力费用分配表		300			300	
		职工薪酬分配表			1 500		1 500	
		制造费用分配表				800	800	
		辅助生产成本分配表						4 800
		合计	2 200	300	1 500	800	4 800	4 800

表4-3　制造费用明细账

辅助生产车间：修理　　　　　　　　　　2015年1月　　　　　　　　　　　　单位：元

日期	凭证号	摘要	材料	动力	职工薪酬	折旧费	办公费	保险费	其他	合计	转出
		材料费用分配表	400							400	
		动力费用分配表		70						70	
		职工薪酬分配表			380					380	
		折旧费用分配表				190				190	
		办公费					180			180	
		保险费						160		160	
		其他							120	120	
		制造费用分配表									1 500
		合计	400	70	380	190	180	160	120	1 500	1 500

表4-4　制造费用明细账

辅助生产车间：运输　　　　　　　　　　2015年1月　　　　　　　　　　　　单位：元

日期	凭证号	摘要	材料	动力	职工薪酬	折旧费	办公费	保险费	其他	合计	转出
		材料费用分配表	210							210	
		动力费用分配表		60						60	
		职工薪酬分配表			180					180	
		折旧费用分配表				160				160	
		办公费					50			50	
		保险费						60		60	
		其他							80	80	
		制造费用分配表									800
		合计	210	60	180	160	50	60	80	800	800

另一种是不通过"制造费用"账户核算。需要指出的是,如果辅助生产不对外提供产品、劳务,就不需要按照规定的成本项目计算成本,编制产品成本报表,而且辅助生产车间规模很小,制造费用很少,为了简化核算工作,其制造费用也可以直接计入"辅助生产成本"总账账户和所属明细账的借方,而不通过"制造费用"账户核算。这样,要计算辅助生产费用时,可以将产品的成本项目与制造费用的费用项目结合起来,设立简化的项目,在辅助生产明细账中按照这种简化的项目归集费用、计算成本。下列辅助生产成本明细账是根据前述各种费用分配表登记的。

【例4-2】辅助生产成本明细账的格式详见表4-5和表4-6。

表4-5 辅助生产成本明细账

辅助生产车间:供电　　　　　　　2015年1月　　　　　　　　　　　　单位:元

日期	凭证号	摘要	原材料	动力	职工薪酬	折旧费	修理费	保险费	其他	合计	转出
		材料费用分配表	450							450	
		动力费用分配表		456						456	
		职工薪酬分配表			1 500					1 500	
		折旧费用分配表				1 200				1 200	
		长期待摊费用分配表						65		65	
		修理、办公等费用					540		529	1 069	
		辅助生产成本分配表									4 740
		合　计	450	456	1 500	1 200	540	65	529	4 740	4 740

表4-6 辅助生产成本明细账

辅助生产车间:供水　　　　　　　2015年1月　　　　　　　　　　　　单位:元

日期	凭证号	摘要	原材料	动力	职工薪酬	折旧费	修理费	保险费	其他	合计	转出
		材料费用分配表	650							650	
		动力费用分配表		600						600	
		职工薪酬分配表			228					228	
		折旧费用分配表				200				200	
		长期待摊费用分配表						60		60	
		修理、办公等费用					160		167	327	
		辅助生产成本分配表									2 065
		合　计	650	600	228	200	160	60	167	2 065	2 065

上述辅助生产费用两种归集程序中,第一种归集程序,也就是"辅助生产成本"账户与"基本生产成本"账户一样,一般按车间以及产品和劳务设置明细账,账内按成本项目设立专栏或专行进行明细核算。辅助生产的制造费用,单独设置"制造费用"账户核算,先通过"制造费用"账户进行归集,然后转入"辅助生产成本"账户的借方,计入辅助生产产品或劳务的成本。第二种归集程序,也就是辅助生产的制造费用不通过"制造费用"账户及其明细账单独核算,而是直接计入"辅助生产成本"账户。这两种程序的主要区别在于辅助生产制造费用归集的程序不同。

三、辅助生产费用的分配

辅助生产费用的分配有两种情况:一是产品性生产,如提供自制材料、工具、备件等产品。其费用分配、成本计算及账务处理同基本生产车间生产产品一样。二是劳务性生产,如供水、供电、运输、机修等。其发生的费用,应于月末时,按受益的原则,在各受益单位之间选择一定的方法进行分配。若企业有几个辅助生产部门,且相互提供产品和劳务,则要先在各辅助生产车间之间进行费用的交互分配,然后再对外分配。

(一) 单一辅助生产车间辅助生产费用的分配

如果企业只有一个辅助生产车间,则其生产费用的分配比较简单,通常按各受益对象耗用该辅助生产车间提供的产品或劳务数量的比例,在各个受益对象之间进行分配。

【例 4-3】某企业供电车间 7 月供电 64 000 度,费用总额为 160 000 元。企业各部门耗电资料如表 4-7 所示。

表 4-7 企业各部门耗电资料

受 益 对 象	耗 电 数 量(度)
基本生产车间——甲产品	30 000
基本生产车间——乙产品	12 000
基本生产车间——车间管理	8 000
企业行政管理部门	10 000
固定资产在建工程	4 000
合　计	64 000

根据以上资料,分配供电车间的生产费用。其结果如下:

$$电费分配率 = \frac{160\ 000}{64\ 000} = 2.5$$

甲产品应分配的电费 = 30 000 × 2.5 = 75 000(元)
乙产品应分配的电费 = 12 000 × 2.5 = 30 000(元)
基本生产车间制造费用应分配的电费 = 8 000 × 2.5 = 20 000(元)
企业管理部门应分配的电费 = 10 000 × 2.5 = 25 000(元)
固定资产在建工程应分配的电费 = 4 000 × 2.5 = 10 000(元)

根据分配结果作会计分录如下：

借：生产成本——基本生产成本——甲产品　　　　　　　　　75 000
　　　　　　　　　　　　　　　——乙产品　　　　　　　　　30 000
　　制造费用——基本车间　　　　　　　　　　　　　　　　20 000
　　管理费用　　　　　　　　　　　　　　　　　　　　　　25 000
　　在建工程　　　　　　　　　　　　　　　　　　　　　　10 000
　贷：生产成本——辅助生产成本——动力　　　　　　　　　160 000

（二）若干辅助生产车间辅助生产费用的分配

如果企业拥有两个或两个以上辅助生产车间，则该企业辅助生产费用的分配通常较为复杂。因为辅助生产车间不仅对企业各生产及管理部门提供产品或劳务，而且各辅助生产车间之间往往相互提供产品或劳务，这就使辅助生产费用的分配交互影响，彼此制约。在此情况下，辅助生产费用分配一般可采用以下几种方法：直接分配法、顺序分配法、交互分配法、代数分配法和计划成本分配法。

1. 直接分配法

采用这种方法是把各辅助生产车间实际发生的费用，直接在辅助生产以外的各受益单位之间进行分配，而不考虑辅助生产车间之间相互提供产品或劳务的情况。分配的特点可概括为：只对外，不对内。其计算公式为：

$$\text{某辅助生产车间费用分配率} = \frac{\text{待分配的该辅助生产费用总额}}{\text{辅助生产车间以外各受益单位耗用劳务的数量之和}}$$

$$\text{某受益单位应负担的该辅助生产费用} = \text{分配率} \times \text{该受益单位耗用劳务量}$$

【例 4-4】 某企业 2015 年 6 月有供电和供水两个辅助生产车间，本月份供电车间供电共 9 000 度，费用总额为 24 000 元；供水车间供水共 12 000 立方米，费用总额为 14 400 元，水电耗用情况如表 4-8 所示。

表 4-8　劳务供应资料

车间或部门	供电（度）	供水（m³）
供电车间		3 000
供水车间	1 000	
基本生产车间	6 000	3 000
企业管理部门	2 000	6 000
合　　计	9 000	12 000

根据以上资料，采用直接分配法分配并编制"辅助生产费用"分配表，其结果如表 4-9 所示。表中的辅助生产车间的费用分配率计算如下：

$$\text{供电费用分配率} = \frac{24\,000}{6\,000 + 2\,000} = 3$$

$$\text{供水费用分配率} = \frac{14\,400}{3\,000 + 6\,000} = 1.6$$

表 4-9　辅助生产费用分配表(直接分配法)

2015 年 6 月　　　　　　　　　　　　　　　　　　　　　　单位：元

辅助生产车间 应借账户	供电(度)			供水(m³)			成本合计
	供应量	分配率	金额	供应量	分配率	金额	
制造费用	6 000		18 000	3 000		4 800	22 800
管理费用	2 000		6 000	6 000		9 600	15 600
合　　计	8 000	3	24 000	9 000	1.6	14 400	38 400

根据"辅助生产费用分配"表,编制会计分录如下：

借：制造费用　　　　　　　　　　　　　　　　　　　　　　22 800
　　管理费用　　　　　　　　　　　　　　　　　　　　　　15 600
　贷：生产成本——辅助生产成本——供电　　　　　　　　　24 000
　　　　　　　　　　　　　　　——供水　　　　　　　　　14 400

采用直接分配法,计算最为简便,但具有一定的假设性。因此,它只宜在辅助生产车间之间相互提供产品或劳务数量不多、不进行交互分配、对辅助生产成本和基本生产成本影响不大的情况下采用。

2. 顺序分配法

采用这种方法,各种辅助生产之间的费用分配应按照辅助生产车间受益多少的顺序排列,受益少的排列在前,先将费用分配出去,受益多的排列在后,后分配。排在前面的辅助生产车间将费用分配给排在其后面的辅助生产车间而不负担排在其后的辅助生产车间的劳务费用。该方法的计算公式为：

$$\text{排第一位的辅助生产车间费用分配率}=\frac{\text{待分配的该辅助生产费用总额}}{\text{该辅助生产车间提供的劳务数量之和}}$$

$$\text{某受益单位应负担的该辅助生产费用}=\text{该受益单位耗用的劳务量}\times\text{分配率}$$

$$\text{排第二位的辅助生产车间费用分配率}=\frac{\text{该辅助生产费用总额}+\text{前面辅助生产车间分配来的费用}}{\text{排后面的辅助生产车间及其以外受益单位耗用的劳务数量之和}}$$

$$\text{某受益单位应负担的该辅助生产费用}=\text{该受益单位耗用的劳务量}\times\text{分配率}$$

仍用【例 4-4】资料,采用顺序分配法分配辅助生产成本。

首先判断哪个辅助生产车间受益少,受益少的先分配。

供水车间耗用电的费用＝1 000×24 000/9 000＝2 666.67(元)

供电车间耗用水的费用＝3 000×14 400/12 000＝3 600(元)

供水车间受益少,先分配；供电车间受益多,后分配。

根据以上资料,采用顺序分配法编制的"辅助生产费用分配表",如表 4-10 所示。

表 4-10 辅助生产费用分配表（顺序分配法）

2015 年 6 月 单位：元

辅助生产车间	分配率	应借账户 供水		辅助生产成本 供电		制造费用		管理费用	
		供应量	金额	耗用量或供应量	金额	耗用量	金额	耗用量	金额
待分配费用			14 400		24 000				
供水车间	1.2	12 000	14 400	3 000	3 600	3 000	3 600	6 000	7 200
供电车间	3.45			8 000	27 600	6 000	20 700	2 000	6 900
成 本 合 计							24 300		14 100

表 4-10 中各辅助生产车间的费用分配率计算如下：

$$供电费用分配率 = \frac{24\ 000 + 3\ 600}{8\ 000} = 3.45$$

$$供水费用分配率 = \frac{14\ 400}{12\ 000} = 1.2$$

根据"辅助生产费用分配表"编制会计分录如下：

借：生产成本——辅助生产成本——供电　　　　　　　　　3 600
　　制造费用　　　　　　　　　　　　　　　　　　　　24 300
　　管理费用　　　　　　　　　　　　　　　　　　　　14 100
　贷：生产成本——辅助生产成本——供水　　　　　　　　14 400
　　　　　　　　　　　　　　　——供电　　　　　　　　27 600

采用这种方法分配辅助生产费用的优点是较直接分配法前进了一步，因为该方法考虑了辅助生产车间之间的交互分配，计算简便，也只计算分配一次。缺点是排列在前的辅助生产车间不负担排列在后辅助生产车间的费用。因此，分配结果的准确性会受到一定的影响。该方法适用于辅助生产车间相互受益的程度有明显顺序的企业。

3. 交互分配法

采用这种方法是把各辅助生产车间实际发生的费用，分两步来进行分配。第一步，将各辅助生产车间发生的费用，只在各辅助生产车间之间进行交互分配；第二步，将各辅助生产车间交互分配前的费用，加上交互分配转入的费用，减去交互分配转出的费用，计算出各辅助生产车间交互分配后的实际费用，然后按对外提供产品或劳务的数量，在辅助生产以外的各受益单位之间进行分配。分配的特点可概括为：先对内，后对外。其计算公式为：

$$某辅助生产车间费用交互分配率 = \frac{待分配的该种辅助生产费用总额}{该辅助生产车间提供的劳务总量}$$

$$其他辅助生产车间应负担辅助生产费用 = 该受益单位耗用劳务量 \times 分配率$$

$$\text{某辅助生产费用对外分配率} = \frac{\text{该辅助生产车间待分配的费用总额} + \text{交互分配转来的费用} - \text{交互分配分出的费用}}{\text{辅助生产车间以外各受益单位耗用劳务的数量之和}}$$

$$\text{某受益单位分配的辅助生产费用} = \text{该受益单位耗用劳务量} \times \text{分配率}$$

仍用【例 4-4】资料,采用交互分配法分配辅助生产费用,并编制辅助生产费用分配表。其结果如表 4-11 所示。

表 4-11　辅助生产费用分配表(交互分配法)

2015 年 6 月

项目	待分配费用	对外分配费用	分配数量	分配率	应借账户							
					辅助生产成本				制造费用		管理费用	
					供电		供水					
					耗用量	金额	耗用量	金额	耗用量	金额	耗用量	金额
交互分配												
供电车间	24 000		9 000	2.667			1 000	2 667				
供水车间	14 400		12 000	1.2	3 000	3 600						
小　计	38 400					3 600		2 667				
对外分配												
供电车间		24 933	8 000	3.116 625					6 000	18 699.75	2 000	6 233.25
供水车间		13 467	9 000	1.496 333					3 000	4 488.99	6 000	8 977.99
合　计	38 400	38 400	—	—		3 600	—	2 667		23 189	—	15 211

表 4-11 中交互分配率及对外分配率计算如下:

$$\text{供电费用交互分配率} = \frac{24\,000}{9\,000} = 2.667$$

$$\text{供水费用交互分配率} = \frac{14\,400}{12\,000} = 1.2$$

供水车间耗电用量 = 1 000 × 2.667 = 2 667

供电车间耗水用量 = 3 000 × 1.2 = 3 600

供电车间对外分配的费用 = 24 000 + 3 600 − 2 667 = 24 933

供电车间对外分配的数量 = 9 000 − 1 000 = 8 000

$$\text{供电费用对外分配率} = \frac{24\,933}{8\,000} = 3.116\,625$$

供水车间对外分配的费用 = 14 400 + 2 667 − 3 600 = 13 467

供水车间对外分配的数量 = 12 000 − 3 000 = 9 000

$$供水费用对外分配率 = \frac{13\ 467}{9\ 000} = 1.496\ 333$$

计入制造费用的用电费用 = 6 000×3.116 625 = 18 699.75

计入制造费用的用水费用 = 3 000×1.496 333 = 4 488.99

计入管理费用的用电费用 = 2 000×3.116 625 = 6 233.25

计入管理费用的用水费用 = 6 000×1.496 333 = 8 977.99

根据表4-11"辅助生产费用分配表",编制会计分录如下:

交互分配分录:

借:生产成本——辅助生产成本——供电	3 600
——供水	2 667
贷:生产成本——辅助生产成本——供水	3 600
——供电	2 667

对外分配分录:

借:制造费用	23 189
管理费用	15 211
贷:生产成本——辅助生产成本——供电	24 933
——供水	13 467

采用交互分配法,较之直接分配法分配结果更为正确合理,克服了直接分配法和顺序分配法两种方法的不足,即考虑了各辅助生产车间之间相互提供劳务,并按受益多少交互分配。但是交互分配是按照各辅助生产车间直接发生费用而非实际费用进行,因而分配结果也不是很准确;而且,如果用于厂部、车间两级核算的企业中,车间要等财务部门转来其他车间分配的费用,才能算出实际费用,影响成本核算的及时性。这一分配方法适用于各辅助生产车间相互提供劳务量较多的情况,但无一定顺序的企业。

4. 代数分配法

采用这种方法,是运用初等数学中多元一次联立方程的原理,先计算确定各辅助生产费用分配率,然后再根据各受益单位(包括辅助生产车间)耗用产品或劳务的数量来分配辅助生产费用。分配的特点可概括为:既对外,又对内。其计算公式为:

$$\text{某受益单位应分配的辅助生产费用} = \text{该受益单位耗用劳务量} \times \text{某辅助生产费用分配率}$$

上式中:某种辅助生产费用分配率,就是指该辅助生产车间所提供产品或劳务的单位成本,应采用代数方法计算求得。

其基本程序为:① 设立未知数,即辅助生产车间劳务的单位成本,并根据辅助生产车间之间相互提供劳务的关系建立多元一次联立方程组;② 解联立方程组,求出各辅助生产车间劳务的单位成本;③ 以求出的单位成本和受益单位耗用的劳务量分配辅助生产费用。

仍用【例4-4】资料,采用代数分配法分配辅助生产费用,设 x 为每度电的成本,y 为每立方米水的成本,则可以两个辅助生产车间相互提供服务的关系建立联立方程式为:

$$24\ 000 + 3\ 000y = 9\ 000x \qquad ①$$
$$14\ 400 + 1\ 000x = 12\ 000y \qquad ②$$

计算求得：①×4 得：

$$96\ 000 + 12\ 000y = 36\ 000x \qquad ③$$

②+③ 得：
$$110\ 400 = 35\ 000x$$

$$x \approx 3.154\ 29（每度电的成本）$$

将 x 代入② 得：

$$y \approx 1.462\ 86（每立方米水的成本）$$

供水车间应分配的电费 $= 1\ 000 \times 3.154\ 29 = 3\ 154.29$（元）
供电车间应分配的水费 $= 3\ 000 \times 1.462\ 86 = 4\ 388.58$（元）
基本生产车间应分配的电费、水费 $= 6\ 000 \times 3.154\ 29 + 3\ 000 \times 1.462\ 86 = 23\ 314.32$（元）
企业管理部门应分配的电费、水费 $= 2\ 000 \times 3.154\ 29 + 6\ 000 \times 1.462\ 86 = 15\ 085.74$（元）

根据计算结果，编制会计分录如下：

借：生产成本——辅助生产成本——供电　　　　　　　　　4388.58
　　　　　　　　　　　　　　　——供水　　　　　　　　　3 154.29
　　制造费用　　　　　　　　　　　　　　　　　　　　　23 314.32
　　管理费用　　　　　　　　　　　　　　　　　　　　　15 085.74
　贷：生产成本——辅助生产成本——供电　　　　　　　　28 388.61
　　　　　　　　　　　　　　　——供水　　　　　　　　17 554.32

采用代数分配法，分配结果最为正确，但在辅助生产车间较多的情况下，未知数较多，计算工作比较复杂。因而宜在计算工作已实现电算化的企业或辅助生产车间不多的企业中采用。

5. 计划成本分配法

采用这种方法是把辅助生产车间为各受益单位（包括辅助生产本身）提供的产品或劳务，一律先按产品或劳务的计划单位成本进行分配，然后再将辅助生产车间实际发生的费用（包括辅助生产交互分配转入的费用在内）与按计划单位成本分配转出的费用之间的差额进行追加分配或将其直接计入"管理费用"中。其计算公式为：

$$\begin{matrix}某受益单位应负\\担辅助生产费用\end{matrix} = \begin{matrix}该受益单位\\耗用劳务量\end{matrix} \times \begin{matrix}某辅助生产车间\\劳务计划单位成本\end{matrix}$$

$$\begin{matrix}实际成本与计\\划成本的差额\end{matrix} = \begin{matrix}待分配\\费用\end{matrix} + \begin{matrix}交互分配\\分入费用\end{matrix} - \begin{matrix}按计划单位\\成本分出费用\end{matrix}$$

仍用【例 4-4】资料，假设供电车间的计划单位成本为 2.80 元，供水车间的计划单位成本为 1.50 元，采用计划成本分配法编制"辅助生产费用分配表"，如表 4-12 所示。

表 4-12 辅助生产费用分配表(计划成本分配法)

2015 年 6 月   单位:元

项目	分配数量	分配率	应借账户								计划成本合计
			辅助生产成本				制造费用		管理费用		
			供电		供水						
			耗用量	金额	耗用量	金额	耗用量	金额	耗用量	金额	
待分配费用				24 000		14 400					
按计划成本分配		计划成本									
供电车间	9 000	2.80			1 000	2 800	6 000	16 800	2 000	5 600	25 200
供水车间	12 000	1.50	3 000	4 500			3 000	4 500	6 000	9 000	18 000
金额小计				4 500		2 800		21 300		14 600	43 200
实际成本合计				28 500		17 200					
成本差异				3 300		−800					

根据表 4-12 分配结果,编制会计分录如下:

先按计划成本分配时:

借:生产成本——辅助生产成本——供电   4 500
            ——供水   2 800
    制造费用   21 300
    管理费用   14 600
  贷:生产成本——辅助生产成本——供电   25 200
            ——供水   18 000

对于差异的处理:

(1) 为了简化会计核算工作,一般情况下,辅助生产分配的借、贷之差计入"管理费用"账户。供电车间的借方发生额 28 500 元,大于贷方分配转出额 25 200 元,产生了超支差异 3 300 元,应计入(增加)"管理费用"。其会计分录为:

借:管理费用   3 300
  贷:生产成本——辅助生产成本——供电   3 300

供水车间的借方发生额 8 400 元,小于贷方分配转出额 9 000 元,产生了节约差异 800 元,应计入(冲减)"管理费用"。其会计分录为:

借:管理费用   800
  贷:生产成本——辅助生产成本——供电   800

(2) 对差异的另外一种处理方法是将差异进行分配,即将差异额按耗用量分配给辅助生产车间以外的受益单位。其分配公式为:

$$某辅助生产费用差异分配率 = \frac{差异额}{辅助生产车间以外受益单位耗用劳务量之和}$$

$$\text{某受益单位应负担辅助生产费用差额} = \text{该收益单位耗用劳务量} \times \text{差额分配率}$$

$$\text{供电差异分配率} = \frac{3\ 300}{6\ 000+2\ 000} = 0.412\ 5$$

基本生产车间应负担的供电差异额=6 000×0.412 5=2 475(元)
管理部门应负担的供电差异额=2 000×0.412 5=825(元)

此时的会计分录为：
借：制造费用　　　　　　　　　　　　　　　　　　　　　2 475
　　管理费用　　　　　　　　　　　　　　　　　　　　　　825
　　贷：生产成本——辅助生产成本——供电　　　　　　　　3 300

$$\text{供水差异分配率} = \frac{-800}{3\ 000+6\ 000} = -0.088\ 89$$

基本生产车间应负担的供水差异额=3 000×(−0.088 89)=−266.67(元)
管理部门应负担的供水差异额=6 000×(−0.088 89)=−533.33(元)

此时的会计分录为：
借：制造费用　　　　　　　　　　　　　　　　　　　　　266.67
　　管理费用　　　　　　　　　　　　　　　　　　　　　　533.33
　　贷：生产成本——辅助生产成本——供电　　　　　　　　800

采用计划成本分配法，按事先制订的计划单位成本进行分配不仅简化了核算工作，弥补了交互分配法不够及时的不足，加快分配速度，而且能够反映和监督辅助生产成本计划的完成情况，便于考核和分配各受益单位的成本。但采用这种方法时，企业必须具备比较正确的计划成本资料。

第二节　制造费用的核算

企业直接用于产品生产，但是没有专设成本项目，或是间接用于产品生产的费用，应先通过"制造费用"归集，然后再采用适当的方法分配计入各成本计算对象。在高科技和信息时代，间接生产费用在产品成本中的比重越来越大，制造费用核算的准确性直接影响产品成本的准确性。

一、制造费用的内容

制造费用的构成比较复杂，大部分是间接用于产品生产的费用，如机物料消耗、车间照明费等，也包括直接用于产品生产，但较难辨认其产品归属或金额较小、管理上不要求单独专设成本项目的费用，如设备折旧费、设计制图费等。具体内容如下：

(1) 工资。工资是指生产单位(分厂、车间，下同)除生产工人之外的管理人员、工程技术人员和其他生产人员的工资。

(2) 其他薪酬。按工资总额一定比例计提的职工福利费、社会保险费、住房公积金等。

(3) 折旧费。折旧费是指生产单位的房屋、建筑物、机器设备等固定资产按规定的折旧方法计算的折旧费用。

(4) 租赁费。租赁费是指生产单位租入固定资产和专用工具而发生的租金，但不包括融资租赁费。

(5) 修理费。修理费是指生产单位使用的固定资产发生的更新改造支出、房屋装修费用，若符合固定资产确认条件，应计入固定资产成本，如有被替换部分，应扣除其账面价值。固定资产的日常修理费用，不符合固定资产的确认条件，应当在发生时计入当期管理费用。

(6) 机物料消耗。机物料消耗是指生产单位为维护生产设备等管理上所消耗的各种材料，不包括专门进行固定资产修理和劳动保护用材料。

(7) 低值易耗品摊销。低值易耗品摊销是指生产单位使用的各种低值易耗品的摊销费。

(8) 取暖费。取暖费是指生产单位用于职工防寒取暖而发生的费用，不包括支付给职工的取暖津贴。

(9) 水电费。水电费是指生产单位管理上耗用水、电而发生的费用。生产工艺所耗的电费比较大，可以设置专门的成本项目，在"燃料及动力"成本项目中核算。

(10) 办公费。办公费是指生产单位耗用的文具、印刷、邮电、办公用品等费用。

(11) 差旅费。差旅费是指生产单位职工因公出差而发生的交通、住宿、出差补助等费用。

(12) 运输费。运输费是指生产单位耗用的厂内、厂外的运输劳务费用。

(13) 保险费。保险费是指生产单位应负担的财产物资保险费，从保险公司取得的赔偿应从本项目扣除。

(14) 设计制图费。设计制图费是指生产单位应负担的图纸费、制图用品费和委托设计部门设计图纸而发生的费用。

(15) 试验检验费。试验检验费是指生产单位应负担的对材料、半成品、产成品进行试验或进行检查、化验、分析的费用。它包括企业中心实验实、检验部门为生产单位进行试验、检验所耗用的材料、破坏性实验的样品，以及委托外单位进行检查试验所发生的费用。

(16) 劳动保护费。劳动保护费是指生产单位为保护职工劳动安全所发生的劳动用品费，如劳保眼镜、工作服、工作鞋、工作帽、手套等。不包括构成固定资产价值的安全装置、卫生设备、通风设备等发生的费用。

(17) 季节性、修理期间停工损失。季节性、修理期间停工损失不包括单独组织生产单位生产损失核算的停工损失。

(18) 其他。其他是指以上各项以外的应计入产品成本的其他制造费用，如在产品盘亏、毁损损失等。

二、制造费用的归集

制造费用的归集与分配是通过"制造费用"总账账户进行的。归集时，应将发生的各项制造费用，根据各项要素费用分配表以及有关凭证，从"原材料""应付职工薪酬""累计折旧""银行存款""库存现金"等总账账户的贷方,直接转入"制造费用"总账账户的借方,月末一般无余额。制造费用应按不同车间、部门设立明细账,按照费用的明细项目设立专栏或专户,分别反映各车间、部门各项制造费用的支出情况,以便各车间、部门经理能对其车间、部门的间接成本负责,也便于高层管理部门评价车间、部门经理控制成本的业绩。

【例4-5】根据各种费用分配表及付款凭证登记制造费用明细账,其格式详见表4-13。

表4-13 制造费用明细表

车间:基本生产车间　　　　　　2015年1月　　　　　　　　　　单位:元

日期	凭证号	摘要	材料	动力	职工薪酬	折旧费	修理费	水电费	保险费	其他	合计	转出
		付款凭证					3 430			139	3 569	
		材料费用分配表	200								200	
		动力费用分配表		2 250							2 250	
		职工薪酬分配表			912						912	
		折旧费用分配表				10 000					10 000	
		长期待摊费用分配表							250		250	
		辅助生产费用分配表						3 249			3 249	
		制造费用分配表										20 430
		合　计	200	2 250	912	10 000	3 430	3 249	250	139	20 430	20 430

三、制造费用的分配

制造费用分配时,可分两种情况:一是在生产一种产品或提供一种劳务的车间和企业中,制造费用可以直接计入该种产品或劳务的成本中;二是在生产多种产品或提供多种劳务的车间和企业中,因制造费用有多个受益对象,所发生的共同制造费用经归集后,应采用适当的方法进行分配,分别计入各种受益产品的制造成本中。

合理分配制造费用的关键在于正确选择分配标准,在选择分配标准时,应考虑的原则是,分配标准的资料必须比较容易取得,并且与制造费用之间存在客观的因果比例关系。常用的分配标准有生产工人工时、生产工人工资、机器小时等。

制造费用的分配方法可分为实际分配率法、预定分配率法和累计分配率法。

(一) 实际分配率法

采用实际分配率法,应根据各车间和分厂归集的制造费用和耗用分配标准总量,分别计算出各车间和分厂的制造费用分配率,然后根据制造费用分配率和各产品耗用的分配标准量计算出各产品应负担的制造费用。其分配的计算公式如下:

$$\text{某生产单位的制造费用分配率} = \frac{\text{该单位本期归集的制造费用}}{\text{该生产单位本期分配标准总量}}$$

$$\text{某种产品应负担的制造费用} = \text{该生产单位制造费用分配率} \times \text{该种产品耗用的分配标准}$$

按实际分配法分配制造费用,通常以生产工人工时、生产工人工资和机器工时为分配标准。

1. 生产工人工时比例法

生产工人工时比例法,是指以各种产品消耗的生产工人工时为标准,来分配制造费用的一种方法。其计算公式如下:

$$制造费用分配率 = \frac{制造费用总额}{车间各种产品生产工人工时之和}$$

$$某种产品应分配的制造费用 = 该种产品的生产工人工时 \times 制造费用分配率$$

【例4-6】某企业基本生产车间本月份发生制造费用10 000元,该车间生产甲、乙两种产品,生产工时分别为12 000小时和28 000小时,分配结果如下:

$$制造费用分配率 = \frac{10\ 000}{12\ 000 + 28\ 000} = 0.25$$

甲产品应分配的制造费用 = 12 000 × 0.25 = 3 000(元)

乙产品应分配的制造费用 = 28 000 × 0.25 = 7 000(元)

按照生产工人工时比例分配制造费用,能将劳动生产率与产品负担的费用水平联系起来,使分配的结果比较合理;同时,该分配标准的资料容易取得,从而使分配计算的工作较为简便。但是,如果固定资产折旧费、修理费在制造费用中占的比重较大,且各种产品的机械化程度不同,按此标准分配制造费用,就会使机械化程度较高的产品少负担固定资产折旧费、修理费等,以致分配结果与制造费用的实际情况不相符合。因此,生产工人工时比例法适合于各产品生产的机械化程度大致相同、原始记录和生产工时统计资料比较健全的车间。

如果产品的工时定额比较准确,制造费用也可以按生产工人定额工时的比例分配。

2. 生产工人工资比例法

生产工人工资比例法,是指以计入各种产品成本的生产工人工资为标准,来分配制造费用的一种方法。其计算公式如下:

$$制造费用分配率 = \frac{制造费用总额}{车间各种产品生产工人工资之和}$$

$$某种产品应分配的制造费用 = 该种产品的生产工人工资 \times 制造费用分配率$$

【例4-7】仍用前资料,假设甲、乙两种产品的生产工人工资分别为6 000元和14 000元,则分配结果如下:

$$制造费用分配率 = \frac{10\ 000}{6\ 000 + 14\ 000} = 0.5$$

甲产品应分配的制造费用 = 6 000 × 0.5 = 3 000(元)

乙产品应分配的制造费用 = 14 000 × 0.25 = 7 000(元)

由于产品成本计算单中有现成的生产工人工资的资料,分配标准容易取得,分配计算工作比较简便易行。但是采用这一方法,各种产品生产机械化程度和产品加工技术等级应大致相同。否则,机械化程度低的产品,所花工资费用多,负担制造费用也就多,从而影响费用分配的合理性。因为,在制造费用中,包含着很大一部分机器设备的折旧、修理费用,这些费用对于机械化程度低的产品来说,不是应该少负担一些,而是应该多负担一些。因此这种方法适用于各产品机械化程度和产品加工技术等级大致相同的情况。

3. 机器工时比例法

机器工时比例法,是指以各种产品所耗用的机器设备的运转时间为标准,来分配制造费用的一种方法。其计算公式如下:

$$制造费用分配率=\frac{制造费用总额}{车间各种产品机器设备运转工时之和}$$

$$某种产品应分配的制造费用=该种产品所用机器设备运转工时\times 制造费用分配率$$

【例4-8】某企业第一基本生产车间本月发生的制造费用为32 340元,该车间生产甲、乙两种产品,耗用的机器小时分别为3 628小时和2 840小时。则分配结果如下:

$$制造费用分配率=\frac{32\ 340}{3\ 628+2\ 840}=5$$

甲产品应分配的制造费用=3 628×5=18 140(元)

乙产品应分配的制造费用=2 840×5=14 200(元)

采用这种方法时,如果生产车间中机器设置的类型大小不一,应将机器设置划分为若干类别,按照不同类别归集和分配制造费用,也可以对不同机器设备按系数折成标准工时进行分配,以提高分配结果的合理性。这种方法适用于机械化、自动化程度较高的生产车间,因为这种车间所发生的制造费用中,折旧费、修理费、动力费等费用所占比重较大,而且这些费用的发生又与机器设备的使用密切相关,因此按机器工时分配制造费用是较为合理的。但应予以指出的是,分厂制造费用与车间的机器工时没有直接关系,因此分厂制造费用分配不应采用该种方法。

(二) 预定分配率法

预定分配率法,亦称年度计划分配率法,这是按照各生产单位年度的制造费用预算和计划产量的定额工时事先确定的预定分配率来分配制造费用的方法。其计算公式如下:

$$制造费用的预定分配率=\frac{年度制造费用计划总额}{年度内各种产品计划产量的定额工时之和}$$

$$某种产品应负担的制造费用=预定分配率\times 该种产品当月实际产量的定额工时数$$

采用预定分配率法,不论各月实际发生的制造费用是多少,每月计入各产品制造成本的制造费用,都是按预定分配率分配。对各月按预定分配率分配的制造费用与实际发生的制造费用之间的差额,月末不进行调整分配。这样,年内各月末"制造费用"账户就会有余额,余额可能在借方,也可能在贷方。但到年终时,必须将逐月累计的制造费用余额,按已分配的比例一次分配计入12月份的各产品制造成本中,调增或调减当年产品的成本。经年终调整后,"制造费用"账户应无余额。

【例4-9】某企业的基本生产车间全年制造费用预算额为115 460元,全年各种产品的计划产量为:甲产品2 200件,乙产品1 500件;单件产品的工时定额为:甲产品8小时,乙产品5小时。假定车间8月份的实际产量为:甲产品180件,乙产品120件。则8月份制造费用分配计算如下:

$$制造费用预定分配率 = \frac{115\ 460}{2\ 200 \times 8 + 1\ 500 \times 5} = 4.6$$

甲产品8月份应负担制造费用 = 4.6×(180×8) = 6 624(元)
乙产品8月份应负担制造费用 = 4.6×(120×5) = 2 760(元)
该车间8月份应分配转出的制造费用 = 6 624 + 2 760 = 9 384(元)

8月份"制造费用"账户借方实际发生额为9 200元,贷方根据预定分配率转出制造费用9 384元,贷方余额184元,即多分配数,平时不予调整。8月份制造费用的实际发生和分配转出额的登记结果如图4-1所示。

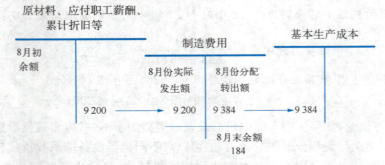

图4-1 科目记录示意图

续【例4-9】,假定到本年末,采用预定分配率法已分配制造费用116 000元,其中甲产品已分配76 000元,乙产品已分配40 000元。全年实际发生制造费用114 608元,则多分配1 392元,应进行调整冲回,具体计算如下:

$$调整分配率 = \frac{-1\ 392}{116\ 000} = -0.012$$

甲产品多分配的制造费用 = (−0.012)×76 000 = −912(元)
乙产品多分配的制造费用 = (−0.012)×40 000 = −480(元)

调整分配会计分录如下:

借:生产成本——基本生产成本——甲产品　　　　　912
　　　　　　　　　　　　　　　——乙产品　　　　　480
　　贷:制造费用——第一基本生产车间　　　　　　1 392

如果实际发生额小于计划分配额,为超支差异,年终进行调整分配时,应编制蓝字分录。调整分配后,"制造费用"账户年终无余额。

对于制造企业计划分配额与实际发生额之间的差额,也可按比例在产成品、在产品及主营业务成本之间进行分配;如果差额不大,也可将其全部转入当期的主营业务成本。

采用预定分配率法,制造费用可以不用等到会计期末就能分配到各批次(种、类)产品成本中,在一定程度上简化了分配手续,便于及时计算产品成本。这种方法还特别适用于季节性生产的企业,因为在这种制造企业中,生产旺季和淡季的产量悬殊,而各月制造费用却相差不多,如果按实际费用分配,会导致各月产品制造成本水平波动太大,使淡季成本水平偏高,而旺季则偏低,从而不利于成本分析工作的进行。

但是,由于预定分配率是在费用实际发生前确定的,因此要求企业必须有较高的计划工作和定额管理的水平,否则年度制造费用的计划数脱离实际太远,就会影响成本计算的正确性。

(三) 累计分配率法

累计分配率法是指根据累计分配率,将制造费用仅分配给完工产品,而未完工产品则不进行分配的方法。累计分配率法中的分配标准,可采用上述分配方法中的分配标准的任何一种。其计算公式如下:

$$制造费用分配率 = \frac{制造费用总额}{车间各种产品累计分配标准之和}$$

$$\begin{matrix}某批已完工产品\\应负担的制造费用\end{matrix} = \begin{matrix}该生产单位制造\\费用累计分配率\end{matrix} \times \begin{matrix}该批完工产品\\分配标准的累计数\end{matrix}$$

【例 4-10】某企业本月份共生产 A、B、C 三批产品,A 批产品上月投产,生产工时为 500 小时,本月发生工时 1 500 小时,另外两批产品均为本月投产,工时分别为 3 000 小时和 2 500 小时,月初制造费用余额为 10 000 元,本月发生 12 500 元,A 批产品本月全部完工,其余两批产品均未完工。则分配结果如下:

$$制造费用分配率 = \frac{10\ 000 + 12\ 500}{500 + 1\ 500 + 3\ 000 + 2\ 500} = 3$$

$$A\ 批产品应分配的制造费用 = (500 + 1\ 500) \times 3 = 6\ 000\ 元$$

如果企业生产周期较长(一个月以上),产品生产批次较多,每月完工产品批次只占全部生产批次的一部分,那么,为了简化制造费用的分配计算和登账工作,可采用制造费用累计分配率法分配制造费用。累计分配率法的具体方法将在以后章节"产品成本计算的分批法"中进一步阐述,这里不再复述。

对于制造费用的分配计算,应按照生产单位分别编制制造费用分配明细表,根据该表的分配结果,登记各产品成本计算单,以反映各产品成本应承担的制造费用,同时还应根据制造费用分配明细表,汇总编制企业制造费用分配汇总表,据以进行制造费用分配的总分类核算。

第三节 生产损失的核算

企业在生产经营过程中难免会发生各种各样的损失,理论上说,这些损失不形成价值,不应计入产品成本。但在实际处理时,为了促进企业加强经济核算,减少损失,有些损失也计入产品成本。从严格意义上看,生产损失包括的内容很多,本节主要介绍计入产品成本的废品损失和停工损失的核算。

一、生产损失概述

企业在其生产经营过程中由于不同原因而发生各种各样的损失,按其是否计入产品成本,可分为生产损失和非生产损失两大类。生产损失是指企业在产品生产过程中或由于生产原因而发生的各种损失,一般包括废品损失和停工损失。生产损失与产品生产直接相关,应该由产品成本承担,构成产品成本的一部分。非生产损失主要是由于企业经营管理或其他原因造成的损失,例如坏账损失,材料、产成品的盘亏、毁损、变质损失,汇兑损失,投资损失,固定资产盘亏、毁损损失,非常损失等。非生产损失由于与产品生产没有直接关系,因此不能计入产品成本。而应根据损失的性质、原因和现行制度的规定列入期间费用、营业外支出或冲减投资收益等。

不同的企业由于产品性质、生产工艺技术、材质、工艺流程、工人的素质以及管理水平等方面存在差异,致使生产损失发生的频繁程度、数额大小以及对产品制造成本的影响程度可能不一样,生产损失在会计上如何处理,应根据企业的具体情况而定:如果企业生产损失偶尔发生,金额较小,对产品制造成本影响不大,为了简化起见,生产损失可以不进行单独核算,而将其包括在正常的成本项目中,增加正常成本项目的单位成本;反之,如果企业生产损失经常发生,且数额较大,对产品制造成本影响亦较大,为了控制生产损失发生的数额,更好地进行成本分析,明确经济责任,以不断减少或消除生产损失,就需要对生产损失进行单独核算,即单独归集生产损失,计算出发生的生产损失总金额以及单位产品应负担的生产损失。

企业发生生产损失会降低企业的经济效益,给企业带来不利的影响。首先,生产损失会浪费企业的人力、物力和财力;其次,生产损失会影响企业生产计划的完成,妨碍企业正常的生产秩序;最后,生产损失还影响产品质量,使企业产品成本增加,减弱企业的竞争能力。

加强生产责任和产品质量管理,正确反映和控制废品损失,防止停工发生,对降低产品成本、减少损失、增强企业竞争力、提高经济效益和社会效益都具有重要意义。

二、废品损失的核算

废品是指由于生产原因造成的质量不符合规定的技术标准,不能按照原定用途使用,或者需要加工修理后才能使用的在产品、半成品和产成品。废品是由于生产原因造成的,因此与废品发现的时间和地点无关,既可能在生产过程中被发现,也可能在入库后甚至销售后被发现。

废品可以按照不同的标志进行分类。按废品产生的原因可分为料废和工废两类,料废是指由于材料原因(如质量、规格、性能不符合要求)造成的废品;工废是指在产品生产过程中,由于加工原因(如工艺技术落后、工人操作方法不当等)造成的废品。分清废品是由于料废还是工废造成的,有利于查明废品产生的原因,分清产生废品的责任,贯彻经济责任制。

废品按其报废程度和修复价值,可分为可修复废品和不可修复废品。主要划分依据是其修复的技术可能性和修复费用的经济合理性。可修复废品是指在技术、工艺上可以修复,而且所支付的修复费用在经济上合算的废品。不可修复废品是指技术、工艺上不可以修复,或者虽然可以修复,但所支付的修复费用在经济上不合算的废品。

废品损失是指因产生废品而造成的损失,主要包括废品的报废损失和修复费用。废品报废损失是指不可修复废品已耗的实际成本扣除回收材料和废料价值后的净损失;废品的修复费用是指可修复废品在返修过程中所发生的修理费用,是超过合格产品正常成本的多耗损失,包括在返修过程中耗用的原材料和零配件价值、发生的工资以及应负担的制造费用等,无论是可修复废品还是不可修复废品,如果存在应由过失人负担的赔款,则应从废品损失中扣除。

需要指出的是,废品损失一般只包括发生废品所造成的直接损失,不包括因产生废品而给企业带来的间接损失;合格品入库由于保管不善、运输不当或其他原因而发生的损坏变质的损失,应作为产品毁损处理,计入"管理费用"账户,不作为废品损失;降价出售的不合格品,其售价低于合格品售价所发生的损失,应在计算销售损益中体现,计入"销售费用"账户,不作为废品损失处理;对产品实行"三包"(包修、包换、包退)的企业,如果销售后发现废品,理论上来说,其修理费、退回调换产品的运杂费、退回废品的成本减残值后的净损失等"三包"损失,都应属于废品损失。但在实际工作中,为简化核算,"三包"损失发生时,直接计入"销售费用"。

(一) 废品损失的归集与分配

当发现废品时,由质量检验部门填制"废品通知单",列明废品的种类、数量、产生的原因和过失人等,"废品通知单"经审核后,作为废品损失核算的原始凭证。

(1) 单独核算废品损失的企业(对于废品损失时有发生,且数额较大,对产品成本影响较大的企业)可以增设"废品损失"总账及其所属明细账,同时在产品生产成本明细账中增设"废品损失"成本项目。

"废品损失"账户是为了归集和分配废品损失而设立的。该账户借方登记归集可修复废品的修复费用和不可修复废品的生产成本,贷方登记转出废品残料的回收价值和应收的赔款以及分配结转废品净损失。废品净损失应分配转由本月生产的同种或同类产品成本负担。通常情况下,期末在产品不负担废品损失,废品损失全部由本期完工产品负担。"废品损失"账户月末没有余额。现以"T"形账户说明其结构,如图4-2所示。

"废品损失"账户应按车间设立明细账,账内按产品品种分设专户,并按成本项目分设专栏或专行,进行明细分类核算。

(2) 不单独核算废品损失的企业,不设"废品损失"账户及成本项目。发生不可修复废品,只从全部产量中扣除废品产品数量,而不单独归集废品生产成本,将废品损失直接从"基本生产成本"总账及其明细账的"废品损失"成本项目核算。废品残料值直接冲减"基本生产成本"的"原材料"成本项目;对于发现可修复废品,其修理费用,直接计入"基本生产成本"的废品损失成本项目;辅助生产一般不单独核算废品损失。

(二) 可修复废品损失的核算

可修复废品损失是指废品在修复过程中所发生的修复费用,包括修复废品所耗用的直接材料、燃料和动力、直接人工和应负担的制造费用等。

可修复废品返修以前发生的生产费用,不是废品损失,由于可修复废品修复后仍可作为合格品入库待售,因此不必计算原来的生产成本而只需计算其修复费用。修复费用可根据各种费用分配表或直接根据有关原始凭证及记录计算确定。如果应由过失单位或个人赔偿

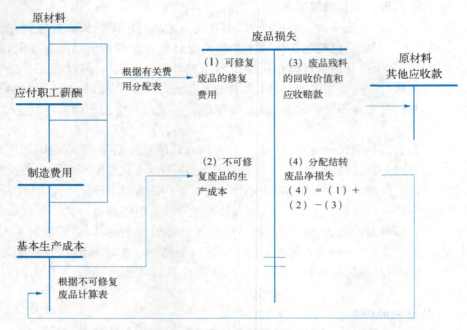

图 4-2 废品损失账务处理

部分修复费用的,则将应收赔偿款抵减废品损失。

如果有残料收回和应收赔偿,则根据废料交库单和结算凭证将残料价值和应收赔偿款从"废品损失"分别转入"原材料"和"其他应收款"账户。最后,归集在"废品损失"账户借方的修理费用减去账户贷方的收回残料价值和应收赔偿款后的净损失,应从"废品损失"账户的贷方转入"基本生产成本"及所属明细账的废品损失成本项目。

【例4-11】假定江东工厂第一车间2015年6月份在生产甲产品过程中发现可修复废品2件,当即进行修复,其耗用直接材料200元,直接人工40元,制造费用50元。另外,应向过失人索赔100元。则有关计算如下:

$$可修复废品的修复费用=200+40+50=290(元)$$

$$可修复废品净损失=290-100=190(元)$$

(1) 根据有关费用分配表(略),编制可修复废品发生的修复费用的会计分录如下:

借:废品损失——甲产品　　　　　　　　　　　　　　　290
　　贷:原材料　　　　　　　　　　　　　　　　　　　　200
　　　　应付职工薪酬　　　　　　　　　　　　　　　　　40
　　　　制造费用　　　　　　　　　　　　　　　　　　　50

(2) 应收过失人赔款(根据索赔凭证):

借:其他应收款　　　　　　　　　　　　　　　　　　100
　　贷:废品损失——甲产品　　　　　　　　　　　　　100

(3) 结转废品净损失,计入产品成本:

借:生产成本——基本生产成本——甲产品　　　　　　190
　　贷:废品损失——甲产品　　　　　　　　　　　　　190

如前面所述,如果企业不设置"废品损失"账户,仅在"基本生产成本"专设废品损失成本项目,那么,对修复费用的归集和残料价值收回和应收赔偿款的核算,应是借和贷记"基本生产成本"及其所属明细账废品损失成本项目,而不是"废品损失"账户,最后一步净损失的结转不需要做,因其已直接在废品损失成本项目中反映出来。

仍以【例4-11】资料,所作的会计分录为:

归集修复费用:

借:生产成本——基本生产成本——甲产品(废品损失)　　290
　　贷:原材料　　　　　　　　　　　　　　　　　　　　200
　　　　应付职工薪酬　　　　　　　　　　　　　　　　　 40
　　　　制造费用　　　　　　　　　　　　　　　　　　　 50

应收过失人赔款:

借:其他应收款　　　　　　　　　　　　　　　　　　　　100
　　贷:生产成本——基本生产成本——甲产品(废品损失)　　100

经过以上处理,"基本生产成本"甲产品明细账中废品损失成本项目为190元。正是计入产品成本的净损失。

(三) 不可修复废品损失的核算

不可修复废品损失是不可修复废品的生产成本扣除废品残值和赔偿款后的净损失。进行不可修复废品损失的核算,首先要计算截止报废时已经发生的不可修复废品生产成本,然后扣除废品收回残料价值和应收赔偿款,算出废品净损失,再计入合格产品的成本。

不可修复废品的生产成本,可按所耗的实际成本计算,也可按废品所耗的定额成本计算。

1. 按废品所耗的实际成本计算

在采用按废品所耗的实际成本计算的方法,由于废品报废以前发生的各项成本是同合格品成本混在一起发生的并归集在"基本生产成本"账户,所以不能直接从"基本生产成本"账户确定废品损失,而需要将"基本生产成本"及其明细账归集的各项成本,采用适当的分配方法,在废品与合格品之间进行分配,计算出不可修复废品的实际成本,从"基本生产成本"及所属明细账转入"废品损失"及其明细账,或直接转入"基本生产成本"及其明细账的废品损失成本项目。

在生产过程中发现的废品,可以按废品所耗的原材料费用和合格品所耗的原材料费用比例分配归集在"基本生产成本"及其明细账的原材料费用,按废品所耗的生产工时和合格品所耗的生产工时比例分配归集在"基本生产成本"及其明细账的直接人工、制造费用等。

【例4-12】假定上例江东工厂第一车间2015年6月份投产甲产品500件,在加工程度达到20%时发现不可修复废品10件,当即予以报废,回收残料200元。其余产品继续加工,月终全部完工并验收合格。本月发生的生产费用为:直接材料121 000元,直接人工81 180元,制造费用113 160元。原材料在生产开始时一次投入,其原材料费用按合格品、废品数量比例分配;其他费用按约当量比例分配,其中废品约当量为2件,合格品约当量即数量为490件,约当量合计为492件。

$$直接材料分配率 = \frac{121\,000}{490+10} = 242$$

废品应负担的原材料成本＝10×242＝2 420(元)

$$直接人工分配率=\frac{81\ 180}{490+2}=165$$

废品应负担的直接人工＝2×165＝330(元)

$$制造费用分配率=\frac{113\ 160}{490+2}=230$$

废品应负担的制造费用＝2×230＝460(元)

根据上述资料，编制"不可修复废品损失计算表"，如表 4-14 所示。

表 4-14　废品损失计算表

第一车间　甲产品　　　　　　　　　2015 年 6 月　　　　　　　　　　　　　　单位：元

项　　目	产量(件)	直接材料	约当量	直接人工	制造费用	合　　计
费用总额	500	121 000	492	81 180	113 160	315 340
费用分配率		242		165	230	
废品生产成本	10	2 420	2	330	460	3 210
减：残值		200				200
废品损失(报废损失)		2 220	2	330	460	3 010

根据"不可修复废品损失计算表"，编制会计分录如下：

(1) 结转不可修复废品生产成本：

借：废品损失——甲产品　　　　　　　　　　　　　　　　　3 210
　　贷：生产成本——基本生产成本——甲产品(直接材料)　　　2 420
　　　　　　　　　　　　　　　　——甲产品(直接人工)　　　　330
　　　　　　　　　　　　　　　　——甲产品(制造费用)　　　　460

(2) 回收废品残料(根据表 4-14 及残料入库凭证)：

借：原材料　　　　　　　　　　　　　　　　　　　　　　　　200
　　贷：废品损失——甲产品　　　　　　　　　　　　　　　　　200

(3) 结转废品净损失，计入产品成本：

借：生产成本——基本生产成本——甲产品　　　　　　　　　3 010
　　贷：废品损失——甲产品　　　　　　　　　　　　　　　　3 010

本例中，原材料是在生产开始时一次性投入，所以，可直接按废品数量和合格品数量比例分配原材料费用。如果原材料是陆续投入的，废品的原材料费用则不能按 100% 计算，需要按其投料程度，将废品数量折算为约当量分配，加工费也可按约当量(按加工进度折算)分配；如果废品是在完工后发现的，这时每一废品所应负担的费用与每完工合格品所应负担的费用是等同的，分配所有成本项目的费用都不需将废品数量折算，直接以废品数量和合格品产量比例分配；此外，如果产品生产费用中原材料费用所占的比重较大，为了简化核算，废品也可只计算应负担的原材料费用。这种不同情况的分配计算方法，将在以后章节的约当产量法等相关内容中介绍。

不可修复废品成本按实际成本计算和分配废品损失，符合实际，但核算的工作量较大，且必须等"基本生产成本"实际发生费用汇总完以后才能计算结转废品实际成本。

2. 按废品所耗的定额成本计算

采用按废品所耗的定额成本计算不可修复废品的生产成本方法时,不考虑废品实际发生的生产费用数额,直接根据废品数量和各项费用定额计算废品成本。其计算公式为:

$$废品定额成本=废品数量\times 各成本项目费用定额$$
$$废品净损失=废品定额成本-收回残料价值-应收赔偿款$$

【例4-13】假定某工厂2015年5月在乙产品生产过程中发现不可修复废品6件,原材料在生产开始时一次投入,单件原材料费用定额为250元,已完成的定额工时为120小时,每小时费用定额为:直接人工4元,制造费用5元。不可修复废品的残料作价300元入库。

$$废品定额成本=6\times 250+120\times 4+120\times 5=2\ 580(元)$$
$$废品的净损失=2\ 580-300=2\ 280(元)$$

按定额费用计算废品损失,编制"不可修复废品损失计算表",如表4-15所示。

表4-15 废品损失计算表

某车间 乙产品　　　　　　　　2015年5月　　　　　　　　　　单位:元

项目	产量(件)	直接材料	定额工时(小时)	直接人工	制造费用	合计
费用定额		250		4	5	—
废品生产成本	6	1 500	120	480	600	2 580
减:回收残值		300				300
废品损失		1 200		480	600	2 280

根据"不可修复损失计算表"编制会计分录,其方法与按实际成本计算的相同,此略。

不可修复废品成本按定额费用计算,因费用定额事先确定,所以计算工作比较简便、及时,并且可以不受废品实际费用水平高低的影响,便于进行成本的分析与考核,对于具备比较准确的定额资料的企业尤为适用。通过上述介绍,废品损失已归集至"基本生产成本"及其明细账中"废品损失"成本项目。这些废品损失通常只计入本月完工产品成本,在产品、自制半成品一般不负担,这样可集中将本月的废品损失反映于本月完工产品引起管理者重视。若是单件小批生产,则废品损失属于该批(或订单)产品成本。

三、停工损失的核算

(一)停工损失的含义

停工损失是指企业生产车间或生产班组由于停电、待料、机器设备发生故障或进行大修理、发生非常灾害以及计划减产而停止生产所造成的损失。停工损失主要包括停工期间发生的直接人工、制造费用等。由过失单位或保险公司负担的赔款应冲减停工损失。

企业停工的原因很多,停工的时间有长有短,短则几分钟,长则超过一个月,范围亦有大有小,从某台设备、某个生产班组、车间到全厂。为了简化核算工作,对于全车间或班组停工不满一个工作日的,一般不计算停工损失。具体计算停工损失的范围和时间起点,可由企业或主管部门界定。只有超过界定的时间、范围的停工才计算停工损失。

(二)停工损失的归集

当发生停工时,由车间填制"停工单",并在考勤记录中登记。在"停工单"中,应详细列示停工的范围、起止时间、原因、过失单位等内容。"停工单"经会计部门审核后,作为停工损失核算的原始凭证。

1. 单独核算停工损失的企业

单独核算停工损失的企业,可以增设"停工损失"账户,在产品生产成本明细账中增设"停工损失"成本项目。

"停工损失"账户是为了归集和分配停工损失而设立的,该账户借方归集本月发生的停工损失,贷方分配结转停工损失,月末一般无余额。该账户应按车间分别设置明细账,账内按成本项目分设专栏或专行进行明细分类核算。

停工损失由于产生的原因不同,其分配结转的方法也不同:对于停工损失应向过失单位或保险公司索赔的款项转入其他应收款;对于自然灾害等引起的非正常停工损失应计入营业外支出;其他停工损失,如季节性和固定资产修理期间的停工损失,应计入产品成本即转入"基本生产成本"账户,由该车间生产的产品负担。

其有关的账务处理如下:

(1) 发生停工损失时,作会计分录如下:

借:停工损失
　　贷:应付职工薪酬
　　　　制造费用等

(2) 应向过失单位或保险公司索赔的款项,作会计分录如下:

借:其他应收款
　　贷:停工损失

(3) 对于自然灾害等引起的非正常停工损失,作会计分录如下:

借:营业外支出
　　贷:停工损失

(4) 如果是季节性、机器设备修理期间的停工损失,作会计分录如下:

借:生产成本——基本生产成本
　　贷:停工损失

2. 不单独核算停工损失的企业

不单独核算停工损失的企业,不设置"停工损失"账户及成本项目。在停工损失发生较少的企业,为简化核算工作,也可以不单独核算停工损失,停工期间发生的属于停工损失的各种费用,直接计入"制造费用""营业外支出"等账户。

第四节　期间费用概述

期间费用是指本期发生的、不计入产品成本而直接计入当期损益的各项费用。企业在生产经营过程中发生的、同产品生产活动没有直接联系的销售费用、管理费用和财务费用，属于某一时期耗用的费用，应按会计期间归集，从当期收入中补偿。与计入产品成本的生产费用相比较，期间费用具有以下特点：① 期间费用在一定范围内同产量增减无关，而与期间长短有关；② 期间费用不能提供明确的未来收益，它只与费用发生当期有关，不分期摊销到其他会计期间，对于应属本期负担但尚未支付的费用应预提入账；③ 期间费用与产品生产活动没有发生直接联系，可以确定其发生的期间，而难以确定其应归属的成本计算对象。

一、销售费用的核算

销售费用是指企业在产品销售过程中所发生的费用，以及为销售本企业产品而专设的销售机构的经常费用。销售费用不计入产品的成本，而按照期间（月、季或年度）核算，作为期间费用，直接计入当月损益。因此，这种费用应按年、季、月和费用项目编制费用计划加以控制和考核。通过这种费用的归集和结转，应反映和监督费用计划的执行情况，并将其正确、及时地计入当月损益。

销售费用的项目，有的按费用的经济用途设立，有的按费用的经济内容设立。销售费用的内容一般包括保险费、包装费、展览和广告费、商品维修费、预计产品质量保证损失、运输费、装卸费等，以及为销售本企业商品而专门设立的销售机构（含销售网点、售后服务网点等）的职工薪酬、业务费、折旧费等经营费用和相关的固定资产修理等后续支出。

销售费用是通过"销售费用"科目进行归集和结转的。该科目所属明细账应按费用项目设专户或专栏，分别反映各项销售费用的支出情况；如果专设的销售机构规模比较大，应另设明细账，按费用项目反映该销售机构的销售费用支出情况。

"销售费用"科目的借方用来归集产品的销售费用，应根据有关的付款凭证、转账凭证和前述有关的费用分配表登记，借记该科目，贷记有关科目。月末，应根据该科目和所属明细账借方归集的各项费用，分析和考核销售费用计划的执行情况。

现列示某企业销售费用明细账如表 4-16 所示。

表 4-16 销售费用明细账　　　　　　　　　　　　　　　　　　单位：元

摘　要	运输费	包装费	保险费	广告费	职工薪酬	折旧费	修理费	物料消耗	差旅费	办公费	其他	合计
本月计划	600	650	1 000	1 250	1 800	550	500	450	1 250	425	200	8 675
付款凭证	615	445	955	1 240					1 310	440	215	5 220
材料分配表		240						435				675
职工薪酬分配表					1 805							1 805
辅助生产费用分配表							465					465
折旧费分配表						560						560
本月实际合计	615	685	955	1 240	1 805	560	465	435	1 310	440	215	8 725
转出	615	685	955	1 240	1 805	560	465	435	1 310	440	215	8 725
本月费用差异	+15	+35	−45	−10	+5	−10	−35	−15	+60	+15	+15	+50
本月实际累计	4 905	5 475	7 692	9 585	14 350	4 490	3 655	3 475	10 400	3 540	1 680	69 347

在上列销售费用明细账中,本月计划数按销售费用的年度分月计划登记;各项费用实际数根据付款凭证和各项费用分配表逐日或于月末汇总登记;本月实际累计数根据本月实际合计数加上上月实际累计数计算登记。

由于销售费用不计入产品成本,而作为期间费用直接计入当期损益,因此,应根据销售费用明细账所记每月实际费用合计数,编制转账凭证,直接转入当期损益,借记本年利润科目,贷记销售费用科目。

上例企业月末结转销售费用的会计分录为:

借:本年利润 8 725
　　贷:销售费用 8 725

月末结转以后,销售费用总账科目和所属明细账应无余额。

二、管理费用的核算

管理费用是指企业行政管理部门为组织和管理生产经营活动而发生的各项费用。管理费用也不计入产品成本,而作为期间费用,直接计入当月损益。因此这种费用也应按年、季、月和费用项目(或者既按部门又按费用项目)编制费用计划加以控制和考核。通过这种费用的归集和结转,应该反映和监督其费用计划的执行情况,并将其正确、及时地计入当月损益。

管理费用的费用项目一般有折旧费、租赁费、修理费、财产保险费、水电费、公司经费(行政管理部门职工工资及福利费、物料消耗、低值易耗品摊销、办公费、差旅费等)、工会经费、职工教育经费、董事会费(包括董事会成员津贴、会议费和差旅费等)、劳动保险费、失业保险费、聘请中介机构费、咨询费(含顾问费)、诉讼费、业务招待费、房产税、车船使用税、土地使用税、印花税、技术转让费、无形资产摊销、长期待摊费用摊销、矿产资源补偿费、研究费用、绿化费、排污费以及材料盘亏、毁损和报废等。企业可以根据各项费用比重的大小和管理要求对上述费用项目进行合并或者进一步细分。但为了使各期费用资料可比费用项目一经确定不应随意变更。

管理费用的归集和结转是通过管理费用科目和所属明细账进行的。管理费用明细账应按费项目设立专栏或专户,或者按管理部门设专户,其中再按费用项目设立专栏,用来反映各项费用或部门、各项费用的支出情况。该科目的借方用来归集企业的全部管理费用,应根据付款凭证、转账凭证和前述各种费用分配表,借记该科目,贷记有关科目。在发生上述材料产品盘盈时,则应按盘盈价值,借记有关科目,贷记管理费用,以抵减管理费用。在多栏式费用明细账中,由于只按费用项目设借方专栏,因而在登记时应在管理费用明细账借方材料产品盘盈、毁损和报废专栏中用红字登记,从借方冲减,这不仅可以节省账页篇幅,还便于计算费用项目的净额。在这种情况下,总账科目与所属明细账之间,只能进行余额核对,不能进行发生额核对。

现列举某企业管理费用明细账见表4-17所示。

为了将管理费用作为期间费用,直接计入当期损益,月末,应根据管理费用借方归集的管理费用,编制转账凭证,借记本年利润科目,贷记管理费用科目。

上列企业月末应编制的结转管理费用的分录为:

借:本年利润 34 085
　　贷:管理费用 34 085

表 4-17　管理费用明细账　　　　　　　　　　　　　　　　单位：元

摘　要	物料消耗	职工薪酬	折旧费	修理费	办公费	水电费	财产保险费	税金	材料产品盘亏	其他	合计
本月计划	1 950	8 550	3 500	3 250	3 950	1 550	4 300	2 600		2 300	31 950
付款凭证				155	3 925	1 595	4 282	2 685		2 065	14 747
材料分配表	2 060									100	2 160
职工薪酬分配表		8 493									8 493
辅助生产费用分配表				3 215							3 215
折旧费分配表			3 435								3 435
材料盘存凭证									2 980		2 980
产品盘存凭证									−905		−905
本月实际合计	2 060	8 493	3 435	3 370	3 925	1 595	4 282	2 685	2 075	2 165	34 085
转出	2 060	8 493	3 435	3 370	3 925	1 595	4 282	2 685	2 075	2 165	34 085
本月费用差异	+110	−75	−65	+120	−25	+45	−18	+85	+2 075	−135	+2 135
本月实际累计	15 950	67 550	27 450	25 900	31 060	12 455	34 916	20 940	12 555	17 285	266 061

三、财务费用的核算

财务费用是指企业为了筹集生产经营所需资金而发生的各项费用。企业为购建固定资产而筹集资金所发生的费用,在固定资产尚未交付使用前发生的,应计入有关固定资产价值,不属于财务费用。财务费用也不应计入产品成本,而作为期间费用,直接计入当期损益。因此这种费用也应按年、季、月和费用项目编制费用计划加以控制和考核。通过这种费用的归集和结转,应该反映和监督其费用计划的执行情况,并将其正确、及时地计入当月损益。

财务费用的项目一般有：利息费用(减利息收入)、汇兑损益(减汇兑收益)以及相关的手续费、发生的现金折扣或收到的现金折扣等。

财务费用的归集和结转,是通过财务费用科目和所属明细账进行的。财务费用明细账应按费用项目设立专栏或专户,用来反映财务费用的支出情况。该科目的借方用来归集企业的财务费用,应根据付款凭证和前述费用分配表等,借记该科目,贷记有关科目;在发生利息收入和汇兑收益时,应根据有关的收款凭证等,借记银行存款等科目,贷记本科目。这些抵减财务费用的金额,既应计入财务费用总账科目的贷方,又应计入财务费用明细账的贷方;但在多栏式费用明细账中,由于只按费用项目设借方专栏,因而在实际登记时应在财务费用多栏式明细账利息费用或汇兑损失专栏用红字登记,以示冲减。这样登记与在多栏式管理费用明细账中用红字冲减材料产品盘盈金额一样,既可以节省账页篇幅,还便于计算费用项目的净额。在这种情况下,总账科目与所属明细账之间,只能进行余额核对,不能进行发生额核对。

现列示财务费用如表 4-18 所示。

表 4-18 财务费用明细账   单位：元

摘　　要	利息费用	汇兑损失	手续费	其　他	合　计
本月计划	1 350	200	1 550	100	3 200
付款凭证			1 625	100	1 725
转账凭证		655			655
收款凭证	(935)				(935)
收款凭证		(485)			(485)
利息费用分配表	1 465				1 465
合　　计	530	170	1 625	100	2 275
转　　出	530	170	1 625	100	2 275
本月费用差异	−820	−30	+75	−100	−875
本月实际累计	11 550	1 400	11 700	755	25 090

月末，财务费用也应作为期间费用，直接计入当期损益，应该根据财务费用科目归集的财务费用编制转账凭证，借记本年利润科目，贷记财务费用科目。上例企业月末编制的结转财务费用的会计分录为：

借：本年利润　　　　　　　　　　　　　　　　　　　　　　　　　　2 275
　　贷：财务费用　　　　　　　　　　　　　　　　　　　　　　　　　2 275

月末结转后，财务费用科目也应无余额。

至此，制造业企业的各种生产费用均已计入产品成本，并已采用适当的成本计算方法算出完工产品和月末在产品的成本，各种期间费用也已进行归集，并已直接计入当期损益。

本 章 小 结

本章的难点是对辅助生产费用的核算，按照受益原则，采取一定的方法进行辅助生产费用归集和分配。辅助生产费用是辅助生产车间在生产产品或提供劳务时所发生的费用。辅助生产费用的核算是通过"生产成本——辅助生产成本"账户进行的，当辅助生产费用发生时，应借记"生产成本——辅助生产成本"；当辅助生产车间的产品完工入库时或月末分配劳务费用时，应贷记"生产成本——辅助生产成本"。对于提供劳务的辅助生产车间所发生的辅助生产费用，应按受益原则在各受益对象之间进行分配。为了正确计算企业的成本和费用，在分配辅助生产费用时可以采用直接分配法、交互分配法、顺序分配法、计划成本分配法和代数分配法。

制造费用是指企业各个生产单位为生产产品或提供劳务而发生的各项间接费用和没有专设成本项目的直接生产费用。制造费用大部分是间接用于产品生产的费用，还包括直接用于产品生产，但管理上不要求或者核算上不便于单独核算，因而没有专设成本项目的费用，此外，制造费用还包括车间用于组织和管理的费用。制造费用的分配标准可以按照生产工时比例法、生产工人工资比例法、机器工时比例法和年度计划分配率法等。

生产损失是指企业在产品生产过程中或者由于生产原因而发生的各种损失，对生产损失进行单独核算,可具体反映出生产损失的金额及生产损失在产品成本的构成,有利于企业进行成本控制、分析和考核。

废品是指因生产原因而造成的质量不符合规定的技术标准,不能按照原有用途使用,或者需要加工修理后才能按原有用途使用的产品。因废品而给企业带来的损失便是废品损失。废品损失应依据经过审核的废品通知单,通过"废品损失"账户进行核算。由于废品可分为可修复废品和不可修复废品,所以废品损失的核算也包括可修复废品损失的核算和不可修复废品损失的核算。企业发生停工损失,应填制"停工单",停工损失依据经过审核的停工单,通过"停工损失"账户进行核算。

期间费用是指本期发生的、不计入产品成本而直接计入当期损益的各项费用。主要包括销售费用、管理费用和财务费用。

思 考 题

1. 综合费用包括哪些内容?
2. 简要说明辅助生产费用分配的特点。
3. 辅助生产费用分配有哪些方法?说明各种分配方法的特点、优缺点及适用性。
4. 制造费用有哪些分配方法?说明各种分配方法应用的前提条件。
5. 简要说明预定分配率的特点及其优缺点。
6. 可修复废品损失与不可修复废品损失在核算上有何不同?
7. 简述不可修复废品生产成本的计算方法。
8. 什么是停工损失?包括哪些内容?

业 务 题

1. 某企业设有机修、运输和供气三个辅助生产车间、部门。机修车间发生的费用 4 000 元,劳务总量 2 000 小时,其中,为运输部门提供 400 小时,为供气车间提供 200 小时。运输部门发生的费用 10 000 元,劳务总量 20 000 吨千米,其中,为机修车间提供 1 000 吨千米,为供气车间提供 2 000 吨千米。供气车间发生的费用 3 600 元,劳务总量 40 000 立方米,其中,为机修车间提供 6 000 立方米。

要求:(1) 按直接分配法计算该三个辅助生产车间的费用分配率;
(2) 按交互分配法计算交互分配费用及对外分配率;
(3) 以交互分配结果测定"顺序",按顺序分配法计算三个辅助生产车间费用分配顺序分配率;
(4) 按代数分配法计算三个辅助生产车间费用的代数分配率;
(5) 设三个辅助生产车间的计划单位成本为:修理 2.20 元/小时,运输 0.60 元/吨千米,供气 0.10 元/立方米,按计划成本分配法计算三个辅助生产车间的费用成本差异。

2. 某企业基本生产车间生产甲、乙两种产品,2015 年 5 月该车间实际发生的制造费用为 24 000 元。生产工人计件工资分别为:甲产品 1 960 元;乙产品 1 640 元。甲、乙产品计时工资共计 8 400 元。甲、乙产品生产工时分别为 7 200 小时、4 800 小时。机器工时分别为 7 000 小时、3 000 小时。

要求:(1) 采用生产工时比例法分配制造费用;

(2) 采用生产工人工资比例法分配制造费用;

(3) 采用机器工时比例法分配制造费用。

3. 某企业某车间全年制造费用计划为 55 000 元。全年各种产品的计划产量为:A 产品 2 600 件;B 产品 2 250 件。单件产品的工时定额为:A 产品 5 小时;B 产品 4 小时。该车间 5 月份的实际产量为:A 产品 240 件;B 产品 150 件。该月的实际制造费用为 4 900 元。

要求:采用预定分配率法分配制造费用,并作相应会计分录。

4. 某企业 2015 年 5 月份生产甲产品 400 件,验收入库时发现不可修复废品 10 件;合格生产工时为 3 900 小时,废品工时为 100 小时,甲产品成本明细账所记录的全部生产费用为:直接材料 24 000 元,直接人工 1 200 元,制造费用 2 400 元。原材料在生产开始时一次投入,废品残料的价值为 52 元。

要求:根据以上资料,按废品所耗的实际费用,编制不可修复废品损失计算表(如表 4-19 所示),并编制有关废品损失的会计分录。

表 4-19 废品损失计算表

产品名称:甲产品   2015 年 5 月   单位:元

项目	直接材料	生产工时(小时)	直接人工	制造费用	合计
费用定额					
废品定额成本					
减:残值					
废品损失					

第五章 生产费用在完工产品与在产品之间的分配

引导案例

宏泰公司的总会计师和助手对如何分配完工产品和在产品费用有不同意见。一种意见认为,产品消耗的材料是在生产开始时一次性投入的,材料费用应按实际件数在完工产品和在产品之间进行分配;直接人工是按生产工时比例分配的,制造费用是按机器工时比例分配的,因此,在采用约当产量比例法时,分配直接人工费用时衡量在产品完工程度的标准应采用生产工时,分配制造费用应选择机器工时作为衡量在产品完工程度的标准。另一种意见认为,分配直接人工费用和制造费用时,均可以选择生产工时作为衡量在产品完工程度的标准。你认为哪一种意见更为合理?学完本章将为你提供明确的思路。

【学习目标与要求】

通过本章学习,应了解生产费用在完工产品与在产品之间的分配程序,理解完工产品与在产品的含义,把握在产品收发结存的日常核算和在产品清查核算的具体内容,理解在选择完工产品与在产品之间分配方法时应考虑的具体条件,掌握完工产品和在产品之间分配费用的各种方法的特点、适用情况、优缺点以及具体的分配计算过程,熟悉产品完工入库的账务处理。重点掌握约当产量比例法、在产品按定额成本计价法和定额比例法,并加以灵活运用。

【本章逻辑框架】

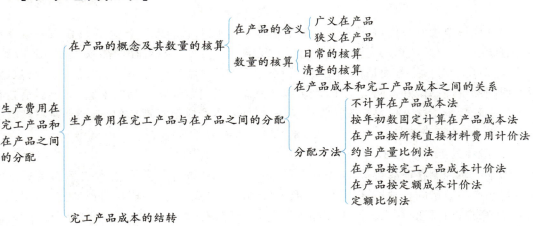

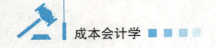

第一节 在产品的概念及其数量的核算

一、在产品的含义及内容

在产品从其含义上讲有广义和狭义之分。

广义在产品是就整个企业来说的,它是指没有完成全部生产过程、不能作为商品进行销售的产品,包括在车间加工的在产品,已经完成部分加工步骤但仍需继续加工的自制半成品,完成全部加工步骤但未经装配或等待验收入库的产品,正在返修和等待返修的废品,等等。对外销售的自制半成品属于商品,不包括在在产品内,不可修复废品也不包括在在产品内。

狭义在产品是就某一车间或某一生产步骤而言的,它仅指某一生产车间或某一生产步骤正处在加工阶段的那部分产品,已完工的半成品不包括在内。

正确地理解在产品的两种不同含义,对于加强在产品管理和正确进行产品成本计算都是十分重要的。从加强在产品实物管理而言,由于一般企业的在产品数量较大,品种规格繁多,流动性又很强,为了保证在产品实物的安全完整,就必须分清在产品实物管理的责任。一般讲狭义在产品由于正停留在生产车间中加工制造,所以主要由生产车间进行管理;而广义在产品中的已交中间仓库验收的自制半成品,则应由仓库进行管理。从计算产品制造成本而言,正确划分完工产品与在产品成本,是保证产品制造成本计算正确性的关键问题。这是因为完工产品成本与在产品成本之间存在彼此消长的关系,如果在产品实物数量计算得不正确,在产品多计了成本,则就会少计完工产品成本;反之,少计了在产品成本,则就会多算完工产品成本。所以,要保证完工产品与在产品成本划分的正确性,除了要求科学、合理、正确地分配和归集生产费用以外,正确划分广义和狭义的在产品、正确确定在产品和完工产品实物数量资料是不可缺少的条件。

二、在产品数量的核算

同其他材料物资一样,在产品数量的核算资料应同时具备账面核算资料和实际盘点资料,因此在产品数量核算的主要内容应包括两方面:一方面是做好在产品收入、发出和结存的日常核算工作;另一方面是在产品定期和不定期的清查盘点工作,落实数量,查明盘盈、盘亏的原因和责任。做好这两项工作,既可以从账面上随时掌握在产品的动态,又可以清查在产品的实际数量。这不仅对正确计算产品成本,加强生产资金管理,以及保护企业财产有着重要意义,而且对于掌握生产进度、加强生产管理也有着重要意义。

(一)在产品收发结存的日常核算

为了严格控制在产品数量,掌握在产品的收入、发出和结存情况,必须设置有关凭证账簿进行在产品数量的日常核算。对于设有半成品库的企业,自制半成品可以通过设置"自制半成品"账户进行核算。当自制半成品入库时,应根据入库单借记"自制半成品"账户;领用时，根据出库单贷记"自制半成品"账户；余额在借方表示库存自制半成品的实有余额。对于外购半成品，应作为材料处理，不通过"自制半成品"账户核算。如果企业存在委托加工半成品，应在"自制半成品"账户下设立"库存半成品"和"委托加工半成品"等分别进行核算。如果自制半成品由于生产工艺的关系不需要进入半成品库，而直接从上一车间转给下一车间继续加工，那么它应在"生产成本——基本生产成本"账户进行核算。

除了自制半成品，车间对于正在加工的在产品的收入、发出和结存数量等项目的日常核算可以通过设置"在产品收发结存账"来进行。在实际工作中，这种账簿也叫在产品台账，应分别根据车间并且按照产品的品种和在产品的名称（如零件、部件的名称）设立，以便用来反映车间各种在产品的转入、转出和结存的数量。根据生产的特点和管理的要求，有的还应进一步按照加工工序组织在产品的数量核算。

各车间应认真做好在产品的计量、验收和交接工作，并在此基础上，根据领料凭证、在产品内部转移凭证和产品交库凭证，及时登记"在产品收发结存账"。该账可由车间核算人员登记，也可由各班组工人核算员登记，由车间核算人员审核汇总。其基本格式如表 5-1 所示。

表 5-1 在产品收发结存账

零件名称、编号：0400　　　　车间名称：加工车间

月	日	摘　要	收入		转　出			结　存		备　注
			凭证号	数量	凭证号	合格品	废品	完工	未完工	
7	1		7101	100					100	
7	4		7102	90	7201	50		15	125	
7	10				7202	75	5	10	50	
……			……	……	……	……	……	……	……	
		合　计		600		539	9	20	32	

（二）在产品清查的核算

为了核实在产品数量，保护在产品的安全完整，企业必须认真做好在产品的清查工作。在产品应定期进行清查，也可以不定期进行轮流清查。对于重要的和价值较高的零件、部件，除了需要定期盘点外，还应根据管理需要进行不定期的抽查和轮流盘点。特别是对于没有建立在产品台账的车间，每月末必须对本车间的在产品进行全面清点，取得在产品实际结存资料。这样，一方面可检查在产品结存数量是否与投入数量相符，有无报废、毁损、短缺存在；另一方面可据以计算产品制造成本。在在产品盘点过程中，如果发现在产品盘亏或盘盈，应填制在产品盈亏报告，并及时分析盈亏的原因，以及初步处理意见。会计部门根据在产品盘点报告，经认真审核后，进行必要的账务处理。

在产品发生盘盈时，应按盘盈在产品的成本（一般按计划成本或定额成本计算）借记"基本生产成本"科目，并借记相应的产品成本明细账各成本项目，贷记"待处理财产损溢——待处理待处理流动资产损溢"科目。经过批准进行处理时，则应借记"待处理财产损溢——待处理待处理流动资产损溢"科目，贷记"制造费用"科目，并从相应的制造费用明细账"在产品盘亏和毁损（减盘盈）"项目中转出，冲减制造费用。

在产品发生盘亏和毁损时,应借记"待处理财产损溢——待处理流动资产损溢"科目,贷记"基本生产成本"科目,并从相应的产品成本明细账各成本项目转出,冲减在产品成本。毁损在产品的残料价值,应借记"原材料"等科目,贷记"待处理财产损溢——待处理流动资产损溢"科目,冲减损失。经过审批进行处理时,应分别不同情况将损失从"待处理财产损溢——待处理流动资产损溢"的贷方转入各有关科目的借方,其中应由过失人或保险公司赔偿的损失,转入"其他应收款"科目的借方,由于意外灾害造成的非常损失转入"营业外支出"科目的借方,由于车间管理不善造成的损失,转入"制造费用"科目的借方,并加入相应的制造费用明细账"在产品盘亏和毁损(减盘盈)"项目。

【例 5-1】某企业为增值税一般纳税人,生产甲、乙、丙三种产品。2015 年 8 月 1 日企业对其在产品进行了盘点,并编制了在产品盘盈盘亏报告表(见表 5-2)。

表 5-2 在产品盘盈盘亏报告表   单位:元

存货类别	名称规格	计量单位	数量 实存	数量 账存	单价	盘盈 数量	盘盈 金额	盘亏 数量	盘亏 金额	盈亏原因
在产品	甲	件	3 060	3 000	3	60	180			记账误差
在产品	乙	件	3 560	3 660	10			100	1 000	管理不善
在产品	丙	件	4 320	5 320	10			1 000	10 000	自然灾害

根据上述资料,对在产品的盘点情况进行账务处理,编制有关会计分录如下:

(1) 调整在产品账面成本:

借:生产成本——基本生产成本——甲产品   180
    贷:待处理财产损溢——待处理流动资产损溢   180
借:待处理财产损溢——待处理流动资产损溢   1 000
    贷:生产成本——基本生产成本——乙产品   1 000
借:待处理财产损溢——待处理流动资产损溢   11 200
    贷:生产成本——基本生产成本——乙产品   10 000
        应交税费——应交增值税(进项税额转出)   1 200

(2) 根据生产盘盈、盘亏的原因进行核销处理:

借:待处理财产损溢——待处理流动资产损溢   180
    贷:制造费用   180
借:制造费用   200
    其他应收款——××过失人   500
    管理费用   300
    贷:待处理财产损溢——待处理流动资产损溢   1 000
借:库存现金   400
    其他应收款——保险公司   7 000
    营业外支出——非常损失   3 800
    贷:待处理财产损溢——待处理流动资产损溢   11 200

为了正确、及时地归集和分配制造费用,有关在产品盘盈盘亏的核算应该在制造费用结账以前进行。

如果由于在产品盘盈盘亏没有办理领料或交接手续,或者由于某种产品的零件为另一种产品挪用,则应补办手续,及时转账更正。

辅助生产的在产品数量核算与基本生产基本相同,但辅助生产清查的结果,应在"辅助生产成本"科目中核算,而不通过"基本生产成本"科目核算。

第二节　完工产品与在产品之间费用的分配

一、在产品成本和完工产品成本之间的关系

完成了全部生产过程,并且验收合格的产品即为完工产品。通常,本月投产的产品所耗费的生产费用在各成本计算对象之间进行分配后,企业会将本月发生的生产费用按照成本项目分类并全部计入各产品的成本计算单中,这时,计算本月完工产品的成本不仅取决于本月发生的生产费用,而且还要考虑是否存在月初在产品和月末在产品。因此,正确计算在产品成本与计算完工产品成本有密切的关系。根据不同的生产情况,完工产品成本与在产品成本的关系如下:

(1) 某种产品本月全部完工,即没有月末在产品。这种情况下,如果月初没有在产品,则本月完工产品成本等于本月发生的生产费用。相应的计算公式如下:

$$本月完工产品成本＝本月发生的生产费用$$

如果月初有在产品,则本月完工产品成本等于月初在产品成本与本月发生的生产费用之和。相应的计算公式如下:

$$本月完工产品成本＝月初在产品成本＋本月发生的生产费用$$

(2) 某种产品本月全部未完工,即本月没有完工产品,只有在产品。这种情况下,本月完工产品成本为零,如果月初也没有在产品,则本月在产品成本等于本月发生的生产费用。相应的计算公式如下:

$$月末在产品成本＝本月发生的生产费用$$

如果月初有在产品,则月末在产品成本等于月初在产品成本与本月发生的生产费用之和。相应的计算公式如下:

$$月末在产品成本＝月初在产品成本＋本月发生的生产费用$$

(3) 大多数情况下,企业生产的某种产品既有完工产品,又有在产品。这时为了正确计算本月完工产品的实际成本和单位成本,必须采用适当的分配方法将累计生产费用在本月完工产品和月末在产品之间进行分配,分别计算出完工产品成本和月末在产品成本。月初在产品成本、本月完工产品成本和月末在产品成本之间的关系,可用下列公式表示:

$$月初在产品成本＋本月发生的生产费用＝本月完工产品成本＋月末在产品成本$$

公式的前两项是已知数，公式的后两项是未知数。公式的前两项费用之和，必须采用一定的分配方法在完工产品和月末在产品之间进行分配，分别计算出完工产品成本和月末在产品成本。

完工产品成本和月末在产品成本的计算一般有以下三种模式：

（1）先确定月末在产品成本，然后确定完工产品成本。这种方法是先采用一定的办法对月末在产品进行计价，然后将汇总的基本生产成本减去月末在产品成本，便可以计算出完工产品的总成本，总成本除以完工产品数量，即为产品的单位成本。对月末在产品计价的具体方法有：① 在产品按年初在产品成本计价法；② 在产品按定额成本计价法；③ 不计算在产品成本法等。

（2）先确定完工产品成本，然后确定月末在产品成本。这种方法是先对完工产品按计划成本、定额成本或历史成本计算，然后将汇总的基本生产成本减去完工产品成本，即计算出月末在产品成本。这类方法属于倒扎账的办法，一般不宜采用。

（3）完工产品成本与在产品成本同时确定。这种方法是选择一种分配标准，将完工产品成本和月末在产品成本按此分配标准的比例进行划分，即根据按此分配标准计算的分配率不分先后地计算出完工产品成本和月末在产品成本的一种方法。具体方法包括：① 约当产量比例法；② 定额比例法。

完工产品与月末在产品成本划分应分别按成本项目进行，一般地说，各成本项目的成本都应在完工产品与月末在产品之间划分，这样才能保证完工产品与在产品成本的完整和正确。但是在有些情况之下，如产品的直接材料成本占全部成本的比重很大，月末在产品完工程度又较低，那么，根据成本核算的重要性原则，为了简化成本计算工作，可将直接材料成本项目的成本在完工产品与在产品之间进行划分，而其余成本项目的成本全部由完工产品成本承担，在产品不承担，也就是说，在对产品成本计算正确性影响不大的情况，为简化计算工作，月末在产品只承担部分成本项目的成本。

二、生产费用在完工产品与在产品之间的分配方法

如何将生产费用在完工产品和月末在产品之间进行分配，是成本计算工作中一个重要而复杂的问题，尤其是在在产品结构复杂、零部件种类和加工工序较多的情况下更是如此。企业应根据月末在产品数量的多少、月末在产品数量变化的大小、各项费用比重的大小以及定额管理基础工作的好坏等具体条件，选择既合理又简便的分配方法。

根据前面的理论我们已经知道，企业月初在产品成本、本月发生的生产费用、本月完工产品成本和月末在产品成本之间存在以下关系：

月初在产品成本＋本月发生的生产费用＝本月完工产品成本＋月末在产品成本

为了便于理解上述各项具体条件与分配方法之间的联系，我们将公式移项为：

本月完工产品成本＝月初在产品成本＋本月发生的生产费用－月末在产品成本

将生产费用在完工产品与月末在产品成本之间进行分配的常用方法有：不计算在产品成本法、按年初数固定计算在产品成本法、在产品按所耗直接材料费用计价法、约当产量比例法、在产品按完工产品成本计价法、在产品按定额成本计价法和定额比例法。

(一) 不计算在产品成本法

不计算在产品成本法，是指月末虽然有在产品存在，但不计算在产品成本，而把月末在产品成本假设为零的一种方法。当企业或生产单位各月月末在产品数量很小或在产品价值很低时，是否计算并分配在产品成本对完工产品成本的影响很小时，为了简化成本核算工作，可以采用不计算在产品成本法。采用这种方法，本月某种产品归集的全部生产费用就是该完工产品的成本，用公式表示如下：

$$本月完工产品成本 = 本月发生的生产费用$$

根据重要性原则，这种方法对于为数甚少的在产品成本忽略不计，但并不等于企业实际上没有在产品，因此这种方法并不是很准确，它只适用于企业月末在产品数量很少或在产品价值很低的情况，例如自来水生产企业、采掘企业等就可以采用这种方法。

(二) 按年初数固定计算在产品成本法

按年初数固定计算在产品成本法，是对企业各月月末在产品成本按年初在产品成本计价的一种方法，即各月月末在产品的成本是固定的，在数值上等于年初的在产品成本。这种方法适用于企业各月的在产品数量变动不大，月初、月末在产品成本的差额不大，并且各月在产品成本的差额对完工产品的成本的影响较小的情况，为了在简化核算工作的同时尽量反映在产品的资金占用情况，企业各月的在产品成本可以按年初数固定计算。例如钢铁厂、化工厂或其他有固定容器、装置的企业，它们的在产品数量都比较稳定，可以采用这种分配方法。采用这种分配方法，某种产品本月发生的费用就是本月完工产品的成本。年终根据实际盘点的在产品数量，重新调整计算确定在产品成本，以免按年初数固定计算的在产品成本与实际情况出入过大，影响成本计算的正确性。这种计算方法用公式表示如下：

$$月末在产品成本 = 月初在产品成本 = 固定数$$
$$本月完工产品成本 = 本月发生的生产费用$$

企业年末在产品的数量应根据实际盘点数量确定，以便进一步确认企业12月份完工产品成本以及重新计算确定下年年初的在产品成本。这时的成本计算公式如下：

$$月末在产品成本 = 月末盘点确认的在产品成本$$
$$本月完工产品成本 = 月初在产品成本 + 本月发生的生产费用 - 月末盘点确认的在产品成本$$

【例5-2】某企业甲产品的在产品按年初数固定计算在产品成本。上年末在产品成本为11 400元，其中直接材料2 400元，燃料及动力3 200元，直接人工4 000元，制造费用1 800元。本月发生的生产费用及本月完工产品成本如表5-3所示。

表5-3 产品成本明细账

产品名称：甲产品　　　　　　　2016年3月　　　　　　　　　　单位：元

摘要	直接材料	燃料及动力	直接人工	制造费用	合计
月初在产品成本	2 400	3 200	4 000	1 800	11 400
本月生产费用	28 000	45 000	80 000	22 000	175 000
生产费用合计	30 400	48 200	84 000	23 800	136 400

(续表)

摘　　要	直接材料	燃料及动力	直接人工	制造费用	合　　计
本月完工产品成本	28 000	45 000	80 000	22 000	175 000
月末在产品成本	2 400	3 200	4 000	1 800	11 400

(三) 在产品按所耗直接材料费用计价法

采用这种分配方法时,月末在产品只计算其所耗用的直接材料费用,不计算直接人工等加工费用,就是说,产品的加工费用全部由完工产品成本负担。某种产品的全部生产费用,减去月末在产品的原材料费用,就是完工产品的成本,该计价方法用公式表示如下:

月末在产品成本＝月末在产品所耗直接材料成本

本月完工产品成本 = 月初在产品成本 + 本月发生的生产费用 − 月末在产品直接材料成本

= 本月完工产品直接材料费用 + 本月发生的直接人工 + 本月发生的制造费用

这种分配方法适用于各月末在产品数量较大,各月在产品数量变化也较大,但原材料费用在成本中所占比重较大的产品。这是因为,各月末在产品数量较大,各月在产品数量变化也较大的产品,既不能采用第一种方法,也不能采用第二种方法,而必须具体计算每月末的在产品成本。但是,由于该种产品的原材料费用比重较大,因而生产工人薪酬等加工费用比重不大,在产品成本中的加工费用,以及月初、月末在产品加工费用的差额不大,月初和月末在产品的加工费用基本上可以互相抵销。因此,为了简化计算工作,在产品可以不计算加工费用,这时,这种产品的全部生产费用,减去按所耗原材料费用计算的在产品成本,就是该种完工产品的成本。纺织、造纸和酿酒等工业的产品,原材料费用比重较大,都可以采用这种分配方法。

【例 5-3】某酿酒厂加工生产米酒,每月末未加工好的米酒数量较大且数量变化不稳定,同时直接材料费用在成本中所占比重较大。完工产品与在产品之间的费用分配采用在产品按所耗直接材料费用计价法。已知 2015 年 8 月份米酒的月初在产品成本(直接材料费用)为 32 000 元,本月发生的生产费用为 200 000 元,其中,直接材料费用 168 000 元,直接人工费用 24 000 元,制造费用 8 000 元。本月加工出米酒成品 2 000 瓶,月末在产品 500 瓶。原材料在生产开始时全部投入。

直接材料费用分配及完工产品成本计算如下:

$$直接材料费用分配率 = \frac{32\,000 + 168\,000}{2\,000 + 500} = 80$$

月末在产品成本 = 500 × 80 = 40 000(元)

本月完工产品成本 = 32 000 + 200 000 − 40 000 = 192 000(元)

或者本月完工产品成本 = 2 000 × 80 + 24 000 + 8 000 = 192 000(元)

根据上述计算结果编制产品成本明细账如表 5-4 所示。

表 5-4 产品成本明细账

产品名称：米酒　　　　　　　　2015 年 8 月　　　　　　　　　　　　单位：元

摘　　要	直接材料	直接人工	制造费用	合　　计
月初在产品成本	32 000			32 000
本月生产费用	168 000	24 000	8 000	200 000
生产费用合计	200 000	24 000	8 000	232 000
本月完工产品成本	160 000	24 000	8 000	192 000
月末在产品成本	40 000			40 000

（四）约当产量比例法

约当产量比例法是按照完工产品与月末在产品约当产量的比例将累计生产费用在完工产品与月末在产品之间进行分配的一种方法。所谓在产品的约当产量，是指将月末结存的在产品数量按其完工程度或投料程度折算为相当于完工产品的数量。采用这种分配方法时，首先要将月末在产品数量折算为相当于完工产品的产量，即约当产量，然后按照完工产品产量与在产品的约当产量之比计算并分配完工产品的成本和月末在产品的成本。采用这种方法，既要计算在产品应负担的材料费用，又要计算在产品应负担的工资等其他费用。因此这种分配方法适用于月末在产品数量较大，各月在产品数量的变化也较大，产品成本中原材料费用和职工薪酬等加工费用比重相差不多的产品。由于这种方法能够比较客观地划分完工产品成本和月末在产品成本，当企业的月末在产品数量较大且不稳定，其他方法不宜采用时，约当产量比例法也是适用的，因此约当产量比例法的适用范围较广泛。

约当产量比例法的计算步骤如下：

第一步，计算在产品的材料约当产量。

$$月末在产品材料约当产量 = 月末在产品数量 \times 在产品投料程度$$

月末在产品数量可以通过在产品台账和实地盘点确定，而在产品的投料程度应根据具体情况来确定。投料程度是指在产品所耗直接材料费用占完工产品应投入的直接材料费用的比重。产品的投料程度主要根据以下三种投料方式来确定：

（1）原材料在生产开始时一次性投入，则各道工序的在产品的投料程度为 100%。也就是说，在一次性全部投料的情况下，不管加工进度如何，完工产品与在产品耗用的直接材料的份额是相等的。

（2）原材料在各工序开始时一次性投入。各道工序中在产品的投料程度可以按下面的公式进行计算：

$$某道工序中在产品的投料程度 = \frac{以前各工序材料消耗定额之和 + 本工序材料消耗定额}{单位完工产品材料消耗定额}$$

【例 5-4】乙种产品须经两道工序制成，直接材料消耗定额为 250 千克，其中，第一道工序直接材料消耗定额为 160 千克，第二道工序直接材料消耗定额为 90 千克。月末在产品数量：第一道工序为 200 件，第二道工序为 120 件。完工产品 792 件。其计算过程和结果如表 5-5 所示。

表 5-5　产品完工程度及约当产量计算表

产品名称：乙产品　　　　　　　　　　2015 年 5 月

工 序	工序开始时一次性投入的直接材料消耗定额	投 料 程 度	在产品约当产量
1	160（千克）	$\dfrac{160}{250}\times 100\%=64\%$	$200\times 64\%=128$（件）
2	90（千克）	$\dfrac{160+90}{250}\times 100\%=100\%$	$120\times 100\%=120$（件）
合 计	250（千克）	—	248（件）

由于直接材料是在每道工序一开始就投入的，在同一道工序中各件在产品直接材料的消耗定额，就是该工序的消耗定额，最后一道工序产品的消耗定额为完工产品的消耗定额，投料程度为 100%。

（3）原材料在各工序中陆续投入。各道工序中在产品的投料程度可以按下面的公式进行计算：

$$\text{某道工序中在产品的投料程度}=\dfrac{\text{以前各工序材料消耗定额之和}+\text{本工序材料消耗定额}\times 50\%}{\text{单位完工产品材料消耗定额}}$$

【例 5-5】采用【例 5-4】中乙种产品在各工序的直接材料消耗定额，但直接材料在生产开始以后陆续投入。其计算过程和结果如表 5-6 所示。

表 5-6　产品完工程度及约当产量计算表

产品名称：乙产品　　　　　　　　　　2015 年 5 月

工 序	工序开始时一次性投入的直接材料消耗定额	投 料 程 度	在产品约当产量
1	160（千克）	$\dfrac{160\times 50\%}{250}\times 100\%=32\%$	$200\times 32\%=64$（件）
2	90（千克）	$\dfrac{160+90\times 50\%}{250}\times 100\%=82\%$	$120\times 82\%=98.40$（件）
合 计	250（千克）	—	162（件）

直接材料是在每道工序随加工进度陆续分次投入的，因此每道工序投料程度按 50% 折算。

第二步，计算在产品的工费约当产量。

月末在产品的工费约当产量＝月末在产品数量×在产品完工程度

在产品完工程度又称完工百分比或完工率，就是在产品的加工程度，是在产品累计加工工时占完工产品应发生的加工工时的比重（可以百分数表示）。在产品完工程度应根据情况来确定。

（1）如果产品的生产只有一道工序或虽然有多道工序但各工序的在产品数量大致相同且生产进度比较均衡，那么全部在产品可以按 50% 的完工程度计算工费约当产量。

(2) 产品的生产须经过多道加工工序且生产进度不均衡或各道工序的在产品数量相差较大时,应按工序分别确定产品的完工程度。完工程度应根据在产品生产所经各道工序的累计工时定额与完工产品工时定额的比例来确定,相应的计算工时如下:

$$\text{某道工序中在产品的完工程度} = \frac{\text{以前各工序工时定额之和} + \text{本工序工时定额} \times 50\%}{\text{单位完工产品工时定额}}$$

以上公式中,本工序(即在产品所在工序)的工时定额乘以50%是为了简化完工程度的测算工作,该工序中各件在产品都按平均完工程度50%进行计算。在产品从上一道工序转入下一道工序时,其上一道工序已经完工,以前各道工序工时定额应按完工程度100%计算。

【例5-6】某企业甲产品单位工时定额为25小时,经过三道工序制成。第一道工序工时定额为8小时,第二道工序工时定额为10小时,第三道工序工时定额为7小时,各道工序内各件在产品加工程度均按50%计算。各工序完工率计算如下:

第一工序:$\frac{8 \times 50\%}{25} \times 100\% = 16\%$

第二工序:$\frac{8 + 10 \times 50\%}{25} \times 100\% = 52\%$

第三工序:$\frac{8 + 10 + 7 \times 50\%}{25} \times 100\% = 86\%$

根据各工序的月末在产品数量和各工序完工率,计算出月末各工序在产品的约当产量及其总数,据以分配费用。

假定【例5-6】中的甲产品本月完工3 800件。第一工序的在产品1 200件,第二工序的在产品1 500件,第三工序的在产品1 100件。根据各工序的月末在产品数量和各工序完工率,分别计算各工序月末在产品的约当产量及其总数(如表5-7所示)。

表5-7　产品完工程度及约当产量计算表

产品名称:甲产品　　　　　　　　2016年6月

工　序	完工率	在产品数量	在产品约当产量
1	16%	1 200(件)	1 200×16%=192(件)
2	52%	1 500(件)	1 500×52%=780(件)
3	86%	1 100(件)	1 100×86%=946(件)
合　计	—	3 800(件)	1 918(件)

第三步,计算各成本项目的费用分配率。

约当产量比例法是根据本月完工产品数量和月末在产品的约当产量来分配累计生产费用的,因此本月完工产品数量与月末在产品约当产量之和是这种方法下的费用分配标准。由于直接材料费用、直接人工费用和制造费用的在产品约当产量不同,因此只能按各成本项目分别计算费用分配率,相应的计算公式如下:

$$\text{某成本项目费用分配率} = \frac{\text{该成本项目生产费用合计}}{\text{本月完工产品数量} + \text{月末在产品约当产量}}$$

由于月末在产品数量已折算成了相当于完工产品的约当产量，因此上述费用分配率也就相当于完工产品的各成本项目的单位成本。

第四步，计算月末在产品成本及完工产品成本。

约当产量比例法下，在计算出约当产量和费用分配率后就可以计算出月末在产品成本和完工产品成本，相应的计算公式如下：

$$月末在产品成本 = \sum \left(\begin{array}{c}某成本项目中\\在产品的约当产量\end{array} \times \begin{array}{c}该成本项目\\费用分配率\end{array}\right)$$

$$本月完工产品成本 = 本月完工产品数量 \times 完工产品单位成本$$

$$= \sum \left(\begin{array}{c}某成本项目中\\完工产品数量\end{array} \times \begin{array}{c}该成本项目\\费用分配率\end{array}\right)$$

$$= \begin{array}{c}月初在\\产品成本\end{array} + \begin{array}{c}本月发生的\\生产费用\end{array} - \begin{array}{c}月末在\\产品成本\end{array}$$

【例5-7】某企业生产甲、乙两种产品，它们的生产都需要经过三道加工工序。各月末在产品的数量较大，数量变化较大，产品成本中直接材料和各项加工费用所占的比重相差不大，完工产品与在产品之间费用的分配采用约当产量比例法。

甲产品的材料在各工序开始时一次性投入，乙产品的材料在各工序中陆续、均衡投入，两种产品的单位产品材料消耗定额资料如表5-8所示。

表5-8　单位产品材料消耗定额　　　　　　　　　　　　　　　单位：元

产品名称	各工序的材料消耗定额			合计
	第一道工序	第二道工序	第三道工序	
甲产品	60	48	42	150
乙产品	4	2.40	1.60	8

单位产品的工时消耗定额资料如表5-9所示。

表5-9　单位产品工时消耗定额　　　　　　　　　　　　　　　单位：小时

产品名称	各工序的工时消耗定额			合计
	第一道工序	第二道工序	第三道工序	
甲产品	6	3	1	10
乙产品	10	6	4	20

各产品2016年7月初的在产品成本资料如表5-10所示。

表5-10　各产品7月初在产品成本　　　　　　　　　　　　　　单位：元

产品名称	各工序7月初在产品成本项目			合计
	直接材料	直接人工	制造费用	
甲产品	96 200	67 900	56 900	221 000
乙产品	5 700	2 100	2 000	9 800

各产品 7 月发生的生产费用资料如表 5-11 所示。

表 5-11　各产品 7 月发生的费用　　　　　　　　　　　单位：元

产品名称	各工序 7 月发生的费用			合　计
	直接材料	直接人工	制造费用	
甲产品	374 400	219 300	122 600	716 300
乙产品	14 420	7 840	5 455	27 715

7 月各产品的产量资料如表 5-12 所示。

表 5-12　7 月各产品的产量　　　　　　　　　　　单位：件

项　目	甲产品	乙产品
月初在产品数量	800	700
本月投产数量	3 200	2 300
本月完工产品数量	3 000	2 000
月末在产品数量	1 000	1 000

甲、乙产品 7 月末各工序的在产品数量是一样的，第一道工序有在产品 400 件，第二道工序有在产品 500 件，第三道工序有在产品 100 件。

采用约当产量法的计算分配结果：

1. 计算甲产品的完工产品成本和月末在产品成本

第一步，计算在产品的材料约当产量。

$$第一道工序在产品的投料程度 = \frac{60}{150} \times 100\% = 40\%$$

$$第二道工序在产品的投料程度 = \frac{60+48}{150} \times 100\% = 72\%$$

$$第三道工序在产品的投料程度 = \frac{60+48+42}{150} \times 100\% = 100\%$$

$$第一道工序的在产品约当产量 = 400 \times 40\% = 160(件)$$

$$第二道工序的在产品约当产量 = 500 \times 72\% = 360(件)$$

$$第三道工序的在产品约当产量 = 100 \times 100\% = 100(件)$$

第二步，计算在产品的工费约当产量。

$$第一道工序在产品的完工程度 = \frac{6 \times 50\%}{10} \times 100\% = 30\%$$

$$第二道工序在产品的完工程度 = \frac{6+3 \times 50\%}{10} \times 100\% = 75\%$$

$$第三道工序在产品的完工程度 = \frac{6+3+1 \times 50\%}{10} \times 100\% = 95\%$$

第一道工序的在产品约当产量＝400×30％＝120（件）
第二道工序的在产品约当产量＝500×75％＝375（件）
第三道工序的在产品约当产量＝100×95％＝95（件）

第三步，计算各成本项目费用分配率。

$$材料费用分配率＝\frac{96\,200＋374\,400}{3\,000＋620}＝130$$

$$人工费用分配率＝\frac{67\,900＋219\,300}{3\,000＋590}＝80$$

$$制造费用分配率＝\frac{56\,900＋122\,600}{3\,000＋590}＝50$$

第四步，计算月末在产品成本和完工产品成本。

在产品材料成本＝130×620＝80 600（元）
在产品人工成本＝80×590＝47 200（元）
在产品材制造费用＝50×590＝29 500（元）
月末在产品成本＝80 600＋47 200＋29 500＝157 300（元）
完工产品材料成本＝3 000×130＝390 000（元）
完工产品人工成本＝3 000×80＝240 000（元）
完工产品制造费用＝3 000×50＝150 000（元）
完工产品成本＝390 000＋240 000＋150 000＝780 000（元）

根据上述计算结果编制产品成本明细账如表5-13所示。

表5-13 产品成本明细账

产品名称：甲产品　　　　　　2016年7月　　　　　　单位：元

摘　要	直接材料	直接人工	制造费用	合　计
月初在产品成本	96 200	67 900	56 900	221 000
本月生产费用	374 400	219 300	122 600	716 300
生产费用合计	470 600	687 200	189 500	937 300
本月完工产品成本	390 000	240 000	150 000	780 000
月末在产品成本	80 600	47 200	29 500	157 300

值得注意的是，采用约当产量比例法时，一般情况下先计算在产品成本，然后用总成本减去在产品成本即为完工产品成本。也可以先计算完工产品成本，再用倒减的方法计算月末在产品成本，还可以同时计算完工产品成本和在产品成本。

2. 计算乙产品的完工产品成本和月末在产品成本

第一步，计算在产品的材料约当产量。

第一道工序在产品的投料程度 $=\dfrac{4\times 50\%}{8}\times 100\%=25\%$

第二道工序在产品的投料程度 $=\dfrac{4+2.4\times 50\%}{8}\times 100\%=65\%$

第三道工序在产品的投料程度 $=\dfrac{4+2.4+1.6\times 50\%}{8}\times 100\%=90\%$

第一道工序的在产品约当产量 $=400\times 25\%=100$(件)
第二道工序的在产品约当产量 $=500\times 65\%=325$(件)
第三道工序的在产品约当产量 $=100\times 90\%=90$(件)

第二步,计算在产品的工费约当产量。

第一道工序在产品的完工程度 $=\dfrac{10\times 50\%}{20}\times 100\%=25\%$

第二道工序在产品的完工程度 $=\dfrac{10+4\times 50\%}{20}\times 100\%=60\%$

第三道工序在产品的完工程度 $=\dfrac{10+4+6\times 50\%}{20}\times 100\%=85\%$

第一道工序的在产品约当产量 $=400\times 25\%=100$(件)
第二道工序的在产品约当产量 $=500\times 60\%=300$(件)
第三道工序的在产品约当产量 $=100\times 85\%=85$(件)

第三步,计算各成本项目费用分配率。

材料费用分配率 $=\dfrac{5\,700+14\,420}{2\,000+515}=8$

人工费用分配率 $=\dfrac{2\,100+7\,840}{2\,000+485}=4$

制造费用分配率 $=\dfrac{2\,000+5\,455}{2\,000+485}=3$

第四步,计算月末在产品成本和完工产品成本。

在产品材料成本 $=8\times 515=4\,120$(元)
在产品人工成本 $=4\times 485=1\,940$(元)
在产品材制造费用 $=3\times 485=1\,455$(元)
月末在产品成本 $=4\,120+1\,940+1\,455=7\,515$(元)
完工产品材料成本 $=8\times 2\,000=16\,000$(元)
完工产品人工成本 $=4\times 2\,000=8\,000$(元)
完工产品制造费用 $=3\times 2\,000=6\,000$(元)
完工产品成本 $=16\,000+8\,000+6\,000=30\,000$(元)

根据上述计算结果编制产品成本明细账如表5-14所示。

表5-14 产品成本明细账

产品名称：乙产品　　　　　　　　2016年7月　　　　　　　　　　　　单位：元

摘　要	直接材料	直接人工	制造费用	合　计
月初在产品成本	5 700	2 100	2 000	9 800
本月生产费用	14 420	7 840	5 455	27 715
生产费用合计	20 120	9 940	7 455	37 515
本月完工产品成本	16 000	8 000	6 000	30 000
月末在产品成本	4 120	1 940	1 455	7 515

上述费用分配不考虑生产费用的发生与产品实物流转的对应关系，而将生产费用按月末在产品约当产量和本月完工产品数量的比例进行分配。费用分配率实际上是加权平均单位成本，因此也称加权平均约当产量法。加权平均法的优点是：生产费用的分配过程易于理解，生产费用的计算分配工作也比较简便。其缺点是：生产费用分配所依据的约当产量单位成本（费用分配率）是一种在产品费用与本月生产费用的"混合成本"，而不是本月成本水平的体现，在上月与本月成本水平相差较大的情况下，会使上月的成本水平对本月月末在产品成本产生一定的影响，这不便于对各月产品成本的分析和考核。

为了避免加权平均法的缺点，实务中还存在一种先进先出约当产量法。先进先出法是假设先投产的产品先行完工，并以此作为生产费用的流转顺序，将生产费用在完工产品与月末在产品之间进行分配的一种方法。这种方法的计算公式如下：

(1) 直接材料费用的分配公式如下：

本月耗料产量＝本月完工产品数量＋月末在产品约当产量－月初在产品约当产量

本月直接材料分配率＝本月直接材料费用÷本月耗料产量

月末在产品直接材料费用＝月末在产品约当产量×本月直接材料分配率

完工产品直接材料费用＝月初在产品直接材料费用＋本月直接材料费用－月末在产品直接材料费用

(2) 直接人工和制造费用的分配公式如下：

本月耗工时产量＝本月完工产品数量＋月末在产品约当产量－月初在产品约当产量

本月直接人工（制造费用）分配率＝本月直接人工费用（制造费用）÷本月耗工时产量

月末在产品直接人工费用（制造费用）＝月末在产品约当产量×本月直接人工（制造费用）分配率

完工产品直接人工费用（制造费用）＝月初在产品直接人工费用（制造费用）＋本月直接人工费用（制造费用）－月末在产品直接人工费用（制造费用）

【例5-8】沿用【例5-7】甲产品的资料，假设月初在产品800件中，第一工序为300件，第二工序为400件，第三工序为100件。采用先进先出法将生产费用在完工产品和月末在产品之间进行分配。

1. 直接材料费用的分配

首先,计算本月耗料产量。

$$月初在产品约当产量 = 300 \times 40\% + 400 \times 72\% + 100 \times 100\% = 508(件)$$
$$本月耗料产量 = 3\,000 + 620 - 508 = 3\,112(件)$$

然后,计算本月直接材料费用分配率。

$$本月直接材料费用分配率 = 374\,400 \div 3\,112 = 120.31$$

再次,计算月末在产品直接材料费用。

$$月末在产品直接材料费用 = 620 \times 120.31 = 74\,592.20(元)$$

最后,计算完工产品直接材料费用。

$$完工产品直接材料费用 = 96\,200 + 374\,400 - 74\,592.20 = 396\,007.80(元)$$

2. 直接人工费用和制造费用的分配

首先,计算本期耗工时产量。

$$月初在产品约当产量 = 300 \times 30\% + 400 \times 75\% + 100 \times 95\% = 485(件)$$
$$本月耗工时产量 = 3\,000 + 620 - 485 = 3\,135(件)$$

然后,直接人工费用和制造费用分配率。

$$本月直接人工费用分配率 = 219\,300 \div 3\,135 = 69.95$$
$$本月制造费用分配率 = 122\,600 \div 3\,135 = 39.11$$

再次,计算月末在产品直接人工费用和制造费用。

$$月末在产品直接人工费用 = 620 \times 69.95 = 43\,369(元)$$
$$月末在产品制造费用 = 620 \times 39.11 = 24\,248.20(元)$$

最后,计算完工产品直接人工费用和制造费用。

$$完工产品直接人工费用 = 67\,900 + 219\,300 - 43\,369 = 243\,831(元)$$
$$完工产品制造费用 = 56\,900 + 122\,600 - 24\,248.20 = 155\,251.80(元)$$

根据上述计算结果编制产品成本明细账如表5-15所示。

表5-15 产品成本明细账

产品名称:甲产品　　　　　　　　2016年7月　　　　　　　　单位:元

摘　要	直接材料	直接人工	制造费用	合　计
月初在产品成本	96 200	67 900	56 900	221 000
本月生产费用	374 400	219 300	122 600	716 300
生产费用合计	470 600	687 200	189 500	1 347 300
本月完工产品成本	396 007.80	243 831	155 251.80	768 090.60
月末在产品成本	74 592.20	43 369	24 248.20	142 210.40

先进先出法克服了加权平均法的缺点,但其生产费用的计算分配工作较为复杂。

(五)在产品按完工产品成本计价法

这种分配方法是将在产品视同完工产品分配费用,即单位在产品与单位完工产品分配相等的费用。这种方法适用于月末在产品已经接近完工,或者产品已经加工完毕,但尚未验收或包装入库的产品。在这种情况下,在产品成本已接近完工产品成本,为了简化核算工作,将月末在产品视同完工产品,因此,按完工产品与在产品的数量比例分配费用。

【例5-9】丙产品月初在产品成本为:直接材料 24 340 元,直接人工 7 610 元,制造费用 27 890 元,合计 59 840 元。本月生产费用为:直接材料 62 280 元,直接人工 13 130 元,制造费用 28 230 元,合计 103 640 元。本月完工产品 810 件,月末在产品 410 件。月末在产品都已完工,尚未验收入库,可视同完工产品分配各项费用。分配计算如表5-16所示。

表5-16 产品成本明细账

产品名称:丙产品　　　　　　　　　　2016年7月　　　　　　　　　　单位:元

成本项目	月初在产品费用	本月生产费用	生产费用合计	费用分配率	完工产品 数量	完工产品 费用	月末在产品 数量	月末在产品 费用
直接材料	24 340	62 280	86 620	71		57 510		29 110
直接人工	7 610	13 130	20 740	17		13 770		6 970
制造费用	27 890	28 230	56 120	46		37 260		18 860
合　计	59 840	103 640	163 480	134	810	108 540	410	54 940

上列各项费用分配率是根据各该生产费用的累计数,除以完工产品数量与月末在产品数量之和计算的;各项费用分配率分别乘以完工产品数量和月末在产品数量,求得完工产品与月末在产品分配的各项费用。

(六)在产品按定额成本计价法

在产品按定额成本计价法是指以产品的各项消耗定额为标准计算在产品成本的方法。采用这种分配方法时,用生产费用合计减去月末在产品成本,其余额就是完工产品成本;生产费用脱离定额的节约差异或超支差异全部计入当月完工产品成本。定额成本法的计算公式如下:

$$\text{月末在产品材料定额成本} = \text{月末在产品实际数量} \times \text{单位在产品材料定额成本}$$

$$\text{月末在产品人工定额成本} = \text{月末在产品实际数量} \times \text{单位在产品人工定额成本}$$

$$\text{月末在产品制造费用定额成本} = \text{月末在产品实际数量} \times \text{单位在产品制造费用定额成本}$$

月末在产品定额成本 = 各成本项目定额成本之和

$$\text{本月完工产品成本} = \text{月初在产品定额成本} + \text{本月发生的生产费用} - \text{月末在产品定额成本}$$

采用在产品按定额成本计价法的最大优点是能够保证成本计算的及时性，同时也简化了成本计算的手续。它主要适用于具有完整的消耗定额资料，消耗定额比较准确、稳定，而且在产品数量变化不大的企业。这是因为：

（1）产品的各项消耗定额或费用用定额比较准确，因而月初和月末单件在产品费用脱离定额的差异就不会大；由于各月末在产品数量变化不大，因而月初在产品费用脱离定额差异总额与月末在产品费用脱离定额差异总额的差异也不会大。因此，月末在产品不计算费用差异对完工产品成本的影响不大，为了简化成本计算工作，可以这样分配费用。

（2）在修订消耗定额的月份，月末在产品按新的定额成本计算，产品的全部生产费用减去按新的定额成本计算的在产品成本以后的余额，全部作为完工产品成本。就是说，完工产品成本包括了月末在产品按新的定额成本计价所发生的差异，这样做不利于完工产品成本的分析和考核。假如某种产品的全部生产费用为 30 000 元，由于消耗定额降低，月末在产品定额成本由 6 000 元降为 4 000 元，因而完工产品成本由 24 000（即 30 000－6 000）元提高为 26 000（即 30 000－4 000）元。而上述完工产品成本的提高不是由于当月生产费用超支的结果，而是由于以前月份生产技术进步、操作熟练程度提高等原因致使本月消耗定额降低（以前月份好的因素）的结果。而要对完工产品成本进行准确的分析和评价，必须对月末在产品按新旧两种定额成本进行计价，并计算两者的差异，这要增加成本核算和分析的工作量。因此，采用在产品按定额成本计价法，产品的各项消耗定额还必须比较稳定，也就是不要经常修订消耗定额。

【例 5-10】某企业所产甲产品，月末在产品数量比较稳定，产品定额资料健全、稳定、合理，采用在产品按定额成本计价法分配计算完工产品和月末在产品费用。2015 年 11 月初的在产品定额成本为 64 000 元，其中，直接材料费用 30 000 元，直接人工费用 16 000 元，制造费用 18 000 元。本月发生的生产费用 849 400 元，其中，直接材料费用 242 000 元，直接人工费用 406 000 元，制造费用 201 400 元。本月完工甲产品 2 000 件，月末盘存在产品 400 件。原材料在生产开始时一次性投入，在产品的完工程度为 50%。定额资料如下：单位完工产品材料费用定额成本为 120 元，单位完工产品工时定额为 50 小时，每小时人工费用定额为 4 元，制造费用定额为 2 元。

第一步，根据相关定额资料计算在产品定额成本。

月末在产品材料定额成本＝400×120＝48 000（元）

月末在产品人工定额成本＝400×(50×50%×4)＝40 000（元）

月末在产品制造费用定额成本＝400×(50×50%×2)＝20 000（元）

月末在产品定额成本＝48 000＋40 000＋20 000＝108 000（元）

第二步，计算完工产品成本。

完工产品直接材料＝30 000＋242 000－48 000＝224 000（元）

完工产品直接人工＝16 000＋406 000－40 000＝382 000（元）

完工产品制造费用＝18 000＋201 400－20 000＝199 400（元）

本月完工产品成本＝224 000＋382 000＋199 400＝805 400（元）

根据上述计算结果编制产品成本明细账如表 5-17 所示。

表 5-17　产品成本明细账

产品名称：甲产品　　　　　　　　　2015 年 11 月　　　　　　　　　　　　单位：元

摘　　要	直接材料	直接人工	制造费用	合　　计
月初在产品成本	30 000	16 000	18 000	64 000
本月生产费用	242 000	406 000	201 400	849 400
生产费用合计	272 000	422 000	219 400	913 400
本月完工产品成本	224 000	382 000	199 400	805 400
月末在产品成本	48 000	40 000	20 000	108 000

在采用这种方法时，人工产品成本中直接材料费用所占比重较大，为了进一步简化成本核算工作，月末在产品成本也可以只按定额直接材料费用计算。也就是说，月末在产品的这一项费用脱离定额的差异，以及其他各项实际费用都可以计入完工产品成本。这是将在产品按直接材料费用计价法和按定额成本计价法两者结合应用的一种分配方法。

（七）定额比例法

定额比例法是指将由某种产品负担的累计生产费用按照某种产品的完工产品和月末在产品的定额消耗量或定额成本的比例进行分配，计算月末在产品成本的一种方法。这种分配方法适用于定额管理基础工作较好，各项消耗定额或费用定额比较准确、稳定，但各月末在产品数量变化较大的产品。因为对于这种产品来说，月初和月末单位在产品费用脱离定额的差异虽然都不大，但月初在产品脱离定额差异总额与月末在产品脱离定额差异总额的差额会较大，如果仍采用上一种在产品按定额成本计价法，月初、月末在产品脱离定额差异的差额计入完工产品成本，就会对完工产品成本的正确性产生较大的影响，甚至出现完工产品成本是负数的很不合理现象。因此，在这种情况下，就应该采用定额比例法分配计算完工产品和月末在产品的实际成本。

定额比例法的计算步骤及计算公式如下：

第一步，计算本月完工产品和月末在产品的总定额。

$$本月完工产品总定额 = 本月完工产品数量 \times 单位完工产品消耗定额（或费用定额）$$

$$月末在产品总定额 = \sum \left[某道工序月末在产品数量 \times 该工序单位在产品消耗定额（或费用定额） \right]$$

第二步，计算各成本项目的费用分配率。

$$某成本项目费用分配率 = \frac{该成本项目生产费用合计}{本月完工产品总定额 + 月末在产品总定额}$$

第三步，计算月末在产品和本月完工产品成本。

$$月末在产品总成本 = \sum (某成本项目费用分配率 \times 月末在产品总定额)$$

$$本月完工产品成本 = \sum (某成本项目费用分配率 \times 完工产品总定额)$$

【例 5-11】 某企业生产甲产品，工序消耗定额比较健全、稳定，每月末未完工产品数量不稳定,变化较大,采用定额比例法分配计算完工产品和月末在产品费用。2015年3月初的在产品成本为1 278 860元,其中,直接材料费用564 800元,直接人工费用396 360元,制造费用317 700元。本月发生的生产费用3 310 300元,其中,直接材料费用2 022 400元,直接人工费用858 600元,制造费用2 429 300元。本月完工甲产品3 000件,月末盘存在产品700件。甲产品单位产品材料费用定额为800元,单位完工产品工时定额为90小时,月末在产品的相关资料如表5-18所示。

表5-18　月末在产品资料　　　　　　实物单位:件

工　序	在产品数量	投料程度(%)	完工程度(%)
1	200	20	20
2	400	40	50
3	100	100	80
合　计	700	—	—

第一步,计算本月完工产品和月末在产品的材料成本总定额和工时总定额。

完工产品材料定额成本 $=800\times3\,000=2\,400\,000$(元)

完工产品工时总定额 $=90\times3\,000=270\,000$(小时)

月末在产品材料定额成本 $=200\times(800\times20\%)+400\times(800\times40\%)$
$\qquad\qquad\qquad\qquad\quad+100\times(800\times100\%)$
$\qquad\qquad\qquad\qquad =240\,000$(元)

月末在产品工时总定额 $=200\times(90\times20\%)+400\times(90\times50\%)$
$\qquad\qquad\qquad\qquad +100\times(90\times80\%)$
$\qquad\qquad\qquad\qquad =28\,800$(小时)

第二步,计算各成本项目的费用分配率。

$$直接材料费用分配率=\frac{564\,800+2\,011\,400}{2\,400\,000+240\,000}=0.98$$

$$直接人工费用分配率=\frac{396\,360+858\,600}{270\,000+28\,800}=4.20$$

$$制造费用分配率=\frac{317\,700+429\,300}{270\,000+28\,800}=2.50$$

第三步,计算月末在产品成本和本月完工产品成本。

月末在产品应分配的直接材料费用 $=0.98\times240\,000=235\,200$(元)

月末在产品应分配的直接人工费用 $=4.20\times28\,800=120\,960$(元)

月末在产品应分配的制造费用 $=2.50\times28\,800=72\,000$(元)

月末在产品总成本 $=235\,200+120\,960+72\,000=428\,160$(元)

完工产品应分配的直接材料费用 $=0.98\times2\,400\,000=2\,352\,000$(元)

完工产品应分配的直接人工费用 $=4.20\times270\,000=1\,134\,000$(元)

完工产品应分配的制造费用 $=2.50\times270\,000=675\,000$(元)

本月完工产品总成本＝2 352 000＋1 134 000＋675 000＝4 161 000（元）

根据上述计算结果编制产品成本明细账如表5-19所示。

表5-19 产品成本明细账

产品名称：甲产品　　　　　　　　　　2015年3月　　　　　　　　　　　　单位：元

摘　要	直接材料	直接人工	制造费用	合　计
月初在产品成本	564 800	396 300	317 700	1 278 860
本月生产费用	2 011 400	858 600	429 300	3 310 300
生产费用合计	2 576 200	1 254 900	747 000	4 589 160
本月完工产品成本	2 352 000	1 134 000	675 000	4 161 000
月末在产品成本	235 200	120 960	72 000	428 160

以上所述作为费用分配标准的月末在产品的定额直接材料费用和定额工时，都是根据月末各工序在产品的账面结存数量或实际盘存数量，以及相应的消耗定额或费用定额具体计算的。如果在产品的种类和生产工艺的种类繁多，按这种方法计算，工作量繁重。为了简化成本计算工作，月末在产品的定额数据，也可以采用倒挤的方法计算，其公式为：

$$\begin{matrix}\text{月末在产品定}\\\text{额材料费用或}\\\text{定额工时}\end{matrix}=\begin{matrix}\text{月初在产品定}\\\text{额材料费用或}\\\text{定额工时}\end{matrix}+\begin{matrix}\text{本月投入的定}\\\text{额材料费用或}\\\text{定额工时}\end{matrix}-\begin{matrix}\text{本月完工产品}\\\text{定额材料费用}\\\text{或定额工时}\end{matrix}$$

上列公式的月初在产品定额材料费用或定额工时，即上月末在产品定额材料费用或定额工时，完工产品定额材料费用或定额工时，应根据完工产品数量乘以材料费用定额或工时定额计算。本月投入的定额材料费用应根据本月限额领料单所列定额材料费用等数据计算；本月投入的定额工时，应根据有关的原始记录计算。

按照上述倒挤方法计算月末在产品的定额数据，虽然可以简化计算工作，但在发生在产品盘盈盘亏的情况下，据以计算求得的成本资料就不能如实反映产品成本的水平。为了保证在产品账实相符，计算在产品盘亏对完工产品成本的影响，提高成本计算的正确性，必须每隔一定时期对在产品进行一次盘点，根据在产品实存数量计算一次在产品定额材料费用和定额工时。

【例5-12】乙产品2015年3月初的在产品成本为75 618.96元，其中，直接材料费用56 868元，直接人工费用6 846.96元，制造费用11 904元。本月发生的生产费用62 450.04元，其中，直接材料费用54 210元，直接人工费用2 150.04元，制造费用6 090元。本月完工甲产品3 000件，月末盘存在产品700件。月初在产品的定额材料费用为46 530元，定额工时为14 570小时；本月投入的定额材料费用为54 450元，定额工时为15 420小时。完工产品的定额材料费用为79 200元，定额工时为25 600小时。则月末在产品的定额材料费用和定额工时即可倒挤求出：

月末在产品的定额材料费用＝46 530＋54 450－79 200＝21 780（元）

月末在产品的定额工时＝14 570＋15 420－25 600＝4 390（小时）

其计算分配结果如表 5-20 所示。

表 5-20 完工产品与在产品费用分配表 单位：元

成本项目		直接材料	直接人工	制造费用	成本合计
月初在产品成本	定额	46 530	14 579		
	实际	56 868	6 846.96	11 904	75 618.96
本月生产费用	定额	54 450	15 420		
	实际	54 210	2 150.04	6 090	62 450.04
生产费用合计	定额	100 980	29 990		
	实际	111 078	8 997	17 994	138 069
费用分配率		1.10	0.30	0.60	
完工产品成本	定额	79 200	25 600		
	实际	87 120	7 680	15 360	110 160
月末在产品成本	定额	21 780	4 390		
	实际	23 958	1 317	2 634	27 909

采用定额比例法分配完工产品与月末在产品费用，因定额不合理而产生的差异将由完工产品和在产品共同负担，分配结果比较合理，而且还便于将实际费用与定额费用相比较，分析和考核定额的执行情况。但采用定额比例法，在月初消耗定额或费用定额降低时如果月末在产品定额费用是采用前述倒挤的简化方法计算的，那么月初在产品定额费用应按新的定额重新计算，否则，由于本月定额费用和本月完工产品定额费用已按降低后的定额计算，月初在产品应降低而未降低的定额费用，全部挤入月末在产品的定额费用中，使月末在产品定额费用虚增，从而使月末在产品分配的实际费用虚增，影响完工产品与月末在产品之间费用分配的合理性。人工月末在产品定额费用是根据在产品数量和降低后的消耗定额、费用定额具体计算的，月初在产品定额费用也应按新的定额重新计算，否则，月初在产品应降低而未降低的定额费用会使分母虚增，从而使费用分配率偏低，使实际费用分配不完。在月初消耗定额或费用定额不是降低而是提高时，则会发生相反的结果。而按新的定额重新计算月初在产品定额费用，要增加核算工作量。因此，采用定额比例法时，消耗定额或费用定额不仅要比较准确，而且要比较稳定。

定额比例法与在产品按定额成本计价法两种方法计算出来的在产品成本的区别在于：在定额比例法下，虽然以消耗定额为分配标准，但月末在产品成本仍然是因分配实际生产费用而产生的；而采用在产品按定额成本计价法时，月末在产品成本不考虑实际费用的多少，只是根据定额资料计算出在产品的定额成本。

【例 5-13】某企业生产丙产品，经过两道工序连续加工制成，2015 年 7 月份完工 800 件，原材料在生产开始时一次性投入。单位材料费用定额 90 元，单位产品工时定额是 10 小时。每工时直接人工费用定额为 5 元，每工时制造费用定额为 2 元。各工序在产品数量及工时定额资料如表 5-21 所示。

表 5-21 各工序在产品数量及工时定额

工 序	在产品数量(件)	工时定额(小时)
1	100	6
2	80	4
合 计	180	10

各工序月末在产品平均加工程度为 50%。丙产品月初在产品成本合计为 56 000 元,其中,直接材料 32 000 元,直接人工 15 000 元,制造费用 9 000 元;企业本月发生的生产费用为 150 333.69 元,其中直接材料 95 343.60 元,直接人工 42 300 元,制造费用 12 690 元。

如果月末在产品数量变化不大,采用在产品按定额成本计价法分别计算完工产品成本和月末在产品成本,完成下面的表 5-22 月末在产品定额成本计算表和表 5-23 产品成本明细账。

表 5-22 月末在产品定额成本计算表 单位:元

工 序	在产品数量(件)	直接材料		直接人工		制造费用		月末在产品定额总成本
		单位定额成本	总成本	单位定额成本	总成本	单位定额成本	总成本	
第一工序	100	90	9 000	15	1 500	6	600	11 100
第二工序	80	90	7 200	40	3 200	16	1 280	11 680
合 计	180	90	16 200	—	4 700	—	1 880	22 780

表 5-23 产品成本明细账 单位:元

摘 要	直接材料	直接人工	制造费用	合 计
月初在产品成本	32 000	15 000	9 000	56 000
本月发生费用	95 343.6	42 300	12 690	150 333.6
生产费用合计	127 343.6	57 300	21 690	206 333.6
本月完工产品总成本	111 143.6	52 600	19 810	183 553.6
本月完工产品单位成本	138.9295	65.75	24.762 5	229.442

如果月末在产品数量变化较大,采用定额比例法分配计算完工产品成本和月末在产品成本,完成下面的产品成本明细账,如表 5-24 所示。

表 5-24 产品成本明细账 单位:元

摘 要	直接材料	直接人工	制造费用	合 计
月初在产品成本	32 000	15 000	9 000	56 000
本月发生费用	95 343.6	42 300	12 690	150 333.6
生产费用合计	127 343.6	57 300	21 690	206 333.6

(续表)

摘　要		直接材料	直接人工	制造费用	合　计
总定额	完工产品	72 000	8 000	8 000	—
	月末在产品	16 200	940	940	—
	合计	88 200	8 940	8 940	—
费用分配率（保留4位小数）		1.443 8	6.409 4	2.426 2	
完工产品总成本		103 953.6	51 275.2	19 409.6	174 638.4
月末在产品总成本		23 390	6 024.8	2 280.4	31 695.2

第三节　完工产品成本的结转

制造企业生产产品发生的各项生产费用，已在各产品之间进行了分配，在此基础上又在同种产品的完工产品和月末在产品之间进行分配，计算出各种产品的完工产品和月末在产品成本，完工产品成本应从"基本生产成本"的贷方转出，计入有关账户的借方。其中，完工入库产品的成本，应转入"库存商品"账户的借方；完工自制半成品、自制材料、自制工具、模具等的成本，应分别转入"自制半成品""原材料"和"低值易耗品"等账户的借方。"基本生产成本"账户的期末余额，就是基本生产车间尚未加工完成的各种在产品的成本。

将完工产品成本从"基本生产成本"账户及其所属计算单的贷方转入"库存商品"账户及有关计算单的借方，编制会计分录如下：

借：库存商品、自制半成品、原材料、低值易耗品
　　贷：基本生产成本

【例5-14】某企业2015年5月末，会计部门根据产品入库单汇总编制完工产品成本汇总表（见表5-25）。

表5-25　完工产品成本汇总表　　　　　　　　　　　　单位：元

项　目	甲产品（600件）		乙产品（300件）		总成本合计
	总成本	单位成本	总成本	单位成本	
直接材料	192 000	320	45 000	150	237 000
直接人工	30 000	50	28 800	96	58 800
制造费用	18 000	30	10 500	35	28 500
合　计	240 000	400	84 300	281	324 300

根据上述资料，编制结转完工产品成本的会计分录如下：

借：库存商品——甲产品　　　　　　　　　　　　　　　　　240 000
　　　　　　　——乙产品　　　　　　　　　　　　　　　　　84 300
　　贷：生产成本——基本生产成本——甲产品　　　　　　　　240 000
　　　　　　　　　　　　　　　　　——乙产品　　　　　　　　84 300

本 章 小 结

本章阐述了在产品的含义、在产品数量的核算、生产费用在完工产品和在产品之间分配的方法和完工产品成本的结转。

在产品有广义和狭义之分。广义在产品是就整个企业来说的,它是指没有完成全部生产过程、不能作为商品进行销售的产品,包括在车间加工的在产品,已经完成部分加工步骤但仍须继续加工的自制半成品,完成全部加工步骤但未经装配或等待验收入库的产品,正在返修和等待返修的废品。狭义在产品是就某一车间或某一生产步骤而言的,它仅指某一生产车间或某一生产步骤正处在加工阶段的那部分产品,已完工的半成品不包括在内。

在产品数量核算的主要内容应包括两方面:一方面是做好在产品收入、发出和结存的日常核算工作;另一方面是在产品定期和不定期的清查盘点工作,落实数量,查明盘盈、盘亏的原因和责任。对于设有半成品库的企业,自制半成品可以通过设置"自制半成品"账户进行核算。车间对于正在加工的在产品的收入、发出和结存数量等项目的日常核算可以通过设置"在产品收发结存账"来进行。在在产品盘点过程中,如果发现在产品盘亏或盘盈,应填制在产品盈亏报告,并及时分析盈亏的原因,以及初步处理意见。会计部门根据在产品盘点报告,经认真审核后,进行必要的账务处理。

完工产品成本和月末在产品成本的计算一般有以下三种模式:先确定月末在产品成本,然后确定完工产品成本;先确定完工产品成本,然后确定月末在产品成本;完工产品成本与在产品成本同时确定。企业应根据月末在产品数量的多少、月末在产品数量变化的大小、各项费用比重的大小以及定额管理基础工作的好坏等具体条件,选择既合理又简便的分配方法。

不计算在产品成本法,是指月末虽然有在产品存在,但不计算在产品成本,而把月末在产品成本假设为零的一种方法。当企业或生产单位各月月末在产品数量很小或在产品价值很低时,是否计算并分配在产品成本对完工产品成本的影响很小时,可以采用这种方法。按年初数固定计算在产品成本法,是对企业各月月末在产品成本按年初在产品成本计价的一种方法。这种方法适用于企业各月的在产品数量变动不大,月初、月末在产品成本的差额不大,各月在产品成本的差额对完工产品成本的影响较小的情况。在产品按所耗直接材料费用计价法,是指月末在产品只计算其所耗用的直接材料费用,不计算直接人工等加工费用,产品的加工费用全部由完工产品成本负担。这种分配方法适用于各月末在产品数量较大,各月在产品数量变化也较大,但原材料费用在成本中所占比重较大的产品。约当产量比例法是按照完工产品与月末在产品约当产量的比例将生产费用在完工产品与月末在产品之间进行分配的一种产品成本计算方法。这种分配方法适用于月末在产品数量较大,各月在产品数量的变化也较大,产品成本中原材料费用和职工薪酬等加工费用比重相差不多的产品。加权平均约当产量法,不考虑生产费用的发生与产品实物流转的对应关系,而将累计生产费用按月末在产品约当产量和本月完工产品数量的比例进行分配。先进先出法约当产量法,是假设先投产的产品先行完工,并以此作为生产费用的流转顺序,将生产费用在完工产品与月末在产品之间进行分配。在产品按完工产品成本计价法,是将在产品视同完工产品分配费用,即单位在产品与单位完工产品分配相等的费用。这种方法适用于月末在产品已经接近完工,或者产品已经加工完毕,但尚未验收或包装入库的产品。在产品按定额成本计价法,是指以产品的各项消耗定额为标准计算在产品成本,生产费用合计减去月末在产品成本的余额就是完工产品成本的一种方法。它主要适用于具有完整的消耗定额资料,消耗定额比较准确、稳定,而且在产品数量变化不大的企业。定额比例法是指将由某种产品负担的累计生产费用按照某种产品的完工产品和月末在产品的定额消耗量或定额成本的比例进行分配,计算月末在产品成本的一种方法。这种分配方法适用于定额管理基础工作较好,各项消耗定额或费用定额比较准确、稳定,但各月末在产品数量变化较大的产品。

计算出各种产品的完工产品和月末在产品成本后,完工产品成本应从"基本生产成本"的贷方转出,计入有关账户的借方。"基本生产成本"账户的期末余额,就是基本生产车间尚未加工完成的各种在产品的成本。

思 考 题

1. 什么是在产品?正确理解在产品的含义有何重要意义?
2. 在产品数量核算包括哪些内容?它对于生产费用在完工产品和在产品之间分配有何重要意义?
3. 在产品成本和完工产品成本之间的关系怎样?
4. 完工产品成本和月末在产品成本的计算有哪些模式?
5. 企业选择完工产品和月末在产品费用分配方法时,要考虑哪些因素?
6. 约当产量比例法的计算步骤怎样?加权平均约当产量法和先进先出约当产量法有何不同?
7. 在产品按定额成本计价法的特点及其适用范围怎样?
8. 定额比例法的特点及其适用范围怎样?它与在产品按定额成本计价法有什么区别?

业 务 题

1. 某工业企业甲产品月末在产品数量较少,不计算在产品成本。2015年12月份发生生产费用如下:直接材料45 000元,燃料及动力2 200元,直接人工2 800元,制造费用1 000元。月末在产品2件,本月完工产品100件。

要求:(1)采用不计算在产品成本法在完工产品与在产品之间分配费用,计算本月完工产品与在产品的成本;(2)登记甲产品成本明细账。

表 5-26　甲产品成本明细账　　　　产量100件　　单位:元

日　期	摘　要	直接材料	燃料及动力	直接人工	制造费用	合计
12.31						
12.31						

2. 某产品经过两道工序制成,原材料不是在生产开始时一次投入,而是分工序随着生产进度陆续投入。该产品各工序原材料消耗定额为:第一道工序300千克,第二道工序200千克。月末在产品数量:第一道工序100件,第二道工序120件。

要求:(1)计算原材料在各工序开始时一次投入时的各工序完工率(原材料投料率)和约当产量;

(2) 计算原材料在各工序陆续投入时的各工序完工率(原材料投料率)和约当产量。在产品在本工序的原材料消耗定额按50%计算。

3. 某企业生产E产品,原材料是在生产开始时一次投入的。5月初在产品费用为:原材料28 000元,直接人工12 000元,制造费用4 000元。5月发生的生产费用为:原材料164 000元,直接人工60 000元,制造费用20 000元。5月完工产品8 000件,月末在产品2 000件,完工程度为80%。该企业产成品的定额如下:单件原材料耗用量5千克,每千克计划成本4元;单件工时定额2.50小时,每小时人工定额为3.20元,单件制造费用定额为1.10元。

要求:(1)采用在产品按定额成本计价法分配完工产品和在产品成本;(2)采用定额比例法分配完工产品和在产品成本;(3)分析两者计算结果为何不同。

第六章　产品成本计算方法概述

引 导 案 例

金星纺织厂是一家中型规模的纺织印染企业,该厂按纺纱、织布和印染三个生产步骤分别设置了三个基本生产车间,纺纱车间大量生产60支和80支两种棉纱,其所生产的60支棉纱全部转入织布车间生产棉布,80支棉纱全部转入仓库待售,织布车间将生产的棉布全部转入印染车间,经检验合格后转入成品仓库。

问题:
1. 请分析说明该厂的生产特点和组织形式。
2. 假如你是该厂的成本核算员,你会如何选择成本的核算方法?

【学习目标与要求】

通过本章的学习,应了解生产按工艺过程特点和生产组织特点的分类,理解企业生产类型和管理要求对产品成本计算方法选择的影响,掌握单步骤生产、多步骤生产、大量大批或单件小批生产模式下对成本计算对象、对成本计算期和对成本计算程序的不同影响,识别成本计算的基本方法和辅助方法的标志,初步熟悉成本计算的基本方法和辅助方法,掌握在什么情况下可以同时应用和结合应用哪几种成本计算方法。

【本章逻辑框架】

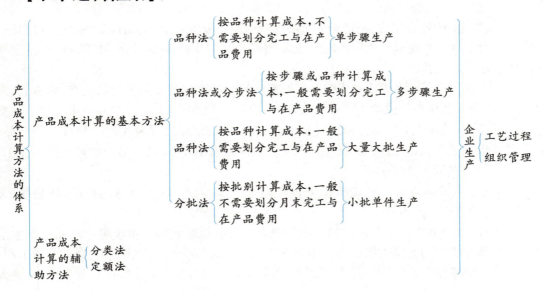

第一节 生产特点和管理要求对产品成本计算的影响

产品成本计算方法是指按一定成本计算对象，归集企业在生产经营中所发生的各项生产费用，并运用一定的方法和程序计算成本对象的总成本和单位成本的一种方法。由于产品的生产成本在生产过程中形成，企业的生产特点与管理要求不尽相同，因而不同的产品生产有着不同的成本计算方法和成本核算程序。计算产品成本是为了满足成本管理及计算损益的需要，因此，需要根据企业生产特点和管理要求来选择产品成本计算方法。

一、产品生产的类型

企业通常需要根据产品生产的不同特点和管理上的不同要求来选择成本计算方法，所以在学习成本计算方法之前，首先要了解产品生产的不同类型。产品生产的类型可以按照生产工艺过程的特点或生产组织方式的特点来划分。

(一) 按生产工艺过程的特点分类

产品生产按工艺过程的特点不同，可分为单步骤生产和多步骤生产两种。

(1) 单步骤生产，亦称简单生产，是生产工艺过程不能间断、不能或不需要划分为几个生产步骤的生产，如发电、采掘、铸造等。

(2) 多步骤生产，亦称复杂生产，是指生产工艺过程由若干个可以间断、分散在不同地点，分别在不同时间进行的生产步骤所组成的生产，如纺织、服装、冶金等。

多步骤生产按生产步骤内在联系方式的不同，可分为连续加工式生产和装配式生产。连续加工式生产是指原材料投入生产后，要依次经过各生产步骤的连续加工，才能成为产品的生产，如纺织、钢铁等。装配式生产(也称平行加工式生产)是指先将原材料分别在各个加工车间平行加工为零件、部件，然后再将零件、部件装配为产品的生产，如车辆、仪器制造等。

(二) 按生产组织的特点分类

按生产组织的特点来说，制造企业产品生产一般可分为大量、成批和单件生产等类型。

(1) 大量生产。大量生产指不断地重复相同产品的生产，特点是品种少、量大、重复性强，如面粉、化肥的生产。

(2) 成批生产。成批生产是指按照事先规定的产品批别和数量进行的生产，如服装、电器、车辆等产品的生产。成批生产按批量大小的不同，又可分为大批生产和小批生产。大批生产方式下，一个批次的产品数量往往较大，就有可能连续数月重复生产一种或几种产品，因而性质上接近于大量生产。小批生产由于产品的批量小，同一批产品一般可以同时完工，因而其性质上接近于单件生产。

(3) 单件生产。单件生产是指根据客户订单要求，生产个别、特殊的产品，如船舶、飞机、重型机械等产品的生产。

一般而言，企业生产工艺过程和生产组织方式是有机结合的。单步骤生产和连续加工式的多步骤生产多为大量大批的生产组织方式。装配式多步骤生产的组织，则有大量生产、成批生产和单件生产的区别。总之，企业生产类型可以归纳为大量大批单步骤生产、大量大批多步骤生产、单件小批多步骤生产以及单件小批单步骤生产，但在实际工作中单件小批单步骤生产不多见（如图6-1所示）。

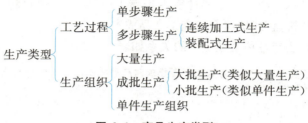

图6-1　产品生产类型

二、生产类型和成本管理要求对产品成本计算的影响

企业采用何种方法计算产品成本，在很大程度上取决于产品的生产类型，不同的生产类型，对成本进行管理的要求也不一样，而生产特点和管理要求又必然对产品成本计算产生影响。其影响主要体现在成本计算对象、成本计算期以及生产费用在本期完工产品与期末在产品之间分配等几个方面。

（一）对成本计算对象的影响

成本计算对象是承担成本的客体，也即费用归集与分配的目标。确定成本计算对象是设置成本明细账、归集与分配生产费用、正确计算产品成本的重要前提。

在大量大批单步骤生产中，由于不断地重复生产同种产品，生产过程中又没有自制半成品产出，只能以产品的品种作为成本计算对象。

大量大批多步骤生产中，一般以各加工步骤的产品作为成本计算对象，或计算各步骤的半成品（最后步骤为产成品）的成本，或计算产成品在各步骤分别发生的耗费。

在单件小批生产中（装配式生产），由于产品按客户订单或批别组织生产，所以有必要也有条件以产品的订单和批别作为成本计算对象。

（二）对成本计算期的影响

成本计算期，是指对生产费用计入产品成本所规定的起讫日期。

在大量大批生产情况下，一种产品连续不断或经常重复地生产出来，为了计算损益的需要，只能定期按月计算产品成本，所以一般以会计报告期作为成本计算期。

在单件小批生产情况下，各批产品的生产周期往往不同，而且批量小，生产不重复或重复少，有条件按照各批产品的生产周期计算产品成本。在制造企业生产中，产品生产周期是指从原材料投入到产品制成并验收为止所经过的时间，它通常与日历月份不相吻合，所以单件小批生产的成本计算期与会计报告期往往不一致。

（三）对生产费用计入产品成本程序的影响

在大量生产单一产品的企业或车间，成本计算对象只有一个，产品生产所发生的全部生产费用可以直接计入该产品成本。

在单件小批生产情况下，由于产品的品种、批别较多，产品生产所发生的生产费用，若能确定为生产某一批产品所发生，应直接计入该产品成本；若不能直接计入，则应先归集后按一定标准分配计入各有关批别产品成本。

在大量多步骤生产情况下,生产费用计入产品成本的过程,往往也就是计算各步骤半成品成本随其实物转移而逐步结转的过程。产品在各加工步骤的生产费用,好像"滚雪球"似的累积成完工产品成本。如果不需要计算各步骤半成品成本,也可将完工产品在各步骤加工所发生的费用,如"拼盘"式地组合成完工产品成本。

产品成本计算方法与各种类型生产的关系如表 6-1 所示。

表 6-1　生产特点和管理要求对产品成本计算方法的影响

产品成本计算方法	生　产　组　织	工艺过程和管理要求
品种法	大量大批生产	单步骤生产或管理上不要求分步计算产品成本的多步骤生产
分批法	单件小批生产	
分步法	大量大批生产	管理上要求分步计算产品成本的多步骤生产

第二节　产品成本计算的主要方法

一个企业究竟采用何种成本计算方法计算产品成本,除了受生产类型的特点影响外,还必须根据企业成本管理要求,来选择适合自身企业的产品成本计算方法。生产特点和管理要求的不同影响到产品成本计算对象、成本计算期以及生产费用在本期完工产品与期末在产品之间分配方法等,其中最根本的问题是成本计算对象的确定。成本计算对象的不同是区分各种成本计算方法的主要标志和核心。在实际工作中存在的各种各样的产品成本计算方法,主要是根据成本计算对象来命名的。

一、产品成本计算的基本方法

为了适应不同类型生产特点和管理要求,在产品成本计算工作中可以分三种不同的成本计算对象:产品品种、产品批别和产品的生产步骤。因此,以成本计算对象命名的产品成本计算的基本方法分别为:品种法、分批法和分步法。

(一) 品种法

在大量大批生产的企业,不可能等全部产品生产完工才计算其实际成本,成本计算期只能与会计报告期一致与生产周期不一致。品种法在月末计算产品成本时,有些单步骤生产企业没有月末在产品,不需要在完工产品和在产品之间分配生产费用,本月生产费用全部归完工产品成本,如发电、采掘等作业。而管理上不要求分步计算产品成本的大量大批多步骤生产企业,通常月末都会有在产品,则需要在完工产品与在产品之间分配生产费用,如小型造纸厂、水泥厂等。

(二) 分批法

在单件小批生产企业(单步骤生产或管理上不要求分步计算产品成本的多步骤生产),通常按照客户订单来组织生产,客户的订货不仅数量和质量上的要求不同,交货时间也不同。所以,单件小批生产企业只能以生产的产品批别作为成本计算对象,来归集和分配生产费用,计算出各批产品的实际总成本和单位成本。由于分批法是以产品的批别为成本计算对象,只能等到该批产品全部完工时,才能计算出其实际总成本和单位成本,所以,分批法下的产品成本计算期是不定期的,与产品生产周期一致,与会计报告期不一致。一般分批法下月末不存在在产品,不需要将生产费用在完工产品与在产品之间进行分配。如修理作业、专用工具制造、重型机械制造、船舶制造等。

(三) 分步法

在大量大批多步骤生产的企业,成本管理基本上要求按生产步骤归集生产费用计算产品成本的,与品种法相同,采用分步法的大量大批多步骤生产企业,不能等到产品全部生产完工再来计算成本,只能定期按月计算产品成本。分步法下的产品成本计算期与会计报告期一致,与生产周期不一致。大量大批多步骤生产的企业在月末计算产品成本时,通常都有在产品,需要将生产费用在完工产品与在产品之间进行分配。如纺织、冶金、机械制造等。

上述三种方法之所以被称为产品成本计算的基本方法,是因为这三种方法与不同生产类型的特点有着直接的关系,并且涉及成本计算对象的确定,因而是计算产品实际成本必不可少的方法。这三种成本计算方法的主要特点和适用情况如表6-2所示。

表 6-2 产品成本计算的基本方法

产品成本计算方法	成本计算对象	成本计算期	生产费用在完工产品和在产品之间的分配	适用于何种生产组织特点	适用于何种生产工艺特点和成本管理要求
品种法	产品品种	定期于每个月末	视不同情形,可能需要分配,也可能不需分配	大量大批生产	单步骤生产和管理上不要求分步骤计算成本的多步骤生产
分批法	产品批别	与生产周期一致,不定期	一般不需分配	单件小批生产	单步骤生产和管理上不要求分步骤计算成本的多步骤生产
分步法	产品生产步骤	定期于每个月末	一般需要分配	大量大批生产	管理上要求分步骤计算成本的多步骤生产

二、产品成本计算的辅助方法

除了以上三种基本的成本计算方法之外,实际工作中还有两种辅助成本计算方法,分别为分类法和定额法。但是,分类法和定额法都不是独立的成本计算方法,需要结合成本计算的基本方法来进行。产品成本计算的辅助方法是为了解决成本计算或成本管理中出现的某一方面问题而采用的。例如在产品品种、规格繁多的企业中,如果按每一种产品的品种、规格来计算产品成本,工作量很大。为了简化核算工作,可以先按产品的类别归集生产费用,计算产品类别的成本,然后再分配到各种产品中去,这种方法称为分类法。在定额管理工作基础较好的企业中,为了更好地控制成本,加强成本分析和考核,可以采用定额法计算产品成本。

需要说明的是,基本方法和辅助方法的划分,是基于计算产品实际成本的需要所作出的,并不是辅助方法不重要。相反,有的辅助方法,比如定额法,对于控制生产费用、降低产品成本,具有重要作用。

在实际工作中,同一家企业或同一个生产车间中,可能同时采用几种成本计算方法来计算产品成本。例如:钢铁企业中,基本生产可分为炼铁、炼钢和轧钢等步骤,主要产品属于大量大批多步骤生产,可以采用分步法计算成本,而客户定制的特殊钢材产品,也可能采用分批法计算产品成本。又如服装制造,有的款式属于大量大批生产,可以采用品种法计算产品成本;有的属于小批量生产,适合采用分批法计算产品成本。

总之,品种法、分批法和分步法是产品成本计算的基本方法,分类法和定额法是产品成本计算的辅助方法。在产品成本计算时,分类法和定额法的辅助方法必须结合品种法、分批法和分步法的基本方法使用。每个企业都应根据生产特点和成本管理的要求,具体确定其所选择的成本计算方法。

本 章 小 结

本章主要介绍不同企业的生产特点和管理要求对产品成本计算的影响,并介绍实际工作中可采用的各种成本计算方法。

企业生产按工艺过程的特点不同,可分为单步骤生产和多步骤生产;按生产组织的特点不同,可分为大量、成批和单件生产等类型。企业采用何种方法计算产品成本,在很大程度上取决于产品的生产类型,不同的生产类型,对成本进行管理的要求也不一样,而生产特点和管理要求又必然对产品成本计算产生影响,主要体现在成本计算对象、成本计算期以及生产费用在本期完工产品与期末在产品之间分配等几个方面。产品成本计算的基本方法包括品种法、分批法和分步法,产品成本计算的辅助方法包括分类法和定额法等。

企业选择何种产品成本计算方法,既应根据生产的特点,又应考虑管理的需要来确定。

思 考 题

1. 生产按工艺过程的特点可以分为哪几种类型?各有何特点?
2. 生产按组织方式的特点可以分为哪几种类型?各有何特点?
3. 生产工艺特点和管理要求对成本计算方法的影响主要表现在哪些方面?
4. 什么是成本计算对象?如何确定成本计算对象?
5. 什么是成本计算期?如何确定成本计算期?
6. 产品成本计算的基本方法有哪些?各有何特点?
7. 产品成本计算的辅助方法有哪些?各有何特点?
8. 简述生产特点和管理要求与成本计算方法选择间的关系。

业 务 题

1. 某企业大量生产 A、B 两种产品,根据生产特点和管理要求,采用品种法计算成本。2016 年 6 月份该企业发生的生产费用资料如下:原材料 32 100 元,其中 A 产品每件消耗材料 180 元,B 产品每件消耗材料 150 元,生产工人工资 20 000 元,制造费用 5 000 元。A 产品耗用生产工时 6 600 小时,B 产品耗用生产工时 3 400 小时。企业采用约当产量法分配完工产品成本与月末在产品成本,A、B 产品月末在产品完工程度均为 50%,原材料在生产开始时一次投入。其他有关成本计算资料如表 6-3 和表 6-4 所示。

表 6-3 产量记录 单位：件

产品名称	月初在产品	本月投产	本月完工	月末在产品
A	30	120	100	50
B	50	70	80	40

表 6-4 月初在产品成本记录 单位：元

产品名称	直接材料	直接人工	制造费用	合计
A	5 400	1 800	1 700	8 900
B	7 500	3 000	2 100	12 600
合计	12 900	4 800	3 800	21 500

要求：根据以上资料，计算 A、B 产品完工产品成本和月末在产品成本，计算用表如表 6-5 和表 6-6 所示。

表 6-5 产品成本计算单

产品名称：A 产品　　　　　　　2016 年 6 月

产品成本项目	月初在产品成本	本月生产费用	生产费用合计	完工产品成本		月末在产品成本
				总成本	单位成本	
原材料						
工资						
制造费用						
合计						

表 6-6 产品成本计算单

产品名称：B 产品　　　　　　　2016 年 6 月

产品成本项目	月初在产品成本	本月生产费用	生产费用合计	完工产品成本		月末在产品成本
				总成本	单位成本	
原材料						
工资						
制造费用						
合计						

2. 秋天到了，天气转凉，金星服饰有限公司接到大量客户的风衣订单。公司根据客户要求进行成批生产，生产过程分为剪裁、缝纫和成衣三个加工步骤，为了加强成本管理，管理者要求成本核算部门要及时提供产品成本资料和每一生产步骤的成本资料。布料是生产开始时一次性投入，在所发生的生产费用中，布料费用和人工费用所占的比重较大且相差不多。该企业月末在产品数量较大，月末在产品数量变化也较大。

请为金星服饰有限公司的风衣生产选择适合的产品成本计算方法，并说明其成本核算程序。

第七章　产品成本计算的品种法

引 导 案 例

兴隆食品厂设有饼干、蛋黄派、糖果三条生产线,这些产品的生产工艺过程均较为简单。以饼干为例,大致可分为打面、压切成型、烘焙和包装四个生产步骤。先把面粉、白糖等原料按配方配好后,装入机器中搅拌,再送进专用机械压切成为各种形状的饼干胚,一盘盘地送到烤炉中烘焙,烘焙好的饼干再码成小堆,包装以便出售。这些产品的生产周期一般都很短,且月末一般没有在产品。小李和小王是两个新来到该厂财务部实习的大学生,小李认为,该厂是典型的多步骤生产,应将成本核算方法设计为分步法。而小王认为,该厂产品属于大批量、品种稳定的生产方式,且工艺简单,并不需要核算中间产品成本,因此采用品种法更为合适。你认为呢?

【学习目标与要求】

通过本章的学习,了解品种法是以产品的品种为成本计算对象计算产品成本的方法,理解品种法适用于大批单步骤生产或管理上不要求分步计算产品成本的多步骤生产的范围,掌握品种法的特点,熟悉品种法的计算程序和具体方法,明确简单品种法和典型品种法在具体应用上的主要区别。品种法的产品成本计算程序有着极强的代表性,是最基本的产品成本计算方法。

【本章逻辑框架】

```
                    ┌ 品种法概述 ──┬ 品种法的含义
                    │              ├ 品种法的适用范围
                    │              └ 品种法的特点
                    │
                    │              ┌ 按产品品种设成本明细账
                    │              ├ 归集与分配本月发生的各种费用
产品成本计算的品种法─┤              ├ 分配辅助生产费用
                    ├ 品种法的成本计算程序 ┼ 分配制造费用
                    │              ├ 分配废品损失
                    │              ├ 分配计算完工产品和月末在产品成本
                    │              └ 计算并结转完工产品成本
                    │
                    └ 品种法 ─┬ 简单品种法
                              └ 典型品种法
```

第一节　品种法的特点和适用范围

一、品种法的含义及适用范围

产品成本计算的品种法是指以产品品种作为成本计算对象，按品种归集和分配生产费用，计算产品成本的一种方法。制造企业通常会根据自身生产工艺的特点和成本管理的要求选择不同的成本计算方法，但是出于成本考核和产品定价的需要，最终按品种反映的成本信息是最基本的成本信息。这意味着品种法是最基本的成本计算方法，其他的成本计算方法都是以品种法为基础的。品种法适用于大量、大批的单步骤生产，例如采掘、发电等企业。这一类型企业的生产工艺过程通常不能间断，不能分散在不同的工作地点，因此不宜划分为几个生产步骤，也不需要分步骤计算产品成本。大量、大批的多步骤生产中，如果生产规模较小，或者从原材料投入到产品产出是在封闭的生产车间内进行，管理上不要求分步骤计算产品成本的企业，也可以采用品种法，例如小规模的水泥厂、造纸厂、化肥厂等。

二、品种法的特点

品种法不同于其他成本计算方法的特点主要表现在成本计算对象、成本计算期以及生产费用在完工产品与在产品之间的分配三个方面。

（一）成本计算对象

采用品种法计算产品成本时，成本计算对象就是产品品种，企业按产品品种设置成本明细账（也称成本计算单），不要求按照生产步骤或生产批次计算产品成本。如果只生产单一品种产品，只需要为这种产品开设成本明细账，发生的各项生产费用都是直接费用，根据有关的费用凭证直接计入该产品成本明细账的成本项目中，不存在各成本计算对象之间的费用分配问题。如果企业或车间生产的产品不止一种，就需要为每种产品分别开设成本明细账，区分直接生产费用和间接生产费用，直接生产费用可直接计入各品种产品的成本明细账，间接生产费用则需要采用适当的方法在各种产品之间进行分配，然后分别计入各种产品的成本明细账。

（二）成本计算期

品种法适用于大量、大批的生产方式，不管是单步骤还是多步骤，大量大批生产的主要特点是不断地重复生产一种或几种相同的产品，生产总是连续不断地进行，不断有新产品投入和完工产品产出。在这种情况下，如果按照生产周期计算产品成本既不便于操作，也容易造成成本核算的混乱。因此，品种法下产品的成本计算期通常与会计报告期一致，定期于每月的月末进行，而非在产品完工时立即进行。

（三）生产费用在完工产品与在产品之间的分配

采用品种法应在每个月末计算产品成本，如果月末没有在产品，或者在产品数量很少，可以不计算在产品成本。各种产品的成本明细账中当月归集的全部生产费用，即为该种产品的总成本;总成本除以当月总产量,就可以得到该种产品的单位成本。在一些管理上不要求按照生产步骤计算成本的大量、大批多步骤生产中,产品陆续完工,月末有可能存在数量较多的在产品,这时,就需要将该产品成本明细账中归集的生产费用,采用恰当的分配方法在完工产品和在产品之间进行分配,计算完工产品成本和在产品成本。

第二节 品种法的成本计算程序

产品成本计算程序是根据企业会计制度或准则的规定,对企业生产过程中发生的各项生产费用进行审核、归集和分配,最终计算出完工产品成本的过程。

一、典型品种法成本计算程序

品种法的成本计算程序体现了产品成本计算的一般程序,主要包括以下几个步骤。

(一)按产品品种设置生产成本明细账

企业应在"基本生产成本"总账下按照产品品种设置产品生产成本明细账(成本计算单);在"辅助生产成本"总账下按照辅助生产部门设置辅助生产成本明细账;在"制造费用"总账下,按照生产部门(分厂、车间)设置制造费用明细账。产品生产成本明细账和辅助生产成本明细账按照成本项目设置专栏,制造费用明细账按照费用项目设置专栏。

(二)归集和分配本月发生的各项要素费用

企业应根据各项费用发生的原始凭证编制费用分配汇总表,分配各项要素费用。将本月发生的各项生产费用计入"基本生产成本""辅助生产成本""制造费用"等明细账。

(三)分配辅助生产费用

根据辅助生产成本明细账归集的本月辅助生产费用总额,按照企业确定的辅助生产费用分配方法编制辅助生产费用分配表,将辅助生产费用分配转入有关产品生产成本明细账和制造费用明细账。辅助生产部门发生的制造费用如果通过制造费用明细账归集,应在辅助生产费用分配前先将制造费用转入辅助生产成本明细账。

(四)分配制造费用

根据基本生产部门制造费用明细账归集的本月制造费用总额,按照企业确定的制造费用分配方法编制制造费用分配表,将分配的制造费用转入有关产品生产成本明细账。

(五)计算废品损失

编制废品损失计算表,计算本期所发生的废品损失,并将扣除回收残料、过失人赔偿款等后的净损失转入生产成本。

(六)计算并结转本月完工产品成本

将各产品生产成本明细账归集的生产费用合计数,在本月完工产品和月末在产品之间进行分配,计算完工产品总成本和月末在产品成本,完工产品总成本除以实际总产量就是该产品的单位成本。将完工产品成本从"基本生产成本"的明细账户转入"库存商品"明细账户。

采用典型品种法计算产品成本时,其成本计算的具体程序如图7-1所示。

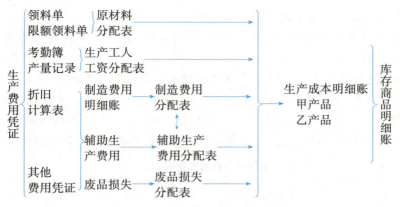

图 7-1 品种法产品成本计算程序图

二、简单品种法成本计算程序

简单品种法是针对典型品种法而言的,其产品成本计算程序相对简化,主要体现在成本计算对象品种单一,费用的发生较为直接,无需进行分配,只要按照费用项目直接归集。通常月初、月末没有在产品,汇总的本月发生的生产费用全部归完工产品成本。在简单品种法下,可按照发生的生产费用项目设置生产成本明细账的专栏。各生产单位发生的全部生产费用都为直接费用。应根据原始凭证或各项费用分配表编制记账凭证,直接登记生产成本明细账的相应项目。月末汇总生产成本明细账,编制产品成本计算单,并结转完工产品成本。

第三节 典型品种法的应用举例

如果企业大量、大批地生产多品种产品,采用品种法计算成本时就存在多个成本计算对象,需要设置多个生产成本明细账。生产过程中发生的各项费用往往既有直接费用,又有间接费用,存在将间接费用在各种产品之间进行分配的问题。直接费用可以按照原始凭证直接计入,间接费用要先归集,再采用适当的分配方法在各种产品之间进行分配,计入各种产品成本明细账。在多步骤生产的情况下往往月末还可能存在数量较多的在产品,这就需要将产品成本明细账中归集的本月生产费用在完工产品和在产品之间进行分配。这种情况下应用的品种法被称为典型品种法。

【例 7-1】兴隆工厂大量生产甲、乙两种产品,根据生产特点和管理要求,采用品种法计算产品成本。企业设有一个基本生产部门和一个辅助生产部门(运输部门)。该厂设置甲产品和乙产品两个基本生产成本明细账,在明细账中按"直接材料""直接人工"和"制造费用"三个成本项目设置专栏,不单独核算废品损失。由于辅助生产部门规模较小,只提供单一劳务,所以只设置辅助生产成本明细账,没有设置制造费用明细账,所发生的全部费用直接计入运输成本。下面以该厂 2015 年 3 月份各项成本费用资料为例,说明品种法下甲、乙两种产品成本计算的程序和相应的账务处理。

1. 归集和分配各项要素费用

根据2015年3月份各项费用的原始凭证和其他相关资料,编制各项要素费用的分配表,并进行相应的账务处理。

(1) 根据领、退料凭证汇总编制"材料费用分配表",如表7-1所示。3月份甲、乙产品共同耗用A材料98 100元,甲产品耗用B材料4 800元,乙产品耗用C材料3 700元,基本生产车间耗用消耗性材料1 800元,运输车间耗用消耗性材料5 100元。甲、乙产品共同耗用材料按定额耗用量比例分配,甲产品材料定额耗用量为3 000千克,乙产品材料定额耗用量为1 500千克。

表7-1 材料费用分配表　　　　　　　　　　　　　　　　　　单位:元

应借账户	成本项目	直接计入	分配计入	合　计
基本生产成本——甲产品	直接材料	4 800	65 400	70 200
基本生产成本——乙产品	直接材料	3 700	32 700	36 400
小　　计		8 500	98 100	106 600
辅助生产成本——运输	机物料消耗	5 100		5 100
制造费用	机物料消耗	1 800		1 800
合　　计		15 400	98 100	113 500

根据"材料费用分配表"编制记账凭证并登记相关的成本费用明细账,会计分录如下:
借:生产成本——基本生产成本——甲产品　　　　　　　　　　70 200
　　生产成本——基本生产成本——乙产品　　　　　　　　　　36 400
　　生产成本——辅助生产成本——运输　　　　　　　　　　　5 100
　　制造费用　　　　　　　　　　　　　　　　　　　　　　　1 800
　贷:原材料　　　　　　　　　　　　　　　　　　　　　　　113 500

(2) 根据"工资结算汇总表"和实际工时记录编制"职工薪酬分配表",如表7-2所示。3月份基本生产车间生产工人薪酬76 000元,按实际工时比例分配给甲、乙两种产品,车间管理人员薪酬6 000元,运输部门人员薪酬18 000元,行政管理部门人员薪酬12 000元。当月甲产品生产耗用6 000小时,乙产品生产耗用4 000小时。

表7-2 职工薪酬分配表　　　　　　　　　　　　　　　　　　单位:元

应借账户	成本项目	实际工时(小时)	分配金额
基本生产成本——甲产品	直接人工	6 000	45 600
基本生产成本——乙产品	直接人工	4 000	30 400
小　　计		10 000	76 000
辅助生产成本——运输	职工薪酬		18 000
制造费用	职工薪酬		6 000
管理费用	职工薪酬		12 000
合　　计			112 000

根据"职工薪酬分配表"编制记账凭证并登记相关的成本费用明细账,会计分录如下:

借:生产成本——基本生产成本——甲产品　　　　　　　　　　45 600
　　生产成本——基本生产成本——乙产品　　　　　　　　　　30 400
　　生产成本——辅助生产成本——运输　　　　　　　　　　　18 000
　　制造费用　　　　　　　　　　　　　　　　　　　　　　　 6 000
　　管理费用　　　　　　　　　　　　　　　　　　　　　　　12 000
　　贷:应付职工薪酬　　　　　　　　　　　　　　　　　　　112 000

(3) 根据固定资产有关资料,编制"固定资产折旧费用分配表",如表7-3所示。

表7-3　固定资产折旧费用分配表　　　　　　　　　单位:元

应借账户	成本项目	上月固定资产折旧额	上月增加固定资产折旧额	上月减少固定资产折旧额	本月折旧额
制造费用	折旧费	18 000	1 000		19 000
辅助生产成本——运输	折旧费	5 000		800	4 200
管理费用	折旧费	6 000			6 000
合　　计					29 200

根据"固定资产折旧费用分配表"编制记账凭证并登记相关的成本费用明细账,会计分录如下:

借:生产成本——辅助生产成本——运输　　　　　　　　　　 4 200
　　制造费用　　　　　　　　　　　　　　　　　　　　　　　19 000
　　管理费用　　　　　　　　　　　　　　　　　　　　　　　 6 000
　　贷:累计折旧　　　　　　　　　　　　　　　　　　　　　29 200

(4) 根据银行存款付款凭证和其他相关凭证汇总编制"其他费用分配表",如表7-4所示。

表7-4　其他费用分配表　　　　　　　　　单位:元

	电费	水费	办公费	保险费	其他	合计
制造费用	1 000	600	300	1 200		3 100
辅助生产成本——运输	300	260	360	800		1 720
管理费用	500	200	870	700	280	2 550
合　　计	1 800	1 060	1 530	2 700	280	7 370

根据"其他费用分配表"编制记账凭证并登记相关的成本费用明细账,会计分录如下:

借:生产成本——辅助生产成本——运输　　　　　　　　　　 1 720
　　制造费用　　　　　　　　　　　　　　　　　　　　　　　 3 100
　　管理费用　　　　　　　　　　　　　　　　　　　　　　　 2 550
　　贷:银行存款　　　　　　　　　　　　　　　　　　　　　 7 370

2. 归集和分配辅助生产费用

根据上述要素费用分配表,登记辅助生产成本明细账,如表7-5所示。

表7-5 辅助生产成本明细分类账　　　　　　　　　　　　　　　单位:元

月	日	摘要	机物料消耗	职工薪酬	折旧费	电费	水费	办公费	保险费	合计
3	31	材料费用分配表	5 100							5 100
		职工薪酬费用分配表		18 000						18 000
		固定资产折旧费用分配表			4 200					4 200
		其他费用分配表				300	260	360	800	1 720
		合计	5 100	18 000	4 200	300	260	360	800	29 020
		分配转出	−5 100	−18 000	−4 200	−300	−260	−360	−800	−29 020

本月运输部门共完成8 000公里运输工作量,其中基本生产车间耗用7 000公里,行政管理部门耗用1 000公里,辅助生产费用按公里数分配给基本生产车间和行政管理部门。根据辅助生产成本明细账和劳务供应单,编制"辅助生产费用分配表",如表7-6所示。

表7-6 辅助生产费用分配表　　　　　　　　　　　　　　　单位:元

应借账户	费用项目	耗用劳务数量(公里)	分配率	分配额
制造费用	运输费	7 000	3.627 5	25 393
管理费用	运输费	1 000	3.627 5	3 627
合计		8 000		29 020

根据"辅助生产费用分配表"编制记账凭证并登记相关的成本费用明细账,会计分录如下:

借:制造费用　　　　　　　　　　　　　　　　　　　　　　　　25 393
　　管理费用　　　　　　　　　　　　　　　　　　　　　　　　 3 627
　贷:生产成本——辅助生产成本——运输　　　　　　　　　　　29 020

3. 归集和分配制造费用

根据上述有关资料登记制造费用明细账,根据制造费用明细账中登记的费用编制"制造费用分配表"。该厂制造费用按生产工人工时比例分配给甲、乙产品。制造费用明细分类账见表7-7,"制造费用分配表"见表7-8。

表7-7 制造费用明细分类账　　　　　　　　　　　　　　　单位:元

月	日	摘要	机物料消耗	职工薪酬	折旧费	电费	水费	办公费	保险费	运输费	合计
3	31	材料费用分配表	1 800								1 800
		职工薪酬费用分配表		6 000							6 000

(续表)

月	日	摘要	机物料消耗	职工薪酬	折旧费	电费	水费	办公费	保险费	运输费	合计
		固定资产折旧费分配表			19 000						19 000
		其他费用分配表				1 000	600	300	1 200		3 100
		辅助生产费用分配表								25 393	25 393
		合计	1 800	6 000	19 000	1 000	600	300	1200	25 393	55 293
		分配转出	−1 800	−6 000	−19 000	−1 000	−600	−300	−1 200	−25 393	−55 293

表 7-8 制造费用分配表 单位：元

应借账户	成本项目	生产工时	分配率	分配金额
基本生产成本——甲产品	制造费用	6 000	5.529 3	33 176
基本生产成本——乙产品	制造费用	4 000	5.529 3	22 117
合计		10 000		55 293

根据"制造费用分配表"编制记账凭证并登记甲、乙产品生产成本明细账，会计分录如下：

借：生产成本——基本生产成本——甲产品　　33 176
　　生产成本——基本生产成本——乙产品　　22 117
　　贷：制造费用　　　　　　　　　　　　　55 293

4. 计算并结转完工产品成本

3月份甲、乙产品产量资料如表 7-9 所示。

表 7-9 甲、乙产品的产量资料 单位：件

产品名称	月初在产品	本月投产	本月完工产品	月末在产品	完工率
甲	800	7 200	6 500	1 500	60%
乙	320	3 680	3 200	800	40%

该厂按约当产量比例法分配计算甲、乙完工产品成本和月末在产品成本。甲产品耗用的材料随加工程序陆续投入，乙产品耗用的材料于生产开始时一次投入。根据上述资料，登记甲、乙产品的基本生产成本明细账，如表 7-10 和表 7-11 所示。

表 7-10 产品成本明细账

产品名称：甲产品　　　　　　　　　　　　　　　　　　　　　　　　　　单位：元

月	日	摘要	直接材料	直接人工	制造费用	合计
3	1	月初在产品成本	3 800	4 720	4 010	12 530
	31	本月生产费用	70 200	45 600	33 176	148 976

(续表)

月	日	摘　要	直接材料	直接人工	制造费用	合　计
		生产费用合计	74 000	50 320	37 186	161 506
		约当产量	7 400	7 400	7 400	
		分配率（单位成本）	10	6.8	5	21.8
		完工产品成本	65 000	44 200	32 500	141 700
		月末在产品成本	9 000	6 120	4 686	19 806

表 7-11　产品成本明细账

产品名称：乙产品　　　　　　　　　　　　　　　　　　　　　　　　　　　　　　　　单位：元

月	日	摘　要	直接材料	直接人工	制造费用	合　计
3	1	月初在产品成本	3 200	2 688	1 467	7 355
	31	本月生产费用	36 400	30 400	22 117	88 917
		生产费用合计	39 600	33 088	23 584	96 272
		约当产量	4 000	3 520	3 520	
		分配率（单位成本）	9.9	9.4	6.7	26
		完工品成本	31 680	30 080	21 440	83 200
		月末在产品成本	7 920	3 008	2 144	13 072

根据甲、乙产品成本明细账，编制"完工产品成本汇总表"，如表 7-12 所示。

表 7-12　完工产品成本汇总表　　　　　　　　　　　　　　　　　　　　　　　　单位：元

产品名称	成　本	直接材料	直接人工	制造费用	合　计
甲产品	总成本	65 000	44 200	32 500	141 700
	单位成本	10	6.8	5	21.8
乙产品	总成本	31 680	30 080	21 440	83 200
	单位成本	9.9	9.4	6.7	26

根据"完工产品成本汇总表"结转完工产品成本，编制会计分录如下：

借：库存商品——甲产品　　　　　　　　　　　　　　　141 700
　　库存商品——乙产品　　　　　　　　　　　　　　　83 200
　贷：生产成本——基本生产成本——甲产品　　　　　141 700
　　　生产成本——基本生产成本——乙产品　　　　　83 200

第四节　简单品种法的应用举例

大量、大批单步骤生产企业往往只生产一种产品，如采掘、发电等企业，这种类型的企业产品单一,整个工艺过程不可间断,生产周期短,月末一般没有在产品。采用品种法计算产品成本,只需要开设一个生产成本明细账,按成本项目设置专栏,发生的各项生产费用均可依据原始凭证直接计入,月末不存在完工产品和在产品之间的费用分配问题。生产成本明细账归集的本月生产费用就是本月完工产品的总成本。这种情况下应用的品种法被称为简单品种法。

【例 7-2】兴华自来水厂只生产自来水一种产品,采用品种法核算供水成本。该厂只设置了"生产成本"账户,按生产费用的内容设置了"水资源费""药剂费""电费""折旧费""人工成本"五个成本项目专栏,没有设置辅助生产成本明细账和制造费用明细账。生产成本明细账中归集的当月生产费用,即为当月供水的总成本,除以售水量,即为供水的单位成本。根据该厂 2015 年 6 月发生的有关经济业务,供水成本核算过程如下:

(1) 本月支付水资源费 10 000 元,根据有关凭证,编制会计分录如下:
借:生产成本　　　　　　　　　　　　　　　　　　　　　　　　10 000
　　贷:银行存款　　　　　　　　　　　　　　　　　　　　　　　　10 000

(2) 根据领料凭证汇总,当月消耗净水药剂 12 000 元,编制会计分录如下:
借:生产成本　　　　　　　　　　　　　　　　　　　　　　　　12 000
　　贷:原材料　　　　　　　　　　　　　　　　　　　　　　　　　12 000

(3) 本月应支付电费 43 000 元,其中生产用电费 39 100 元,管理部门用电费 3 900 元。根据有关凭证,编制会计分录如下:
借:生产成本　　　　　　　　　　　　　　　　　　　　　　　　39 100
　　管理费用　　　　　　　　　　　　　　　　　　　　　　　　　3 900
　　贷:应付账款　　　　　　　　　　　　　　　　　　　　　　　　43 000

(4) 根据"固定资产折旧计算表"(略),生产部门本月计提固定资产折旧 15 500 元,编制会计分录如下:
借:生产成本　　　　　　　　　　　　　　　　　　　　　　　　15 500
　　贷:累计折旧　　　　　　　　　　　　　　　　　　　　　　　　15 500

(5) 根据"职工薪酬分配表"(略),生产部门本月人工成本为 128 400 元,编制会计分录如下:
借:生产成本　　　　　　　　　　　　　　　　　　　　　　　　128 400
　　贷:应付职工薪酬　　　　　　　　　　　　　　　　　　　　　　128 400

(6) 根据上述会计分录,登记当月生产成本明细账,如表 7-13 所示。

表 7-13　生产成本明细账

2015 年 6 月　　　　　　　　　　　　　　　　　　　　　　　　　　　　　单位:元

摘　要	水资源费	药剂费	电　费	折旧费	人工成本	合　计
分配水资源费	10 000					10 000
分配药剂费		12 000				12 000
分配电费			39 100			39 100
分配固定资产折旧				15 500		15 500

(续表)

摘 要	水资源费	药剂费	电 费	折旧费	人工成本	合 计
分配职工薪酬					128 400	128 400
合 计	10 000	12 000	39 100	15 500	128 400	205 000

(7) 根据生产成本明细账和产量记录，编制"供水成本计算单"，计算当月供水的总成本和单位成本，如表 7-14 所示。

表 7-14 兴华自来水厂供水成本计算单

2015 年 6 月

成 本 项 目	总成本(元)	售水量(吨)	单位成本(元/吨)
水资源费	10 000	200 000	0.05
药剂费	12 000	200 000	0.06
电 费	39 100	200 000	0.20
折旧费	15 500	200 000	0.08
人工成本	128 400	200 000	0.64
合 计	205 000	200 000	1.03

根据"供水成本计算单"，结转售水成本，编制会计分录如下：

借：主营业务成本　　　　　　　　　　　　　　　　　　　　　205 000
　　贷：生产成本　　　　　　　　　　　　　　　　　　　　　　　205 000

本 章 小 结

本章介绍以产品品种为成本计算对象的品种法，这是一种最基本的成本计算方法，其他方法都建立在品种法的基础之上。说明了品种法的含义、适用范围、特点及分类。品种法按涉及品种的多少和计算的难易程度分为简单品种法和典型品种法。

品种法是指以产品品种作为成本计算对象，按品种归集和分配生产费用，计算产品成本的一种方法，适用于大量、大批的单步骤生产，或管理上不要求分步骤计算产品成本的多步骤生产。品种法的特点主要表现在三个方面：(1) 企业按产品品种设置成本明细账(也称成本计算单)，如果只生产单一品种产品，发生的各项生产费用都是直接费用；如果生产的产品不止一种，就需要为每种产品分别开设成本明细账，区分直接生产费用和间接生产费用，直接生产费用可直接计入各品种产品的成本明细账，间接生产费用则需要采用适当的方法在各种产品之间进行分配；(2) 成本计算期通常与会计报告期一致，定期于每月的月末进行；(3) 单步骤生产的企业如果月末没有在产品或在产品数量很少，可以不计算在产品成本；其他采用品种法的企业如果月末存在数量较多的在产品，就需要将该产品成本明细账中归集的生产费用，采用恰当的分配方法在完工产品和在产品之间进行分配。最后，通过实例分别就简单品种法和典型品种法进行了较详尽的说明。

思 考 题

1. 品种法的含义是什么？
2. 品种法的适用范围是什么？
3. 品种法有哪些主要特点？
4. 说明品种法产品成本核算程序。
5. 简单品种法和典型品种法有何异同？
6. 通过品种法实例说明产品成本计算方法与生产费用的归集与分配之间的关系。

业 务 题

1. 某企业大量生产 A、B 两种产品，根据生产特点和管理要求，采用品种法计算成本。2014 年 6 月份该企业发生的生产费用资料如下：原材料 32 100 元，其中 A 产品每件消耗材料 180 元，B 产品每件消耗材料 150 元，生产工人工资 20 000 元，制造费用 5 000 元。A 产品耗用生产工时 6 600 小时，B 产品耗用生产工时 3 400 小时。企业采用约当产量法分配完工产品成本与月末在产品成本，A、B 产品月末在产品完工程度均为 50%，原材料在生产开始时一次投入。其他有关成本计算资料如表 7-15 和表 7-16 所示。

表 7-15 产量记录　　　　　　　　　　　　　　　　　　　　　　单位：件

产品名称	月初在产品	本月投产	本月完工	月末在产品
A	30	120	100	50
B	50	70	80	40

表 7-16 月初在产品成本记录　　　　　　　　　　　　　　　　　　单位：元

产品名称	直接材料	直接人工	制造费用	合 计
A	5 400	1 800	1 700	8 900
B	7 500	3 000	2 100	12 600
合 计	12 900	4 800	3 800	21 500

要求：根据以上资料，计算 A、B 产品完工产品成本和月末在产品成本，计算用表如表 7-17 和表 7-18 所示。

表 7-17 产品成本计算单

产品名称：A 产品　　　　　　　2014 年 6 月

产品成本项目	月初在产品成本	本月生产费用	生产费用合计	完工产品成本		月末在产品成本
				总成本	单位成本	
原材料						
工 资						
制造费用						
合 计						

表 7-18　产品成本计算单

产品名称：B产品　　　　　　　　　2014 年 6 月

产品成本项目	月初在产品成本	本月生产费用	生产费用合计	完工产品成本		月末在产品成本
				总成本	单位成本	
原材料						
工　资						
制造费用						
合　计						

2. 某企业采用品种法计算产品成本。该企业生产 A、B 两种产品，月末在产品按所耗原材料费用计价，A、B 两种产品的共同费用按生产工时比例分配。该企业 2014 年 6 月 A 产品无期初在产品，B 产品期初在产品实际成本为 4 400 元；6 月末，B 产品在产品负担的原材料费用为 6 800 元，A 产品全部完工。6 月份发生下列经济业务：

(1) 基本生产车间领用原材料，实际成本为 28 000 元，其中 A 产品耗用 8 000 元，B 产品耗用 20 000 元。

(2) 基本生产车间领用低值易耗品，实际成本为 100 元，该企业低值易耗品采用一次摊销法。

(3) 计提固定资产折旧费 2 400 元，其中车间折旧费 2 000 元，厂部管理部门折旧费 400 元。

(4) 结算本月应付工资 10 000 元，其中生产工人工资 6 000 元（A 产品负担 2 400 元，B 产品负担 3 600 元），车间管理人员工资 1 000 元，厂部管理人员工资 3 000 元。本月 A 产品生产工时为 240 小时，B 产品生产工时为 360 小时。

(5) 提取职工福利费 1 400 元，其中生产工人 840 元（A 产品 336 元，B 产品 504 元），车间管理人员 140 元，厂部管理人员 420 元。

(6) 结转制造费用，并在各种产品之间进行分配。

要求：(1) 根据上述经济业务编制会计分录。

(2) 分别计算 A 产品完工产品总成本和 B 产品在产品总成本。

第八章 产品成本计算的分批法

引导案例

2015年1月新成立的某机械修配厂,主要接受客户来料加工和修理业务,企业接受委托加工的产品各式各样,品种繁多。

会计核算人员小李和小丁准备制定适合本企业生产特点和管理要求的成本核算制度。在讨论成本核算应采用的方法时,由于本厂尚无长期固定产品,两人一致同意采用分批法。对于分批法的特点和适用范围他们没有争议,认为分批法是"产品成本计算分批法"的简称,又称为"产品成本计算订单法"。订单法是以产品批别或订单作为成本计算对象归集和分配生产费用、计算产品成本的一种方法。

但在具体确定成本计算对象的问题上产生了分歧。小李认为"一张订单就是一个成本计算对象",他举例说:假定某月收到两张订单,一张订单要求提供甲产品,一张订单要求提供甲产品和乙产品,那么应该按订单设置两个成本计算对象。当然也可以按照甲、乙两种产品作为成本计算对象,利用品种法计算不同产品的成本;当月有完工产品时,分别计算各订单或各品种产品的完工产品总成本和单位成本。小丁不完全同意他的看法,但又没有充分的理论说服小李。您认为应该如何合理确定该厂的成本计算对象?

【学习目标与要求】

通过本章学习,应掌握分批法的概念、适用范围与基本特点,明确分批法产品成本计算程序,识别分批法中间接费用在不同批次之间的分配方法不同的分类,理解典型分批法与简化分批法的异同,掌握简化分批法的计算原理、优缺点与应用条件,知晓简化分批法基本生产二级账户的建立,熟悉间接费用累计分配率的计算,正确运用简化分批法计算产品成本的分配方法,熟练运用典型分批法进行成本计算。

【本章逻辑框架】

产品成本计算的分批法
- 分批法概述
  - 分批法的含义
  - 分批法的适用范围
  - 分批法的特点
  - 分批法的计算
- 分批法的成本计算程序
  - 按批别或订单开设成本明细账
  - 归集与分配本月发生的各种费用
  - 分配辅助生产费用
  - 分配基本生产单位制造费用
  - 分配计算完工产品和月末在产品成本
  - 计算并结转完工产品成本

(转下页)

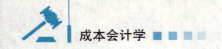

产品成本计算分批法 ┤
　典型分批法 ┤（接上页）
　　按批别或订单开设成本明细账
　　归集与分配本月发生的生产费用
　　分配计算批内完工产品成本和月末在产品成本
　　计算并结转完工产品成本
　简化分批法 ┤
　　简化分批法的含义
　　间接费用累计分配率
　　简化分批法的账簿体系
　　简化分批法的特点
　　简化分批法实例
　　简化分批法的优缺点

第一节　分批法概述

一、分批法的含义

产品成本计算的分批法，也称订单法，是指按照产品批别或订货合同作为成本核算对象，并据以归集和分配生产费用、计算产品成本的一种成本计算方法。

二、分批法的适用范围

分批法适用于小批、单件生产或者管理上不要求分步骤计算的多步骤生产，企业往往要根据客户的要求生产特殊规格、规定数量的产品，如船舶制造、重型机械制造、精密仪器、专用设备生产或高档服装生产企业。此外，新产品的试验或试制、专业修理、不断变化款式的小批高档服装生产等也可采用分批法计算产品成本。

三、分批法的特点

（一）成本计算对象

在小批、单件生产的企业中，产品的品种以及每批产品的批量往往根据需求单位的订单决定，因而一般根据购货单位的订单计算产品成本；同时，还要结合自身的生产能力合理确定生产批次及批量。

（1）当购货单位的一份订单包括几种产品时，须按照产品品种划分生产批别，以划分后的生产批别来组织生产、计算产品成本；

（2）如果购货单位一张订单中只有一种产品，但该产品数量较大且要求分批交货，不便于一次集中投产，那么可以分为数批组织生产、计算成本；

（3）如果一张订单中只有一件产品，但该件产品属于大型复杂产品，其生产周期长、价值高（如大型船舶、大型仪器），那么可以按照产品的组成部分分批组织生产、计算成本；

（4）如果同一时期内，几张订单中有相同的产品，也可将其相同产品合并为一批组织生产、计算成本。

企业生产批别的组织往往由生产计划部门负责,生产计划部门根据客户订单签发并下达"生产任务通知单",单内包括该批产品的名称、规格、数量、开始生产日期以及产品批号(也称产品令号)等内容,各生产职能部门根据生产批号要求完成各自任务,会计部门按照产品批号即产品批别开设产品成本明细账,归集和分配生产费用、计算产品成本。

(二) 成本计算期

分批法下,各批产品的成本计算虽然仍按月归集、分配费用,但每批产品的生产成本却不像品种法那样每月计算一次,而在每批产品完工后才能计算出来;鉴于各期投产的各批号、各订单产品的生产周期长短不一,因此,不能定期计算产品成本,只能按各批号、各订单生产周期长短计算产品成本。所以,成本计算是非定期的,其成本计算期与生产周期相同,而与会计报告期不一致。

比如:一批产品4月8日投产,7月13日全部完工,生产周期为3个月,该企业在4月末、5月末、6月末只进行生成费用归集与分配,不计算当月产品成本;在7月13日全部产品完工后,盘点该批别产品的在产品以及剩余材料,并办理退库手续,7月末计算该批产品的生产成本。

(三) 生产费用在在产品与完工产品之间的划分

分批法适用于单件、小批生产,批内产品一般都能同时完工,月末计算成本时或是全部完工,或是全部没有完工,因此也就不存在完工品和在产品之间进行费用分配的问题。月末计算成本时,如果该批产品月末都已经完工,那么产品成本明细账内所登记的生产费用就是完工品成本;如果产品没有完工,则产品成本明细账中所登记的生产费用就是月末在产品成本。

当产品批量较大、批内产品出现跨月陆续完工和分批交货时,应将产品成本明细账中所归集的生产费用在完工产品和月末在产品之间进行分配,并结转完工产品的生产成本。如果批内产品少量完工,为了简化成本计算工作,可按计划单位成本、定额单位成本或近期同种产品的实际单位成本计算并结转完工产品成本,产品成本明细账中结转完工产品成本后的费用余额即为月末在产品成本。如果批内产品跨月陆续完工的情况较多,或本月完工品数量占该批产品数量比重较大时,则应根据具体情况,采用约当产量法或定额比例法将生产费用在完工产品和月末在产品之间进行分配,计算完工产品成本和月末在产品成本。

四、两种分批法的计算:间接费用的典型分批法和简化分批法

根据间接费用在不同批次之间的分配方法不同,我们可以将分批法划分为典型分批法和简化分批法。

典型分批法采用"当月分配法"分配间接费用。"当月分配法"的特点是分配当月所发生的工资和制造费用等间接费用时,不论各批次是否完工,都要将间接费用全部分配给各批次的成本计算单。采用"当月分配法"时,各月份的间接费用明细账均没有余额,未完工批次也要按月结转间接费用。如果企业的投产批次较多、且未完工批次较多时,则按月结转未完工批次的间接费用较为烦琐,此时可考虑使用"累计分配法"。

简化分批法使用"累计分配法",该方法将每月发生的各项间接费用,不是按月在各批产品之间进行分配,而是先将其在基本生产成本二级账中,按成本项目分别累计起来,每月只对已经完工产品的成本计算单进行分配,对于未完工产品的成本计算单只登记本月所发生的工时;基本生产成本二级账则按未完工成本计算单的累计工时和累计分配率,留下应负担

的间接费用总额,不再分配给未完工的成本计算单。

第二节 分批法的成本计算程序

采用分批法计算批别或订单的产品成本时,其成本计算程序一般如下。

一、按批别或订单开设成本明细账

会计部门根据生产计划部门签发的"生产任务通知单"中标明的生产令号(生产批号)所规定的产品批别,为每批产品开设"生产成本明细账户"(即产品成本计算单)。

二、归集与分配本月发生的各种费用

每月月末,根据企业当月各项生产费用发生的原始凭证等资料,编制各项要素费用分配表,如原材料费用分配表、工资费用分配表等,按照生产批号或工作令号,将各批产品发生的直接费用直接汇总计入各批产品的"生产成本明细账",同时,将发生的间接费用按照一定的标准在各批产品之间进行分配,计入有关各批产品的成本明细账内。

三、分配辅助生产费用

设有辅助生产单位的企业,如果辅助生产车间的制造费用单独设置账户进行核算,月末应先将辅助生产车间归集的制造费用从"制造费用明细账"中分配转入"辅助生产成本明细账",以汇集辅助生产车间发生的费用,之后在各批次产品、基本生产车间以及其他收益部门进行辅助生产成本分配。

四、基本生产单位制造费用

将基本生产车间"制造费用明细账"中归集的制造费用进行汇总,根据投产批别的完工情况,选择"当月分配法"或"累计分配法"分配制造费用,分别计入各批别产品的成本计算单中。

五、分配并计算批内完工产品成本和月末在产品成本

采用分批法一般不需要在本月完工产品和月末在产品之间分配生产费用,但是当某批产品批量较大,存在跨月陆续完工时,应采用合适的方法分配本月完工品和在产品成本。

六、计算并结转完工产品成本

月末,应将各批完工产品以及批内陆续完工产品的成本加以汇总,编制"完工产品成本

汇总表",结转完工入库产品的实际成本。

分批法计算成本的程序,如图 8-1 所示。

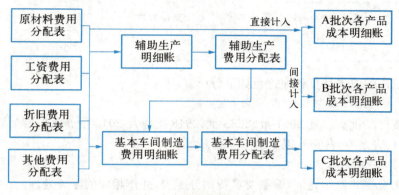

图 8-1 分批法成本计算程序

第三节 典型分批法

如第一节所指出,产品成本计算的典型分批法使用"当月分配法"分配间接费用,即不论各批次产品当月是否完工,均将各批次共同发生的间接费用(主要包括工资和制造费用)在不同批次之间进行分配。本小节将通过以下两个例题阐述典型分批法的计算程序。

一、举例一

【例 8-1】某企业只有一个基本生产车间,根据客户订单小批量组织产品生产。该厂采用分批法计算产品成本。2015 年 5 月份基本生产车间的生产情况如下:

上月投产 A 产品 10 台,批号 2001,本月全部完工。

本月投产 B 产品 6 台,批号 2033,月末只完工 2 台。

本月投产 C 产品 2 台,批号 2018,月末尚未完工。

本月投产 D 产品 2 台,批号 2015,月末尚未完工。

本月基本生产车间发生的全部生产费用、定额工时如表 8-1 所示。

表 8-1 基本生产车间生产费用与定额工时

工时费用 产品名称	定额工时 (小时)	直接材料 (元)	直接工资 (元)	直接动力 (元)	制造费用 (元)
A	10 000				
B	5 600	9 000			
C	1 400	1 000			
D	3 000	2 400			
合 计	20 000	12 400	12 000	4 000	2 400

上月末 A 产品的在产品成本资料如表 8-2 所示。

表 8-2　上月末 A 产品在产品成本　　　　　单位：元

成本项目	直接材料	直接工资	直接动力	制造费用	合　计
耗费数额	5 000	1 200	500	900	7 600

根据分批法的成本计算程序进行如下分析。

(一) 按批别或订单开设产品成本明细账

本月应按产品批次设置 2001 批、2033 批、2018 批以及 2015 批 4 张"产品成本明细账"，分别如表 8-4、表 8-5、表 8-6 以及表 8-7 所示。

(二) 归集与分配本月发生的生产费用

根据费用发生的原始凭证，编制要素费用分配表，并作相应的账务处理。

根据表 8-1，材料费用为直接费用，直接计入各批次的"产品成本明细账"；而工资、动力费用以及制造费用为间接费用，应采用合理的标准在各批次之间进行分配。假定企业按照定额工时比例分配工资、动力费用以及制造费用，那么其各自的费用分配率计算如下：

$$工资分配率 = \frac{工资所耗数额}{定额总工时} = \frac{12\,000}{20\,000} = 0.6$$

$$动力分配率 = \frac{动力所耗数额}{定额总工时} = \frac{4\,000}{20\,000} = 0.2$$

$$制造费用分配率 = \frac{制造费用所耗数额}{定额总工时} = \frac{2\,400}{20\,000} = 0.12$$

为了简化核算，我们将工资、动力费用以及制造费用分配给各批次产品的分配表予以合并列示，如表 8-3 所示。

表 8-3　工资、动力费用、制造费用分配表

成本项目 产品名称	定额工时 （小时）	直接工资 （元）	直接动力 （元）	制造费用 （元）	合　计 （元）
A	10 000	6 000	2 000	1 200	9 200
B	5 600	3 360	1 120	672	5 152
C	1 400	840	280	168	1 288
D	3 000	1 800	600	360	2 760
合　计	20 000	12 000	4 000	2 400	18 400

根据表 8-3 编制会计分录如下：

分配工资的会计分录：

借：生产成本——基本生产成本——A 产品　　　　　　　　　　　　6 000
　　　　　　　　　　　　　　——B 产品　　　　　　　　　　　　3 360
　　　　　　　　　　　　　　——C 产品　　　　　　　　　　　　　840
　　　　　　　　　　　　　　——D 产品　　　　　　　　　　　　1 800
　　贷：应付职工薪酬——工资　　　　　　　　　　　　　　　　　12 000

分配动力费用的会计分录：

借：生产成本——基本生产成本——A产品　　　　　　　　　2 000
　　　　　　　　　　　　　　　——B产品　　　　　　　　　1 120
　　　　　　　　　　　　　　　——C产品　　　　　　　　　　280
　　　　　　　　　　　　　　　——D产品　　　　　　　　　　600
　　贷：应付账款　　　　　　　　　　　　　　　　　　　　　4 000

分配制造费用的会计分录：

借：生产成本——基本生产成本——A产品　　　　　　　　　1 200
　　　　　　　　　　　　　　　——B产品　　　　　　　　　　672
　　　　　　　　　　　　　　　——C产品　　　　　　　　　　168
　　　　　　　　　　　　　　　——D产品　　　　　　　　　　360
　　贷：应付账款　　　　　　　　　　　　　　　　　　　　　2 400

（三）分配计算批内完工产品成本和月末在产品成本

鉴于B产品当月完工品的比例较低，公司使用计划成本转出。其中，单台B产品的计划成本为：直接材料1 500元、工资600元、动力费用200元、制造费用120元，共计2 420元。

根据上述资料及计算结果编制的产品成本计算单如表8-4、表8-5、表8-6以及表8-7所示。

表8-4　产品成本计算单

批号：2001　　　　　　　　产品名称：A产品　　　　　　　　批量：10台
开工日期：4月　　　　　　　委托单位：大发公司　　　　　　　完工日期：5月底　　　　　　单位：元

月	日	摘　　要	直接材料	直接工资	直接动力	制造费用	合　计
4	30	结余	5 000	1 200	500	900	7 600
5	31	根据表8-3		6 000			6 000
5	31	根据表8-3			2 000		2 000
5	31	根据表8-3				1 200	1 200
5	31	合　计	5 000	7 200	2 500	2 100	16 800
5	31	结转完工产品（10台）	5 000	7 200	2 500	2 100	16 800
5	31	单位成本	500	720	250	210	1 680

表8-5　产品成本计算单

批号：2033　　　　　　　　产品名称：B产品　　　　　　　　批量：6台
开工日期：5月　　　　　　　委托单位：兴隆公司　　　　　　　完工日期：　　　　　　　　　单位：元

月	日	摘　　要	直接材料	直接工资	直接动力	制造费用	合　计
5	31	根据表8-1	9 000				9 000
5	31	根据表8-3		3 360			3 360
5	31	根据表8-3			1 120		1 120
5	31	根据表8-3				672	672

(续表)

月	日	摘　　要	直接材料	直接工资	直接动力	制造费用	合　计
5	31	合　计	9 000	3 360	1 120	672	14 152
5	31	结转完工产品(2 台)	3 000	1 200	400	240	4 840
5	31	单位成本(计划成本)	1 500	600	200	120	2 420
5	31	结　余	6 000	2 160	720	432	9 312

表 8-6　产品成本计算单

批号：2018　　　　　产品名称：C 产品　　　　　批量：2 台
开工日期：5 月　　　委托单位：兴业公司　　　完工日期：　　　　　单位：元

月	日	摘　　要	直接材料	直接工资	直接动力	制造费用	合　计
5	31	根据表 8-1	1 000				1 000
5	31	根据表 8-3		840			840
5	31	根据表 8-3			280		280
5	31	根据表 8-3				168	168
5	31	合　计	1 000	840	280	168	2 288
5	31	结　余	1 000	840	280	168	2 288

表 8-7　产品成本计算单

批号：2015　　　　　产品名称：D 产品　　　　　批量：2 台
开工日期：5 月　　　委托单位：兴业公司　　　完工日期：　　　　　单位：元

月	日	摘　　要	直接材料	直接工资	直接动力	制造费用	合　计
5	31	根据表 8-1	2 400				2 400
5	31	根据表 8-3		1 800			1 800
5	31	根据表 8-3			600		600
5	31	根据表 8-3				360	360
5	31	合　计	2 400	1 800	600	360	5 160
5	31	结　余	2 400	1 800	600	360	5 160

（四）计算并结转完工产品成本

根据表 8-4 以及表 8-5 的产品成本计算单所列 A、B 两种产品完工产品成本编制"产品成本汇总表"，并结转完工批次产品成本，如表 8-8 所示。

编制结转完工产品成本会计分录：

借：产成品——A 产品　　　　　　　　　　　　　　　　　　　16 800
　　　　　　——B 产品　　　　　　　　　　　　　　　　　　　 4 840
　　贷：生产成本——基本生产成本——A 产品　　　　　　　　　16 800
　　　　　　　　　　　　　　　　　——B 产品　　　　　　　　　 4 840

表 8-8　车间完工产品成本汇总表

车间名称：基本生产车间　　　　　2015 年 5 月　　　　　　　　　　　　单位：元

批次、产品	产量(台)	直接材料	直接工资	直接动力	制造费用	费用合计
2011 批 A 产品	10	5 000	7 200	2 500	2 100	16 800
2033 批 B 产品	2	3 000	1 200	400	240	4 840
合　　计		8 000	8 400	2 900	2 340	21 640

二、举例二

【例 8-2】 假定某厂根据客户的订单组织生产，采用分批法计算产品成本。该厂设有机械加工和装配两个基本生产车间。2015 年 12 月有关资料如下：

(1) 各批产品的生产情况如表 8-9 所示：

表 8-9　2015 年 12 月份某厂各批产品的产量和工时

产品批别	产品名称	开工时间	批量(台)	完工产量(台)		本月耗用工时	
				11 月	12 月	机械加工	装配
9807	甲	11 月份	30	10	20	5 000	4 600
9808	乙	12 月份	20		20	3 500	2 400
9809	丙	12 月份	15			2 500	1 000

(2) 12 月份各批产品耗用材料情况如下：

9807 批甲产品耗用原材料 20 580 元；9808 批乙产品耗用原材料 60 400 元；9809 批丙产品耗用原材料 16 900 元。

(3) 12 月份根据"工作通知单"和"工序进程单"计算的直接工资费用为 51 360 元，具体如下：

9807 批甲产品：机械加工车间 10 500 元，装配车间 6 000 元；

9808 批乙产品：机械加工车间 8 860 元，装配车间 9 500 元；

9809 批丙产品：机械加工车间 12 000 元，装配车间 4 500 元。

(4) 12 月份根据制造费用明细账归集的制造费用为：机械加工车间 13 750 元，装配车间 13 200 元。制造费用按生产工时比例在各批产品之间进行分配。

(5) 该厂对于订单内跨月分次出货、先完工的产品按计划成本转出，待订单产品全部完工后再重新计算完工产品的实际成本和单位成本。

(6) 9807 批甲产品 11 月份投产 30 台，11 月份先完工 10 台，按计划成本进行结转，其中原材料单位计划成本为 3 000 元，直接人工单位计划成本为 2 000 元，制造费用单位计划成本为 750 元。

为加工 9807 批甲产品，11 月份机械加工车间所耗费用为 119 850 元，其中：直接材料为 80 400 元，直接人工为 34 000 元，制造费用为 5 450 元；装配车间所耗费用为 16 040 元，其中：直接人工为 12 200 元，制造费用为 3 840 元。

根据分批法的成本计算程序进行如下分析：

(一) 按批别或订单开设产品成本明细账

本月应按产品批次设置 9807 批、9808 批以及 9809 批 3 张"产品成本明细账"，分别如表 8-11、表 8-12 以及表 8-13 所示。

(二) 归集与分配本月发生的生产费用

根据费用发生的原始凭证，编制要素费用分配表，并作相应的账务处理。

根据题目，材料费用和工资为直接费用，直接计入各批次的"产品成本明细账"；而制造费用为间接费用，应采用合理的标准在各批次之间进行分配。该企业按照生产工时比例分配制造费用，那么其各自的分配率计算如下：

$$机械车间制造费用分配率 = \frac{13\,750}{(5\,000+3\,500+2\,500)} = 1.25$$

$$装配车间制造费用分配率 = \frac{13\,200}{(4\,600+2\,400+1\,000)} = 1.65$$

根据上述分配率计算各批次产品应承担的制造费用，编制制造费用分配表，如表 8-10 所示。

表 8-10 制造费用分配表

产品批号	机械加工车间（分配率 1.25）		装配车间（分配率 1.65）		合 计（元）
	生产工时（小时）	分配金额（元）	生产工时（小时）	分配金额（元）	
9807	5 000	6 250	4 600	7 590	13 840
9808	3 500	4 375	2 400	3 960	8 335
9809	2 500	3 125	1 000	1 650	4 775
合 计	11 000	13 750	8 000	13 200	26 950

根据制造费用分配表，编制以下会计分录：

借：生产成本——基本生产成本——甲产品　　　　　　　13 840
　　　　　　　　　　　　　　　——乙产品　　　　　　　 8 335
　　　　　　　　　　　　　　　——丙产品　　　　　　　 4 775
　　贷：制造费用——机械加工车间　　　　　　　　　　　13 750
　　　　　　　　——装配车间　　　　　　　　　　　　　13 200

(三) 分配计算批内完工产品成本和月末在产品成本

根据上述资料及制造费用分配表，登记各批产品成本明细账，并将生产费用在月末完工品与在产品之间进行分配。

9807 批甲产品 11 月份投产 30 台，11 月份先完工 10 台，按计划成本进行结转，其中原材料单位计划成本为 3 000 元，直接人工计划成本为 2 000 元，制造费用单位计划成本为 750 元。

根据上述资料及计算结果编制的产品成本计算单如表 8-11、表 8-12 以及表 8-13 所示。

表 8-11　产品成本计算单

批号：9807　　　　　　　产品名称：甲产品　　　　　　批量：30 台
开工日期：11 月　　　　　委托单位：X 公司　　　　　　完工日期：12 月底　　　　单位：元

月	日	摘　要	直接材料	直接工资	制造费用	合　计
11	30	机械加工车间成本	80 400	34 000	5 450	119 850
11	30	装配车间成本		12 200	3 840	16 040
11	30	11 月份生产费用合计	80 400	46 200	9 290	135 890
11	30	11 月份结转完工产品（10 台）	30 000	20 000	7 500	57 500
11	30	单位成本	3 000	2 000	750	5 750
11	30	11 月份末累计成本	50 400	26 200	1 790	78 390
12	31	机械加工车间成本	20 580	10 500	6 250	37 330
12	31	装配车间成本		6 000	7 590	13 590
12	31	12 月份成本合计	20 580	16 500	13 840	50 920
12	31	12 月份结转完工产品（20 台）	70 980	42 700	15 630	129 310
12	31	完工 30 台累计成本	100 980	62 700	23 130	186 810
12	31	单位成本	3 366	2 090	771	6 227

表 8-12　产品成本计算单

批号：9808　　　　　　　产品名称：乙产品　　　　　　批量：20 台
开工日期：12 月　　　　　委托单位：Y 公司　　　　　　完工日期：12 月底　　　　单位：元

月	日	摘　要	直接材料	直接工资	制造费用	合　计
12	31	机械加工车间成本	60 400	8 860	4 375	73 635
12	31	装配车间成本		9 500	3 960	13 460
12	31	12 月份成本合计	60 400	18 360	8 335	87 095
12	31	12 月份结转完工产品（20 台）	60 400	18 360	8 335	87 095
12	31	单位成本	3 020	918	416.75	4 354.75

表 8-13　产品成本计算单

批号：9809　　　　　　　产品名称：丙产品　　　　　　批量：15 台
开工日期：12 月　　　　　委托单位：Z 公司　　　　　　完工日期：　　　　　　　单位：元

月	日	摘　要	直接材料	直接工资	制造费用	合　计
12	31	机械加工车间成本	16 900	12 000	3 125	32 025
12	31	装配车间成本		4 500	1 650	6 150
12	31	12 月份成本合计	16 900	16 500	4 775	38 175

（四）计算并结转完工产品成本

根据表 8-11 以及表 8-12 的产品成本计算单所列甲、乙两种产品完工产品成本编制"产品成本汇总表",并结转完工批次产品成本。

表 8-14　车间完工产品成本汇总表

车间名称：基本生产车间　　　2015 年 11 月　　　　　　　　　　　　单位：元

批次、产品	产量（台）	直接材料	直接工资	制造费用	费用合计
9807 批甲产品	10	30 000	20 000	7 500	57 500
合　　计		30 000	20 000	7 500	57 500

表 8-15　车间完工产品成本汇总表

车间名称：基本生产车间　　　2015 年 12 月　　　　　　　　　　　　单位：元

批次、产品	产量（台）	直接材料	直接工资	制造费用	费用合计
9807 批甲产品	20	70 980	42 700	15 630	129 310
9808 批乙产品	20	60 400	18 360	8 335	87 095
合　　计		131 380	61 060	23 965	216 405

编制结转完工产品成本会计分录：

11 月份结转甲产品的会计分录：

借：产成品——甲产品　　　　　　　　　　　　　　　　　　57 500
　　贷：生产成本——基本生产成本——甲产品　　　　　　　57 500

12 月份结转甲、乙产品的会计分录：

借：产成品——甲产品　　　　　　　　　　　　　　　　　　129 310
　　　　　——乙产品　　　　　　　　　　　　　　　　　　87 095
　　贷：生产成本——基本生产成本——甲产品　　　　　　　129 310
　　　　　　　　　　　　　　　　　——乙产品　　　　　　87 095

第四节　简化分批法

在单件、小批生产的企业或车间，同一月份内投产的产品批数往往很多，把各项间接费用分配于几十批甚至上百批产品上，工作量很大。因此，在投产批数较多且月末未能完工产品批数也较多的企业，也可采用一种不分批计算在产品成本的分批法，会计理论界将其称为简化分批法，又称为累计间接费用分配法。

一、简化分批法的含义

简化分批法下，仍按产品批别设置产品成本明细账（或成本计算单），在该批产品完工以前，账内按月登记直接计入费用（主要是材料费用）和生产工时，不按月分配与登记间接计入成本的费用；对于各个批别产品每月发生的各项共同费用，即间接计入成本的费用（如工资费用、动力费用、制造费用等），只登记在专设的"基本生产成本"二级账中，而不是按月在各批产品之间进行分配。"基本生产成本"二级账按成本项目登记全部产品的月初在产品生产费用、本月生产费用以及累计生产费用,同时,还要登记月初在产品生产工时、本月生产工时以及累计生产工时。

等到各批产品完工时,才将"基本生产成本"二级账中累计起来的间接费用,按照完工产品累计生产工时的比例向各批完工产品进行分配。产品生产成本明细账上所登记的直接计入费用,加上本月完工产品从"基本生产成本"二级账中分配转入的间接计入费用,即为本月完工产品的总成本。

对于本月未完工的各批产品,月末不分配间接计入费用、不计算各批产品的在产品成本,而是将这些间接费用累计在"基本生产成本"二级账中,即全部未完工产品的在产品成本只以总额反映在基本生产成本二级账中。

鉴于简化分批法按照完工产品累计工时的比例分配间接计入费用,因此这种方法被称为"间接费用累计分批法";又由于在这种方法下,月末未完工产品的批别,即月末在产品不再分配间接费用,所以这种方法又被称为"不分批计算在产品成本的分批法"。

二、间接费用累计分配率

简化分批法下,我们通过完工产品累计工时与全部产品累计工时之比分配间接计入费用,其间接费用累计分配率的计算公式如下:

$$\text{间接费用累计分配率} = \frac{\text{全部产品累计间接计入费用}}{\text{全部产品累计生产工时}}$$

$$= \frac{\text{期初结存全部间接费用} + \text{本月发生间接费用}}{\text{期初结存累计生产工时} + \text{本月发生生产工时}}$$

$$\text{某批次完工产品应分配的间接费用} = \text{该批次完工产品累计生产工时} \times \text{间接费用累计分配率}$$

三、简化分批法的账簿体系

采用这种方法,各批别的产品成本明细账在没有完工以前,只登记直接材料以及生产工时,而不必分配登记人工费用和制造费用等间接费用。只有在某批产品完工时,再按上述公式分配人工费用和制造费用,这样,各批产品成本明细账上归集的生产费用则不完整,而需另行设置生产成本二级账,将所有累计的直接材料费用和人工费用、制造费用等间接费用,以及累计工时登记在生产成本二级账内。其核算程序及账簿体系如图8-2所示。

四、简化分批法的特点

(1)必须设立基本生产成本二级账。对于月份内各批别产品共同发生的间接计入费用(如动力费用与制造费用)以及生产工时按成本项目登记在基本生产成本二级账户中。

(2)按产品批别设立产品成本明细账,与基本生产成本二级账平行登记,但该产品成本

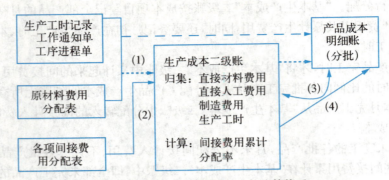

图 8-2 简化分批法核算程序与账簿体系

图示说明：
(1) 根据"原材料费用分配表"和"工作通知单"或"工序进程记录"，将各批产品耗用的直接材料、生产工时等分别计入"生产成本二级账"和各批产品成本明细账。实行计件工资制的企业，则可将生产工人的工资直接计入"生产成本二级账"和按批设置的产品成本明细账，此时的生产工人的工资是作为直接费用，无需累计分配。
(2) 根据间接费用分配表，将人工费用和制造费用等计入"生产成本二级账"。
(3) 月末，将"生产成本二级账"中的直接材料、生产工时与各批产品成本明细账进行核对。
(4) 月末，如有完工批别产品，计算间接费用累计分配率，并据此分配人工费用和制造费用等间接费用。

明细账在产品完工之前只登记直接计入费用，如"直接材料"与"生产工时"，在没有完工产品的情况下，不分配间接计入费用。

(3) 在有完工产品的月份，根据基本生产成本二级账的登记资料，计算全部产品累计间接计入费用分配率，按完工产品的累计工时乘以累计间接计入费用分配率计算和分配其应负担的间接计入费用，并将分配的间接计入费用计入按产品批别设置的产品成本明细账中。

(4) 最后，将计算出的各批别已完工产品总成本转出基本生产成本二级账，并计算出月末各批在产品的总成本。

五、简化分批法实例

【例 8-3】假定某厂某车间属于小批生产，产品批数多。为了简化核算，采用简化的分批法，即间接费用累计分批法。该厂 2015 年 6 月份的产品批别有：

1405 批号：甲产品 8 台，5 月份投产，本月完工；
1406 批号：乙产品 4 台，5 月份投产，本月尚未完工；
1407 批号：丙产品 5 台，6 月份投产，本月尚未完工。

根据简化分批法的成本计算程序进行如下分析：

(一) 按批别开设产品成本明细账以及基本生产成本二级账

本月应按产品批次设置 1405 批、1406 批以及 1407 批 3 张"产品成本明细账"，分别如表 8-17、表 8-18 以及表 8-19 所示，同时，还应设置基本生产成本二级账（见表 8-16）。

(二) 归集与分配本月发生的要素生产费用

根据费用发生的原始凭证，编制要素费用分配表，并作相应的账务处理（本例略，具体可参见品种法)。

简化分批法中,在产品没有完工之前,仅将直接计入费用(如材料费用)和生产工时计入各批次产品的产品成本明细账,将各批次共同发生的间接计入费用以及生产工时计入基本生产成本二级账。

(三)计算累计间接计入费用分配

当有产品完工时,将基本生产成本二级账中累计起来的间接费用,按照完工产品累计生产工时的比例向各批完工产品进行分配。

根据该车间的基本生产成本二级账,本月各批次产品累计工时为 31 700 小时,累计直接人工费用为 66 570 元,累计制造费用为 57 060 元,全部产品的累计间接费用分配率计算如下:

$$直接人工费用累计分配率 = \frac{66\ 570}{31\ 700} = 2.1$$

$$制造费用累计分配率 = \frac{57\ 060}{31\ 700} = 1.8$$

(四)分配本月完工产品应负担的间接计入费用

根据该车间的相关资料,本月只有 1405 批次产品完工,那么只对该批次产品分配间接费用。根据表 8-17,本月底,该批产品的累计生产工时为 11 600 小时,那么该批产品应分配的人工费用和制造费用如下:

$$\begin{aligned}1405\ 批产品应分配的人工费用 &= 人工费用累计分配率 \times 1405\ 批产品累计生产工时 \\ &= 2.1 \times 11\ 600 = 24\ 360\end{aligned}$$

$$\begin{aligned}1405\ 批产品应分配的制造费用 &= 制造费用累计分配率 \times 1405\ 批产品累计生产工时 \\ &= 1.8 \times 11\ 600 = 20\ 880\end{aligned}$$

(五)结转本月完工产品应负担的间接计入费用

根据以上计算结果,将基本生产车间本月完工产品应负担的间接费用从基本生产成本二级账转入 1405 批次的产品成本明细账(见表 8-16 和表 8-17)。

表 8-16 基本生产成本二级账

生产单位:基本生产车间 单位:元

月	日	摘 要	生产工时	直接材料	直接人工	制造费用	合 计
5	31	在产品余额	10 800	24 000	23 500	24 060	71 560
6	30	本月发生	20 900	61 200	43 070	33 000	137 270
	30	累 计	31 700	85 200	66 570	57 060	208 830
	30	间接费用累计分配率			2.1	1.8	
	30	本月完工转出	11 600	26 500	24 360	20 880	71 740
	30	在产品余额	20 100	58 700	42 210	36 180	137 090

表 8-17 产品成本明细账

批号：1405　　　　　　　产品名称：甲产品　　　　　　　批量：8 台
开工日期：5 月　　　　　　委托单位：A 公司　　　　　　　完工日期：6 月底　　　　　　单位：元

月	日	摘 要	生产工时	直接材料	直接人工	制造费用	合 计
5	31	本月发生	6 200	15 500			
6	30	本月发生	5 400	11 000			
	30	累计数	11 600	26 500			
	30	间接费用分配率			2.1	1.8	
	30	间接费用分配额			24 360	20 880	
	30	完工 8 台转出	11 600	26 500	24 360	20 880	71 740
	30	单位成本		3 312.50	3 045	2 610	8 967.50

表 8-18 产品成本明细账

批号：1406　　　　　　　产品名称：乙产品　　　　　　　批量：4 台
开工日期：5 月　　　　　　委托单位：B 公司　　　　　　　完工日期：　　　　　　　　单位：元

月	日	摘 要	生产工时	直接材料	直接人工	制造费用	合 计
5	31	本月发生	4 600	8 500			
6	30	本月发生	6 300	5 200			

表 8-19 产品成本明细账

批号：1407　　　　　　　产品名称：丙产品　　　　　　　批量：5 台
开工日期：6 月　　　　　　委托单位：C 公司　　　　　　　完工日期：　　　　　　　　单位：元

月	日	摘 要	生产工时	直接材料	直接人工	制造费用	合 计
6	30	本月发生	9 200	45 000			

(六) 计算并结转完工产品成本

根据表 8-17 产品成本明细账所列甲产品的完工产品成本编制"产品成本汇总表"，并结转该批次产品成本(见表 8-20)。

表 8-20 车间完工产品成本汇总表

车间名称：基本生产车间　　　　　　2015 年 6 月　　　　　　　　　　　　单位：元

批次、产品	产量(台)	直接材料	直接工资	制造费用	费用合计
1405 批甲产品	8	26 500	24 360	20 880	71 740
合 计		26 500	24 360	20 880	71 740

编制结转完工产品成本会计分录：
　　借：产成品——甲产品　　　　　　　　　　　　　　　　　　　　71 740
　　　　贷：生产成本——基本生产成本——甲产品　　　　　　　　　71 740

【例 8-4】某企业小批生产多种产品,由于产品批数多,为了简化成本计算工作,采用简化的分批法。该企业 9 月份的资料如下:

(1) 9 月份生产批号:

2020 号:甲产品 5 件,8 月份投产,本月全部完工;月初原材料费用为 6 800 元,生产工时为 12 000 小时;本月原材料费用为 3 680 元,生产工时为 2 080 小时。

2021 号:甲产品 10 件,8 月份投产,本月完工 6 件;月初原材料费用为 12 000 元,生产工时为 19 600 小时;本月生产工时为 16 800 小时;完工产品实际总工时为 25 000 小时。

2022 号:乙产品 12 件,8 月份投产,本月完工 2 件;月初原材料费用为 17 820 元,生产工时 20 600 小时;本月生产工时为 17 100 小时;完工产品单件工时定额为 2 800 小时。

2023 号:丙产品 6 件,9 月份投产,尚未完工;本月原材料费用为 21 000 元,生产工时 42 600 小时。

(2) 月初全厂工资及福利费为 36 600 元,制造费用为 45 680 元,本月发生的工资及福利费为 41 680 元,制造费用为 63 320 元。

要求:计算各批产品成本。

根据简化分批法的成本计算程序进行如下分析:

1. 按批别开设产品成本明细账以及基本生产成本二级账

本月应按产品批次设置 2020 批、2021 批、2022 批以及 2023 批 4 张"产品成本明细账",分别如表 8-23、表 8-24、表 8-25 以及表 8-26 所示,同时,还应设置基本生产成本二级账(见表 8-22)。

2. 归集与分配本月发生的要素生产费用

根据费用发生的原始凭证,编制要素费用分配表,并作相应的账务处理。

简化分批法中,在产品没有完工之前,仅将直接计入费用(如材料费用)和生产工时计入各批次产品的"产品成本明细账",将各批次共同发生的间接计入费用以及生产工时计入基本生产成本二级账。

3. 计算累计间接计入费用分配

当有产品完工时,将基本生产成本二级账中累计起来的间接费用,按照完工产品累计生产工时的比例向各批完工产品进行分配。

根据该车间的基本生产成本二级账(见表 8-22),本月各批次产品累计工时为 130 780 小时,累计直接人工费用为 78 280 元,累计制造费用为 109 000 元,全部产品的累计间接费用分配率计算如下:

$$直接人工费用累计分配率 = \frac{78\,280}{130\,780} = 0.598\,6$$

$$制造费用累计分配率 = \frac{109\,000}{130\,780} = 0.833\,5$$

4. 分配本月完工产品应负担的间接计入费用

根据该车间的相关资料以及本月完工批次产品生产成本明细账登记的累计工时,计算本月完工批次产品应负担的间接费用(见表 8-21)。

表 8-21　间接费用分配汇总表　　　　　　　　　　　　　　　　　　　单位：元

批次＼分配	直接人工费用	制造费用
2020	8 428.29（14 080×0.598 6）	11 735.68（14 080×0.833 5）
2021	14 965（25 000×0.598 6）	20 837.50（25 000×0.833 5）
2022	3 352.16（5 600×0.598 6）	4 667.60（5 600×0.833 5）
合　计	26 745.45	37 240.78

5. 结转本月完工产品应负担的间接计入费用

根据以上计算结果，将基本生产车间本月完工产品应负担的间接费用从基本生产成本二级账转入各完工批次产品的产品成本明细账（见表 8-23 至表 8-26）。

表 8-22　基本生产成本二级账

生产单位：基本生产车间　　　　　　　　　　　　　　　　　　　　　　　　　　单位：元

月	日	摘　要	生产工时	直接材料	工资及福利费	制造费用	合　计
8	31	在产品成本	52 200	36 620	36 600	45 680	168 880
9	30	本月生产费用	78 580	24 680	41 680	63 320	210 460
	30	合　计	130 780	61 300	78 280	109 000	248 580
	30	累计间接计入费用分配率			0.598 6	0.833 5	
	30	本月完工品转出	44 680	20 650	26 745.45	37 240.78	84 636.23
	30	在产品成本	86 100	40 650	51 534.55	71 759.22	163 943.77

12 000＋2 080＋25 000＋2 800×2
＝44 680

6 800＋3 680＋（12 000/10）×6＋（17 820/12）×2
＝6 800＋3 680＋7 200＋2 970＝20 650

表 8-23　产品成本明细账

批号：2020　　　　　　　　产品名称：甲产品　　　　　　　　批量：5 台
开工日期：8 月　　　　　　委托单位：×××公司　　　　　　完工日期：9 月底　　　单位：元

月	日	摘　要	生产工时	直接材料	直接人工	制造费用	合　计
8	31	在产品成本	12 000	6 800			
9	30	本月发生	2 080	3 680			
	30	累计数	14 080	10 480			
	30	间接费用分配率			0.598 6	0.833 5	
	30	间接费用分配额			8 428.29	11 735.68	
	30	完工转出	14 080	10 480	8 428.29	11 735.68	30 643.97
	30	单位成本		2 096	1 685.66	2 347.14	6 128.80

表 8-24 产品成本明细账

批号：2021　　　产品名称：甲产品　　　批量：10 台
开工日期：8 月　　委托单位：×××公司　　完工日期：本月完工 6 台　　单位：元

月	日	摘　要	生产工时	直接材料	直接人工	制造费用	合　计
8	31	在产品成本	19 600	12 000			
9	30	本月发生	16 800				
	30	累计数	36 400	12 000			
	30	间接费用分配率			0.598 6	0.833 5	
	30	间接费用分配额			14 965	20 837.50	
	30	完工转出	25 000	7 200	14 965	20 837.50	43 002.50
	30	单位成本		1 200	2 494.17	3 472.91	7 167.08
	30	在产品成本	11 400	4 800			

第 2021 批产品月末部分完工，因而还要在完工产品和月末在产品之间分配费用。该种产品的材料在生产一开始时一次性投入，因此原材料费用按完工产品与月末在产品数量之比进行分配：

$$原材料费用分配率 = 12\ 000/(6+4) = 1\ 200(元)$$
$$完工产品原材料费用 = 1\ 200 \times 6 = 7\ 200(元)$$
$$月末在产品原材料费用 = 1\ 200 \times 4 = 4\ 800(元)$$

根据题目，该批次完工产品的生产工时按定额计算，其定额工时为 25 000 小时，则月末在产品的工时应为 11 400(36 400-25 000)小时。以该工时分别乘以各项累计间接费用分配率即可计算、结转该批次完工产品的间接费用。

表 8-25 产品成本明细账

批号：2022　　　产品名称：乙产品　　　批量：12 台
开工日期：8 月　　委托单位：×××公司　　完工日期：本月完工 2 台　　单位：元

月	日	摘　要	生产工时	直接材料	直接人工	制造费用	合　计
8	31	在产品成本	20 600	17 820			
9	30	本月发生	17 100				
	30	累计数	37 700	17 820			
	30	间接费用分配率			0.598 6	0.833 5	
	30	间接费用分配额			3 352.16	4 667.60	
	30	完工转出	5 600	2 970	3 352.16	4 667.60	10 989.76
	30	单位成本		1 485	1 676.08	2 333.80	5 494.88
	30	在产品成本	32 100	14 850			

第 2022 批产品月末也是部分完工，也需要在完工产品和月末在产品之间分配费用。该

种产品的材料在生产一开始时一次性投入，因此原材料费用按完工产品与月末在产品数量之比进行分配：

原材料费用分配率＝17 820/(2+10)＝1 485(元)
完工产品原材料费用＝1 485×2＝2 970(元)
月末在产品原材料费用＝1 485×10＝14 850(元)

根据题目，该批次完工产品的生产工时按定额计算，单件完工品的定额工时为2 800小时，则完工品和月末在产品的工时分别为5 600(2 800×2)和32 100(37 700－5 600)小时，以该工时分别乘以各项累计间接费用分配率即可计算、结转该批次完工产品的间接费用。

表8-26　产品成本明细账

批号：2023　　　　　　　产品名称：丙产品　　　　　　批量：6台
开工日期：9月　　　　　　委托单位：×××公司　　　　　完工日期：　　　　　　单位：元

月	日	摘　　要	生产工时	直接材料	直接人工	制造费用	合　计
9	30	本月发生	42 600	21 000			

6. 计算并结转完工产品成本

根据表8-23至表8-25的产品成本明细账所列各批次产品的完工产品成本编制"产品成本汇总表"，并结转完工批次产品成本(见表8-27)。

表8-27　车间完工产品成本汇总表

车间名称：基本生产车间　　　　　2015年9月　　　　　　　　　　　　单位：元

批次、产品	产量(台)	直接材料	直接工资	制造费用	费用合计
2020 批甲产品	5	10 480	8 428.29	11 735.68	30 643.97
2021 批甲产品	6	7 200	14 965	20 837.50	43 002.50
2022 批乙产品	2	2 970	3 352.16	4 667.60	10 989.76
合　计		20 650	26 745.45	37 240.78	84 636.23

编制结转完工产品成本会计分录：

借：产成品——甲产品　　　　　　　　　　　　　　　　　　73 646.47
　　　　　——乙产品　　　　　　　　　　　　　　　　　　10 989.76
　　贷：生产成本——基本生产成本——甲产品　　　　　　　73 646.47
　　　　　　　　　　　　　　　　　——乙产品　　　　　　10 989.76

六、简化分批法的优缺点

(1) 简化分批法使用间接费用累计分配进行生产费用的横向分配(各批别产品之间分配)和纵向分配(某批产品的完工产品与月末在产品之间分配该费用)，因而大大简化了生产费用的分配与登记工作。月末未完工产品的批次越多，核算工作就越简化。

(2) 月末未完工批别的成本明细账不能完整地反映各批产品在产品的成本。

（3）如果各月的间接费用相差很大，还会影响各月产品成本的正确性。例如，前几个月的间接费用水平比本月低，某批产品本月投产完工；此时，按累计间接费用分配率分配计算的该批次完工产品的成本就会发生不应有的偏低。

（4）如果月末未完工产品的批数不多，则起不到简化的作用。此时，绝大部分批次的产品仍需要分配结转各项间接计入费用，核算工作量减少不多，但计算的正确性却会受到影响。

简化分批法在应用中必须具备两个条件：一是各个月份的间接费用水平比较均衡；二是月末未完工产品的批数较多。这样才能保证既简化产品成本核算工作又确保产品成本计算的正确。

本 章 小 结

本章介绍了分批法的含义、适用范围和主要特点，分批法产品成本计算程序，重点阐述了典型的分批法和简化的分批法的计算原理与程序。

分批法主要适用于单件、小批的单步骤生产或管理上不要求分步计算各步骤半成品成本的多步骤生产的企业，产品生产通常按照购货者的订单进行，因此，分批法也称订单法。如重型机械制造、精密仪器制造及高档服装生产等企业。

产品成本计算的分批法是按照产品的批别或订单归集与分配生产费用、计算产品成本的一种方法。分批法的特点是以产品的批次作为成本计算对象，以产品的生产周期为成本计算期，一般月末不存在生产费用在完工产品与在产品之间的分配问题，只有当产品批量较大且跨月陆续完工时，才需要将生产费用在完工产品与在产品之间进行分配。分批法产品成本计算程序与品种法基本相同。分批法按照费用归集与分配的程序和方法不同具体可分为典型（一般）分批法和简化分批法。

典型分批法的特点是：不论各批次产品当月是否完工，均把各批次产品生产共同发生的间接计入费用在各批次产品之间进行分配，从而分批计算在产品成本。

简化分批法是指对于未完工的各批在产品，不分批次分配间接计算费用，不计算各批产品的在产品成本，而是将其先累计起来，通过设置基本生产成本二级账归集未完工产品的间接计入费用，当有些批次的产品完工时，才将累计间接费用在完工批别与未完工批别的产品之间分配，并将各完工批别所分担的间接费用计入各批产品成本明细账，以计算出其完工产品的总成本与单位成本。这种方法将生产费用在各成本计算对象之间的横向分配与生产费用在完工产品与在产品之间的纵向分配结合在一起，大大简化了成本核算工作。但各月间接计入费用水平相差较大时，使用简化分批方法计算产品成本会影响核算的正确性。简化分批法的特点是：必须设置基本生产成本二级账户，不分批计算在产品成本，间接费用通过累计分配率来分配。为使分配结果较为合理，简化分批法适用于各月份发生的间接费用数额变化不大的单件小批生产的企业。

思 考 题

1. 什么是产品成本计算的分批法？其特点是什么？
2. 分批法的适用范围如何？为什么？
3. 简述简化分批法与典型分批法的异同。

4. 简化分批法的特点、优缺点是什么？
5. 说明分批法成本计算的基本程序。
6. 简化分批法下如何进行加工费用的累计分配？
7. 说明简化分批法简化在何处。
8. 在分批法中，如何确定成本计算对象？

业 务 题

1. 某企业属于单件小批多步骤生产企业，按购货单位要求小批生产A、B两种产品，采用分批法计算成本。该企业2015年7月份的有关资料如下：

（1）7月份各生产批别情况如下所示：

2010号A产品4件，5月份投产，本月全部完工；月初在产品费用分别为：原材料6 300元，燃料和动力2 500元，工资及福利费3 100元，制造费用1 820元；本月发生的费用分别为：燃料和动力3 250元，工资及福利费2 980元，制造费用980元。

2011号A产品10件，6月份投产，本月完工7件，未完工3件；月初在产品费用分别为：原材料13 480元，燃料和动力3 200元，工资及福利费5 800元，制造费用3 820元；本月发生的费用分别为：燃料和动力3 890元，工资及福利费6 220元，制造费用3 410元。

2020号B产品8件，本月份投产，本月完工2件，尚未完工6件；本月发生的费用分别为：原材料9 250元，燃料和动力8 230元，工资及福利费5 900元，制造费用3 120元。完工产品按定额成本结转。

（2）2011号A产品10件，6月份投产，本月完工7件。原材料在生产开始时一次投入，其他费用可以按照完工产品和在产品实际数量比例分配；其他费用采用约当产量比例法在完工产品与月末在产品之间分配，在产品完工程度为70%。

2020号B产品8件，本月份投产，本月完工2件。为了简化核算，完工产品按定额成本结转，单位产品原材料定额成本为980元，燃料及动力为216元，工资及福利费402元，制造费用为348元。

要求：根据上述资料，登记各批产品成本明细账。

2. 某工业企业生产甲、乙两种产品，生产组织属于小批生产，采用分批法计算成本。2016年4月份和5月份的生产情况和生产费用资料如下：

（1）4月份生产的产品批号为：

401台甲产品12台，本月投产，本月完工8台，未完工4台。

402号乙产品10台，本月投产，计划下月完工，月末提前完工2台。

（2）4月份的生产费用资料如表8-28所示。

表8-28 4月份的生产费用资料　　　　　　　　　　　　　　　　　　单位：元

批　号	原材料	燃料及动力	工资及福利费	制造费用
401	6 720	1 392	4 704	2 592
402	9 200	1 900	8 100	5 200

401号甲产品完工数量较大，生产费用在完工产品与月末在产品之间采用约当产量比

例分配法分配,在产品的完工程度为40%。原材料在生产开始时一次投入。

402号乙产品完工数量少,按计划成本结转完工产品成本。每台计划成本为:原材料900元,燃料及动力费180元,工资及福利费820元,制造费用530元,合计2 430元。

(3) 5月份生产的产品批号有:

401号甲产品4台,月末全部完工。

402号乙产品8台,月末全部完工。

(4) 5月份的生产费用资料如表8-29所示。

表8-29 5月份的生产费用资料　　　　　　　　　　　　　　　　　　　单位:元

批　号	原材料	燃料及动力	工资及福利费	制造费用
401		400	1 200	560
402		1 000	3 000	2 200

要求:(1)计算4月及5月各批完工产品成本;(2)编制两个月的结转完工入库产品成本的会计分录。

3. 某企业采用简化分批法计算产品成本,有关资料如下:

(1) 6月投产的产品批号及产品完工情况如下所示:

601号:A产品30件,6月1日投产,6月25日全部完工;602号:B产品20件,6月5日投产,月末完工10件;603号:C产品10件,6月15日投产,尚未完工。

(2) 各批号的原材料费用(系生产开始时一次投入)和生产工时为:

601号:原材料12 000元,工时3 200小时;

602号:原材料7 360元,工时1 500小时,其中完工10件产品,工时960小时,在产品10件,工时540小时;

603号:原材料2 800元,工时5 560小时。

(3) 6月末全部产品工资及福利费7 182元,制造费用11 286元。

要求:根据资料,计算累计间接计入费用分配率并据以分配完工产品与在产品之间、各批完工产品之间的间接计入费用,计算全部完工产品总成本。

第九章　产品成本计算的分步法

引导案例

　　大华公司生产甲产品，顺序在两个步骤加工，分别由第一车间、第二车间进行，第一车间生产的产品进入自制半成品库，并由第二车间领用。半成品成本按综合成本结转，采用加权平均法。相关资料如下：

　　（1）甲半成品期初库存100件，成本8 020元。

　　（2）本月第一车间完工产品80件，成本分别为直接材料4 000元，直接人工2 000元，制造费用2 000元。

　　（3）本月第二车间领用甲半成品90件，月初在产品数量20件，其成本分别为半成品1 600元，直接人工500元，制造费用400元，本月发生工资费用2 000元，制造费用1 600元，月末在产品20件，完工率为50%，材料于开工时一次性投入。

　　问题：如果你是该企业的成本会计，将选择什么方法计算第二车间的完工产品成本和月末在产品成本？完工产品成本是多少？

【学习目标与要求】

　　通过本章学习，了解分步法的含义、适用范围与基本特点，初识分步法的分类情况，理解逐步结转分步法的特点、适用范围、结转程序，熟练运用综合结转和分项结转进行成本计算，了解其各自的优缺点，明确成本还原的含义与作用，掌握综合结转分步法的成本还原的方法和步骤，明确平行结转分步法的特点、适用范围、结转程序，掌握平行结转分步法中期末在产品的含义，理解平行结转分步法和逐步结转分步法的主要区别，熟练运用约当产量法与定额比例法进行平行结转成本计算。

【本章逻辑框架】

```
                          ┌─ 分步法的含义
                          ├─ 分步法的适用范围
              ┌─ 分步法概述 ─┼─ 分步法的特点
              │           ├─ 分步法成本计算的一般程序
              │           └─ 分步法的分类 ─┬─ 逐步结转分步法
              │                          └─ 平行结转分步法
产品成本计算分步法 ─┤
              │           ┌─ 半成品成本核算的必要性
              │           ├─ 逐步结转分步法的核算程序
              └─ 逐步结转分步法 ─┼─ 逐步结转分步法的特点
                          ├─ 半成品成本的结转方法 ─┬─ 综合结转分步法
                          │                    └─ 分项结转分步法
                          └─ 逐步结转分步法的优缺点与适用范围
              （转下页）
```

（接上页）

产品成本计算分步法 { 平行结转分步法 { 平行结转分步法的概念与适用范围
平行结转分步法的核算程序
平行结转分步法的特点
各步骤应计入产成品成本"份额"的计算
平行结转分步法成本核算举例
平行结转分步法的优缺点及适用范围
逐步结转分步法与平行结转分步法的比较

第一节 分步法概述

一、分步法的含义

产品成本计算的分步法，是指以产品的生产步骤为成本计算对象来归集和分配生产费用、计算产品成本的一种成本计算方法。

二、分步法的适用范围

分步法适用于大量大批多步骤生产，并且管理上要求分步骤计算产品成本的企业。如：冶金、纺织、造纸等连续加工式生产，以及大量大批生产的机械制造等行业。这些企业中，产品生产可以划分为若干个生产步骤进行，如钢铁厂的产品生产可以分为炼铁、炼钢、轧钢等步骤，纺织企业生产可以分为纺纱、织布等步骤，造纸厂可分为制浆、制纸、包装等步骤。

大量大批多步骤生产企业，每经过一个加工步骤，就生产出形态、性质不同的半成品。这些企业中，每个生产步骤生产出来的半成品既可以用于下一生产步骤继续加工，也可以直接对外销售，因此，为了加强各生产步骤的成本管理，往往不仅要求按照产品品种归集生产费用、计算产品成本，还要求按照生产步骤归集生产费用、计算各步骤产品成本，以便为考核和分析各生产步骤的成本计划执行情况提供资料。多步骤生产过程图示见图9-1。

图9-1 多步骤生产过程图示

三、分步法的特点

（一）成本计算对象

采用分步法计算产品成本时，既要计算最终产品的成本，还要归集、计算每一生产步骤的成本,因此,分步法的成本计算对象是产品品种及其所经过的各个加工步骤,同时,应根据产品品种和生产步骤开设产品成本明细账。

现实中,大多数企业会按照生产步骤设立生产车间,在此情况下,分步骤计算成本就是分车间计算成本;但是分步骤计算成本与分车间计算成本有时候也不完全一致。例如,有的企业管理上不要求分车间计算成本,为了简化核算,可将几个车间合并为一个步骤计算成本,此时成本计算范围大于车间的范围;有的企业可能一个车间由几个生产步骤组成,且管理上要求分步骤计算成本,此时的成本计算步骤小于车间范围。

(二) 成本计算期

分步法适用于大量大批生产,这决定了其生产过程较长、可以间断,而且往往是跨月陆续完工;基本每一时点都是有的产品已经完工,有的产品仍在加工,那么就无须等到产品全部完工再计算成本,因此分步法是按月、定期计算产品成本,成本计算期与会计报告期相一致。

(三) 生产费用在在产品与完工产品之间的划分

在大量大批多步骤生产的情况下,原材料不断投入,产品不断产出,而且其生产周期比单步骤生产长,月末通常有一定数量的在产品,因而必须运用适当的分配方法,将按加工步骤所归集的生产费用在完工产品与在产品之间进行分配。

四、分步法成本计算的一般程序

(1) 设置成本明细账。按照各生产步骤,为每种产品(半成品或产成品)设置产品成本明细账,据以汇集该步骤发生的各项生产费用。

(2) 归集、分配生产费用。每月按生产步骤及产品汇集生产费用,编制各种费用汇总分配表,登记产品成本明细账。

(3) 计算各步骤完工产品(或计入产成品成本的份额)和在产品成本。月末,将产品成本明细账上汇集的各生产步骤的全部生产费用,选择适当的方法,在各完工产品和在产品之间进行分配,计算出各步骤的完工产品成本和在产品成本。

(4) 结转各步骤半成品成本(或计入产成品成本的份额),计算产成品总成本和单位成本。

五、分步法的分类

分步法按是否需要计算和结转各步骤半成品分为逐步结转分步法和平行结转分步法两种。逐步结转分步法就是计算并结转各步骤半成品成本的计算方法,平行结转分步法是不计算、不结转各步骤半成品成本的计算方法。

根据结转半成品成本时,下一步骤生产成本明细账是否反映上一步骤半成品各成本项目的成本,逐步结转分步法又可分为综合结转分步法和分项结转分步法。采用综合结转分步法时,上一步骤半成品成本结转至下一步骤时,下一步骤生产成本明细账上是以"自制半成品"或"原材料"成本项目综合反映上一步骤半成品成本,不具体反映上一步骤半成品各成本项目的成本。采用分项结转分步法时,上一步骤半成品成本结转至下一步骤时,下一步骤生产成本明细账上需要分别按成本项目登记上一步骤的半成品成本。

第二节　逐步结转分步法

逐步结转分步法，又称顺序结转分步法，是按产品加工步骤归集生产费用，计算各加工步骤半成品成本，而且成本随半成品实物转移在各加工步骤之间顺序结转，最后计算出产成品成本的一种成本计算方法。该方法的显著特点是能够提供各加工步骤半成品的成本资料，所以又被称为计算半成品成本的分步法。

该方法适用于大量大批多步骤连续式生产类型的企业，这些企业中，产品的生产过程是由一系列循序渐进的、性质不同的加工步骤所组成。例如，棉纺企业的生产过程包括纺纱和织布两大步骤，原材料投入生产后，先纺成各种棉纱，然后再织成布，前一步骤的半成品棉纱是后一步骤的加工对象。这类企业的生产要经过几个步骤的连续加工，只有最后步骤生产的才是产成品，因此为了加强对各生产步骤的成本管理，不仅要求按照产品品种计算产品成本，也要求计算各步骤半成品的成本。逐步结转分步法就是为了计算半成品成本而采用的一种分步法。

一、成本核算为什么要计算半成品成本

逐步结转分步法的显著特点是能够提供各加工步骤半成品的成本资料，这有助于加强成本管理。成本核算之所以要计算半成品成本，原因如下：

（1）各生产步骤所产的半成品不仅由本企业进一步加工，而且还经常作为商品产品对外销售。为了计算外销半成品的成本，全面地考核和分析商品产品成本计划的执行情况，就要计算这些半成品的成本。如纺织企业的棉纱、钢铁企业的生铁与钢锭。

（2）有的半成品虽然不一定外销，但要进行同行业成本的评比，因而也要计算这种半成品的成本。如化肥企业成本评比的重要指标之一就是半成品合成氨的成本。

（3）有一些半成品，为本企业几种产品所耗用，为了分别计算各种产品的成本，也要计算这些半成品的成本。如造纸企业所产的纸浆、机械企业所生产的铸件。

（4）在实行责任会计或厂内经济责任制的企业中，为了全面地考核和分析各生产步骤等内部单位的生产耗费和资金占用水平，需要随着半成品实物在各生产步骤之间的转移，结转半成品成本，这也要求计算半成品成本。

二、逐步结转分步法的计算程序

逐步结转分步法下，各步骤所耗用的上一步骤半成品的成本，要随着半成品实物的转移，从上一步骤的产品成本明细账转入下一步骤相同产品的成本明细账中，以便逐步计算各步骤的半成品成本以及最后步骤的产成品成本。其成本计算程序如下：

（1）按产品品种及其所经过的生产步骤设置产品成本明细账，并分项目归集和分配生产费用，主要包括要素费用的归集与分配、辅助生产费用的归集分配以及制造费用的归集与

分配。

(2) 根据第一生产步骤归集的各种生产费用计算出第一步骤的半成品成本；随着半成品实物转入第二步骤继续加工，其半成品成本也随之结转计入第二步骤的产品成本明细账中。

(3) 将第一生产步骤转来的半成品成本，加工第二步骤发生的生产费用，进而计算出第二步骤的半成品成本；随着半成品实物转入第三步骤继续加工，第二步骤的半成品成本也随之结转计入第三生产步骤的产品成本明细账中。

(4) 如此类推，按照加工顺序，逐步计算和结转半成品成本，直到最后一个步骤，即可计算出产成品的成本。逐步结转分步法的成本结转程序如图 9-2 所示。

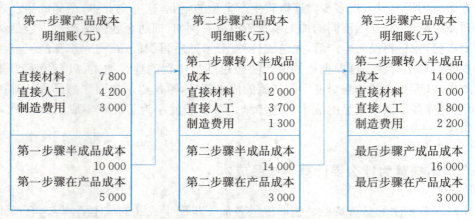

图 9-2　逐步结转分步法的成本计算程序(不通过仓库)

图 9-2 提供的逐步结转法中，上一步骤半成品完工后直接被下一步骤领用，半成品成本直接在各步骤的产品成本明细账之间结转。各步骤领用的半成品成本，构成各步骤的一项费用，称为半成品费用，应该计入各步骤的产品成本明细账中。

如果半成品是通过仓库收发，即半成品完工后，不为下一步骤直接领用，而是通过半成品仓库收发，则应编制结转半成品成本的会计分录。半成品验收入库中，借记"自制半成品"科目，贷记"基本生产成本"科目；下一步骤领用时，作相反的会计分录。图 9-3 给出了通过仓库收发自制半成品的逐步结转分步法程序。

通过上述计算程序可以看出，使用逐步结转分步法计算成本时，各生产步骤分月归集、分配生产费用(包括耗用上一步骤半成品的成本)，如果月末该步骤既有完工的半成品(最后步骤为产成品)，也有正在加工的在产品，还应使用适当的方法将生产费用在完工半成品和在产品之间进行分配，计算出完工半成品和在产品的成本，然后结转完工半成品；在最后一步的产品成本明细账中，计算出完工产品的成本。由此可知，每一生产步骤都是一个品种法，因此，逐步结转分步法实际上就是品种法在各个步骤的连续多次应用。

三、逐步结转分步法的特点

(1) 成本计算对象是各个生产步骤的半成品和最后步骤的产成品。

(2) 各加工步骤的半成品成本，随着半成品实物的转移，在各加工步骤之间顺序结转。

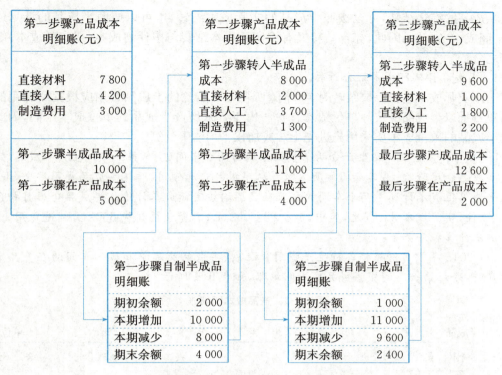

图 9-3 逐步结转分步法的成本计算程序(通过仓库)

该方法不仅反映最终产品成本,而且反映出各加工步骤半成品成本,以满足企业对半成品成本核算的需要。

(3) 在产品成本是按在产品实物所在地反映的。各步骤产品成本明细账的期末余额,反映结存在该步骤在产品的全部成本。

四、半成品成本的结转方法

根据半成品成本在下一步骤成本明细账中的反映方法不同,逐步结转分步法可以分为综合结转和分项结转两种方法。

(一) 综合结转法

综合结转,就是将各加工步骤所耗上一步骤的半成品成本不分直接材料、直接人工、制造费用等成本项目,而是以一个综合金额计入各该步骤产品成本明细账中的"原材料"或专设"半成品"成本项目(见图 9-4)。

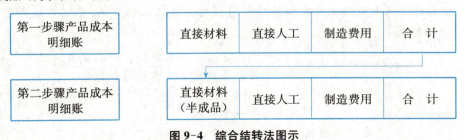

图 9-4 综合结转法图示

半成品的综合结转,可以按照半成品的实际成本结转,也可以按照半成品的计划成本(或定额成本)结转。因此,综合结转又有按实际成本结转与按计划成本(或定额成本)综合结转之分。

1. 半成品按实际成本综合结转

运用实际成本进行综合结转时,各步骤所耗上一步骤的半成品费用应根据所耗用的半成品数量乘以半成品的实际单位成本计算。由于各月所产半成品的单位成本不同,因此所耗用半成品的单位成本要采用先进先出法或加权平均法等计算。

【例9-1】假定甲产品生产分两个步骤分别由两个车间进行,第一车间生产半成品,完工后交半成品仓库验收;第二车间按所需数量从半成品仓库领用,所耗半成品费用按全月一次加权平均单位成本计算。两个车间的月末在产品均按定额成本计价。半成品仓库月初余额数量20件,实际成本3 010元,其中,原材料1 062元,工资及福利费650元,制造费用1 298元。成本计算程序如下:

(1) 2015年1月份根据各种生产费用分配表、半成品交库单和第一车间的在产品定额成本资料,登记第一车间甲半成品成本明细账,如表9-1所示。

表9-1 产品成本明细账

车间:第一车间
产品:甲半成品　　　　　　　　　　2015年1月　　　　　　　　　　　　　　单位:元

摘　　要	产量(件)	原材料	直接工资	制造费用	合　计
月初在产品(定额成本)		3 060	2 700	4 280	10 040
本月生产费用		5 080	3 010	6 600	14 690
合　　计		8 140	5 710	10 880	24 730
完工产品转出	100	5 040	3 110	6 480	14 630
月末在产品(定额成本)		3 100	2 600	4 400	10 100

表9-1所列的产品成本明细账中,月初在产品成本是根据上月相关数据计算登记;本月生产费用根据本月各种费用分配表登记;月末在产品成本根据月末在产品数量与定额工时、每件在产品定额材料费用,以及每小时的工资定额和制造费用定额计算登记。由于在产品按定额成本计算,因而完工转出的半成品成本应根据生产费用累计数减去按定额成本计算的月末在产品成本计算登记。

根据第一车间的半成品交库单,编制结转半成品成本的会计分录如下:

借:自制半成品——甲半成品　　　　　　　　　　　　　　　14 630
　　贷:生产成本——基本生产成本——第一车间——甲半成品　　14 630

(2) 根据计价的半成品交库单和第二车间领用半成品的领用单,登记自制半成品明细账,如表9-2所示。

$$加权平均单位成本 = \frac{月初存货成本 + 本月增加产品成本}{月初存货数量 + 本月增加数量}$$

$$= \frac{3\,010 + 14\,630}{20 + 100} = 147(元/件)$$

本月减少半成品实际成本 = 105 × 147 = 15 435(元)

表 9-2　自制半成品明细账

半成品：甲半成品　　　　　　　　　　　　　　　　　　　　　　　　　　　　　　　　单位：元

月份	月初余额		本月增加		合　计			本月减少	
	数量（件）	实际成本	数量（件）	实际成本	数量（件）	实际成本	单位成本	数量（件）	实际成本
1	20	3 010	100	14 630	120	17 640	147	105	15 435
2	15	2 205							

根据第二车间半成品领用单编制结转半产品成本的会计分录如下：

借：生产成本——基本生产成本——第二车间——甲产品　　　15 435
　　贷：自制半成品——甲半成品　　　　　　　　　　　　　　15 435

（3）根据各种生产费用分配表、半成品领用单和第二车间的在产品定额成本资料，登记第二车间甲成品成本明细账，如表 9-3 所示。

表 9-3　产品成本明细账

车间：第二车间　　　　　　　　　　　　产品：甲产品　　　　　　　　　　　　　　　单位：元

摘　要	产量（件）	半成品	直接工资	制造费用	合　计
月初在产品（定额成本）		5 980	1 345	2 805	10 130
本月生产费用		15 435	2 800	5 925	24 160
合　计		21 415	4 145	8 730	34 290
完工产品转出	100	15 335	2 900	6 015	24 250
单位成本		153.35	29	60.15	242.5
月末在产品（定额成本）		6 080	1 245	2 715	10 040

表 9-3 所列的产品成本明细账中，"半成品"成本项目就是为了综合登记耗用第一车间半成品的成本而增设的。其中，本月半成品费用是根据第二车间计价后的半成品领用单登记，反映了半成品成本综合结转的特点。

根据第二车间产成品交库单编制结转产成品成本的会计分录如下：

借：库存商品——甲产品　　　　　　　　　　　　　　　　　　　24 250
　　贷：生产成本——基本生产成本——第二车间——甲产品　　　24 250

2. 半成品按计划成本综合结转

采用这种结转方法，半成品日常收发均按计划单位成本计价；在半成品实际成本计算出来后，再以实际成本与计划成本对比，计算半成品成本差异额与差异率，调整领用半成品的计划成本，而半成品收发的总分类核算则按实际成本计价。

按计划成本进行半成品成本综合结转所用的账表具有以下特点：

（1）为了调整所耗半成品的成本差异，自制半成品明细账不仅要反映半成品收、发和结存的数量与实际成本，而且要反映半成品收、发和结存的计划成本、成本差异额以及成本差异率。

【例 9-2】仍以例 9-1 的企业资料，列示采用计划成本综合结转半成品成本时，其自制半成品明细账的格式，如表9-4所示。

表9-4 自制半成品明细账

半成品：甲半成品　　　　　计划单位成本：148　　　　　　　　　　单位：元

月　份			1	2
月初余额	数量（件）	①	20	15
	计划成本	②	2 960	2 220
	实际成本	③	3 010	2 205
本月增加	数量（件）	④	100	
	计划成本	⑤	14 800	
	实际成本	⑥	14 630	
合　计	数量（件）	⑦＝①＋④	120	
	计划成本	⑧＝②＋⑤	17 760	
	实际成本	⑨＝③＋⑥	17 640	
	成本差异	⑩＝⑨－⑧	－120	
	成本差异率	⑪＝⑩÷⑧×100％	－0.675 7％	
本月减少	数量（件）	⑫	105	
	计划成本	⑬	15 540	
	实际成本	⑭＝⑬＋⑬×⑪	15 435	

表9-4中，累计的成本差异、成本差异率以及本月减少的实际成本计算公式如下：

半成品成本差异额＝累计实际成本－累计计划成本＝17 640－17 760
　　　　　　　　　＝－120

半成品成本差异率＝$\dfrac{累计成本差异}{累计计划成本}$＝$\dfrac{-120}{17\,760}$＝－0.675 7％

本月减少的实际成本＝本月减少的计划成本×(1＋成本差异率)
　　　　　　　　　　＝15 540×(1－0.675 7％)＝15 435

（2）在第二车间的甲产品成本明细账中，如果"原材料"或"半成品"成本项目按照调整差异后的实际成本登记，其格式和金额与表9-3相同。如果"原材料"或"半成品"成本项目按照计划成本、成本差异和实际成本分别登记，其格式和金额如表9-5所示。

表9-5 产品成本明细账

车间：第二车间　　　　　　　产品：甲产品　　　　　　　　　　　　单位：元

摘　要	产量（件）	半　成　品			直接工资	制造费用	合　计
		计划成本	成本差异	实际成本			
月初在产品（定额成本）		5 980		5 980	1 345	2 805	10 130
本月生产费用		15 540	－105	15 435	2 800	5 925	24 160

(续表)

摘要	产量(件)	半成品			直接工资	制造费用	合计
		计划成本	成本差异	实际成本			
合 计		21 520	－105	21 415	4 145	8 730	34 290
完工产品转出	100	15 440	－105	15 335	2 900	6 015	24 250
单位成本		154.4	－1.05	153.35	29	60.15	242.5
月末在产品(定额成本)		6 080		6 080	1 245	2 715	10 040

$$\begin{aligned}\text{本月所耗半成品实际}\\ \text{应分配的成本差异}\end{aligned} = \text{本月所耗半成品的计划成本} \times \text{成本差异率}$$
$$= 15\,540 \times (-0.675\,7\%) = -105$$

由于该企业的在产品按定额成本计价，因而在产品所耗的半成品没有成本差异，本月所耗半成品的成本差异－105元全部一次计入本月产成品成本。

3．按计划成本综合结转的优点

与按实际成本综合结转半成品成本法相比较，按计划成本综合结转半成品成本具有以下优点：

(1) 可以简化和加速成本核算工作。按计划成本结转半成品成本可以简化和加速半成品收发的凭证计价和记账工作；如果半成品种类较多，按类计算半成品成本差异率，调整所耗半成品的成本差异时，可以省去按品种、规格设立产品成本明细账，逐一计算和调整所产、所耗半成品的实际成本和成本差异等大量工作；如果月初半成品存量较大，本月所耗半成品大部分甚至全部都是以前月份生产的，那么本月所耗半成品成本差异调整可以根据上月半成品成本差异率计算，而不必等到月末算出上一步骤本月半成品的实际成本、成本差异和成本差异率后再计算所耗半成品的成本差异和实际成本费用，此时，成本计算不必逐步等待，因而可以加速成本计算工作。

(2) 便于各步骤进行成本考核与分析。按计划成本结转半成品成本，在各步骤的产品成本明细账中，可以分别反映所耗半成品的计划成本、成本差异和实际成本；在考核和分析各步骤产品成本时，可以扣除上一步骤半成品成本节约和超支的影响，从而有助于分清经济责任，考核各步骤的经济效益。

4．综合结转的成本还原

采用综合结转法结转半成品成本时，各步骤所耗半成品成本是以"半成品"或"原材料"项目综合反映的，这样计算出来的产品成本不能提供按原始成本项目反映的成本资料；当生产步骤较多时，通过逐步综合结转半成品成本后，表现在产品成本中的成本绝大部分费用是最后一个步骤所耗用的半成品成本，其他费用只是最后一步骤的费用，在产品成本中占比较小，这显然不符合产品成本结构(也就是各项成本之间的比例关系)的实际情况，因而不能据以从整个企业的角度来考核和分析产品成本的构成和水平。

如【例 9-1】最后一步骤产品成本明细账中(见表 9-3)，第二车间产成品成本总额为 24 250 元，其中，"半成品"项目金额为 15 335 元，这一项目占据产成品成本的绝大多数(占比达 63.24%)，而直接工资和制造费用是第二车间发生的费用，在产品成本中所占比重很小，这无法反映产品成本的实际结构。再通过【例 9-3】予以说明。

【例 9-3】某企业生产丙产品，生产过程由三个步骤组成，上一步骤为下一步骤提供半成品直到第三个生产步骤，半成品不通过仓库收发。各步骤成本结转结果如表 9-6 所示。

表 9-6 产品成本明细账

产品：丙产品　　　　　　　　　　　　　　　　　　　　　　　　　　　　　　　　　单位：元

	半成品	原材料	直接工资	制造费用	合　计
第一步骤半成品成本		1 700	400	1 100	3 200
第二步骤半成品成本	3 200		500	1 600	5 300
第三步骤产成品成本	5 300		600	1 900	7 800
原始成本项目合计		1 700	1 500	4 600	7 800

根据表 9-6，第一步骤的完工半成品成本 3 200 元直接转作第二步骤的半成品费用，第二步骤完工半成品成本 5 300 元转作第三步骤的半成品费用。在第三步骤产成品成本中，半成品成本 5 300 元占据总成本 7 800 元的 68%，工资和制造费用合计占据 32%；这与该产品成本的实际结构（原材料费用 1 700 元，工资 1 500 元，制造费用 1 900 元，后两者占据总成本的 78%）大不相同。因此，管理上从整个企业角度分析和考核产品成本构成时，应将逐步综合结转出的产成品成本进行成本还原，即将产品成本还原为按原始成本项目反映的成本。

【例 9-3】中，各步骤所耗的半成品成本恰好等于上一步骤生产的半成品成本，两者可以相互抵消，成本还原就比较简单。只需将各步骤所耗半成品成本忽略不计，将各步骤的原材料费用、工资以及制造费用直接分项加总即可。然而实际生产中，下一步骤所耗半成品成本与上一步骤半成品成本往往不相等，不能直接相加，因此需要专门的成本还原。

成本还原就是将最后一步产成品成本明细账中以综合成本项目反映的半成品成本逐步分解为按原始成本项目（原材料费用、工资费用、制造费用）反映的成本。其具体程序如下：从最后一步骤开始，把最终产成品成本中的自制半成品成本按照上一步骤本月完工半成品的成本结构进行还原，同理，如果还原后的成本还包括自制半成品，再根据上一步本月完工半成品的成本结构进行还原，如此直至把最终完工品成本还原成直接材料、直接人工和制造费用等原始的成本项目。总体而言，如果企业生产只有两个成本计算步骤，则只需要一次成本还原；如果企业有三个以上成本计算步骤，则需要多次还原（还原次数=生产步骤数－1）。

具体而言，成本还原有两种方法：结构比重法和还原分配率法。

（1）结构比重法。首先，计算出上一步骤半成品成本中各成本项目占半成品成本的比重；其次，再用计算出来的各成本项目比重乘以本步骤所耗上一步骤半成品成本数额，即可得出各成本项目的还原数额。

$$成本还原系数=\frac{本月上一步骤半成品成本中各项目费用金额}{本月上一步骤半成品成本合计}$$

$$\frac{某项成本}{还原数额}=\frac{该成本项目}{还原系数}\times\frac{本月本步骤所耗}{上一步骤半成品成本}$$

【例 9-4】仍以【例 9-1】的企业资料，在第二车间产品成本明细账中，本月产成品成本为 24 250 元，所耗上一步骤半成品成本 15 335 元，按照第一车间本月所产该种半成品 14 630

元的成本构成(即各项费用的比重)进行成本还原。根据上述两个车间产品明细账有关资料,编制产成品成本还原计算表,如表9-7所示。

表9-7 产品成本还原计算表

产品名称:甲产品   单位:元

项目		半成品	原材料	直接工资	制造费用	合计
还原前产品成本		15 335		2 900	6 015	24 250
本月所产该种半成品成本			5 040	3 110	6 480	14 630
成本还原	成本还原系数		34.45%	21.26%	44.29%	100%
	还原额	—15 335	5 282.87	3 259.87	6 792.26	
还原后的产成品成本			5 282.87	6 159.87	12 807.26	24 250

表9-7中,"还原前产品成本"根据第二车间产品成本明细账中完工转出产品填写,其中"半成品"成本项目15 335元就是成本还原的对象。"本月所产半成品成本"根据第一车间产品成本明细账中完工转出半成品成本填写,其各项成本项目之间的比例是成本还原的依据。

表9-7中,进行成本还原的步骤如下:

① 计算成本还原系数。根据上一步骤本月完工半成品的成本构成,计算如下:

$$成本还原系数 = \frac{本月上一步骤半成品成本中各项目费用金额}{本月上一步骤半成品成本合计}$$

$$原材料费用成本还原系数 = \frac{5\ 040}{14\ 630} = 34.45\%$$

$$工资费用成本还原系数 = \frac{3\ 110}{14\ 630} = 21.26\%$$

$$制造费用成本还原系数 = \frac{6\ 480}{14\ 630} = 44.29\%$$

② 将半成品的综合成本进行还原。用产成品成本中半成品的综合成本乘以各成本项目的成本还原系数即可:

某项成本还原数额=该成本项目还原系数×本月本步骤所耗上一步骤半成品成本
还原后的原材料费用=15 335×34.45%=5 282.87
还原后的工资费用=15 335×21.26%=3 259.87
还原后的制造费用=15 335×44.29%=6 792.26

③ 计算还原后的产品总成本。将表9-7第一行的"直接工资""制造费用"与第四行半成品综合成本还原值中的"原材料""直接工资"与"制造费用"按项目分别相加,即得第五行按原始成本项目还原后的产品总成本。其中,还原后的原材料总费用为5 282.87元,还原后的工资总费用为6 159.87(即2 900+3 259.87)元,还原后的总制造费用为12 807.26(6 015+6 792.26)元。

(2) 还原分配率法。首先,先以待还原的半成品成本金额除以上一步骤本月完工品成本合计数,算出还原分配率;其次,再用计算出来的还原分配率乘以上一步骤本月完工品各个成本项目的成本,即可得出各成本项目的还原数额。

$$成本还原分配率 = \frac{本月产成品所耗上一步骤半成品成本}{本月上一步骤半成品成本合计}$$

$$某项成本还原数额 = 成本还原分配率 \times 上一步骤本月半成品成本中的各成本项目金额$$

【例 9-5】 仍以【例 9-1】为例,使用还原分配率进行成本还原,其具体计算如表 9-8 所示。

表 9-8 产品成本还原计算表

产品名称:甲产品　　　　　　　　产品产量:100 件　　　　　　　　　　单位:元

项目	还原分配率	半成品	原材料	直接工资	制造费用	合计
还原前产品成本		15 335		2 900	6 015	24 250
本月所产该种半成品成本			5 040	3 110	6 480	14 630
成本还原	1.048 19	—15 335	5 282.87	3 259.87	6 792.26	
还原后的产成品成本			5 282.87	6 159.87	12 807.26	24 250
还原后的产成品单位成本			52.83	61.60	128.07	242.5

表 9-8 中,进行成本还原的步骤如下:

① 计算还原分配率。其计算如下:

$$还原分配率 = \frac{本月产成品所耗上一步骤半成品成本}{本月上一步骤半成品成本合计} = \frac{15\ 335}{14\ 630} = 1.048\ 19$$

② 将半成品的综合成本进行还原。用还原分配率乘以上一步骤本月完工半成品的各个成本项目,求得成本还原数额:

$$\frac{某项成本}{还原数额} = \frac{成本还原}{分配率} \times \frac{上一步骤本月半成品}{成本中的各成本项目金额}$$

还原后的原材料费用 = 1.048 19 × 5 040 = 5 282.87
还原后的工资费用 = 1.048 19 × 3 110 = 3 259.87
还原后的制造费用 = 1.048 19 × 6 480 = 6 792.26

③ 计算还原后的产品总成本。根据还原前成本(第一行)加上半成品成本还原额(第三行)分项相加而得。其中,还原后的原材料总费用为 5 282.87 元,还原后的工资总费用为 6 159.87(即 2 900+3 259.87)元,还原后的总制造费用 12 807.26(6 015+6 792.26)元。

将"还原前产成品总成本"与"还原后产成品总成本"相比,我们发现成本合计相同,但成本构成不同。

采用结构比重法和还原分配率法进行成本还原,其计算较为简单,但其是以各月半成品成本结构基本相同为前提,它没有考虑到以前月份所耗半成品的成本结构对本月所耗半成品成本结构的影响;如果各月半成品成本结构变化较大时,使用上述方法进行成本还原的准确性较差。

如果各月半成品成本结构相差较大时,则应将产品成本明细账中的月初在产品成本、本月生产费用、月末在产品成本中所耗上一步骤半成品的综合成本全部按照原始成本项目进行分解,并根据月初在产品成本加上本月生产费用减月末在产品成本等于完工产品成本的原理,计算出按原始成本项目反映的完工产品成本。但这种成本还原方法的计算工作量较大。

5. 综合结转法的优缺点与适用范围

综上所述可知,综合结转法的优点是:从各步骤的产品成本明细账中可以看到各生产步骤完工产品消耗上一步骤半成品的实际成本以及本步骤加工费用的水平,从而有利于加强各生产步骤的成本管理。例如,可以从钢铁企业轧钢步骤的产品(钢材)成本明细账中看出产品消耗上一步骤半成品钢锭的费用以及本步骤轧钢的费用水平,有利于加强轧钢步骤的成本管理。但其也存在明显的缺点:为了从整个企业角度反映产品成本的构成,加强企业成本管理,必须进行成本还原,大量增加了成本核算的工作量。

因此,综合结转分步法只适用于在管理上要求计算、反映各生产步骤所耗上一步骤半成品成本,而且不要求按原始成本项目反映成本结构的企业中。比如:钢铁企业的半成品生铁和钢锭可以作为商品对外销售,这就要求计算其生产成本;同时,分析和考核产品成本时,只需了解所耗钢锭费用和轧钢步骤的加工费用即可,而不需要了解所耗原材料铁矿石费用、所耗各步骤工资和制造费用等,因此这类企业适宜采用综合结转法。

6. 综合结转法的综合案例

【例9-6】假定某工业企业生产A产品连续经过第一、第二两个步骤,第一步骤生产半成品,交半成品库验收,第二步骤按需要量向半成品库领用。各步骤完工产品与月末在产品之间的分配采用约当产量比例法。该企业某年5月份有关成本计算的资料如下所示。

(1)企业的产量资料如表9-9所示。

表9-9　A产品产量资料　　　　　　　　　　　　　　　单位:件

项　目	月初在产品	本月投入	本月完工	月末在产品
第一步骤	180	420	500	100
第二步骤	200	700	600	300

假定材料在第一步骤开始加工时一次投入,各加工步骤的在产品完工程度均为50%。

(2)月初在产品成本资料如表9-10所示。

表9-10　A产品月初在产品成本　　　　　　　　　　　单位:元

项　目	直接材料	自制半成品	直接人工	制造费用	合　计
第一步骤	1 900		1 100	2 300	5 300
第二步骤		6 300	1 200	2 550	10 050

(3)月初库存A半成品400件,其实际成本为10 300元。

(4)本月发生费用(第二步骤不包括第一步骤转入的费用)如表9-11所示。

表 9-11　A 产品产量资料　　　　　　　　　　　　　　　　　　　　　　单位：元

项　目	直接材料	直接人工	制造费用	合　计
第一步骤	6 260	3 025	1 495	10 780
第二步骤		4 050	8 700	12 750

（5）假定半成品成本按加权平均法计算，请计算各生产步骤的成本。

（6）假定半成品成本按计划单价计算，A 半成品计划单位成本为 30 元。

（7）进行成本还原计算。

分析：（1）根据本例资料，开设并登记第一步骤产品成本明细账，如表 9-12 所示。

表 9-12　产品成本明细账

车间：第一车间　　　　　　　产品：A 半成品　　　　　　　　　　　　单位：元

项　目	直接材料	直接人工	制造费用	合　计
月初在产品成本	1 900	1 100	2 300	5 300
本月生产费用	6 260	3 025	1 495	10 780
合　计	8 160	4 125	3 795	16 080
约当量	600	550	550	
分配率（单位成本）	13.6	7.5	6.9	28
完工半成品成本	6 800	3 750	3 450	14 000
月末在产品成本	1 360	375	345	2 080

注：原材料项目在产品约当产量：100（件）

其他加工费用项目在产品约当产量：100×50％＝50（件）

根据第一步骤 A 半成品入库单，应编制会计分录如下：

借：自制半成品——A 半成品　　　　　　　　　　　　　　　　　14 000

　　贷：生产成本——基本生产成本——第一车间——A 半成品　　14 000

（2）根据第一步骤 A 半成品入库单和第二步骤 A 半成品领用单，登记 A 半成品明细账，如表 9-13 所示。

表 9-13　自制半成品明细账

半成品：A 半成品　　　　　　　　　　　　　　　　　　　　　　　　单位：元

月份	月初余额		本月增加		合　计			本月减少	
	数量（件）	实际成本	数量（件）	实际成本	数量（件）	实际成本	单位成本	数量（件）	实际成本
5	400	10 300	500	14 000	900	24 300	27	700	18 900
6	200	5 400							

$$\text{加权平均单位成本} = \frac{10\ 300 + 14\ 000}{400 + 500} = 27(元/件)$$

本月减少半成品实际成本＝700×27＝18 900（元）

根据第二车间半成品领用单编制结转半产品成本的会计分录如下：

借：生产成本——基本生产成本——第二车间——A半成品　　　18 900
　　贷：自制半成品——A半成品　　　　　　　　　　　　　　18 900

（3）第二步骤产品成本明细账，如表9-14所示。

表9-14　产品成本明细账

车间：第二车间　　　　　　　　产品：A产品　　　　　　　　　　单位：元

项　目	直接材料	直接人工	制造费用	合　计
月初在产品成本	6 300	1 200	2 550	10 050
本月生产费用	18 900	4 050	8 700	31 650
合　计	25 200	5 250	11 250	41 700
约当量	900	750	750	
分配率（单位成本）	28	7	15	50
完工半成品成本	16 800	4 200	9 000	30 000
月末在产品成本	8 400	1 050	2 250	11 700

注：原材料项目在产品约当产量：300（件）
　　其他加工费用项目在产品约当产量：300×50％＝150（件）

根据第二步骤产成品入库单，应编制会计分录如下：

借：产成品——A产品　　　　　　　　　　　　　　　　　　30 000
　　贷：生产成本——基本生产成本——第二车间——A产品　　30 000

（4）假定半成品成本按计划单价计算，A半成品计划单位成本为30元。有关半成品成本的调整和自制半成品明细账的登记如表9-15所示。

表9-15　自制半成品明细账

半成品：A半成品　　　　　　　计划单位成本：30　　　　　　　　单位：元

月　份			5	6
月初余额	数量（件）	①	400	200
	计划成本	②	12 000	6 000
	实际成本	③	10 300	5 400
本月增加	数量（件）	④	500	
	计划成本	⑤	15 000	
	实际成本	⑥	14 000	
合　计	数量（件）	⑦＝①＋④	900	
	计划成本	⑧＝②＋⑤	27 000	
	实际成本	⑨＝③＋⑥	24 300	
	成本差异	⑩＝⑨－⑧	－2 700	
	成本差异率	⑪＝⑩÷⑧×100％	－10％	

(续表)

月 份			5	6
本月减少	数量（件）	⑫	700	
	计划成本	⑬	21 000	
	实际成本	⑭=⑬+⑬×⑪	18 900	

（5）进行成本还原计算。本例通过成本还原率法进行成本还原，如表9-16所示。

表9-16　产品成本还原计算表

产品名称：A产品　　　　　　产品产量：600件　　　　　　　　　　　单位：元

项 目	还原分配率	半成品	原材料	直接工资	制造费用	合 计
还原前产品成本		16 800		4 200	9 000	30 000
本月所产该种半成品成本			6 800	3 750	3 450	14 000
成本还原	1.2	−16 800	8 160	4 500	4 140	
还原后的产成品成本			8 160	8 700	13 140	30 000
还原后的产成品单位成本			13.6	14.5	21.9	50

（二）分项结转法

分项结转，就是将各加工步骤所耗上一步骤的半成品成本，按"原材料""直接人工""制造费用"等成本项目，分别计入各该步骤产品成本明细账中的相关成本项目。如果半成品通过半成品仓库收发，那么在自制半成品明细账中登记半成品成本时也要按成本项目分项登记。

分项结转可以按照半成品的实际成本结转，也可以按照计划成本结转，然后按成本项目分项调整成本差异。鉴于按计划成本结转的工作量较大，实际工作中一般采用按实际成本分项结转的方法。

1. 分项结转法计算程序

【例9-7】仍用【例9-1】的成本资料，说明采用分项结转的成本计算程序。

（1）第一车间甲半成品成本明细账，如表9-17所示。

表9-17　产品成本明细账

车间：第一车间　　　　　　产品：甲半成品　　　　　　　　　　　　单位：元

摘 要	产量（件）	原材料	直接工资	制造费用	合 计
月初在产品（定额成本）		3 060	2 700	4 280	10 040
本月生产费用		5 080	3 010	6 600	14 690
合　计		8 140	5 710	10 880	24 730
完工产品转出	100	5 040	3 110	6 480	14 630
月末在产品（定额成本）		3 100	2 600	4 400	10 100

（2）根据计价的半成品交库单和第二车间领用半成品的领用单，登记自制半成品明细账，如表 9-18 所示。

表 9-18 自制半成品明细账

半成品：甲半成品　　　　　　　　　　　　　　　　　　　　　　　　　　　单位：元

月	摘　要	产量（件）	原材料	直接工资	制造费用	合　计
1	月初余额	20	1 062	650	1 298	3 010
	本月增加	100	5 040	3 110	6 480	14 630
	合　计	120	6 102	3 760	7 778	17 640
	单位成本		50.85	31.33	64.82	147
2	本月减少	105	5 339.25	3 289.65	6 806.10	15 435

（3）根据各种生产费用分配表、半成品领用单和第二车间的在产品定额成本资料，登记第二车间甲产成品成本明细账，如表 9-19 所示。

表 9-19 产品成本明细账

车间：第二车间　　　　　　　　　产品：甲产成品　　　　　　　　　　　单位：元

摘　要	产量（件）	半成品	直接工资	制造费用	合　计
月初在产品（定额成本）		2 310	2 500	5 320	10 130
本月本步生产费用			2 800	5 925	8 725
本月耗用半成品费用		5 339.25	3 289.65	6 806.10	15 435
合　计		7 649.25	8 589.65	18 051.10	34 290
完工产品转出	100	5 369.25	6 129.65	12 751.10	24 250
单位成本		53.69	61.30	127.51	242.5
月末在产品（定额成本）		2 280	2 460	5 300	10 040

需要指出的是：表 9-19 中按成本项目反映的甲产成品的成本合计数为 24 250 元，与表 9-8 产品成本还原计算表中的还原后产成品成本合计数相等，但两个成本的构成并不相同。这是因为甲产成品成本还原计算表中产成品所耗半成品各项费用是根据本月所生产半成品的成本结构还原出来的，没有考虑以前月份所产半成品，即月初结存半成品成本结构的影响。而上述第二车间产品成本明细账中的产成品所耗半成品的各项费用，则包括了以前月份所产半成品，不同的成本结构必然会影响两者的计算。

2. 分项结转法的优缺点与适用范围

通过上述分析可以发现，使用分项结转法结转半成品成本时，产成品成本直接按原始成本项目反映产品成本资料，不需要进行成本还原，有利于从整个企业角度分析和考核产品成本计划和执行情况。但是，分成本项目结转成本比较麻烦，特别是在半成品通过仓库收发时，分项结转半成品成本的核算工作量较大，而且，各加工步骤完工产品成本中看不出其所耗上一加工步骤半成品成本是多少，本步骤加工费用是多少，不便于对各加工步骤完工产品的成本进行分析和考核。因此,分项结转法一般适用于管理上不要求分别计算各步骤完工产品所耗半成品费用和本步骤加工费用资料,但要求按原始成本项目计算产品成本的企业。

五、逐步结转分步法的优缺点与适用范围

综上所述,逐步结转分步法的优点可以概括为以下三点:
(1) 不仅提供产成品成本资料,而且还提供各步骤半成品成本资料。
(2) 由于半成品成本随着实物转移而结转,各生产步骤的成本明细账的费用余额反映了留在各个生产步骤的在产品成本,因此有利于加强半成品和在产品的实物管理和资金管理。
(3) 在综合结转分步法下,各步骤生产成本明细账能够全面反映各生产步骤所耗上一步骤半成品费用和本步骤生产费用,有利于对各加工步骤完工产品成本进行分析和考核;采用分项结转分步法时,能够直接提供原始成本项目反映的产品成本,从而满足企业分析和考核产品成本水平和构成的需要。

逐步结转分步法的缺点主要表现在以下三方面:
(1) 各加工步骤的半成品成本按加工顺序逐步结转,影响了成本计算工作的及时性。
(2) 在综合结转分步法下,如果要从整个企业角度分析产成品的成本构成,成本还原工作量较大;在分项结转分步法下,各步骤半成品成本结转的工作量较大。
(3) 在分项结转分步法下,不利于对各加工步骤完工产品成本进行分析和考核。

逐步结转分步法的适用范围与上述优缺点相联系。逐步结转分步法一般适用于半成品的种类不多、逐步结转半成品成本的工作量不是很大的企业,或者半成品种类较多,但管理上又不要求提供各生产步骤半成品成本数据的企业。

第三节 平行结转分步法

在采用分步法计算成本的大量大批多步骤生产企业中,有的企业(如机械制造企业)各生产步骤所生产的半成品种类很多,但并不需要计算半成品成本。为了简化和加速成本计算过程,它们一般使用平行结转分步法计算产品成本。

一、平行结转分步法的概念与适用范围

平行结转分步法,又称"不计算半成品成本的分步法",是指在计算产品成本时,各加工步骤只计算本步骤发生的生产费用以及这些生产费用计入产成品成本的份额,不计算各步骤所产半成品成本,也不计算各步骤所耗上一步骤半成品成本,然后,将相同产品各生产步骤中应计入产成品成本的份额予以平行结转和汇总,最后计算出产成品成本的一种成本计算方法。

采用分步法计算成本的大量大批多步骤生产企业中,有的企业属于装配式生产,即先对各种材料平行地进行加工,生产成为各种半成品(如零件、部件),然后再装配成各种产品,如机械制造、汽车生产等企业;有的企业属于连续式多步骤生产企业,但是半成品基本不对外

销售,管理上不要求计算半成品成本,只需计算最终产品成本。因此,为了简化和加速成本计算工作,可以采用平行结转分步法,只计算各步骤应计入最终产品的份额,然后平行结转,汇总计算产成品的成本。

二、平行结转分步法的核算程序

平行结转分步法的成本计算程序如下:

(1) 按照产品的加工步骤和产品品种设置生产成本明细账,各步骤按成本项目归集本步骤发生的费用(不包括所耗上一步骤半成品的成本);

(2) 月末,采用适当的方法将各个步骤归集的生产费用在最终完工品与广义在产品之间进行分配,计算出各步骤应计入最终完工品的成本份额;

(3) 将同一产品各个生产步骤成本计算单中,应计入最终完工品的份额进行平行结转、汇总,最终得出该种产成品的产品总成本。

平行结转分步法的成本计算程序如图 9-5 所示。

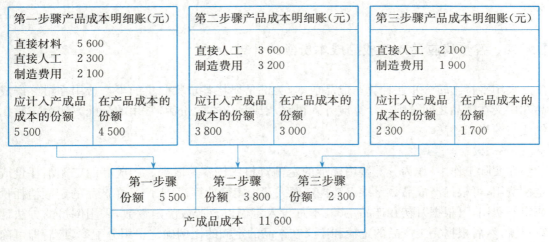

图 9-5 平行结转分步法的成本计算程序

三、平行结转分步法的特点

与逐步结转分步法相比,平行结转分步法具有以下主要特点:

(一) 不计算半成品成本,成本计算对象是各个生产步骤和最终完工品

在平行结转分步法下,按产品的加工步骤和产品品种设置生产成本明细账,各步骤产品成本明细账中仅归集本步骤发生的生产费用,而不包括从上一步骤结转过来的自制半成品成本。因此,假定生产材料在第一步骤一次性投入,那么只有第一步骤包括材料费用和其他加工费用,而其他生产步骤仅归集本步骤发生的加工费用,不包括本步骤继续加工的上一步骤转入自制半成品的成本。

(二) 半成品成本不随实物转移而转移

采用这种方法,各步骤之间不结转半成品成本。不论半成品实物在各步骤之间是直接转移,还是通过仓库收发,各步骤都不通过"自制半成品"科目进行总分类核算。

半成品实物转移,半成品费用不动,保留在各步骤成本计算单中,待产品完工后,将各步骤成本计算单中应计入完工产品成本的份额平行结转汇总到该产品成本汇总表中。

(三) 计算各生产步骤生产费用应计入最终完工品的份额

为了计算各生产步骤生产费用应计入最终完工品的份额,应采用适当的方法将各生产步骤发生的费用划分为耗用于最终完工品的部分以及尚未最后完工的在产品(即广义在产品)部分。此处的广义在产品是指尚未完成最后一生产步骤的在产品,它包括:① 尚在本步骤加工中的在产品;② 本步骤已经完工并转入半成品库的在产品;③ 已经从半成品库转到以后生产步骤进行进一步加工,尚未最后完工的在产品。各步骤的生产费用应在最终完工品与广义在产品之间进行分配。

如第一步骤的成本应在完工产品和所有广义在产品之间进行分配,因为所有产品均经过第一步骤加工,受益过就要分摊费用;对于第二步骤的成本,应在最终完工产品与第二步、第二步以后各生产步骤进行分配,而第一步骤在产品不参与第二步骤成本分配,这是因为第一步骤在产品没有经过第二步骤加工,没有受益则不分摊费用;同理适用于其他步骤的成本分配。

四、各步骤应计入产成品成本份额的计算

采用平行结转分步法计算产成品成本,关键是要将各步骤归集的生产费用在最终产成品和广义在产品之间分配。计算应计入最终产成品成本的份额,常用的分配方法为定额比例法与约当产量法。

(一) 定额比例法

在实际工作中,作为分配费用标准的定额资料比较容易取得。产成品的定额消耗量或定额费用,可根据产成品数量乘以消耗定额或费用定额计算;月末广义在产品的定额消耗量或定额费用,可根据月初在产品定额、本月投入定额以及产成品定额数,采用倒挤的方法计算求得,然后根据完工产品的定额和广义在产品的定额的比例确定费用分配率,最后即可确定各生产步骤的生产费用应计入产成品成本的份额。其计算公式如下:

(1) 月末广义在产品的定额原材料费用(定额工时)=月初广义在产品原材料费用(定额工时)+本月投入的定额原材料费用(定额工时)-本月产成品定额原材料费用(定额工时)。

(2) 某步骤费用分配率

$$= \frac{该步骤月初在产品费用+该步骤本月发生费用}{产成品定额消耗量或定额费用+月末广义在产品定额消耗量或定额费用}$$

其中,分配原材料费用时,使用定额原材料分配进行分配;分配工资费用、制造费用时,使用定额工时进行分配。

(3) 某步骤某项目应计入产成品的份额=产成品定额消耗量(费用、工时)×某步骤某项目费用分配率。

(二) 约当产量法

该法将各生产步骤的生产费用在本步骤完工半成品和月末在产品之间进行分配,计算

出本步骤单位半成品费用,然后用最终产成品数量乘以本步骤单位半成品费用,就可以计算出本步骤应计入产成品成本的份额。其具体计算公式如下:

$$某步骤应计入产成品成本份额 = 产成品数量 \times 该步骤完工半成品单位成本$$

其中:

$$某步骤完工半成品单位成本 = \frac{该步骤月初在产品成本 + 该步骤本月生产费用}{该步骤完工产品数量(约当产量)}$$

$$某步骤完工产品数量(约当产量) = 本月完工产成品数量 + 该步骤月末在产品约当产量 + 该步骤以后各步骤月末在产品数量$$

五、平行结转分步法成本核算举例

(一)定额比例法在平行结转分步法中的应用

【例 9-8】第一纺织厂大量大批生产甲产品,分两个步骤分别由两个基本生产车间生产,原材料在生产开始时一次投入。生产费用在完工产品与在产品之间采用定额比例法分配,其中原材料费用按定额原材料费用比例分配,其他各项费用均按定额工时比例分配。其有关成本核算资料如下所示:

(1)甲产品的定额资料如表 9-20 所示。

表 9-20 甲产品定额资料   单位:元

车间份额	月初在产品		本月投入		单件定额		本月产成品		
	定额原材料费用	定额工时	定额原材料费用	定额工时	原材料费用	工时	产量	定额原材料费用	定额工时
第一车间	1 800	800	88 200	24 000	100	27	880	88 000	23 760
第二车间		1 600		22 000		25	880		22 000

(2)甲产品月初在产品及本月生产费用如表 9-21 所示。

表 9-21 生产成本资料   单位:元

步骤	项目	直接材料	直接人工	制造费用	合计
第一步骤	月初在产品成本	2 000	900	1 100	4 000
	各月生产费用	86 000	28 400	35 600	150 000
	合计	88 000	29 300	36 700	154 000
第二步骤	月初在产品成本		1 800	2 000	3 800
	各月生产费用		22 200	15 000	37 200
	合计		24 000	17 000	41 000

分析：(1) 根据上述资料，登记并计算第一、二车间产品成本明细账，如表 9-22、表 9-23 所示。

表 9-22 产品成本明细账

车间：第一车间　　　　　　　　　产品：甲半成品　　　　　　　　　　单位：元

摘　要	产量(件)	原材料 定额	原材料 实际	定额工时	直接工资	制造费用	合　计
月初在产品		1 800	2 000	800	900	1 100	4 000
本月生产费用		88 200	86 000	24 000	28 400	35 600	150 000
合　计		90 000	88 000	24 800	29 300	36 700	154 000
费用分配率		0.977 8			1.181 5	1.479 8	
产成品成本中本步骤份额	880	88 000	86 046.4	23 760	28 072.44	35 160.05	149 278.89
月末在产品成本		2 000	1 953.6	1 040	1 227.56	1 539.95	4 721.11

上述第一车间产品成本明细账中的数字计算和登记方法如下：

① 定额原材料费用、定额工时，根据表 9-20 甲产品的定额资料计算登记。月末在产品定额数字根据月初在产品、本月投入以及本月产成品的定额原材料和定额工时，采用倒挤的方法求得。计算过程如下：

第一车间月末在产品定额原材料费用 = 1 800 + 88 200 − 88 000 = 2 000

第一车间月末在产品定额工时 = 800 + 24 000 − 23 760 = 1 040

② 费用登记与费用分配。本月生产费用根据表 9-21 登记。费用分配使用定额比例法在产成品与广义在产品之间分配。首先计算费用分配率，其中原材料费用分配按定额材料费用比例分配，其他费用按定额工时比例分配。费用分配率的计算公式如下：

$$费用分配率 = \frac{该步骤月初在产品费用 + 该步骤本月发生费用}{产成品定额消耗量或定额费用 + 月末广义在产品定额消耗量或定额费用}$$

费用分配率的计算如下：

$$直接材料费用分配率 = \frac{88\,000}{90\,000} = 0.977\,8$$

$$直接人工分配率 = \frac{29\,300}{24\,800} = 1.181\,5$$

$$制造费用分配率 = \frac{36\,700}{24\,800} = 1.479\,8$$

第一车间各项费用应计入产成品成本的份额计算如下：

直接材料费用应计入产成品的份额 = 88 000 × 0.977 8 = 86 046.40(元)

月末在产品原材料费用份额＝2 000×0.977 8＝1 953.6(元)
直接人工费用应计入产成品的份额＝23 760×1.181 5＝28 072.44(元)
月末在产品直接人工费用份额＝1 040×1.181 5＝1 227.56(元)
制造费用应计入产成品的份额＝23 760×1.479 8＝35 160.05(元)
月末在产品制造费用份额＝1 040×1.479 8＝1 539.95(元)

第二车间各项成本费用的分配计算类似，其明细账如表9-23所示。

表9-23　产品成本明细账

车间：第二车间　　　　　　　　　　产品：甲产成品　　　　　　　　　　单位：元

摘　要	产量（件）	原材料		定额工时	直接工资	制造费用	合　计
		定额	实际				
月初在产品				1 600	1 800	2 000	3 800
本月生产费用				22 000	22 200	15 000	37 200
合　计				23 600	24 000	17 000	41 000
费用分配率						1.016 9	0.720 3
产成品成本中本步骤份额	880			22 000	22 371.80	15 846.60	38 218.40
月末在产品成本				1 600	1 628.20	1 153.40	2 781.60

(2) 将第一、二车间产品成本明细账中应计入产成品成本的份额平行汇总，计算产成品成本，编制产成品汇总表如表9-24所示。

表9-24　产品成本汇总表

产品名称：甲产品　　　　　　　　　　　　　　　　　　　　　　　　　　单位：元

车间份额	产量	直接材料	直接人工	制造费用	合　计
第一车间份额	880	86 046.40	28 072.44	35 160.05	149 278.89
第二车间份额	880		22 371.80	15 846.60	38 218.40
合　计	880	86 046.40	50 444.24	51 006.65	187 497.29
产成品单位成本		97.78	57.323	57.96	213.06

根据产品成本汇总计算表，编制会计分录如下：
借：库存商品——甲产品　　　　　　　　　　　　　　　　187 497.29
　　贷：生产成本——基本生产成本——第一车间　　　　　149 278.89
　　　　　　　　　　　　　　　　　　——第二车间　　　　38 218.40

(二) 约当产量法在平行结转分步法中的应用

【例9-9】假设某企业生产丙产品分三个步骤，分别由三个车间进行，原材料在第一车间开始生产时一次性投入，月末在产品按约当产量法计算，各步骤在产品完工程度均为50％。有关产量记录与生产费用资料如表9-25与表9-26所示。

表 9-25 丙产品产量记录　　　　　　　　　　　　　　　　　　　　　　　　　　　　单位：件

项目＼步骤	月初在产品数量	本月投产数量	本月完工数量	月末在产品数量
第一步骤	60	800	820	40
第二步骤	80	820	840	60
第三步骤	40	840	860	20

表 9-26 生产成本资料　　　　　　　　　　　　　　　　　　　　　　　　　　　　单位：元

步骤	项目	直接材料	直接人工	制造费用	合计
月初在产品成本	第一步骤	5 500	2 100	2 800	10 400
	第二步骤		5 000	3 000	8 000
	第三步骤		900	600	1 500
本月发生费用	第一步骤	43 500	17 100	26 000	86 600
	第二步骤		49 600	33 400	83 000
	第三步骤		70 440	47 250	117 690

分析：（1）根据上述资料，登记并计算第一、二、三车间产品成本明细账，如表 9-27、表 9-28 与表 9-29 所示。

表 9-27 产品成本明细账

车间：第一车间　　　　　　　　　　　　　　　　　　　　　　　　　　　　　　单位：元

项目	直接材料	直接人工	制造费用	合计
月初在产品成本	5 500	2 100	2 800	10 400
本月生产费用	43 500	17 100	26 000	86 600
合计	49 000	19 200	28 800	97 000
本月产成品数量	860	860	860	
月末在产品约当量	120	100	100	
分配率（单位成本）	50	20	30	
应计入产成品成本份额	43 000	17 200	25 800	86 000
月末在产品成本份额	6 000	2 000	3 000	11 000

采用约当产量法将生产费用在产成品与在产品之间进行分配，根据资料产成品为 860 件，第一车间在产品 40 件，第二车间在产品 60 件，第三车间在产品 20 件，所有的在产品及产成品均经过第一步骤，完成第一步骤生产后的成本并没有结转出去，因此都应参与第一步骤成本分配。

① 材料费用分配。

由于原材料在生产开始时一次性投入，单位在产品与单位完工品材料消耗相同，因此月末在产品的约当产量为：40+60+20=120（件）。

$$材料费用分配率 = \frac{5\,500+43\,500}{860+(40+60+20)} = 50（元/件）$$

本步骤应计入产成品成本的份额=860×50=43 000（元）

月末在产品成本份额=49 000−43 000=6 000（元）

② 工资费用与制造分配。

月末第一步骤在产品的约当产量为40×50%=20件，第二、第三步骤在产品完整经历第一步骤，所以约当产量分别为60与20件，在产品约当总产量为20+60+20=100（件）。

$$直接人工费用分配率 = \frac{2\,100+17\,100}{860+(20+60+20)} = 20（元/件）$$

本步骤应计入产成品成本的份额=860×20=17 200（元）

月末在产品成本份额=19 200−17 200=2 000（元）

$$制造费用分配率 = \frac{2\,800+26\,000}{860+(20+60+20)} = 30（元/件）$$

本步骤应计入产成品成本的份额=860×30=25 800（元）

月末在产品成本份额=28 800−25 800=3 000（元）

③ 因此，第一车间本月计入产成品的成本份额为：直接材料——43 000元；直接人工——17 200元；制造费用——25 800元；总计为86 000元。

表9-28 产品成本明细账

车间：第二车间　　　　　　　　　　　　　　　　　　　　　　　　　　　　　单位：元

项　目	直接材料	直接人工	制造费用	合　计
月初在产品成本		5 000	3 000	8 000
本月生产费用		49 600	33 400	83 000
合　计		54 600	36 400	91 000
本月产成品数量		860	860	
月末在产品约当量		50	50	
分配率（单位成本）		60	40	
应计入产成品成本份额		51 600	34 400	86 000
月末在产品成本份额		3 000	2 000	5 000

分配第二车间生产费用时，广义在产品仅包括第二车间与第三车间的在产品，不包括第一车间的在产品，这是因为第一车间的在产品并没有经过第二车间加工，没有受益就不分配费用。因此第二步骤在产品的约当产量为60×50%=30件，第三步骤在产品完整经历第二步，所以约当产量为20件，在产品约当总产量为30+20=50（件）。

按约当产量分配费用过程与第一车间类似，此处省略。

表 9-29 产品成本明细账

车间：第三车间　　　　　　　　　　　　　　　　　　　　　　　　　　　　单位：元

项 目	直接材料	直接人工	制造费用	合 计
月初在产品成本		900	600	1 500
本月生产费用		70 440	47 250	117 690
合 计		71 340	47 850	119 190
本月产成品数量		860	860	
月末在产品约当量		10	10	
分配率（单位成本）		82	55	
应计入产成品成本份额		70 520	47 300	117 820
月末在产品成本份额		820	550	1 370

分配第三车间生产费用时，广义在产品仅包括第三在产品，这是因为第一与第二车间的在产品并没有经过第三车间加工，没有受益就不分配费用。因此第三步骤在产品的约当产量为 20×50%＝10 件。分配过程与第一车间类似。

（2）将第一、第二与第三车间产品成本明细账中应计入产成品成本的份额平行汇总，计算产成品成本，编制产成品汇总表如表 9-30 所示。

表 9-30 产品成本汇总表

产品名称：丙产品　　　　　　　　　　　　　　　　　　　　　　　　　　　　单位：元

车间份额	产量	直接材料	直接人工	制造费用	合 计
第一车间份额	860	43 000	17 200	25 800	86 000
第二车间份额	860		51 600	34 400	86 000
第三车间份额	860		70 520	47 300	117 820
合 计	860	43 000	139 320	107 500	289 820
产成品单位成本		50	162	125	337

根据产品成本汇总计算表，编制会计分录如下：
　　借：库存商品——甲产品　　　　　　　　　　　　　　　　289 820
　　　　贷：生产成本——基本生产成本——第一车间　　　　　　86 000
　　　　　　　　　　　　　　　　　　　——第二车间　　　　　　86 000
　　　　　　　　　　　　　　　　　　　——第三车间　　　　　 117 820

六、平行结转分步法的优缺点

根据前面分析，平行结转分步法具有如下优点：

（1）各步骤可以同时计算产成品应负担的本步骤费用，平行汇总计算产成品成本，不必等待上一步骤半成品成本的结转，因而加速了成本计算工作；

（2）产成品成本直接按照原始成本项目反映，不必进行成本还原，因而简化了成本计算工作；

（3）由于各步骤成本水平不受上一步骤的影响，因而有利于控制和分析各步骤成本水平。

同时，平行结转分步法也具有如下缺点：

（1）不能提供各步骤半成品成本资料；

（2）由于各步骤不结转半成品成本，使半成品实物转移与费用转移相脱节，不利于加强对在产品实物和资金的管理；

（3）由于半成品成本不随实物转移而结转，因而不能完整地反映各加工步骤产品的实际生产耗用水平（除第一步骤外），不能更好地满足这些步骤中的成本管理要求。

从上述分析可以看出，平行结转分步法的优缺点正好与逐步结转法相反，因而，平行结转分步法适用于半成品种类繁多、逐步结转半成品成本工作量较大、管理上又不要求提供各步骤半成品成本资料的企业。此外，采用此法的企业，还应加强各步骤在产品收发结存的数量核算，以便为在产品的实物管理和资金管理提供资料，从而弥补这一方法的不足。

七、逐步结转分步法与平行结转分步法的比较

（一）在产品的含义不同

逐步结转分步法下，在产品是指狭义的在产品，也就是指本步骤正在加工的在产品，它的成本是按实物所在地来反映的，有利于在产品资金管理。

平行结转分步法下，在产品是指广义的在产品，不仅包括正在本步骤加工的在产品，而且还包括没有最后产成的一切在产品，它的成本是留在成本发生地的成本明细账中，也就是按发生地反映。

（二）半成品成本的处理方法不同

逐步结转分步法下，由于半成品可能对外销售，所以每月要计算各步骤完工半成品成本，其半成品成本随着半成品实物的转移而结转。

平行结转分步法下，一般不计算半成品的成本，半成品的成本不随着半成品的实物的转移而转移，即半成品实物向下一步骤转移，它的成本仍留在发生地的成本明细账中，所以不便于各步骤进行生产资金管理，如果半成品需要销售的话，要另行计算半成品的成本。

（三）成本计算方法的及时性不同

逐步结转分步法下，要按加工步骤的先后来逐步累计计算产品成本，即上一步骤半成品成本计算后，才能进行下一步骤的核算，会造成相互等待影响成本计算工作的时效性。

平行结转分步法各生产步骤可同时计算应计入产成品成本的份额，然后平行汇总计算产成品成本，而且不存在成本还原问题，成本计算比较及时。

（四）成本计算的方法不同

逐步结转分步法下的产成品是将最后加工步骤成本明细账中的半成品成本加上最后的加工费用而得的，所以存在成本还原问题。

平行结转分步法下,产成品成本是由原材料加上各步骤应计入产成品的加工费用而得,因此不存在还原问题。

(五) 计算数值有所不同

逐步结转分步法和平行结转分步法是计算产品成本两种不同的方法,所以计算出的成本数值有一定的差异。

逐步结转分步法与平行结转分步法的主要区别可归纳在表9-31中。

表9-31 逐步结转分步法与平行结转分步法的区别

对比项目	逐步结转分步法	平行结转分步法
成本计算对象	产成品和各步骤半成品	最终完工产品(产成品)
在产品含义	狭义	广义
半成品成本计算	计算并随实物转移	一般不计算且不随实物转移
生产资金管理	利于资金管理	不利于资金管理
产品成本计算	按顺序计算,最后步骤的完工产品成本需要进行成本还原	汇总各步骤计入完工产品成本的份额得出产成品总成本
成本计算速度	逐步按顺序计算,一般较慢	各步骤分别计算,相对较快

本 章 小 结

本章说明了分步法的含义和适用范围,介绍了分步法的特点和成本计算程序,阐述了逐步结转分步法和平行结转分步法的主要内容和计算方法,重点分析了综合成本还原的原理及方法。

产品成本计算的分步法是以产品品种及其每种产品经过的生产步骤为成本计算对象,从而归集与分配生产费用、计算产品成本的一种方法。它适用于大量、大批、管理上要求分步骤计算产品成本的多步骤生产。它以各个加工步骤的各种产品作为成本计算对象,成本计算定期于月末进行,与生产周期不一致,而与会计报告期一致。月末,一般采用适当的分配方法将生产费用在完工产品与在产品之间进行分配,计算各产品、各生产步骤的完工产品成本和月末在产品成本,然后,按照产品品种结转各步骤的完工产品成本,计算每种产品的产成品成本。根据是否需要计算和结转各步骤半成品成本,分步法又分为逐步结转分步法和平行结转分步法。

逐步结转分步法按照半成品成本在下一加工步骤产品成本明细账中的反映方法不同,又可以分为综合结转分步法和分项结转分步法。综合结转分步法是指各步骤所耗上一步骤的半成品成本,不分成本项目,而是以综合余额的形式计入该步骤产品成本明细账中的"自制半成品"项目的一种成本结转方法,可以按照半成品的实际成本结转,也可以按照半成品的计划成本(或定额成本)结转。在综合结转分步法下,逐步结转计算出来的最后步骤的产成品成本中的"自制半成品"项目,既包括第一步骤的原材料费用,又包括了各步骤转入的加工费用。因此,必须对产品成本中的"自制半成品"项目按成本项目进行还原,将产品成本还原为按原始成本项目反映的产成品成本,以满足企业考核和分析产品成本的需要。成本还原通常采用的方法是:从最后一个加工步骤开始,将产成品中所耗上一步骤的自制半成品的综合成本,按上一加工步骤所产自制半成品的成本结构,依次从后向前逐步分解,直至第一加工步骤为止,再汇总各加工步骤相同成本项目的余额,从而计算出按原始成本项目反映的产成品成本。分项结转分步法,是指各步骤所耗上一步骤完工半成品成本,按照成本项目计入该步骤产品成本计算单的相同项目之中,进行分项反映的一种方法。

平行结转分步法是指各加工步骤只计算本步骤发生的生产费用和这些生产费用应计入产成品成本的份额,然后,将各步骤应计入完工产品成本的份额进行平行汇总,计算出产品成本的一种成本计算方法。平行结转分步法下的成本计算对象是各生产步骤和最终完工产品,半成品成本不随实物转移而结转。月末,生产费用要在产成品与广义在产品之间进行分配,常用的方法有约当产量法和定额比例法。但这里的完工产品,只指企业最终的产成品,而不包括各步骤的完工半成品;这里的在产品是广义的在产品,不仅包括尚在本步骤加工中的在产品,也包括本步骤之前已经完工转入半成品库的半成品,还包括从半成品库转移到以后步骤进一步加工、尚未最后完工的在产品。平行结转分步法下,各步骤产品成本明细账上不反映半成品成本,它又被称为不计算半成品成本的分步法。最后对比说明了平行结转分步法和逐步结转分步法的主要区别。

思 考 题

1. 什么是产品成本计算的分步法?其适用范围是什么?
2. 论述逐步结转分步法的成本计算程序。
3. 分步结转有哪些特点?它是怎样分类的?
4. 对比分析综合结转分步法和分项结转分步法的优缺点。
5. 什么是成本还原?为什么要进行成本还原?怎么进行成本还原?
6. 平行结转法的特点和计算程序是什么?
7. 对比分析逐步结转分步法与平行结转分步法。
8. 与逐步结转分步法相比较,平行结转分步法具有哪些优缺点?

业 务 题

1. 某企业乙产品生产分两个步骤,分别由两个车间进行,第一车间加工完成的半成品入库后,再由第二车间领用继续将半成品加工成为产成品,本月第二车间领用半成品的实际成本为 37 800 元。第一、二车间有关资料如表 9-32、表 9-33 所示。要求:采用逐步综合结转法计算各步完工产品成本,并进行成本还原。

表 9-32　产品成本明细账

第一车间　　　　　　　　　　　　乙半成品　　　　　　　　　　　　单位:元

项　　目	原材料	工资及福利费	制造费用
月初在产品成本	3 800	2 200	4 600
本月费用	12 600	6 000	12 200
月末在产品成本	5 600	2 600	5 200

表 9-33　产品成本明细账

第二车间　　　　　　　　　　　　　　乙产成品　　　　　　　　　　　　　　　　单位：元

项　　目	原材料	工资及福利费	制造费用
月初在产品成本	12 200	2 400	5 000
本月费用	37 800	7 400	17 700
月末在产品成本	5 200	1 000	2 800

2. 某企业生产 A 产品需经过第一车间和第二车间连续加工完成。采用逐步结转分步法计算成本。第一车间本月转入第二车间的半成品成本为 80 000 元，其中原材料费用 50 000 元，工资及福利费 10 000 元，制造费用 20 000 元。第二车间本月发生的工资及福利费 6 000 元，制造费用 12 500 元。第二车间期初及期末在产品按定额成本计价，有关资料如表 9-34、表 9-35 所示。

要求：分别采用综合结转半成品成本法和分项结转半成品成本法计算完工产品各成本项目的成本及总成本。

表 9-34　产品成本明细账

第二车间　　　　　　　　　　　　　　（综合结转）　　　　　　　　　　　　　　单位：元

项　　目	半成品	工资及福利费	制造费用	合　　计
期初在产品成本	10 000	800	1 200	12 000
本月生产费用				
合　　计				
本月完工产品成本				
期末在产品成本	15 000	1 100	1 900	18 000

表 9-35　产品成本明细账

第二车间　　　　　　　　　　　　　　（分项结转）　　　　　　　　　　　　　　单位：元

项　　目		原材料	工资及福利费	制造费用	合　　计
期初在产品成本		6 250	2 050	3 700	12 000
本月生产费用	所耗上一步骤半成品成本				
	本步生产费用				
合　　计					
本月完工产品成本					
期末在产品成本		9 375	2 975	5 650	18 000

3. 某工业企业第一、二车间产品成本明细账所列本月所产半成品及完工产品成本资料如下：

（1）第一车间本月生产的半成品成本结构为：原材料 2 900 元，工资及福利费 1 380 元，

制造费用 2 720 元,合计 7 000 元;

(2) 第二车间本月完工产品成本结构为:半成品 8 400 元,工资及福利费 2 800 元,制造费用 4 160 元,合计 15 360 元。

要求:将本月完工产品成本所耗上一步骤半成品综合成本进行成本还原,并填制产成品成本还原计算表。

4. 某企业生产 A 产品,经过两个步骤连续加工制成,所用原材料开始时一次投入,各步计入产成品成本的费用采用约当产量比例法计算,有关产量、费用资料及成本计算单如表 9-36、表 9-37 和表 9-38 所示。要求:采用平行结转分步法计算 A 产品成本,完成成本计算单和成本汇总表的编制,以及编制 A 产品完工入库分录。

表 9-36　产量资料　　　　　　　　　　　　　　　　　　　　　　　单位:件

步　　骤	月初在产品	本月投入	本月完工	月末在产品	完工程度
第一步骤	20	200	160	60	50%
第二步骤	60	160	180	40	50%

表 9-37　第一步骤产品成本计算单　　　　　　　　　　　　　　　　单位:元

项　　目	直接材料	直接人工	制造费用	合　　计
月初在产品成本	11 210	1 350	1 800	14 360
本月生产费用	35 830	5 150	7 200	48 180
合　　计				
约当产量				
单位成本				
产成品成本中本步骤"份额"				
月末在产品成本				

表 9-38　第二步骤产品成本计算单　　　　　　　　　　　　　　　　单位:元

项　　目	直接材料	直接人工	制造费用	合　　计
月初在产品成本		720	860	1 580
本月生产费用		2 880	4 340	7 220
合　　计				
约当产量				
单位成本				
产成品成本中本步骤"份额"				
月末在产品成本				

第十章 产品成本计算的辅助方法

引 导 案 例

小王刚大学毕业,就到一家新成立的食品生产企业从事成本会计核算工作。该企业大量生产各种面包(甜圈面包、果子面包、维生素面包、葡萄糖面包等)和饼干(牛奶饼干、动物饼干、巧克力饼干、苏打饼干等)。面包和饼干的生产在流水线上不断进行,生产工艺过程不能间断。生产面包和饼干所需的原料都按配料比例耗用,企业制定了较为准确的消耗定额和费用定额。面包和饼干的生产周期很短,月末在产品数量不多,又多在包装工序,原材料费用占全部生产费用的80%左右。小王觉得,该企业的成本计算与他在学校所学的成本计算方法哪一种都相像,又哪一种都不是。他没有工作经验,又没有历史资料可供参考,你能帮他设计一套完整的成本计算方法吗?

【学习目标与要求】

通过本章学习,应理解成本计算分类法的概念、特点和适用范围,掌握分类法的成本计算程序,了解联产品、副产品与等级品的概念以及成本计算过程;掌握成本计算定额法的概念、特点以及适用范围、应用条件和优缺点,了解定额法的成本计算程序,掌握直接材料、直接人工和制造费用脱离定额差异的计算,熟悉定额变动差异和材料成本差异的计算,灵活掌握分类法和定额法等各种成本计算方法的结合运用。

【本章逻辑框架】

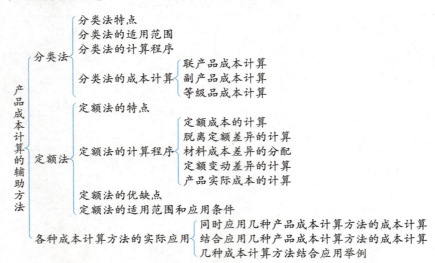

第一节　产品成本计算的分类法

一、分类法的主要特点

产品成本计算的分类法,是以产品类别作为成本计算对象,归集生产费用,计算产品成本的一种方法。

在一些企业,由于生产的产品品种或规格繁多,若按照产品的品种、规格归集生产费用,计算产品成本,则成本计算的工作量较为繁重,在这种情况下采用分类法来核算产品成本,则可简化成本核算工作。分类法的主要特点是:

(1) 以产品类别作为成本计算对象,归集生产费用,计算产品成本。采用这种方法时,首先应根据产品结构、所用原材料及工艺过程的近似性,将产品划分为若干类别,按照产品类别开设成本计算单,按类归集产品的生产费用,并计算各类产品的成本。

(2) 同类产品内各种品种(或规格)的产品成本,再按照一定的分配方法分配确定。选择分配标准时,主要应考虑与产品生产耗费的关系,即应选择与产品各项耗费有密切关系的分配标准。费用的分配标准一般有定额消耗量、定额成本、售价、计划成本以及产品的体积、长度和重量等。

在同类产品内各种品种(或规格)的产品之间分配费用时,各成本项目可以按同一分配标准进行分配;为了使分配结果更为合理,也可以根据各成本项目的性质,分别按照不同分配标准进行分配。例如,直接材料费用可以按照原材料定额消耗量或原材料定额费用比例进行分配,直接人工等其他费用可以按照定额工时比例进行分配。分配标准一经确定,在一定时期内应保持不变。

在分配标准确定以后,为了简化同类产品内各种产品之间的费用分配工作,可以将分配标准折算成相对固定的系数,然后按系数在同类产品内各产品之间分配费用。确定系数时,一般是在类内选择一种产量较大、生产稳定或规格折中的产品作为标准产品,将单位标准产品的系数定为"1",再根据类内其他品种(或规格)产品的分配标准额与标准产品的分配标准额的比例,分别确定出各种产品的系数。系数确定后,将类内各产品的实际产量按系数分别折合为标准产量(或称总系数),再按照类内各种产品的标准产量比例分别计算出类内各种产品的总成本,最后根据各种产品的实际产量求得各种产品的单位成本。系数有单项系数和综合系数两种。单项系数是分别按成本项目制定的反映不同产品有关项目与标准产品相应项目比例关系的系数,如按材料定额消耗量制定的材料消耗系数、按材料定额成本制定的材料成本系数、按工时定额制定的工时消耗系数、按工资定额成本制定的工资成本系数和按费用定额成本制定的费用系数,等等;综合系数是指以一个系数综合反映不同产品的成本与标准产品成本的比例关系的系数。计算公式为:

$$单项系数 = \frac{某品种或规格产品的分配标准}{标准产品的分配标准}$$

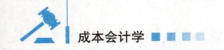

$$综合系数 = \frac{某品种或规格产品的定额成本}{标准产品的定额成本}$$

$$总系数(标准产量) = \sum \begin{pmatrix} 各品种或规格 & \times & 该产品单项 \\ 产品实际产量 & & 或综合系数 \end{pmatrix}$$

采用单项系数分配费用的准确性比较高,但计算工作量较大;采用综合系数的计算工作量比较小,但分配结果的准确性较差。系数确定后应保持相对稳定,但当产品结构、所用的原材料或生产工艺过程变动较大时,企业需要及时修订系数,以保证成本计算结果的准确性。

二、分类法的适用范围

分类法适用于产品品种、规格繁多,但可以按照一定标准(例如耗用原材料种类、产品加工方式、产品的结构和用途等)将产品划分为若干类别的企业和车间。分类法与生产类型无直接关系,可以在各种类型的生产中应用。例如,钢铁厂生产的各种牌号和规格的生铁、钢锭和钢材,食品厂生产的各种饼干、面包和糖果,针织厂生产的各种不同种类和规格的针织品,电线、电缆厂生产的不同规格的电线、电缆等。在这些企业中,如果按照品种、规格开设成本计算单,则产品成本的核算工作量太大,所以在这些企业较适宜采用分类法核算各种产品的成本。

另外,企业生产的零星产品,例如,为协作单位生产的少量零部件,或自制少量材料或工具等,虽然所用原材料和工艺过程不一定完全相近,但其品种规格繁多,且数量少,费用比重小。为了简化核算工作,也可以将它们归为几类,采用分类法计算成本。

采用分类法时,应区别对待等级品。由于人工操作失误所造成的不同质量的等级品,其单位成本应该是相同的,不能把分类法原理应用到这种等级产品的成本计算中。即不能根据等级产品的不同售价分配费用,不能为不同质量等级的产品确定不同的单位成本;否则就会掩盖次级产品由于售价较低造成的损失,这样不利于企业加强成本管理,提高产品质量。但是,如果不同质量的产品是由于所用原材料的质量或工艺技术上的要求不同所致,而不是由于工人操作失误所致,这些产品就应视为同一品种不同规格的产品,可归为一类,采用分类法计算成本。

三、分类法的计算程序

分类法的计算程序是:① 选用一定的标准将产品划分为若干类别,以产品类别作为成本计算对象,开设产品成本明细账,归集生产费用;② 根据生产特点和管理要求,采用品种法、分批法或分步法计算各类产品的总成本;③ 采用适当的方法将各类产品的总成本在类内的各种(或规格)产品之间进行分配,计算各种产品的总成本和单位成本。分类法的成本计算程序如图 10-1 所示。

【例 10-1】某企业生产的产品中,有甲、乙、丙三种产品所用的原材料和工艺过程基本相同,所以将这三种归为 A 类,采用分类法计算其产品的成本。其计算程序如下:

(1)按照产品类别(A 类)开设产品成本明细账。根据各项生产费用分配表登记产品成本明细账,计算该类产品成本(在产品成本按年初固定数计算),如表 10-1 所示。

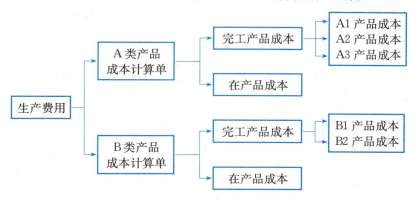

图 10-1　分类法成本计算程序

表 10-1　产品成本明细账

产品名称：A 类　　　　　　　　　　　　　　　　　　　　　　　　　　　单位：元

项　　目	直接材料	直接人工	制造费用	合　　计
月初在产品成本	60 000	10 000	5 000	75 000
本月生产费用	100 000	50 000	10 000	160 000
生产费用合计	160 000	60 000	15 000	235 000
完工产品成本	100 000	50 000	10 000	160 000
月末在产品成本	60 000	10 000	5 000	75 000

（2）根据直接材料费用定额计算甲、乙、丙三种产品的直接材料费用系数，如表 10-2 所示。

表 10-2　直接材料费用系数计算表

产品名称	单位产品直接材料费用				直接材料费用系数
	原材料名称或编号	消耗定额（千克）	计划单价	费用定额	
甲产品（标准产品）	101	240	0.5	120	1
	102	200	0.4	80	
	小计			200	
乙产品	101	160	0.5	80	$\dfrac{160}{200}=0.8$
	102	200	0.4	80	
	小计			160	
丙产品	101	280	0.5	140	$\dfrac{220}{200}=1.1$
	102	200	0.4	80	
	小计			220	

(3) 将 A 类完工产品的总成本,按照一定标准分配给甲、乙、丙三种产品。直接材料费用按照原材料费用系数分配,直接人工和制造费用按照定额工时比例分配,如表 10-3 所示。

表 10-3　类内各种产品成本计算表　　　　　　　　　　　单位:元

项　目	产量（件）	直接材料费用系数	直接材料费用总系数	工时定消耗额	定额工时	直接材料	直接人工	制造费用	合　计
分配率						250	10	2	
产品甲	130	1	130	10	1 300	32 500	13 000	2 600	48 100
产品乙	200	0.8	160	11	2 200	40 000	22 000	4 400	66 400
产品丙	100	1.1	110	15	1 500	27 500	15 000	3 000	45 500
合　计	—	—	400	—	5 000	100 000	50 000	10 000	160 000

表 10-3 中,各项费用的合计数是分配对象,是根据该类产品成本明细账中产成品成本登记的,直接材料分配率是根据直接材料费用合计除以直接材料费用总系数的合计数计算填列,直接人工、制造费用分配率是根据各项费用的合计数分别除以定额工时的合计数计算填列。三个成本项目的分配率计算如下:

$$直接材料分配率 = \frac{A 类完工产品的直接材料费用总额}{A 类完工产品直接材料费用总系数} = \frac{100\,000}{400} = 250$$

$$直接人工分配率 = \frac{A 类完工产品的直接人工费用总额}{A 类完工产品定额工时合计} = \frac{50\,000}{5\,000} = 10$$

$$制造费用分配率 = \frac{A 类完工产品的制造费用总额}{A 类完工产品定额工时合计} = \frac{10\,000}{5\,000} = 2$$

由此可见,按系数分配费用,实际上是以产量加权的总系数分配费用。在按消耗定额或费用定额计算系数的情况下,按系数比例分配费用的结果与直接按定额消耗量或定额费用比例分配费用的结果相同,因为两者的比例关系是一致的。

采用分类法计算产品成本,领料单、工时记录等原始凭证和原始记录可以只按产品类别填列,在各种费用分配表中,可以只按产品类别分配费用,产品成本明细账可以只按产品类别开设,这样大大简化了成本计算工作;而且,在产品品种、规格繁多的情况下,能够分类掌握产品成本的情况。但采用这种方法时,产品分类是否恰当、类内产品的类距是否合适、分配标准的选择是否客观科学都将直接影响成本计算结果的正确性。产品分类的依据是,产品的性质、结构、用途、耗用原材料、工艺过程是否相同或相近。对类内不同品种、规格产品进一步归类时,类距不能过大,否则成本计算就不细,造成品种、规格相差很大的产品但成本却相近;但类距也不能过小,否则就会加大成本计算工作量,失去分类法简化成本计算工作的优越性。只有这样,才能使分类更为恰当。分配标准的选择是分类法正确计算各品种、规格产品成本的关键,选择的分配标准,必须与成本水平的高低具有密切联系,不同的成本项目可考虑选用不同的分配标准,以使其分配结果尽可能接近实际。但无论分配标准如何选择,分配的结果都具有一定的假定性。

四、联产品、副产品和等级品的成本计算

在许多企业,往往使用同一种原材料,经过同一加工过程,生产出两种或两种以上的产品,或者由于生产条件所限、加工操作等方面的原因,产生了不同等级的同一种产品。例如,炼油厂将原油提炼可生产汽油、煤油、柴油、润滑油等产品,氯碱厂电解食盐水可在生产煤气的同时也生产焦油、焦炭等。这些产品有一个共同的特点,它们属联合生产过程的产品,它们都是先经过同一生产过程然后再分离出来的产品。这不同于分类法中的产品,因为归为同一类的产品不一定就是在同一生产过程中分离出来的产品。根据具体的不同情况,这些产品可区分为联产品、副产品和等级品。

(一) 联产品成本的计算

1. 联产品的主要特点

联产品是指企业使用同种材料,在同一生产过程中,同时生产出几种使用价值不同的并具有同等地位的企业主要产品。它的主要特点是:

(1) 联产品都是企业的主要产品。它们虽然在性质和用途上不同,但在经济上都具有重要意义,它们都是企业生产活动的主要目的。

(2) 联产品给企业带来的收益大。

(3) 联产品是在生产过程中必然地、连带地生产的产品,即只要生产一种产品,就必然连带生产出其他联产品。根据各联产品之间产量消长关系,联产品可分为补充联产品和代用联产品两种,各联产品之间的产量是同比例增加或减少的被称为补充联产品,各联产品之间的产量是此增彼减的被称为代用联产品。

2. 联产品成本的计算方法

同一生产过程中出来的联产品,有的要到生产过程结束后才分离出来,有的则可能在生产过程中的某个步骤就先分离出来;有的分离出来后不需要进一步加工就成为商品产品,但也有些产品分离出来后还需进一步加工才能对外销售。联产品分离时的生产步骤被称为分离点。在分离点之前,联合生产过程发生的费用被称为联合成本。在这一阶段,很难将各种联产品按每种品种来归集生产费用,计算产品成本,所以,可将联产品视为同类产品归为一类,采用分类法来计算共同发生的成本。分离点,即是联合生产过程的结束,应该采取合适的分配方法,将前阶段发生的联合成本分配给各联产品。分离后不需要进一步加工的联产品,其分离点分配的联合成本就是该联产品的成本。分离后需进一步加工的联产品,应该采用适当的方法计算分离后的加工成本。因分离后的加工成本可辨明其承担的主体,所以也称为可归属成本。分离后需加工的联产品的成本等于该产品应负担的联合成本与分离后的可归属成本之和。

综上所述,联产品的成本计算包括三部分:在分离点前归集联合成本;在分离点时,将发生的联合成本用适当的方法分配给各联产品;在分离点后,计算可归属成本。联产品的成本计算过程如图10-2所示。

在联产品成本计算中,汇总联合成本以及可归属成本的计算可运用前面已介绍的有关方法进行。而联合成本的分配是联产品成本计算的关键。联合成本分配的常用方法有:实物量分配法、系数分配法、销售价分配法。

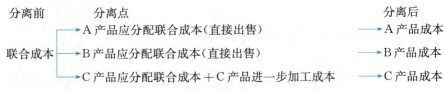

图 10-2 联产品成本计算程序图

(1) 实物量分配法。实物量分配法是按各联产品的实物量(如产量、重量等)比例分配联合成本的方法。采用这种方法计算出来的单位成本是平均单位成本,即各联产品在分离点时的单位成本是一样的。这种方法简便易行,但也存在不足:未考虑联产品的销售价值,仅用实物量分配确定产品成本,有可能造成产品的虚盈、虚亏,因为不是发生的所有费用都与实物量成正相关。例如,甲、乙两种联产品按实物量分配法确定的分离时的单位成本为200元/吨,分离后均不需再加工,甲、乙两种联产品的每吨售价分别为400元和180元,这样,就会造成甲产品虚盈,乙产品虚亏。所以这种方法一般适用于成本的发生与产量(实物量)关系密切,而且售价较为均衡的联产品的联合成本的分配。

(2) 系数分配法。系数分配法是将各种联产品的实际产量按事先规定的系数(系数的确定与分类法中系数的确定相同)折为标准产量,然后将联合成本按各联产品的标准产量比例进行分配。选用这种方法,其系数的确定是关键,应该根据具体情况选择合适的标准产量和分配标准。

(3) 销售价分配法。销售价分配法是根据各联产品销售价值的比例来分配联合成本的方法,即售价较高的联产品应该相应地、成比例地负担较多的联合成本,售价较低的联产品则少负担联合成本。这样,各联产品可取得相同的毛利率。这种方法弥补了实物量分配法的不足,但其本身也存在缺陷,因为并非所有的成本都仅与售价成正相关;产品售价的高低除与成本高低有关外,还和其他因素有关,例如与市场的供求有关。这一方法一般适用于分离后不再加工,而且价格波动不大的联产品成本计算。若某种联产品在分离后需进一步加工才能销售,应按这种联产品的销售收入扣减分离后发生的可归属成本后的净收入(或称净实现价值)来分配联合成本。

下面举例介绍联合成本的分配方法。

【例 10-2】某企业利用同一原材料在同一生产过程中生产出 A、B、C 三种联产品,其中 A 和 B 可直接对外销售,C 需进一步加工才能出售。A、B、C 三种联产品在联合生产过程中发生的联合成本为 500 000 元,C 进一步加工发生的加工费用为 25 000 元。其联合成本的计算分配如下:

1. 采用实物量分配法分配联合成本

三种联产品的已知产量及应分配的联合成本如表 10-4 所示。

表 10-4 联合成本分配表(实物量分配法) 单位:元

产品名称	实际产量(吨)	分配率	应分配的联合成本	单位成本
A 产品	25		125 000	5 000
B 产品	30		150 000	5 000
C 产品	45		225 000	5 000
合　计	100	5 000	500 000	—

这种方法的优点是简便易行,并且采用这种方法计算出的单位成本是平均单位成本,各联产品的单位成本是一致的。但这种方法也存在一定的缺陷,表现在:并非所有费用都与实物量直接相关;没有考虑各联产品的特性和含量,也没有考虑各联产品的销售价值。一般用于成本的发生与产量关系密切、各联产品的销售价值较为均衡的联合成本的分配。

2. 采用系数分配法分配联合成本

关于标准产品及分配标准的选择,在分类法中已作过介绍,所以这里不再重述。若选择A产品为标准产品,三种联产品的系数及联合成本的分配如表10-5所示。

表10-5　联合成本分配表(系数分配法)　　　　　　　　单位:元

产品名称	实际产量(吨)	系　数	标准产量	分配率	应分配的联合成本	单位成本
A产品	25	1	25		125 000	5 000
B产品	30	1.3	39		195 000	6 500
C产品	45	0.8	36		180 000	4 000
合　计			100	5 000	500 000	

系数法在我国应用较广,采用该方法分配联合成本其正确性取决于系数的确定,而决定系数的两个主要因素是分配标准和标准产品的确定。

3. 采用销售价分配法分配联合成本

三种产品的销售价值及联合成本的分配如表10-6所示。

表10-6　联合成本分配表(销售价分配法)　　　　　　　　单位:元

产品名称	实际产量(吨)	销售单价	销售收入	继续加工成本	净收入	分配率	应分配的联合成本	单位成本
A产品	25	10 000	250 000		250 000		138 888	5 555.56
B产品	30	15 000	450 000		450 000		250 000	8 333.33
C产品	45	5 000	225 000	25 000	200 000		111 112	2 469.14
合　计	—	—	—		900 000	0.555 6	500 000	—

这种方法克服了实物量分配法的不足,但其本身也有缺陷,表现为:价格较高的产品不一定要负担较高的成本,而且并非所有的联产品都具有同样的获利能力。这种方法一般适用于成本高低与售价关系密切的联产品成本的分配。

(二) 副产品成本的计算

1. 副产品的主要特点

副产品是指企业在生产主要产品的过程中,附带生产出一些非主要产品。副产品它不是企业的主要产品,但它尚有一定的用途,能满足某些方面的需要,如在制皂生产中产生的甘油等。有些企业在生产过程中产生的一些废气、废水、废渣,对于"三废"的综合利用、回收

或提炼出来的产品,也可以称为副产品。副产品的主要特点是:

(1) 副产品是企业的次要产品,它不是企业的主要生产目的;

(2) 副产品的销售价格较低,在企业的销售收入中的比重较小,给企业带来的收益较小。

显然,主、副产品不是固定不变的,随着各种条件的变化,副产品也能转变为主要产品。

副产品与联产品之间既有区别又有联系。联系主要表现在:它们都是企业联合生产过程的产物,都是投入相同的原材料经过同一生产过程而产生的,都不可能按每种产品归集生产费用,联产出来的各种管理产品、副产品的性质和用途都不同。区别主要表现在价值的不同上,联产品的价值一般较大,其生产的好坏直接影响企业的经济效益,而副产品的价值一般较小,在企业全部产品销售总额中所占的比重很小,对企业效益的影响不大。

2. 副产品成本的计算方法

与联产品类似,副产品也是经过同一生产过程而生产出来的产品,所以,副产品成本计算就是要确定副产品应负担的分离点前的联合成本。由于副产品是随着主要产品生产时附带出来的,其价值较低,所以副产品成本计算一般不像联产品那么复杂,只需将副产品按一定标准作价,从分离前的联合成本中扣除。由此可见,副产品成本计算的关键就是副产品按什么标准作价,即副产品的成本计价问题。

副产品分离后,可以作为产品直接对外销售,也可以进一步加工后再出售。所以副产品的成本计价将由这两种不同的情况分别采用以下两种方法。

(1) 分离后不再加工的副产品。如其价值较低的话,可以将其销售收入直接作为其他收益处理,即在这种方法下,副产品不负担分离前的联合成本。采用此种方法手续简单、核算方便,但因副产品不负担分离前的联合成本,必然使主产品的成本提高,影响了成本计算的正确性。如其价值较高的话,一般将其销售收入扣除税金和按正常利润率计算的销售利润后的余额作为副产品应负担的成本,也可以在此基础上确定固定的单价,以固定的单价计价。副产品的成本可以从直接材料成本项目中一笔扣除,也可以按比例从各项目中扣除。

【例 10-3】某化工股份有限公司在生产 A、B 联产品的同时,还生产出 C 副产品,假定本期共发生费用 100 000 元,其中直接材料 60 000 元,直接人工 20 000 元,制造费用 20 000 元。C 副产品产量为 1 000 千克,每千克售价为 3 元,单位销售税金 0.3 元,销售利润率为 10%。假定副产品成本从各项目中扣除,则成本分摊情况如下:

$$副产品应负担的成本 = 1\,000 \times (3 - 0.3 - 0.3) = 2\,400(元)$$

$$直接材料 = 2\,400 \times \frac{60\,000}{100\,000} = 1\,440(元)$$

$$直接人工 = 2\,400 \times \frac{20\,000}{100\,000} = 480(元)$$

$$制造费用 = 2\,400 \times \frac{20\,000}{100\,000} = 480(元)$$

C 副产品的成本组成如表 10-7 所示。

表 10-7 副产品成本计算表　　　　　　　　　　　　　　　单位：元

成本项目	总成本	C 副产品应负担成本	A、B 联产品应负担成本
直接材料	60 000	1 440	58 560
直接人工	20 000	480	19 520
制造费用	20 000	480	19 520
合　　计	100 000	2 400	97 600

副产品成本的计价，对于正确计算主、副产品的成本是十分重要的。副产品成本的计价既不能过高，也不能过低，否则不仅不能正确反映副产品的生产耗费水平，而且会影响主产品成本的正确性。如果副产品的售价不能抵补其销售费用，则副产品不应计价，即不能从主产品成本中扣除副产品价值。

(2) 分离后需要进一步加工的副产品。有些副产品分离后不能直接对外销售，而在进一步加工后再出售。对于这一类副产品，其成本计价也可以有两种不同的方法。

① 副产品只负担可归属成本。用这种方法对副产品计价，副产品不负担分离前发生的联合成本，仅将分离后进一步加工而发生的成本作为副产品的成本。显然，这种方法计算简便，但使副产品成本偏低而使主产品成本偏高。

② 副产品既负担可归属成本，也按照一定分配标准负担分离前的联合成本。用这种方法计算副产品成本，副产品应分摊的联合成本可按销售价格扣除税金和按正常利润率计算的销售利润后的价值再减去进一步发生的可归属成本的余额计算。副产品应负担的联合成本可以从直接材料成本项目中一笔扣除，也可以按比例从各项目中扣除。

【例 10-4】某股份有限公司在生产甲产品的同时，还生产了乙副产品，乙副产品分离后需作进一步加工才能对外销售。本期共发生联合成本 100 000 元，其中直接材料 60 000 元，直接人工 10 000 元，制造费用 30 000 元。生产了甲产品 10 000 千克，乙副产品 1 000 千克。乙副产品进一步加工发生直接人工 1 000 元，制造费用 2 000 元。乙副产品对外销售售价为 10 元/千克，销售利润率为 5%，单位税金为 0.5 元。

$$乙产品应负担的联合成本 = 1\,000 \times \left(10 - 0.5 - 0.5 - \frac{1\,000}{1\,000} - \frac{2\,000}{1\,000}\right)$$
$$= 6\,000(元)$$

将联合成本按比例计算为各成本项目：

$$直接材料 = \frac{60\,000}{100\,000} \times 6\,000 = 3\,600(元)$$

$$直接人工 = \frac{10\,000}{100\,000} \times 6\,000 = 600(元)$$

$$制造费用 = \frac{30\,000}{100\,000} \times 6\,000 = 1\,800(元)$$

乙副产品的成本组成如表 10-8 所示。

表10-8　乙副产品成本计算表　　　　　　　　　　　　　　　　　　　单位：元

成本项目	联合成本	可归属成本	总成本	单位成本
直接材料	3 600		3 600	3.6
直接人工	600	1 000	1 600	1.6
制造费用	1 800	2 000	3 800	3.8
合　　计	6 000	3 000	9 000	9

如果副产品的加工处理时间不长、费用不大，为了简化工作，副产品也可以按照计划单位成本计价，而不计算其实际成本。这样从主、副产品的生产费用总额中，扣除按计划单位成本计价的副产品成本后的余额，即为主产品的成本。

【例10-5】企业在生产A产品（主产品）的过程中，还生产出可以制造B产品（副产品）的原料。月初、月末在产品成本和本月发生费用资料见产品成本明细账。由于B产品加工处理时间不长，费用不多，按计划成本计价，计划单位成本为：直接材料4.50元，直接人工1.50元，制造费用2元。这种计算方法下的A产品成本明细账如表10-9所示。

表10-9　产品成本明细账

产品名称：A产品（主产品）　　　　　　　　　　　　　　　　　　　　　　　　　　　单位：元

摘　要	产量（件）	直接材料	直接人工	制造费用	合　计
月初在产品成本		3 000			3 000
本月生产费用		60 000	11 000	13 750	84 750
合　　计		63 000	11 000	13 750	87 750
减：B产品成本	250	1 125	375	500	2 000
本月产成品成本	100	57 875	10 625	13 250	81 750
产成品单位成本		578.75	106.25	132.50	817.50
月末在产品成本		4 000			4 000

有些企业除了生产主要产品以外，有时还为其他企业提供少量加工、修理等作业。如果这些作业费用的比重很小，为了简化成本计算工作，也可以比照副产品的成本计算方法，与主要产品合为一类归集费用，然后按固定价格或计划成本计价，从总的生产费用中扣除。同样理由，企业的基本车间为企业的其他车间或部门提供少量的加工和修理作业，也可以按照计划单位成本结算，不必计算和调整成本差异。

（三）等级品的成本计算

等级品是指使用同种原料，经过同一生产过程，生产出来的品种相同但质量不同的产品，如生产的同一种产品经过质量检验，按照一定标准将其划分为一级品、二级品、三级品等。等级产品的产生一般有两种情况：一种是由于工人操作不慎、技术不熟练、生产管理不善造成的；另一种是由于材料质量不同、工艺技术要求不同、自然的原因或目前生产技术条件造成的。等级品的成本计算方法，须视等级品产生的原因而定。

1. 按实际产量分配联合成本

如果等级品的产生是由于工人操作不慎、技术不熟练、生产管理不善所致,则不同等级的产品仍应该负担相同的成本。可以根据各等级品的实际产量,直接把联合成本分配至每一种等级品,各种等级品的单位成本是相同的。

【例 10-6】某企业生产 A 产品 10 000 只,其中一级品 6 000 只,二级品 3 000 只,三级品 1 000 只;其单价分别为 10 元、8 元、6 元,制造成本共计 55 000 元。按等级品成本应相等的原则,以实际产量比例分配计算等级产品成本如表 10-10 所示。

表 10-10 等级产品成本计算表   单位:元

产品等级	产量(只)	等级品率	各等级品应负担成本	单位成本
一级品	6 000	60%	33 000	5.5
二级品	3 000	30%	16 500	5.5
三级品	1 000	10%	5 500	5.5
合 计	10 000	100%	55 000	—

在上述情况下,不同等级品的产品售价不同,单位成本却是相同的,次级产品就可能因低售价造成亏损,企业也可以从中发现生产管理上存在的问题。

2. 按系数分配联合成本

由于原材料质量不同、工艺技术要求不同、自然的原因或目前生产技术条件所造成的等级品,则不同等级的产品就应该负担不同的成本。例如,原煤经过加工可生产出大块煤、块煤、煤末等几个等级品;某些电子元件产品由于当前生产技术水平的限制而难以控制其生产质量,致使生产出质量差别较大、售价也相去甚远的等级产品。在这种情况下等级产品的成本,可按系数进行分配。其系数可根据各等级品的售价来制定,也可根据其他指标来制定。

仍以【例 10-6】举例,各等级品成本计算如表 10-11 所示。

表 10-11 等级产品成本计算表   单位:元

产品等级	产量(只)	单价	系数	标准产量	各等级品应负担成本	单位成本
一级品	6 000	10	1	6 000	36 666.67	6.11
二级品	3 000	8	0.8	2 400	14 666.67	4.89
三级品	1 000	6	0.6	600	3 666.66	3.67
合 计	10 000	—	—	9 000	55 000	—

$$单位标准产品成本 = \frac{55\ 000}{9\ 000} = 6.11(元)$$

$$一级产品应负担的成本 = \frac{55\ 000}{9\ 000} \times 6\ 000 = 36\ 666.67(元)$$

$$二级产品应负担的成本 = \frac{55\ 000}{9\ 000} \times 2\ 400 = 14\ 666.67(元)$$

$$三级产品应负担的成本 = \frac{55\,000}{9\,000} \times 600 = 3\,666.66(元)$$

第二节 产品成本计算的定额法

一、定额法的特点

产品成本计算的定额法,是以产品定额成本为基础,将符合定额的生产费用和脱离定额的差异分别核算,并在定额成本的基础上加减各种差异从而计算出产品实际成本的一种成本计算方法。

在前述各种成本计算方法——品种法、分批法、分步法和分类法下,生产费用的日常核算,都是按照生产费用的实际发生额进行的,产品的实际成本,也都是根据实际生产费用计算的。这样,生产费用和产品成本脱离定额的差异及其发生的原因,只有在月末时通过实际资料与定额资料的对比分析才能得到反映,而不能在费用发生的当时得到反映,因而不能更好地加强定额管理以及成本控制,不能更有效地发挥成本核算对于节约费用、降低成本的作用。产品成本计算的定额法,把产品成本的计算、控制、核算和分析工作结合在一起,能够及时地反映和监督生产费用和产品成本脱离定额的差异,从而克服前述几种成本计算方法的弱点。

定额法的主要特点是:

(1)事前制定产品的消耗定额、费用定额以作为降低成本的目标,对产品成本进行事前控制;

(2)在生产费用发生时将符合定额的费用和发生的差异分别核算,进而加强对成本差异的日常核算、分析和控制;

(3)月末在定额的基础上加减各种成本差异,计算产品的实际成本,为成本的定期分析和考核提供数据。

因此,定额法不仅是一种产品成本计算的方法,更重要的还是一种对产品成本进行直接控制、管理的方法。

采用定额法计算产品成本,产品实际成本受产品的定额成本、实际生产费用脱离定额的差异、定额变动差异及材料成本差异的影响,其计算公式如下:

产品实际成本 = 产品定额成本 ± 脱离定额的差异 ± 定额变动差异 ± 材料成本差异

二、定额法的计算程序

(一)定额成本的计算

采用定额法,必须先制定单位产品的消耗定额、费用定额,并据以核算单位产品的定额成本。产品的消耗定额、费用定额和定额成本既是日常控制生产耗费的依据,也是月末计算

产品实际成本的基础,是进行产品成本事后分析和考核的标准。其计算公式是:

直接材料费用定额＝产品的原材料消耗定额×原材料计划单价
直接人工费用定额＝产品的生产工时定额×生产工资计划单价
制造费用定额＝产品的生产工时定额×制造费用计划单价

直接人工费用和制造费用,通常按生产工时比例分配计入产品成本,因而其计划单价通常是计划的每小时各项费用额。各种费用额的合计数,就是单位产品的定额成本或计划成本。

产品的定额成本的制定,应包括零件、部件定额成本和产成品定额成本,通常由企业的计划、技术、会计等部门共同制定。不同的企业由于产品的生产工艺过程和管理要求不同,产品定额成本的计算程序不尽相同。如果产品的零部件不多,一般先计算零件定额成本,然后再汇总计算部件和产品成本的定额成本。零部件定额成本还可以作为在产品和报废零部件计价的根据。如果产品的零部件较多,为了简化成本计算工作,也可以不计算零件定额成本,而根据列有零件材料消耗定额、工序计划和工时消耗定额的零件定额卡,以及材料计划单价、计划的工资率和制造费用率,计算部件定额成本,然后汇总计算产成品定额成本;或者根据零部件的定额卡直接计算产品定额成本。在不计算零部件定额成本的情况下,在产品和报废零部件的计价,就要根据零部件定额卡、材料计划单价、计划的工资率和制造费用率临时计算。零件定额卡、部件定额成本表和产品定额成本表的基本格式如表10-12、表10-13、表10-14所示。

表 10-12　零件定额卡

零件编号：201　　　　　　　　　零件名称：××　　　　　　　　　2015年12月

材料编号	材料名称	计量单位	材料消耗定额
2550	××	千克	13.40

工序	工时定额	累计工时定额
1	3	3
2	2	5
3	5	10
4	4	14
5	6	20

表 10-13　部件定额成本表

部件编号：301　　　　　　　　　部件名称：××　　　　　　　　　2015年12月

所用零件编号或名称	所用零件数量	材料定额 2 550			材料定额 2 551			金额合计	工时定额
		消耗定额	计划单价	金额	消耗定额	计划单价	金额		
201	2	26.80	9.60	257.28				257.28	40
202	5				18.40	14.60	268.64	268.64	30

219

(续表)

所用零件编号或名称	所用零件数量	材料定额						金额合计	工时定额
		2 550			2 551				
		消耗定额	计划单价	金额	消耗定额	计划单价	金额		
装配									6
合计				257.28			268.64	525.92	76

定额成本项目						定额成本合计
直接材料	直接人工		制造费用			
	每小时定额	金额	每小时定额	金额		
525.92	4.20	319.20	9.40	714.40	1 559.52	

表 10-14 产品定额成本计算表

产品编号：401　　　　　　产品名称：甲　　　　　　2015 年 12 月

所用部件编号或名称	部件数量	材料费用定额		工时定额	
		部件	产品	部件	产品
301	6	525.92	3 155.52	76	456
302	4	572.44	1 144.88	54	216
装配					22
合计			4 300.40		694

定额成本项目						定额成本合计
直接材料	直接人工		制造费用			
	每小时定额	金额	每小时定额	金额		
4 300.40	4.20	2 914.80	9.40	6 523.60	13 738.80	

在部件定额成本计算表中，部件的材料消耗定额和工时定额，按零件定额卡和所列每一零件的材料消耗定额和工时定额分别乘以部件所用零件的数量计算；部件的直接人工和制造费用定额，按部件的工时定额分别乘以每小时直接人工定额和制造费用定额计算。

在产品定额成本计算表中，产品的材料费用定额和工时定额，按每一部件的材料费用定额和工时定额分别乘以产品所用部件的数量计算；产品的直接人工和制造费用定额，按产品的工时定额分别乘以每小时直接人工定额和制造费用定额计算。

（二）脱离定额差异的计算

脱离定额差异是指在生产过程中，各项费用的实际支出脱离现行定额或预算的数额。要加强生产耗费的日常控制，必须进行脱离定额差异的日常核算，及时分析差异发生的原因，确定差异的责任，并且及时地采取措施进行处理。及时、正确地核算和分析生产脱离定额的差异、控制生产费用支出，是定额法的重要内容。在发生生产费用时，应该为符合定额的费用和脱离定额的差异分别编制定额凭证和差异凭证并在有关的费用分配表和明细账中分别予以登记。为了防止生产费用的超支,避免浪费和损失,差异凭证填制以后,还必须按照规定办理审批手续。在有条件的企业中,也可以将脱离定额差异的日常核算同车间或班组的经济核算结合起来,依靠广大职工控制生产耗费。

1. 直接材料脱离定额差异的计算

在成本构成中,直接材料费用包括自制半成品费用,一般占有较大的比重,而且属于直接计入费用,因而更有必要和可能在费用发生的当时就按产品计算定额费用和脱离定额差异,加强控制。直接材料脱离定额差异的计算方法,一般有限额法、切割核算法和盘存法三种。

(1) 限额法。限额法也叫差异凭证法。为了控制材料领用,在采用定额法时,必须实行限额领料(或定额发料)制度,符合定额的原材料应根据限额领料单(或定额发料单)等定额凭证领发。如果增加产品产量,需要增加用料,必须办理追加限额手续,然后根据定额凭证领发。由于其他原因需要超额领料,应根据专设的超额领料单作为差异凭证,经过一定的审批手续领发。为了减少凭证的种类,这些差异凭证也可用普通领料单代替,以不同的颜色或加盖专用戳记加以区别。在差异凭证中,应该填明差异的数量、金额以及发生差异的原因。差异凭证的签发,必须经过一定的审批手续,其中由于采用代用材料、利用废料和材料质量低劣等原因而引起的脱离定额差异,通常由技术部门计算、审批。对于采用代用材料和利用废料,还应在有关的限额领料单中注明,并且从原定的限额内扣除。在每批生产任务完成以后,应该根据车间余料编制退料单,办理退料手续。退料单也应该视为差异凭证,退料单中所列的原材料数额和限额领料单中的原材料余额,都是原材料脱离定额的节约差异。

采用限额法对于控制领料、促进节约用料有重要作用。但是上述差异凭证反映的差异往往只是领料差异,不一定是用料差异,不能完全控制用料。要控制用料不超支,不仅要控制领料不超出限额,而且还要控制产品的投产数量不少于计划规定的产品数量;此外,还要注意车间有无余料和余料的数量。

【例 10-7】某限额领料单规定的产品数量为 500 件,单位产品的原材料消耗定额为 5 千克,本月实际领料 2 400 千克。现分别以下情况进行分析:

如果本月实际投产数量为 500 件,且期初、期末均无余料,则领料差异 100 千克即为用料脱离定额的节约差异。

如果本月实际投产数量为 500 件,但期初余料为 50 千克,期末余料为 60 千克。原材料定额消耗量 2 500 千克,实际消耗量为 2 390(2 400+50-60)千克,用料脱离定额的节约差异为 110(2 390-2 500)千克。

如果本月实际投产数量为 450 件,期初余料为 50 千克,期末余料为 60 千克。原材料定额消耗量 2 250 千克,实际消耗量为 2 390(2 400+50-60)千克,用料脱离定额的超支差异为 140(2 390-2 250)千克。

可见,只有实际投产数量等于限额领料单中的产品数量,且期初、期末均无余料或期初、期末余料数量相等时,领料差异才是用料脱离定额的差异。

(2) 切割核算法。对于经过切割(下料)才能使用的材料,例如板材、棒材等,除了采用限额法以外,还应采用切割核算法,即通过材料切割核算单核算用料差异、控制用料。这种核算单应按切割材料的批别开立,单中填明发交切割材料的种类、数量、消耗定额和应切割成的毛坯数量;切割完毕,再填写实际切割成的毛坯数量和材料的实际消耗量。根据实际切割成的毛坯数量和消耗定额,即可计算求得材料定额消耗量,以此与材料实际消耗量相比较以确定用料脱离定额的差异。材料定额消耗量和脱离定额的差异,也应填入材料切割核算单中,并应注明发生差异的原因,由主管人员签字。材料切割核算单的基本格式如表 10-15 所示。

表 10-15　材料切割核算单

材料编号或名称:A 材料　　　　计量单位:千克　　　　材料计划单价:7.30 元
产品名称:丙产品　　　　　　　零件编号或名称:9215　　图纸号:103
切割工人姓名:××　　　　　　 机床编号:301
发交切割日期:2015 年 12 月 5 日　完工日期:2015 年 12 月 9 日

发料数量		退回余料数量			材料实际消耗		废料实际回收量	
556		12			544		19.20	
单件消耗定额		单件回收废品定额	应切割的毛坯数量		实际切割毛坯数量	材料定额消耗量		废品回收数量
14		0.40	76		70	490		7
材料脱离定额差异		废料脱离定额差异			脱离定额差异原因		责任者	
数量	金额	数量	单价	金额	未按设计图纸切割,因而增加了边料,减少了毛坯		××	
+54	+394.12	−12.20	0.80	−9.76				

在上列材料切割核算中,退回余料是指切割后退回材料仓库的可以按照原来用途使用的材料,其数量应在计算材料实际消耗量时从发料数量中减去。回收的废料是指切割过程中产生的不能按照原来用途使用的边角料,是实际消耗材料的一部分,但退回仓库的废料价值应从材料费用中扣减。

采用材料切割核算单进行材料切割的核算,可以及时反映材料的耗用情况和发生差异的具体原因,加强材料耗用的控制。如果条件具备,材料切割的核算也可以与车间或班组的经济核算结合起来。

(3) **盘存法**。对于不能采用切割核算法的原材料,为了更好地控制用料,除了采用限额法外,还应按期(按工作班、工作日或按周、旬等)通过盘存的方法核算用料差异。盘存法的计算方法是:根据完工产品数量和在产品盘存(实地盘存或账面结存)数量算出投产产品数量,乘以原材料消耗定额,计算原材料定额消耗量;根据限额领料单和超额领料单等领、退料凭证和车间余料的盘存数量,计算原材料实际消耗量;然后将原材料的实际消耗量与定额消耗量相比较,计算原材料脱离定额差异。

应该注意的是,投产产品数量与完工产品数量不同,原材料的定额消耗量不应根据本期完工产品数量乘以原材料消耗定额计算,而应根据本期投产产品数量乘以直接材料消耗定额计算。这是因为:

期初在产品数量+本期投产产品数量=本期完工产品数量+期末在产品数量

移项:

本期投产产品数量=本期完工产品数量+期末在产品数量−期初在产品数量
本期完工产品数量=本期投产产品数量+期初在产品数量−期末在产品数量

从上列公式可以看出，本期完工产品的原材料包括期初在产品中的上期用料，但未包括期末在产品中的本期用料。而本期投产产品所用的原材料包括在产品中的本期用料，但不包括期初在产品中的上期用料，因而应该作为本期原材料定额消耗量的计算依据。

但是，按照上列公式计算本期投产产品数量，必须具备下述条件：原材料在生产开始时一次投入，期初和期末在产品都不再耗用原材料。如果原材料随着生产进度陆续投入，在产品还要耗用原材料，那么上列公式中的期初和期末在产品数量应改为按原材料消耗定额计算的期初和期末在产品的约当产量。

【例 10-8】 B 产品期初在产品为 25 件，本期完工产品 500 件，期末在产品 275 件。B 产品生产中所用原材料在生产开始时一次投入，单位产品原材料消耗定额为 2 千克，原材料的计划单价为 10 元。本月实际领料数量为 1 050 千克，期初余料为 25 千克，期末余料为 10 千克。则：

$$本月投产产品数量 = 500 + 75 - 25 = 550（件）$$
$$原材料定额消耗量 = 550 \times 2 = 1\,100（元）$$
$$原材料实际消耗量 = 1\,050 + 25 - 10 = 1\,065（千克）$$
$$直接材料脱离定额差异 = (1\,065 - 1\,100) \times 10 = -350（元）$$

限额领料单规定的产品数量一般是 1 个月的用量。为了及时核算用料脱离定额差异，有效地控制用料，用料差异的核算期越短越好，应尽量按工作班或工作日进行核算。这样，差异核算期内的投产产品数量一般小于按月规定的产品数量。因此，除了经过切割才能使用的材料以外，大部分材料应采用盘存法核算和控制用料差异。

(4) 直接材料定额费用和脱离额差异汇总表的编制。不论采用哪一种方法核算直接材料定额消耗量和脱离定额差异，都应分批或定期地将这些核算资料按照成本计算对象汇总，编制直接材料定额费用和脱离定额差异汇总表。表中填明该批或该种产品所耗各种原材料的定额消耗量、定额费用和脱离定额的差异，并分析说明发生差异的主要原因。这种汇总表，既可用来汇总反映和分析直接材料脱离定额差异，又可用来代替直接材料费用分配表登记产品成本明细账，还可以向职工公布，以便根据差异发生的原因采取措施，进一步挖掘降低直接材料费用的潜力。

【例 10-9】 假定某企业生产丙产品，2015 年 12 月份直接材料定额费用和脱离定额差异汇总表的格式如表 10-16 所示。

表 10-16　直接材料定额费用和脱离定额差异汇总表

产品名称：丙　　　　　　　　　　2015 年 12 月　　　　　　　　　　单位：元

材料类别	材料编号	数量单位	计划单价	定额费用		计划价格费用		脱离定额差异		差异原因
				数量	金额	数量	金额	数量	金额	
原料	1101	千克	30	4 820	144 600	4 970	149 100	+150	+4 500	(略)
主要材料	1201	千克	18	3 980	71 640	3 820	68 760	-160	-2 880	(略)
辅助材料	1301	千克	6	1 130	9 040	1 510	12 080	+380	+3 040	(略)
合计					225 280		229 940		+4 660	

在定额费用和脱离定额差异汇总表中,直接材料的计划费用是按原材料的实际消耗量和计划单价计算的原材料费用,因而表中直接材料脱离定额差异的金额,是按原材料计划单价反映的原材料脱离定额的数量差异。表中脱离定额差异的计算公式为:

$$直接材料脱离定额差异=直接材料计划价格费用-直接材料定额费用$$

以原料费用为例,计算如下:

$$原料脱离定额差异(数量)=4\ 970-4\ 820=150(千克)$$
$$原料脱离定额差异(金额)=149\ 100-144\ 600=4\ 500(元)$$

可以看出,表中所列直接材料的定额费用、计划价格费用和脱离定额差异,都是按原材料的计划单价计算的,都不包括原材料的价格差异。领用自制半成品相当于领用原材料,因而自制半成品的定额消耗量、定额费用和脱离定额差异的计算方法与原材料相同。

2. 直接人工脱离定额差异的计算

在计件工资形式下,直接人工属于直接计入费用,其脱离定额差异的计算与直接材料脱离定额差异的计算相类似,符合定额的生产工人工资反映在产量记录中,脱离定额的差异通常反映在专设的补付单等差异凭证中。工资差异凭证也应填明原因,并经过一定的审批手续。

在计时工资形式下,直接人工属于间接计入费用,其脱离定额的差异不能按照产品直接计算,只有在月末实际直接人工总额确定以后,才能按照下列公式计算:

某产品直接人工脱离定额的差异=该产品实际直接人工-该产品定额直接人工
某产品的定额直接人工=该产品定额生产工时×计划小时工资率
某产品的实际直接人工=该产品实际生产工时×实际小时工资率

$$计划小时工资率=\frac{某车间计划产量的定额生产工人工资总额}{该车间计划产量的定额生产工时总数}$$

$$实际小时工资率=\frac{某车间实际生产工人工资总额}{该车间实际生产工时总数}$$

从以上计算公式可以看出,要降低单位产品的计时工资,除降低工资费用总额外,还必须降低单位小时的生产工资和单位产品的生产工时。由此可以看出,直接人工脱离定额差异的形成是由生产工时变动和工资率两个因素共同作用的结果。

【例10-10】假定前列企业某车间12月份计划产量的定额生产工人工资总额为26 800元,计划产量的定额生产工时为5 360小时,实际生产工人工资总额为27 500元,实际生产工时为5 058小时;本月丙种产品定额工时为2 988小时,实际工时为2 860小时。则,丙产品直接人工脱离定额差异的计算如下:

$$计划单位小时工资=\frac{26\ 800}{5\ 360}=5(元)$$

$$实际单位小时工资=\frac{27\ 500}{5\ 058}=5.437(元)$$

$$丙产品的定额生产工人工资=2\ 988×5=14\ 940(元)$$

$$丙产品的实际生产工人工资=2\ 860×5.437=15\ 549.90(元)$$

丙产品直接人工脱离定额差异＝15 549.90－14 940＝＋609.90(元)

为此，要控制工资费用，必须控制生产工资总额不超过计划；控制非生产工时不超过定额，即在工时总数固定的情况下充分利用工时；控制单位产品的生产工时不超过工时定额。此外，不论采用哪种工资形式，还应根据上述核算资料，按照成本计算对象汇编定额直接人工及脱离定额差异汇总表。表中汇总反映各种产品定额的工时和工资、实际的工时和工资、工时和工资脱离定额的差异以及产生差异的原因等资料，用以考核和分析各种产品生产工时和生产工资定额的执行情况，并据以计算产品的工资费用。

3. 制造费用脱离定额差异的计算

制造费用通常与计时工资一样，属于间接计入费用，在日常核算中不能按照产品直接计算脱离定额的差异，而只能按照费用发生的车间、部门和费用的项目计算脱离计划的差异，据以控制和监督费用的发生。对于其中的材料费用，也可以采用前述限额单、超额领料单等定额凭证和差异凭证进行控制。领用生产工具、办公用品和发生的零星费用，则可采用领用手册和费用限额的计划数，然后登记实际发生数和脱离计划的差异数；对于超过计划领用，也要经过一定的审批手续。因此，制造费用差异的日常核算，通常是指脱离制造费用的计划的差异核算。各种产品应负担的定额制造费用和脱离定额的差异，只有在月末时才能比照上述计时的计算公式确定。

【例10-11】 假定前列企业某车间12月份计划制造费用总额为125 066元，计划产量的定额生产工时为5 360小时，实际发生制造费用为27 500元，实际生产工时为5 058小时；本月丙种产品定额工时为2 988小时，实际工时为2 860小时。则丙产品制造费用脱离定额差异的计算如下：

$$计划单位小时制造费用 = \frac{125\ 066}{5\ 360} = 23.333\ 3$$

$$实际单位小时制造费用 = \frac{121\ 460}{5\ 058} = 24.013\ 4$$

丙产品的定额制造费用＝2 988×23.333 3＝69 720(元)

丙产品的实际制造费用＝2 860×24.013 4＝68 678.40(元)

丙产品制造费用脱离定额差异＝68 678.40－69 720＝－1 041.60(元)

由此可见，要控制产品的制造费用等间接计入费用不超过定额，不仅需要按照上述办法控制这些间接费用的总额不超过计划，同时也需要与控制生产工人计时工资一样，控制生产工时总额不低于计划，控制单位产品的工时不超过定额。

(三) 材料成本差异的分配

采用定额法，为了便于产品成本的分析和考核，原材料的日常核算必须按计划成本计价进行。正因如此，直接材料的定额费用和脱离定额差异都按原材料的计划成本计算。前者是原材料的定额消耗量与其单位计划成本的乘积，后者是原材料消耗数量差异与其单位计划成本的乘积，即按原材料单位计划成本反映的原材料消耗的数量差异(量差)，两者即原材料的实际消耗数量与其计划单位成本的乘积，即直接材料的计划费用。因此，在月末计算产品的实际原材料费用时，还必须乘以由材料核算提供的材料成本差异率，计算应该分配负担的原材料成本差异，即所耗原材料的价格差异(价差)。其计算公式如下：

$$\begin{matrix}某产品应分配的\\材料成本差异\end{matrix} = \left(\begin{matrix}该产品直接\\材料定额费用\end{matrix} \pm \begin{matrix}直接材料脱\\离定额差异\end{matrix} \right) \times 原材料成本差异率$$

【例 10-12】 在前列直接材料定额费用和脱离定额差异汇总中，丙种产品 12 月份所耗原材料定额费用为 225 280 元，脱离定额差异为超支 4 660 元。假定材料核算人员提供的原材料的成本差异率为节约 3%，则：

$$丙产品应分配的材料成本差异 = (225\ 280 + 4\ 660) \times (-3\%) = -6\ 898.20(元)$$

在实际工作中，材料成本差异的分配计算，应该通过材料成本差异分配表或发料凭证汇总表进行。

如果产品的生产是多步骤生产，而且要求逐步结转半成品成本，半成品的日常核算也应按照计划成本或定额成本计划进行。在月末计算产品实际成本时，也应比照材料成本差异分配方法，分配计算产品所耗半成品的成本差异。这时，产品实际成本的计算公式应为：

$$产品实际成本 = 产品定额成本 \pm 脱离定额差异 \pm 原材料或半成品成本差异$$

在定额法下，为了便于考核和分析生产步骤的产品成本，简化和加速各生产步骤的成本计算工作，各生产步骤所耗原材料和半成品的成本差异，应该尽量由厂部会计部门集中分配、调整、直接计入产成品成本，不计入各生产步骤的产品成本。

(四) 定额变动差异的计算

定额变动差异，是指由于修订消耗定额或生产耗费的计划价格而产生的新旧定额之间的差异。在消耗定额或计划价格修订以后，定额成本也应随之及时修订。定额成本一般在月、季度或年初期进行修订，但在定额变动的月份，月初在产品的定额成本并未修订，它仍然是按照旧的定额计算的。为了将按旧定额计算的月初在产品定额成本和按新定额计算的本月投入产品的定额成本，在新定额的基础上相加起来，以便计算产品的实际成本，还应计算月初在产品的定额变动差异，用以调整月初在产品的定额成本。

月初在产品定额变动的差异，可以根据定额发生变动的在产品盘存数量或在产品账面盘存数量和修订前后的消耗定额，计算月初在产品消耗定额修订前和修订后的定额消耗量，从而确定定额消耗量的差异金额。这种计算要按照零部件和工序进行，工作量较大。为了简化计算工作，也可以按照单位产品采用下述系数折算的方法计算：

$$定额变动系数 = \frac{按新定额计算的单位产品费用}{按旧定额计算的单位产品费用}$$

$$\begin{matrix}月初在产品\\定额变动差异\end{matrix} = \begin{matrix}按旧定额计算的\\月初在产品费用\end{matrix} \times (1 - 定额变动系数)$$

【例 10-13】 假定前列企业丙种产品的某些零件从 12 月 1 日起修订原材料消耗定额，每件产品旧的原材料费用定额为 476 元，新的原材料费用定额为 450.56 元。该种产品 11 月 30 日在产品的原材料定额费用为 47 600 元，则其定额变动系数和月初在产品定额变动差异应计算如下：

$$丙产品定额变动系数 = \frac{450.56}{476} = 0.946\ 554\ 6$$

$$\begin{matrix}丙产品月初在\\产品定额变动差异\end{matrix} = 47\ 600 \times (1 - 0.946\ 554\ 6) = 2\ 544(元)$$

实际工作中,月初在产品定额变动差异的应通过专设的计算表计算、反映。上列丙产品的月初在产品定额变动差异计算表如表10-17所示。

表10-17 月初在产品定额变动差异计算表

产品名称:丙　　　　　　　　　　2015年12月　　　　　　　　　　　　单位:元

成本项目	单 位 产 品		定额变动系数	月初在产品定额费用	月初在产品定额变动差异
	原费用定额	新费用定额			
直接材料	476	450.56	0.946 554 6	47 600	2 544

上述定额变动系数由于不是按产品的零部件计算,而是按单位产品综合算,因而能够简化计算工作。因此,在零部件生产不成套或成套性较差的情况下采用上述系数折算法,就会影响计算结果的正确性。例如,某产品只是一部分零部件的消耗定额作了修改,如果零部件生产不成套,月初在产品所包括的零部件又都不是消耗定额发生变动的零部件。这时,采用上述方法计算,就会使本不应有定额变动差异的月初在产品定额成本不正确地做了调整。因此,这种方法在零部件成套生产或零部件生产的成套性较强的情况下采用比较适宜。

消耗定额变动一般表现为不断降低的趋势,因而月初在产品定额变动差异通常表现为月初在产品价值的降低,即贬值。这时,一方面应如上述从月初在产品定额费用中扣除该项差异;另一方面,还应将属于月初在产品生产费用实际支出的该项差异加入本月产品成本中。相反,如果消耗定额不是降低而是提高,月初在产品差异则应加入月初在产品定额费用之中,同时从本月产品成本中予以扣除(因为实际上并未发生这部分支出)。这就是说,本月产品成本总额未变,即月初在产品费用与本月生产费用之和,或者本月完工产品费用与月末在产品费用之和都不变,只是内部的表现形式有所改变:定额降低时,减少了定额成本,增加了定额变动差异;定额提高时,情况相反,否则账目就不平。

在修订定额成本的月份,产品的实际成本改按下列公式计算:

$$\text{产品实际成本} = \text{按现行定额计算的产品定额成本} \pm \text{脱离现行定额差异} \pm \text{原材料或半成品成本差异} \pm \text{月初在产品定额变动差异}$$

(五) 产品实际成本的计算

某种产品如果既有完工产品又有月末在产品,也应与一般成本计算方法一样,在完工产品与月末在产品之间分配费用。但是,在定额法下,成本的日常核算是将定额成本与各种成本差异分别核算的,因而完工产品与月末在产品的费用分配,应按定额成本和各种成本差异分别进行,即先计算完工产品和月末在产品的定额成本,然后计算分配完工产品和月末在产品的各种成本差异。此外,定额法由于有着现成的定额成本资料,各种成本差异应采用定额比例法或在产品按定额成本计价法分配。前者将成本差异在完工产品与月末在产品之间按定额成本比例分配;后者将成本差异归由完工产品成本负担。分配应按每种成本差异分别进行。差异金额不大,或者差异金额虽大但各月在产品数量变动不大的,可以归由完工产品成本负担;差异金额较大而且各月在产品数量变动也较大的,应在完工产品与月末在产品之间按定额成本比例分配。但其中月初在产品定额变动差异,如果产品生产的周期小于1个月,定额变动的月初在产品在月内全部完工,那么即使差异金额较大而且各月在产品数量变动也较大,也可以将其归由完工产品成本负担。根据完工产品的定额成本,加减应负担的各种成本差异即可计算完工产品的实际成本；根据月末在产品的定额成本，加减应负担的各种成本差异，即为月末在产品的实际成本。

三、定额法计算举例

【例 10-14】 假定企业丙种产品由一个封闭式车间进行生产，不分步骤计算成本。该企业规定：该种产品的定额变动差异和材料成本差异由完工产品成本负担，脱离定额差异按定额成本比例在完工产品与月末在产品之间进行分配。

根据丙种产品的月初在产品成本、月初产品定额变动差异以及按定额费用和各种成本差异分列的各种生产费用分配表等资料，登记该种产品成本明细账如表 10-18 所示。

表 10-18　产品成本明细账

产品名称：丙产品　　　2015 年 12 月　　　产品数量：400 件　　　单位：元

成本项目		序　号	直接材料	直接人工	制造费用	合　计
月初在产品	定额成本	①	47 600	2 460	11 480	61 540
	脱离定额差异	②	+746.72	+86.10	−176.40	+656.42
月初在产品定额变动	定额成本调整	③	−2 544			−2 544
	定额变动差异	④	+2 544			+2 544
本月费用	定额成本	⑤	225 280	14 940	69 720	309 940
	脱离定额差异	⑥	+4 660	+609.90	−1 041.60	+4 228.30
	材料成本差异	⑦	−6 898.20			−6 898.20
生产费用合计	定额成本	⑧=①+③+⑤	270 336	17 400	81 200	368 936
	脱离定额差异	⑨=②+⑥	+5 406.72	+696	−1 218	+4 884.72
	材料成本差异	⑩=⑦	−6 898.20			−6 898.20
	定额变动差异	⑪=④	+2 544			+2 544
差异分配率	脱离定额差异	⑫=⑨÷⑧	+2%	+4%	−1.50%	
产品成本	定额成本	⑬	180 224	12 480	58 240	250 944
	脱离定额差异	⑭=⑬×⑫	+3 604.48	+499.20	−873.60	+3 230.08
	材料成本差异	⑮=⑩	−6 898.20			−6 898.20
	定额变动差异	⑯=⑪	+2 544			+2 544
	实际成本	⑰=⑬+⑭+⑮+⑯	179 474.28	12 979.20	57 366.40	249 819.88
月末在产品	定额成本	⑱=⑧−⑬	90 112	4 920	22 960	117 992
	定额差异	⑲=⑨−⑭	+1 802.24	+196.80	−344.40	+1 654.64

在所列丙种产品成本明细账中，月初在产品成本资料应根据上月末在产品成本资料登

记。由于材料成本差异和定额变动差异均由完工产品成本负担,因而月初在产品成本中不包括这两种成本差异。月初在产品定额变动资料,应列月初在产品定额变动差异计算表登记,其中,定额成本调整数是用来调整按旧定额计算的月初在产品定额成本的(定额降低时为负数,定额提高时为正数),定额变动差异数是应计入本月产品成本的月初在产品定额变动差异数(定额降低时为负数,定额提高时为正数),两者数额相等,但正负方向相反。本月生产费用中的直接材料的定额费用和制造费用的定额费用的脱离定额差异,应根据各该费用的分配表或汇总表登记。

账中生产费用的各种累计数应根据月初在产品成本、月初在产品定额变动和本月生产费用中的相应资料汇总登记。其中,定额成本应根据月初在产品的定额成本、定额成本调整和本月生产费用中的定额成本的代数和计算登记。

账中的差异率,即在完工产品与月末在产品之间分配各种成本差异的比率。其中,脱离定额差异率应根据生产费用累计数中的脱离差异累计数除以定额成本累计数计算填列。如果材料成本差异和定额变动差异也在完工产品与月末在产品之间进行分配,账中的差异率还应包括这两种成本差异率。

账中本月产成品的定额成本,应根据产品入库单所列产成品数量乘以产品的单位定额成本计算登记。假定丙种产品的产成品数量为 400 件,其新修订的原材料费用定额为 450.56 元(见前列月初在产品定额变动差异计算表),其工时定额为 5.20 小时,每小时的直接人工定额为 6 元,制造费用定额为 28 元。产成品的定额成本计算如下:

$$直接材料 = 400 \times 450.56 = 180\,224(元)$$
$$直接人工 = 400 \times 5.20 \times 6 = 12\,480(元)$$
$$制造费用 = 400 \times 5.20 \times 28 = 58\,240(元)$$
$$产成品定额成本 = 180\,224 + 12\,480 + 58\,240 = 250\,944(元)$$

账中本月产成品应分配负担的脱离定额差异,应根据产成品的定额成本乘以脱离定额差异的差异率计算填列。由于材料成本差异和定额变动差异全部归由产品成本负担,因而本月产成品成本中的该两种成本差异,应根据生产费用累计数中的该两种成本差异直接登记,不必根据差异率分配计算。本月产成品的实际成本就是按照前列产品实际成本的计算公式,根据产成品的定额成本加上或者减去各种成本差异计算登记的。

账中月末在产品的定额成本,可以根据各工序在产品的盘存数量或账面结存数量,乘以相应的费用定额(其中直接材料费用按修订后的费用定额)计算登记;也可以根据生产费用累计数中的定额成本减去本月产成品定额成本,即按照简化的倒挤方法计算登记。两者计算结果应该相等。月末在产品应分配负担的脱离定额差异,可以根据其定额成本乘以脱离定额差异的差异率计算登记,也可以根据生产费用累计中的脱离定额差异减去产成品脱离定额差异计算登记。两者计算结果也应相等。

可以看出,在月末在产品定额成本采用倒挤方法计算的情况下,在定额降低时,如果月初在产品定额成本不作降低的调整,由于本月生产费用和本月产成品成本中的定额成本已按降低后新的定额计算,月初在产品应降低而未降低的定额成本,即月初在产品定额变动差异,会全部计入月末在产品定额成本中,形成月末在产品定额成本虚增,使月末在产品负担的脱离定额差异也虚增。在定额提高时,情况则相反。这样就会影响成本计算的正确性,从而影响成本分析工作的进行。在月末在产品定额成本根据月末在产品盘存数量(或账面结存数量)和新的费用定额计算的情况下,在定额降低时,如月初在产品定额成本不作降低调整,由于本月生产费用、本月产成品成本和月末在产品成本中的定额成本已按降低以后新的定额成本计算,则月初在产品成本和本月生产费用之和,与产成品成本和月末在产品成本之和不相符,会使账目不平(定额提高时也是如此)。在这种情况下,如果成本差异率仍按上列产品成本明细账中的计算公式计算,则会使成本差异分配不完。这是因为作为差异率计算公式分母的定额成本大于产成品与月末在产品的定额成本之和(定额提高时,情况相反)。

在上列丙种产品成本明细账中,本月产成品的定额成本为 250 944 元,实际成本为 249 819.88 元,成本节约 1 124.12 元。从各种成本差异的组成来看,并非全部都是好的因素。其中脱离定额差异超支 3 230.08 元,这是生产耗费的超支(量差),是车间工作的问题。材料成本差异节约 6 898.20 元,这是车间耗用材料的价差,是材料供应部门工作的成绩,不是车间工作的成绩。定额变动差异超支 2 544 元,这是月初在产品修订定额使定额降低的结果,这不仅不是车间工作的缺点,反而是车间工作的成绩,但不是车间本月份工作的成绩,而是车间以前月份工作的成绩,也就是车间前一个时期改进生产技术、节约原料的结果。上述三种成本差异的代数和就是本月产成品成本的净节约额 1 124.12 元。此外,上述成本分析还可以按照各个成本项目分别进行。由此可见,在定额法下,将完工产品按照成本项目分别反映定额成本和各种成本差异,便于进行产品成本的定期分析和考核。

四、定额法的优缺点、适用范围和应用条件

通过以上各节所述,可以看出,定额法是将产品成本的定额工作、核算工作和分析工作有机地结合起来,将事前、事中、事后反映和监督融为一体的一种产品成本计算方法和成本管理制度。

(一)定额法的优缺点

定额法的优点是:① 通过生产耗费和生产费用脱离定额和计划的差异的日常核算,能够在各该耗费和费用发生的当时反映和监督脱离定额(或计划)的差异,加强成本控制,从而及时、有效地促进节约生产耗费,降低产品成本;② 由于产品实际成本是按照定额成本和各种成本差异分别反映的,因而便于进行产品成本的定期分析,有利于进一步挖掘降低成本的潜力;③ 通过脱离定额差异和定额变动差异的核算,有利于提高成本的定额管理和计划管理工作的水平;④ 由于有现成的定额成本资料,因而能够比较合理和简便地解决完工产品和月末在产品之间分配费用(即分配各种差异)的问题。

定额法的缺点是:由于要制定定额成本、单独计算脱离定额的差异,在定额变动时还要修订定额成本、计算定额变动差异,因而计算的工作量比较大。

(二)定额法的适用范围和应用条件

定额法与生产的类型没有直接关系,不论哪一种类型,都可以采用定额法核算生产费用、计算产品成本。但是,为了充分发挥定额法的作用,并且简化计算工作,采用定额法必须具备以下两项条件:① 企业的定额管理制度比较健全,定额管理工作的基础比较好;② 产品的生产定型,各项消耗定额都比较准确、稳定。由于大批大量生产的机械具备这些条件,因而定额法最早应用在大批大量生产的工业企业中。

第三节　各种成本计算方法的实际应用

在前面各章中，我们详细介绍了成本核算的基本原理以及三种成本计算的基本方法——品种法、分批法和分类法，同时也了解了成本计算的三种辅助方法——分类法、定额法及标准成本法。由于在实际工作中的情况非常复杂，企业在进行成本计算时，不可能单独采用一种成本计算方法来进行成本计算。例如，一个企业可能有若干车间，一个车间也可能有若干产品，这些车间或产品的生产类型和管理要求并不一定完全相同，因而在一个企业或车间中就有可能同时应用几种不同的产品成本计算方法。即使一种产品，在该产品的各生产步骤，各种半成品和各个成本项目之间，它们的生产类型和管理要求也不一定完全相同，因而在一种产品的成本计算中，也可能将几种成本计算方法结合起来应用。

一、同时应用几种产品成本计算方法计算成本

由于企业内生产的产品种类比较多，生产车间也很多，就有可能出现几种产品成本计算方法的同时应用情况。一个企业的各个生产车间的生产类型不同，可以采用不同的成本计算方法。

一些工业企业，所生产的产品不止一种，并且这些产品的特点不同，其生产类型也可能不同，应当采用不同的成本计算方法计算成本。例如，重型机械设备制造企业，一般采用分批法计算产品成本，倘若同时生产传统产品，且产品已经定型，属于大量生产，这就可以采用品种法或分步法计算成本。

在工业企业中，通常设有基本生产车间和辅助生产车间，由于基本生产车间和辅助生产车间的生产特点和管理要求不同，应当采用不同的成本计算方法计算成本。例如，在大型钢铁企业，其基本生产车间的产品属于大量大批复杂生产，根据其生产特点和管理要求，采用分步法计算成本。企业内部的各个辅助车间（如供电、供水、机修等），则属于大量大批的简单生产，应根据其特点采用品种法计算成本。

二、结合应用几种产品成本计算方法计算成本

由于企业生产产品的特点不同，产品所经过的生产步骤的管理要求不同，致使采用的成本计算方法也有差别，可能同时结合使用几种成本计算方法来进行成本的计算。例如，在小批、单件的机械厂，最终产品是经过铸造、机械加工、装配等相互关联的生产阶段完成的。就其最终产品来看，产品成本的计算应当采用分批法，但从其产品生产的各个步骤来看，铸造车间可以采用品种法计算铸件的成本，而加工、装配车间则可采用分批法计算各批产品的成本；而铸造和加工、装配车间之间，则可采用逐步结转分步法结转铸件的成本；如果在加工和装配车间之间要求分步计算成本，但加工车间所产半成品种类很多，又不对外出售，不需要计算半成品成本，则在加工和装配车间之间可采用平行结转分步法结转成本。这样，在一个企业内，在分批法的基础上结合应用了品种法和分步法共三种成本计算方法。

分类法和定额法是为了简化成本计算工作和加强定额管理而采用的两种辅助方法,它们与生产类型的特点没有直接联系,在各种类型的生产中都可以应用,但必须与基本的成本计算方法,即品种法、分批法、分步法,结合起来应用。例如,食品厂所产的各种饼干(单步骤大量生产)的成本,可以采用品种法和分类法相结合的方法计算:先采用品种法计算饼干这一类产品的成本,然后再采用分类法分配计算其中各种饼干的成本;又如,在大批量、多步骤生产的企业中,若消耗定额比较准确、稳定,定额管理基础工作较好,就可以在采用分步法的基础上,结合定额法来计算成本。总之,在实际工作中,应当根据企业不同的生产特点和管理的要求,考虑企业的规模和管理水平等具体条件,从实际出发,对各种成本计算方法以灵活运用,才能做好成本核算工作。

三、几种成本计算方法的结合应用举例

【例10-15】某工业企业大量生产甲、乙、丙三种产品,其生产工艺过程属多步骤复杂生产,但因为企业生产厂家规模小,成本管理上也不要求分步计算产品成本,因此甲产品采用品种法计算成本。由于乙、丙两种产品规格不同,但生产的工艺相同,所耗原材料也相同,为了简化成本计算工作,企业规定将乙、丙两种产品归为一类,成为A类产品,采用分类法计算产品成本。该企业除设立基本生产车间以外,同时设有一个机修车间,主要是为基本车间提供修理服务。原材料均在生产开始时一次投入。2015年12月份发生的有关经济业务资料及成本计算过程如下。

(1) 产品产量记录如表10-19所示。

表10-19 产量记录　　　　　　　　　　　　　　　　单位:件

产品名称	完工数量	月末在产品数量	在产品完工程度
甲产品	600	200	50%
乙产品	250	100	50%
丙产品	200	50	60%

(2) 甲产品和A类产品月初在产品成本资料如表10-20所示。

表10-20 月初在产品成本　　　　　　　　　　　　　单位:元

产品名称	直接材料	直接人工	制造费用	合　计
甲产品	7 500	1 250	1 875	10 625
A类产品	6 000	1 500	2 250	9 800

(3) 根据审核后的领料凭证编制直接材料费用汇总分配表如表10-21所示。

表10-21 直接材料费用汇总分配表　　　　　　　　　单位:元

车间部门	用　途	原　材　料	低值易耗品
基本生产车间	甲产品	25 000	
	A类产品	15 000	

(续表)

车间部门	用途	原材料	低值易耗品
基本生产车间	一般消耗	600	225
	小计	40 600	225
辅助生产车间	机修车间	3 000	
	一般消耗	150	200
	小计	3 150	200
合计		43 750	425

编制会计分录：

借：生产成本——基本生产成本——甲产品　　　　　　　　　　25 000
　　　　　　　　　　　　　　　——A类产品　　　　　　　　15 000
　　生产成本——辅助生产成本——机修车间　　　　　　　　　3 000
　　制造费用——基本生产　　　　　　　　　　　　　　　　　　825
　　　　　　——机修车间　　　　　　　　　　　　　　　　　　350
　　贷：原材料　　　　　　　　　　　　　　　　　　　　　43 750
　　　　低值易耗品　　　　　　　　　　　　　　　　　　　　　425

（4）根据职工薪酬计算表编制直接人工费用汇总分配表如表10-22所示。

表10-22　直接人工费用汇总分配表　　　　　　　　　　　　　　单位：元

车间部门	用途		应付职工薪酬——工资	应付职工薪酬——福利费	合计
基本生产车间	生产工人	甲产品	6 500	910	7 410
		A类产品	4 750	665	5 415
	管理人员		700	98	798
	小计		11 950	1 673	13 623
辅助生产车间	机修车间	生产人员	1 000	140	1 140
		管理人员	300	42	342
	小计		1 300	182	1 482
合计			13 250	1 855	15 105

编制会计分录如下：

借：生产成本——基本生产成本——甲产品　　　　　　　　　　7 410
　　　　　　　　　　　　　　　——A类产品　　　　　　　　 5 415
　　生产成本——辅助生产成本——机修车间　　　　　　　　　1 140
　　制造费用——基本生产　　　　　　　　　　　　　　　　　　798
　　　　　　——机修车间　　　　　　　　　　　　　　　　　　342
　　贷：应付职工薪酬——工资　　　　　　　　　　　　　　13 250
　　　　应付职工薪酬——福利费　　　　　　　　　　　　　 1 855

（5）根据固定资产折旧提取计算表编制折旧费用分配表如表10-23所示。

表 10-23 折旧费分配表　　　　　　　　　　　　　　　　　　　　　单位：元

车间部门	基本生产车间	辅助生产车间	合　　计
累计折旧	7 900	1 950	9 850

编制会计分录如下：

借：制造费用——基本生产　　　　　　　　　　　　　　　　　7 900
　　　　　　——机修车间　　　　　　　　　　　　　　　　　1 950
　贷：累计折旧　　　　　　　　　　　　　　　　　　　　　　9 850

（6）本月发生的以银行存款支付的其他费用包括办公费支出600元（其中基本生产车间150元，机修车间45元，行政管理部门405元），本月应付水电费1 250元（其中基本生产车间625元，机修车间300元，行政管理部门325元），编制会计分录如下：

借：制造费用——基本生产　　　　　　　　　　　　　　　　　775
　　　　　　——机修车间　　　　　　　　　　　　　　　　　345
　　管理费用　　　　　　　　　　　　　　　　　　　　　　　730
　贷：银行存款　　　　　　　　　　　　　　　　　　　　　　600
　　　应付账款　　　　　　　　　　　　　　　　　　　　　1 250

（7）将归集的辅助生产车间的制造费用分配转入辅助生产成本总账和明细账，编制辅助生产费用分配表如表10-24、表10-25和表10-26（本月机修厂车间共提供修理劳务1 000小时，其中基本生产车间850小时，行政管理部门150小时）所示。

表 10-24 制造费用明细账　　　　　　　　　　　　　　　　　　　　　单位：元

摘　　要	物料消耗	低值易耗品摊销	工　资	福利费	折旧费	办公费	水电费	合　计
分配材料费用	150	200						350
分配职工薪酬费用			300	42				342
分配折旧费用					1 950			1 950
分配办公费						45		45
分配水电费							300	300
合　　计	150	200	300	42	1 950	45	300	2 987
分配转出	(150)	(200)	(300)	(42)	(1 950)	(45)	(300)	(2 987)

编制会计分录如下：

借：生产成本——辅助生产成本——机修车间　　　　　　　　2 987
　贷：制造费用——机修车间　　　　　　　　　　　　　　　2 987

表 10-25 辅助生产费用明细账　　　　　　　　　　　　　　　　　　　单位：元

摘　　要	直接材料	直接人工	制造费用	合　　计
分配材料费用	3 000			3 000
分配职工薪酬费用		1 140		1 140

(续表)

摘要	直接材料	直接人工	制造费用	合计
分配制造费用			2 987	2 987
合计	3 000	1 140	2 987	7 127
分配转出	(3 000)	(1 140)	(2 987)	(7 127)

表 10-26　辅助生产费用分配表　　　　　　　　　　　　　　　　　单位：元

车间部门	修理小时	分配率	分配金额
基本生产车间	850		6 057.95
行政管理部门	150		1 069.05
合计	1 000	7.127	7 127

编制会计分录如下：
借：制造费用——基本生产车间　　　　　　　　　　　　6 057.95
　　管理费用　　　　　　　　　　　　　　　　　　　　1 069.05
　贷：生产成本——辅助生产车间——机修车间　　　　　7 127

（8）通过制造费用明细账归集和分配基本生产车间的制造费用，编制制造费用分配表如表 10-27 和表 10-28 所示。

表 10-27　制造费用明细账　　　　　　　　　　　　　　　　　　　单位：元

摘要	物料消耗	低值易耗品摊销	工资	福利费	折旧费	办公费	水电费	合计
分配材料费用	600	225						825
分配职工薪酬费用			700	98				798
分配折旧费用					7 900			790
分配办公费						150		15
分配水电费							625	625
合计	600	225	700	98	7 900	150	625	10 298
分配转出	600	225	700	98	7 900	150	625	10 298

表 10-28　制造费用分配表　　　　　　　　　　　　　　　　　　　单位：元

车间部门	修理小时	分配率	分配金额
甲产品	3 000		6 178.80
A 类产品	2 000		4 119.20
合计	5 000	2.059 6	10 298

编制会计分录如下：

借：生产成本——基本生产成本——甲产品　　　　　　　　6 178.80
　　　　　　　　　　　　　　——A类产品　　　　　　　　4 119.20
　　贷：制造费用——基本生产车间　　　　　　　　　　　　　　10 298

（9）计算产品的总成本和单位成本：甲产品的直接材料费用按产量比例分配，直接人工及制造费用按约当产量法分配；A类产品按定额成本制定的综合系数作为分配依据（乙产品的定额成本为60元，丙产品的定额成本为50元，乙产品为标准产品其系数为1，丙产品的成本系数则为0.9）。有关计算如表10-29、表10-30和表10-31所示。

表10-29　产品成本计算表　　　　　　　　　　　　　　　　　　　　　　　　单位：元

摘　要	直接材料	直接人工	制造费用	合　计
月初在产品成本	7 500	1 250	1 875	10 625
本月生产费用	25 000	7 410	6 178.80	38 588.80
生产费用合计	32 500	8 660	8 053.80	49 213.80
完工产品成本	24 375	7 422	6 903	38 700
单位成本	40.625	12.37	11.505	63
月末在产品成本	8 125	1 238	1 150.80	10 513.80

表10-30　A类产品标准产量计算表　　　　　　　　　　　　　　　　　　　　单位：件

产品名称	系数	产成品		在产品			标准产量	
		产量	标准产量	数量	完工程度	约当产量	按约当产量折合	按实际数量折合
	①	②	③=①×②	④	⑤	⑥=⑤×④	⑦=⑥×①	⑧=④×①
乙	1	250	250	100	50%	50	50	100
丙	0.9	200	180	50	60%	30	27	45
合　计			430				77	145

表10-31　产品成本计算表　　　　　　　　　　　　　　　　　　　　　　　　单位：元

摘　要	直接材料	直接人工	制造费用	合　计
月初在产品成本	6 000	1 550	2 250	9 800
本月生产费用	15 000	5 415	4 119.20	24 534.20
生产费用合计	21 000	6 969	6 369.20	34 334.20
完工产品成本	15 703.60	5 908.2	5 402.95	27 019.75
乙产品总成本	9 130	3 435	3 141.25	15 706.25
单位成本	36.52	13.74	12.565	62.825
丙产品总成本	6 573.60	2 473.20	2 261.70	11 308.50

(续表)

摘　要	直接材料	直接人工	制造费用	合　计
单位成本	32.868	12.366	11.308 5	56.542 5
月末在产品成本	5 296.40	2 113.60	1 932.50	14 638.90

编制会计分录如下：
借：库存商品——甲产品　　　　　　　　　　　　　　　38 700
　　　　　　——乙产品　　　　　　　　　　　　　　 15 706.25
　　　　　　——丙产品　　　　　　　　　　　　　　 11 308.50
　　贷：生产成本——基本生产成本——甲产品　　　　　38 700
　　　　　　　　　　　　　　　　——乙产品　　　 15 706.25
　　　　　　　　　　　　　　　　——丙产品　　　 11 308.50

本 章 小 结

本章主要介绍了分类法和定额法成本计算的辅助方法的特点、适应范围和成本核算程序，通过实例说明了它们的实际应用。

产品成本计算的分类法，是以产品类别作为成本计算对象，归集生产费用，计算产品成本的一种方法。分类法的主要特点是：以产品类别作为成本计算对象，归集生产费用，计算产品成本；同类产品内各种品种（或规格）的产品成本，再按照一定的分配方法分配确定。

分类法适用于产品品种、规格繁多，但可以按照一定标准将产品划分为若干类别的企业和车间。分类法与生产类型无直接关系，可以在各种类型的生产中应用。企业生产的零星产品，虽然所用原材料和工艺过程不一定完全相近，为了简化核算工作，也可以将它们归为几类采用分类法计算成本。由于人工操作失误所造成的不同质量的等级品，其单位成本应该是相同的；如果不同质量的产品是由于所用原材料的质量或工艺技术上的要求不同所致，这些产品就应视为同一品种不同规格的产品，可归为一类，采用分类法计算成本。

联产品是指企业使用同种材料，在同一生产过程中，同时生产出几种使用价值不同的并具有同等地位的企业主要产品。联产品的成本计算包括三部分：在分离点前归集联合成本；在分离点时，将发生的联合成本用适当的方法分配给各联产品；在分离点后，计算可归属成本。

副产品是指企业在生产主要产品的过程中，附带生产出一些非主要产品。分离后不再加工的副产品，如其价值较低，副产品不负担分离前的联合成本；如其价值较高，一般将其销售收入扣除税金和按正常利润率计算的销售利润后的余额作为副产品应负担的成本，也可以在此基础上确定固定的单价，以固定的单价计价。分离后需要进一步加工的副产品，其成本计价也可以有两种不同的方法：副产品只负担可归属成本；副产品既负担可归属成本，也按照一定分配标准负担分离前的联合成本。

产品成本计算的定额法，是以产品定额成本为基础，将符合定额的生产费用和脱离定额的差异分别核算，并在定额成本的基础上加减各种差异从而计算出产品实际成本的一种成本计算方法。

不同的企业由于产品的生产工艺过程和管理要求不同,产品定额成本的计算程序不尽相同。如果产品的零部件不多,一般先计算零件定额成本,然后再汇总计算部件和产品成本的定额成本;如果产品的零部件较多,为了简化成本计算工作,也可以不计算零件定额成本,先计算部件定额成本,然后汇总计算产成品定额成本,或者直接计算产品定额成本。

脱离定额差异是指在生产过程中,各项费用的实际支出脱离现行定额或预算的数额。直接材料脱离定额差异的计算,一般有限额法、切割核算法和盘存法三种。在计件工资形式下,其脱离定额差异的计算与直接材料脱离定额差异的计算相类似;在计时工资形式下,其脱离定额的差异不能按照产品直接计算,只有在月末实际直接人工总额确定以后,才能通过与定额成本的比较计算脱离定额差异。制造费用通常与计时工资一样,在日常核算中不能按照产品直接计算脱离定额的差异,而只能按照费用发生的车间、部门和费用的项目计算脱离计划的差异。

定额变动差异是指由于修订消耗定额或生产耗费的计划价格而产生的新旧定额之间的差异。月初在产品定额变动的差异,可以根据定额发生变动的在产品盘存数量或在产品账面盘存数量和修订前后的消耗定额,计算月初在产品消耗定额修订前和修订后的定额消耗量,从而确定定额消耗量的差异金额。为了简化计算工作,也可以按照单位产品采用系数折算的方法计算。

在实际工作中的,一个企业的各个车间,一个车间的各个产品,它们的生产特点和管理要求并不一定相同,因而在一个企业或一个车间中,就有可能同时应用几种不同的成本计算方法。各种成本计算方法的实际应用,包括一个企业的各个车间同时采用几种成本计算方法,一个企业或一个车间的各个产品同时采用几种成本计算方法。

思 考 题

1. 产品成本计算的分类法有什么特点?
2. 在什么情况下适合或者才要用分类法计算产品成本?
3. 简述分类法的优缺点和应用时应注意的问题。
4. 产品成本计算的定额法有什么特点?
5. 在什么情况下可以同时采用几种不同的成本计算方法?
6. 计算一种产品的成本,在什么情况下可以结合采用几种不同的成本计算方法?
7. 何为联产品?如何应用系数法的原理进行联产品成本计算?
8. 何为副产品、等级品?如何进行它们的成本计算?

业 务 题

1. 某企业采用分类法进行产品成本计算,A类产品包括甲、乙、丙三个品种,其中甲产品为标准产品。类内产品成本分配方法为:直接材料按材料费用定额系数为标准,其他费用项目按定额工时系数为标准。A类完工产品成本以及产量和定额等资料如表10-32和表10-33所示。

表 10-32 A类产品成本计算单　　　　　　　　　　　　　单位：元

项　目	直接材料	直接人工	制造费用	合　计
月初在产品成本	8 900	3 200	5 200	17 300
本月发生费用	90 850	45 300	49 700	185 850
完工产品成本	85 200	35 550	47 400	168 150
月末在产品成本	14 550	12 950	7 500	3 500

表 10-33 产量及定额资料

项　目	产　量	单位产品材料费用定额	单位产品工时定额
甲产品	200 件	150 元	12 小时
乙产品	200 件	120 元	15 小时
丙产品	150 件	172.50 元	11.4 小时

要求：在下列表格中填制A类产品系数计算表和A类产品成本计算单。

表 10-34 甲类产品系数计算表

项　目	直接材料		工　时	
	单位产品定额(元)	系　数	单位产品定额(小时)	系　数
甲产品				
乙产品				
丙产品				

表 10-35 甲类产品成本计算单

项目	产量	直接材料系数	直接材料总系数	工时系数	工时总系数	直接材料	直接人工	制造费用	成本合计
分配率									
甲产品									
乙产品									
丙产品									

2. 某厂甲产品采用定额法计算成本。本月有关甲产品的原材料费用的资料如下：

(1) 月初在产品定额费用为1 400元，月初在产品脱离定额的差异为节约20元，月初在产品定额费用调整为降低20元。定额变动差异全部由完工产品负担。

(2) 本月定额费用为5 600元，本月脱离定额的差异为节约400元。

(3) 本月材料成本差异率为节约2‰，材料成本差异全部由完工产品负担。

(4) 本月完工产品的定额费用为6 000元。

要求：计算月末在产品原材料定额费用，分配原材料脱离定额差异，计算本月原材料应分配的材料成本差异，计算完工产品和月末在产品应负担的原材料实际费用。

第十一章　成本报表的编制和分析

引导案例

天地公司的李总近期一直在为不断上升的产品成本而犯愁,他让财务经理报送公司的成本报表。财务经理给他呈递了按成本项目和产品种类编制的产品生产成本表,并详细分析了企业生产费用的经济内容和经济用途。李总从中发现一些令他困惑的问题:两个报表的上年实际和本年计划为什么金额不一样而本年累计实际又相同?公司的甲产品降低额和降低率都超额完成了计划,可是乙产品成本降低额没有完成计划而成本降低率却超额完成了计划?财务经理解释道:按成本项目编制的产品生产成本表和按产品种类编制产品生产成本表是根据不同的产量基础和品种比重编制的;影响产品成本降低额和产品成本降低率的因素是不相同的,乙产品的实际产量比计划减少而单位成本实际又较计划降低导致其降低率完成了计划而降低额未完成计划。李总还是不能完全理解。若你是财务经理,你怎样给李总解释产品生产成本表的编制基础以及影响产品成本降低任务完成情况的因素,以消除他的困惑?

【学习目标与要求】

通过本章的学习,了解成本报表的含义和作用,了解成本报表的特点、种类和编制要求,理解成本报表的编制原理、成本报表分析的步骤,掌握企业的产品生产成本表、主要成本单位成本表、制造费用、销售费用和管理费用明细表的编制,熟悉掌握成本报表分析的对比分析法、比率分析法和因素分析法,掌握产品总成本的分析、产品单位成本的分析,了解技术经济指标对成本的影响,熟练运用各种方法对各种成本报表进行具体分析。

【本章逻辑框架】

成本报表的编制和分析
- 成本报表概述
  - 成本报表的特点
  - 成本报表的种类
  - 成本报表的编制要求
- 成本报表的编制
  - 产品生产成本表的编制
  - 主要产品单位成本表的编制
  - 制造费用明细表的编制
- 成本报表的分析
  - 成本报表的分析步骤
  - 成本报表的分析方法
  - 产品生产成本表的分析
  - 主要产品单位成本表的分析
  - 产品成本的技术经济分析
  - 各种费用明细表的分析

第一节　成本报表概述

一、成本报表的特点

成本报表是根据产品成本和期间费用的核算资料以及有关的计划、统计资料编制的，用以反映和监督企业在一定时期产品成本和期间费用的水平及其构成情况的报告文件。成本是综合反映企业生产、技术、经营、管理工作水平的一项重要指标，企业的物质消耗、劳动效率、技术水平、生产经营管理以及外部因素（如物价、国家经济政策等），都会直接或间接地在产品成本和期间费用中表现出来。通过编制成本报表，可以考核成本、费用计划的执行情况，寻找降低成本、费用的途径。编制和分析成本报表是成本会计工作的一项重要内容。

成本报表作为对内报表，与对外报表相比较，具有以下特点：

首先，成本报表是服务于企业内部经营管理目的的报表。报表的种类、格式、编制时间、报送程序、报送范围都由企业决定，并且随着生产经营条件的变化、管理要求的提高，可以随时修改和调整。根据企业的需要，成本报表具有较大的灵活性与多样性。

其次，成本报表是以企业特定的生产环境为背景，对成本的反映与控制紧密联系着其生产工艺与生产组织的特点及企业对成本管理的要求，因此不同企业之间成本报表的个性差异是成本报表的特点之一。

再次，成本报表是会计核算资料与技术经济资料结合的产物，其信息具有综合性与全面性的特点，如材料成本，既要从价格上反映，也要从消耗量上反映。因此对成本报表不能仅设置货币指标，在反映成本消耗的指标上要采取多种形式，容纳多方面的信息。同时，成本报表需要同时满足会计部门和各级生产部门、各职能部门对成本管理的需要，不仅要提供满足事后分析的资料，还要能够提供事前计划、事中控制所需的大量信息。

最后，成本报表还具有及时与灵敏的特点。由于编报的时间灵活，有日报、班报、旬报、月报等，能为日常成本控制提供及时有用的资料。

二、成本报表的种类

成本报表不是对外报送或公布的会计报表。因此，成本报表的种类、项目、格式和编制方法国家不作统一规定，由企业自行确定。主管企业的上级机构为了对本系统所属企业的成本管理工作进行领导或指导，为了给国民经济管理提供所需的成本、费用数据，也可以要求企业将其成本报表作为会计报表的附表上报。在这种情况下，企业成本报表的种类、项目、格式和编制方法，也可以由企业的上级机构会同企业共同规定。

企业应从实际情况出发，从管理的要求出发来设计和编报成本报表。为加强成本的日常管理，对于成本耗费的主要指标可以按旬、周、日编报；为了将成本管理与技术管理相结合，分析成本升降的具体原因，可将成本会计指标、统计指标和技术指标结合起来，合并编制报表；为了加强成本工作的预见性，还可以在计划执行过程中向有关部门和人员编制分析报告。

成本报表按其所反映的内容可以分为以下两种：

(1) 反映成本情况的报表。主要反映企业为生产一定种类和数量产品所花费成本的水平及其构成情况，一般包括产品生产成本表、主要产品单位成本表。

(2) 反映各种费用支出的报表。主要反映企业在一定时期内各种费用支出总额及其构成情况，一般包括制造费用明细表、销售费用明细表、管理费用明细表和财务费用明细表。

企业除了按期编报产品生产成本表、主要产品单位成本表、制造费用明细表和各种期间费用明细表外，还可以根据本身的生产特点和管理要求，编制其他成本报表，如材料考核表、人工考核表、损失报告表、责任成本报告等。

三、成本报表的编制要求

编制成本报表的主要资料来源有：报告期的主要账簿资料、本期成本计划及费用预算资料、以前年度的会计报表资料以及企业有关的统计资料和其他资料等。有了这些资料作为编制成本报表的主依据，要真实、准确、完整清楚、及时地编制成本报表还应做到以下几点：

(1) 数字准确。就是报表的指标必须如实反映情况，不能任意估计数字，更不能弄虚作假、篡改数字。成本报表上的各项指标大部分是来源于当期的成本账簿资料，为了保证账簿记录资料真实可靠，首先要检查所有经济业务是否按时全部入账，不能为了赶编报表而提前结账；其次要检查账实、账款是否相符，在编报前要认真核对账面记录与实物是否相符，账面记录与债权、债务以及银行存款是否相符，如有不符的账项应及时进行调整。只有在账实、账证、账账相符的情况下，才能编制成本报表。

(2) 内容完整。就是指应编制的各种成本报表必须齐全，应填列的报表指标和文字说明必须全面，表内项目和表外补充资料，不论根据账簿资料直接填列还是分析计算填列，都应完整无缺，不得任意取舍。

(3) 编报及时。就是要求按照规定期限报送成本报表。只有这样才能保证利用准确完整的资料，及时地对企业成本计划完成情况进行检查和分析，从中发现问题，采取措施迅速加以解决，以充分发挥成本报表应有的作用。为此，企业财会部门应提前做好准备工作，并且要加强与各有关部门的协调与配合。要做到及时编报，首先要求企业搞好日常的成本核算；其次要使报送的成本报表指标能在企业成本管理中发挥作用，除报送的指标真实可靠外，还要有配套的计划、预算、统计以及历史成本资料，通过加工、计算、分析、综合，才能及时揭示深层的矛盾问题，以便采取措施及时处理矛盾和问题，体现成本信息的效用。

第二节　成本报表的编制

成本报表中有的反映本期产品的实际成本，有的反映本期各种实际费用发生额，有的还可能反映实际成本或实际费用的累计数。为了考核和分析成本计划的执行情况，这些报表一般还列示了有关的计划数和其他有关资料。成本报表中的实际成本和实际费用，应根据有关的产品成本明细账和费用明细账的本期实际发生额填列；累计的实际成本、费用，应根据本期报表的本期实际成本、费用加上上期报表的累计实际成本、费用计算填列；计划数应根据有关的计划资料填列;其他有关资料,应根据报表编制要求填列。

一、产品生产成本表的编制

产品生产成本报表是用来反映企业在报告期内生产的全部产品总成本的报表。该表一般分为两种:一种按成本项目反映,另一种按产品种类反映。

(一)按成本项目反映的产品生产成本表的编制

1. 结构和作用

该表是按成本项目汇总反映企业在报告期内发生的全部生产费用以及产品生产成本合计数的报表。该表可分为生产费用和产品生产成本两部分。表中生产费用部分按成本项目反映报告期内发生的各种生产费用及其合计数;产品生产成本部分是在生产费用合计数的基础上,加上在产品和自制半成品的期初余额,减去在产品和自制半成品的期末余额,计算出产品生产成本的合计数。这些费用和成本,还可以按上年实际数、本年计划数、本月实际数和本年累计实际数分栏反映。

【例11-1】现列示某企业2015年12月份按成本项目反映的产品生产成本表,如表11-1所示。

表 11-1　产品生产成本表(按成本项目反映)　　　　　单位:元

项目	上年实际	本年计划	本月实际	本年累计实际
生产费用:				
直接材料费用	57 860	56 120	4 490	56 140
直接人工费用	23 250	24 050	1 850	23 000
制造费用	29 826	26 320	2 850	27 560
生产费用合计	110 936	106 490	9 190	106 700
加:在产品和自制半成品的期初余额	8 760	8 520	4 800	6 529
减:在产品和自制半成品的期末余额	6 529	6 632	5 700	5 700
产品生产成本合计	113 167	108 378	8 290	107 529

2. 编制

在按成本项目反映的产品生产成本表中,上年实际数应根据上年12月份本表的本年累计实际数填列;本年计划数应根据成本计划有关资料填列;本年累计实际数应根据本月实际,加上上月本表的本年累计实际数计算填列。现将表11-1中本月实际数的填列方法说明如下:

表中按成本项目反映的各项生产费用数,应根据各种产品成本明细账所记本月生产费用合计数按照成本项目分别汇总填列。

假定【例11-1】企业生产甲、乙、丙三种产品,各种产品成本明细账所记12月份的生产费用合计如下:

甲产品:直接材料890元,直接人工410元,制造费用560元,合计1 860元。

乙产品:直接材料1 640元,直接人工760元,制造费用950元,合计3 350元。

丙产品：直接材料 1 960 元，直接人工 680 元，制造费用 1 340 元，合计 3 980 元。

根据上列资料按照成本项目进行汇总，即可填列上列产品生产成本表中按成本项目反映的本月生产费用合计及其合计数。

表中的期初、期末在产品、自制半成品的余额应根据各种产品成本明细账的期初、期末在产品成本和各种自制半成品的明细账的期初、期末余额分别汇总填列。

假定【例 11-1】企业甲、乙、丙三种产品成本明细账所记 12 月份的月初、月末在产品成本如下：

月初在产品成本为：甲产品 1 050 元，乙产品 1 550 元，丙产品 2 200 元，合计 4 800 元。

月末在产品成本为：甲产品 800 元，乙产品 2 100 元，丙产品 2 800 元，合计 5 700 元。

假定【例 11-1】企业 12 月份甲、乙、丙三种产品均无自制半成品。

根据【例 11-1】资料，即可汇总填列上列产品生产成本表中在产品、自制半成品的期初余额数和期末余额数。

按成本项目反映的产品生产成本表作用有：

(1) 可以反映报告期内全部生产费用的支出情况和各项费用的构成情况，并据以进行生产费用支出的一般评价；

(2) 将本年累计实际生产费用与本年计划和上年实际数相比较，可以考核和分析年生产费用计划的执行结果以及生产费用的升降情况；

(3) 将各期产品成本合计数与各该期产值、销售收入或利润进行对比，可以考核和分析各该期的经济效益；

(4) 将本年累计实际的产品生产成本与本年计划数和上年实际数相比较，可以考核和分析年度产品生产总成本计划的执行结果及升降情况，并据以分析影响成本升降的各项因素。

(二) 按产品种类反映的产品生产成本表的编制

1. 结构和作用

该表是按产品种类汇总反映企业在报告期内生产的全部产品的单位成本和总成本的报表。该表可以分为实际产量、单位成本、本月总成本、本年累计总成本四部分。表中按产品种类分别反映本月产量、本年累计产量，以及上年实际成本、本年计划成本、本月实际成本和本年累计实际成本。

现列示【例 11-1】中企业 2015 年 12 月份的按产品种类反映的产品生产成本表，如表 11-2 所示。

表 11-2 产品生产成本表（按产品种类反映） 单位：元

产品名称	实际产量		单位成本				本月总成本			本年累计总成本		
	本月	本年累计	上年实际平均	本年计划	本月实际	本年累计实际平均	按上年实际平均单位成本计算	按本年计划单位成本计算	本月实际	按上年实际平均单位成本计算	按本年计划单位成本计算	本年实际
甲	100	1 140	22.10	21.00	21.10	22.50	2 210	2 100	2 110	25 194	23 940	25 650
乙	280	3 050	12.50	11.00	10.00	11.10	3 500	3 080	2 800	38 125	33 550	33 855
丙	400	5 520	8.75	8.60	8.45	8.70	3 500	3 440	3 380	48 300	47 472	48 024
合计	—	—	—	—	—	—	9 210	8 620	8 290	111 619	104 962	107 529

在按产品种类反映的产品生产成本表中,对于主要产品,应按产品品种反映实际产量和单位成本,以及本月总成本和本年度累计总成本;对于非主要产品,则可按照产品类别汇总反映本月总成本和本年累计总成本;对于上年没有正式生产过、没有上年成本资料的产品,一般称为不可比产品,不反映上年成本资料;对于上年正式生产过、具有上年成本资料的产品,一般称为可比产品,还反映上年成本资料。

2. 编制

在该表中,各种产品的本月实际产量应根据相应的产品成本明细账填列。本年累计实际产量应根据本月实际产量加上上月本表的本年累计实际产量计算填列。上年实际平均单位成本应根据上年本表所列全年累计实际平均单位成本填列;本年计划单位成本应根据本年成本计划填列;本月实际单位成本应根据表中本月实际总成本除以本月实际产量计算填列。如果在产品成本明细账或产成品成本汇总表中有着现成的本月实际产量、总成本和单位成本,表中这些项目都可以根据产品成本明细账或产成品成本汇总表填列。表中本年度累计实际平均单位成本应根据表中本年累计实际总成本除以本年累计实际产量计算填列。按上年实际平均单位成本计算的本月总成本和本年累计总成本,应根据本月实际产量和本年累计实际产量乘以上年实际平均单位成本计算填列。按上年计划单位成本计算的本月总成本和本年累计总成本,应根据本月实际产量和本年累计实际产量乘以本年计划单位成本计算填列。本月实际总成本,应根据产品成本明细账或产成品成本汇总表填列。本年度累计实际总成本,应根据产品成本明细账或产成品成本汇总表本年各月产成品成本计算填列。如果有不合格品,应单列一行,并注明"不合格品"字样,不应与合格品合并填列。

对于可比产品,如果企业或上级机构规定有本年成本比上年的降低额或降低率的计划内指标,还应根据该表资料计算成本的实际降低额或降低率,作为表的补充资料列在表的下端。

可比产品成本的降低额或降低率的计算公式如下:

$$\text{可比产品成本降低额} = \text{可比产品按上年实际平均单位成本计算的本年累计总成本} - \text{本年累计实际总成本}$$

$$\text{可比产品成本降低率} = \frac{\text{可比产品成本降低额}}{\text{可比产品按上年实际平均单位成本计算的本年累计总成本}} \times 100\%$$

假设【例 11-1】企业所产甲、乙、丙三种产品都是可比产品,有关资料如表 11-3 所示。

表 11-3 甲、乙、丙产品有关资料   单位:元

产品名称	实际产量		单位成本		总成本	
	本月	本年累计	上年实际平均	本年计划	本月	1—11月累计实际
甲产品	100	1 140	22.10	21.00	2 110	23 540
乙产品	280	3 050	12.50	11.00	2 800	31 055
丙产品	400	5 520	8.75	8.60	3 380	44 644

根据【例 11-1】资料,计算填列按产品种类反映的产品生产成本表见表 11-2。全部可比

产品的成本降低额和降低率计算如下：

$$\frac{可比产品}{成本降低额} = 111\ 619 - 107\ 529 = 4\ 090（元）$$

$$\frac{可比产品}{成本降低率} = \frac{4\ 090}{111\ 619} \times 100\% = 3.66\%$$

如果企业可比产品品种不多，其成本降低额和成本降低率也可以按产品品种分别计划和计算。

按产品种类反映的产品生产成本表中的实际总成本的合计和本年累计实际总成本的合计，应与按成本项目反映的产品生产成本表中的本月实际的产品生产成本合计和本年累计实际的产品生产成本合计分别核对相符（上例企业均为 8 290 元和 107 529 元）。但是，按产品种类反映的产品生产成本表中按上年实际平均单位成本计算的本年累计总成本 111 619 元和按计划单位成本计算的本年累计总成本 104 962 元，不能与按成本项目反映的产品生产成本表中的上年实际产品生产成本合计数 113 167 元和本年计划产品生产成本合计数 108 378 元核对相符。这是因为，按产品种类反映的产品生产成本表是根据本年产品的实际产量和实际品种比重条件下的产品核算资料编制的，而按成本项目反映的产品生产成本表中的上年实际产品生产成本合计数，是上年的实际产量、实际品种比重条件下的实际总成本；按成本项目反映的产品生产成本表中的本年计划产品生产成本合计数，是本年的计划产量、计划品种比重条件下的计划总成本。其中的产量和品种比重不同。

按产品种类反映的产品生产成本表的作用有：

（1）可以分析和考核各种产品本月和本年累计的成本计划的执行结果，对成本的节约和超支的情况进行一般的分析；

（2）可以分析和考核各种产品本月和本年累计的成本与上年相比的升降情况；

（3）可以分析和考核可比产品成本降低计划的执行情况，促使企业采取措施降低成本；

（4）可以了解哪些产品成本节约较多，哪些产品成本超支较多，为进行单位成本分析指明方向。

二、主要产品单位成本表的编制

主要产品单位成本表是反映企业在报告期内的各种主要产品单位成本构成情况的报表。该表应按主要产品分别编制，是按产品种类反映的产品生产成本表中某些主要产品单位成本的进一步反映。

（一）结构和作用

该表可以分为三部分：产量、单位成本和主要技术经济指标。产量部分包括本月计划和实际产量数、本年累计计划和实际产量数；单位成本部分分别反映历史先进水平、上年实际平均、本年计划、本月实际和本年度累计实际平均单位成本；技术经济指标部分主要反映原料、主要材料、燃料和动力的消耗数量。主要产品单位成本表的格式和内容如表 11-4 所示。

表 11-4 主要产品单位成本表

产品名称：A　　　　　　　　计量单位：件　　　　　　　本月计划产量：9 件
产品规格：×××　　　　　　销售单价：430　　　　　　本月实际产量：10 件
　　　　　　　　　　　　　　　　　　　　　　　　　　本年累计计划产量：100 件
　　　　　　　　　　　　　　　　　　　　　　　　　　本年累计实际产量：150 件

成 本 项 目	历史先进水平	上年实际平均	本年计划	本月实际	本年累计实际平均
直接材料	117.50	120	120	118.75	120.5
直接人工	29.50	34.50	32.50	28.75	32.75
制造费用	35	35.50	35	36.25	37.5
产品单位成本	182	190	187.50	183.75	190.75
主要技术经济指标	耗用量	耗用量	耗用量	耗用量	耗用量
1. 甲材料（千克）	9.50	10.50	10	9	9
2. 乙材料（千克）	16	16.50	16	15	17

主要产品单位成本表的作用有：

（1）可以按照成本项目考核主要产品单位成本计划的执行结果，分析单位成本节约或超支的原因；

（2）可以按照成本项目将本月实际和本年累计实际平均单位成本与上年实际平均单位成本和历史先进单位成本进行对比，了解与上年相比的升降情况和与先进水平的差距，分析单位成本发展变化的趋势；

（3）可以分析、考核主要产品的各项经济技术指标的执行情况。

（二）编制

该表的产品销售单价应根据产品定价表填列。本月及本年累计计划产量应根据生产计划填列；本月及本年累计实际产量应根据产品成本明细账或产成品成本汇总表填列。历史先进水平应根据历史上该种产品成本最低年度的实际平均单位成本填列；上年实际平均单位成本应根据上年本表实际平均单位成本填列；本月实际平均单位成本应根据该种产品成本明细账或产成品成本汇总表填列；本年累计实际平均单位成本应根据该种产品成本明细账所记年初至报告期末止完工入库总成本除以本年累计实际产量计算填列。主要技术经济指标应根据业务技术核算资料填列。

三、制造费用明细表的编制

制造费用明细表是反映企业在报告期内制造费用及其构成情况的报表。由于辅助生产车间的制造费用已通过辅助生产费用的分配转入基本车间制造费用、管理费用等有关的成本、费用项目，因而该表的制造费用只反映基本车间制造费用，不包括辅助车间的制造费用，以免重复。

（一）结构和作用

该表一般按制造费用项目分别反映各该费用的本年计划数、上年同期实际数、本月实际数和本年度累计实际数。如果需要,也可以根据制造费用的分月计划,在表中加列本月计划数。制造费用明细表的格式和内容如表11-5所示。

表 11-5 制造费用明细表 单位:元

费用项目	本年计划	上年同期实际	本月实际	本年累计实际
职工薪酬	31 350	1 492	2 705	31 936
折旧费	21 350	1 746	1 785	21 910
修理费	13 455	1 290	1 160	13 475
办公费	14 975	1 164	1 060	13 705
水电费	17 450	1 394	1 430	17 437
机物料消耗	14 900	1 180	1 125	13 560
劳动保护费	17 585	1 488	1 390	16 581
在产品盘亏、毁损	—	1 191	1 065	7 448
停工损失		936		2 572
其他	12 970	1 809	1 770	8 679
合计	144 035	13 690	13 490	147 303

制造费用明细表的作用有:

(1) 可以按费用项目分析制造费用本月数比上年同期实际数的增减变化情况,在表中列有本月计划数的情况下还可以分析本月计划的执行结果;

(2) 可以在年度内按照费用项目分析制造费用年度计划的执行情况,以便采取措施将制造费用控制在年度计划之内;在年度末,按照费用项目分析制造费用年度计划的执行结果,分析产生差异的原因;

(3) 可以分析本月实际和本年累计实际制造费用的构成情况,与上年同期实际和计划构成情况进行比较,分析制造费用构成的发展变化情况和原因。

(二) 编制

该表的本年计划数应根据成本计划中的制造费用计划填列;上年同期实际数应根据上年同期制造费用明细表的累计实际数填列;本月实际数应根据制造费用总账科目所属各基本生产车间制造费用明细账的本月末累计数汇总填列。

四、销售费用、管理费用和财务费用明细表的编制

销售费用、管理费用和财务费用明细表是反映企业在报告期内的经营管理费用及其构成情况的报表。编制经营管理费用明细表有着以下各项作用:

(1) 可以分析这些费用的本期实际数比上年同期实际数的增减变化情况;

(2) 可以分析和考核这些费用的计划执行情况和执行结果;

(3) 可以分析这些费用内部各项费用的构成情况。

（一）销售费用明细表的编制

销售费用明细表是反映企业在报告期内发生的销售费用及其构成情况的报表。该表一般按费用项目分别反映各该费用的计划数、上年同期实际数、本月实际数和本年累计实际数。该表的本年计划数应根据本年销售费用计划填列；上年同期实际数应根据上年同期销售费用明细表的累计实际数填列；本月实际数应根据销售费用明细账的本月合计数填列；本年累计实际数应根据销售费用明细账的本月末累计实际数填列。如果需要，也可以根据销售费用的分月计划，在表中加列本月计划数。销售费用明细表的格式和内容如表 11-6 所示。

表 11-6 销售费用明细表　　　　　　　　　　　　　　　　　单位：元

费用项目	本年计划	上年同期实际	本月实际	本年累计实际
包装费	18 775	1 655	1 635	19 755
运输费	25 900	2 039	2 090	25 630
装卸费	18 800	1 498	1 564	18 755
保险费	11 350	914	986	11 337
展览费	14 050	1 140	1 170	13 990
广告费	21 050	1 785	1 733	20 799
其他	17 100	1 398	1 449	17 405
合计	127 025	10 429	10 627	127 671

（二）管理费用明细表的编制

管理费用明细表是反映企业在报告期内发生的管理费用及其构成情况的报表。该表一般按费用项目分别反映各该费用的计划数、上年同期实际数、本月实际数和本年累计实际数。该表的本年计划数应根据管理费用计划填列；上年同期实际数应根据上年同期管理费用明细表的累计实际数填列；本月实际数应根据管理费用明细账的本月合计数填列；本年累计实际数应根据管理费用明细账的本月末累计实际数填列。如果需要，也可以根据管理费用的分月计划，在表中加列本月计划数。管理费用明细表的格式和内容如表 11-7 所示。

表 11-7 管理费用明细表　　　　　　　　　　　　　　　　　单位：元

费用项目	本年计划	上年同期实际	本月实际	本年累计实际
职工薪酬	23 400	2 056	1 949	23 355
折旧费	16 300	1 365	1 340	16 055
工会经费	7 850	665	655	7 855
业务招待费	18 750	1 519	1 573	18 790
印花税	8 550	692	712	8 505
房产税	10 850	920	905	10 390
车船使用税	5 800	480	489	5 842

(续表)

费用项目	本年计划	上年同期实际	本月实际	本年累计实际
土地使用税	5 200	435	435	5 215
无形资产摊销	11 950	990	965	11 995
职工教育经费	14 950	253	1 238	14 910
劳动保险费	6 750	605	565	5 755
失业保险费	10 200	789	843	10 098
技术转让费	11 550	1 406	1 131	13 615
材料产品盘亏、毁损	—	860	911	10 939
其 他	11 850	1 095	1 159	13 912
合 计	163 950	14 130	14 870	177 231

(三) 财务费用明细表的编制

财务费用明细表是反映企业在报告期内发生的财务费用及其构成情况的报表。该表一般按费用项目分别反映各该费用的计划数、上年同期实际数、本月实际数和本年累计实际数。该表的本年计划数应根据财务费用计划填列；上年同期实际数应根据上年同期财务费用明细表的累计实际数填列；本月实际数应根据财务费用明细账的本月合计数填列；本年累计实际数应根据财务费用明细账的本月末累计实际数填列。如果需要，也可以根据财务费用的分月计划，在表中加列本月计划数。财务费用明细表的格式和内容如表11-8所示。

表11-8 财务费用明细表 单位：元

费用项目	本年计划	上年同期实际	本月实际	本年累计实际
利息支出	21 350	1 628	1 733	20 905
汇兑损失	16 400	1 391	1 446	17 355
手续费	12 400	1 044	938	12 670
其 他	6 050	506	479	5 755
合 计	56 200	4 569	4 596	56 685

第三节 成本报表的分析

一、成本报表的分析步骤

成本报表的分析，大体上可按以下步骤进行。

(一) 确定分析课题

在进行成本分析之前，要根据生产经营过程中出现的问题或管理上的需要，确定分析课题，明确分析的要求。开展成本分析，总的说来，是为了总结企业生产经营的成绩和缺点，更好地按经济规律办事。但是，企业在一定时期内，总有一些特殊的管理性的问题需要解决，对于成本分析的目的和要求，在不同企业或同一企业的不同时期不可能完全一样。因此，对每次成本分析，都要根据企业生产经营的具体情况，提出具体的分析目的和要求，并拟定分析工作计划，这样才能有目的地收集和运用各种资料，才能有步骤地开展成本分析工作。

(二) 收集有关资料

大量占有完备的各种资料，是正确进行成本分析的基础。为了做好成本分析工作，必须全面收集有关的成本资料。既要收集反映计划完成过程和结果的会计、统计和业务核算的实际资料，又要收集各项计划和定额资料；既要收集有关的数字资料，又要收集会议记录、决议、纪要、报告和备忘录等文字资料；既要收集国内同行业先进水平企业的有关资料，又要收集国外先进水平企业的有关资料。企业收集的资料必须实事求是，只有这样才能使成本分析作出正确的结论和提出切实可行的建议。

(三) 揭示存在的问题

在开展成本分析时必须运用对比分析的方法，对经济指标及其数据进行各种各样的比较。通过比较，确定差异、揭示矛盾、发现问题。这样，一方面可以明确必须进行深入分析的问题，找寻产生问题的原因；另一方面又为挖掘潜力指出方向和途径。

(四) 分析影响因素

通过指标对比，只能看出数量上、现象上的差异，而不能说明差异的实质。因此，在揭示了成本工作存在的问题之后，还要相互联系地研究问题产生的原因。影响产品成本的因素是多种多样的：既有人的因素，又有物的因素；既有主观因素，又有客观因素；既有生产组织方面的因素，又有思想意识方面的因素；既有技术上的因素，又有管理上的因素。只有运用对立统一的观点来深入综合地分析，才能在多种矛盾中找出主要矛盾，从复杂因素中找出决定因素，才能查明成本指标形成与变动原因以及有关人员的经济责任，才能抓住问题的关键。

(五) 提出改进措施

成本分析的根本目的在于对过去成本工作的总结与评价，来控制现在并规划未来。因为过去的已成为事实，即使有失误与不足，也无法避免与挽回。在找出差距、分析原因之后，还应针对成本工作中的关键问题和薄弱环节，提出切实可行的改进措施和实施方案，以全面挖掘降低产品成本的各种潜力，不断提高经济效益。

二、成本报表的分析方法

对成本报表进行分析的方法是多种多样的，采用哪种取决于分析的目的、企业的特点及其所掌握资料的性质和内容。常用的方法主要有对比分析法、比率分析法、因素分析法和积分法。

(一) 对比分析法

对比分析法也称指标对比法，是成本报表分析的主要方法，使用比较广泛。它是把相同事物的指标在时间上和空间上进行对比从数量上确定差异的一种分析方法。使用这种方法的目的是揭示成本差异、找出问题及其产生的原因,研究解决问题的途径和方法,达到降低成本的目的。对比分析法在成本报表分析工作中主要用于以下几种指标的对比分析:

(1) 实际与计划或定额指标对比分析。主要是了解计划或定额完成情况,揭示完成计划和未完成计划或定额的差距。

(2) 本期实际与前期实际指标对比分析。与上期或上年同期实际指标对比,可以了解成本的发展趋势和方向,揭示本期比上期或上年同期的差距有多少;与历史先进水平对比可以了解成本的发展速度是否已达到或超过历史先进水平。

(3) 本期实际与同行业先进水平对比分析。可以反映企业与国内外先进水平的差距,考察企业成本水平在同类企业同种产品中所处的地位,在更大范围内发现差距,推动企业改进经营管理。

对比分析法既可以是绝对指标的对比,也可以是相对指标的对比。无论采用哪种比较形式都必须注意指标之间的可比性,即对比指标采用的计量单位、计价标准、时间单位、指标内容和前后期采用的计算方法等应具有可比的基础和条件。在同类企业比较成本指标时,还应考虑它们在技术、经济上的可比性。如果用于对比分析的资料包含不可比因素,应将对比的指标作必要的调整换算。如对比费用指标时,可以先将随产量变化而变化的变动费用计划数,按产量增减幅度进行调整,再同实际指标相对比;与以前指标对比,可以按不变价格换算或按物价、收费率等变动情况调整某些指标。但在分析时,也要防止将指标可比性绝对化。

(二) 比率分析法

比率分析法是通过计算和对比经济指标的比率,进行数量分析的一种方法。采用这种方法,先要把对比的数值变成相对数,求出比率,然后再进行对比分析。比率分析法主要有相关指标比率分析法、构成比率分析法和趋势比率分析法三种。

1. 相关指标比率分析法

相关指标比率分析法是通过计算两个性质不同而又相关的指标的比率,再以实际数与基数进行对比分析的方法。在实际工作中,由于企业规模不同等原因,单纯地对比产值、销售收入或利润等指标的绝对多数,不能说明各企业经济效益的好坏。通常需要计算成本与产值、销售收入或利润相比的相对数,求出产值成本率、销售成本率和成本费用利润率,据以分析和比较生产耗费的经济效益。通过相关比率的计算,可以排除不同企业之间和同一企业不同时期的某些不可比因素,有利于企业经营管理者进行成本效益分析和经营决策。计算公式分别为:

$$产值成本率 = \frac{产品生产成本}{工业总产值} \times 100\%$$

$$销售成本率 = \frac{销售成本}{销售收入} \times 100\%$$

$$成本费用利润率 = \frac{利润总额}{成本费用总额} \times 100\%$$

2. 构成比率分析法

构成比率分析法是通过计算某项指标的各个组成部分占总体的比重(即部分与全部的

比率),然后将不同时期的构成比率相比较进行数量分析的方法。例如,将构成产品成本的各个成本项目与产品成本总额相比,计算其占总成本的比重,确定各项成本的构成比率;将各个费用项目与费用总额相比,计算各项费用的构成比率等。通过计算产品成本中各个项目的比重和费用总额中各个费用项目的比重,且将不同时期的构成比率进行比较,可以反映产品成本或费用总额的构成是否合理;观察构成比率的变动,掌握经济活动情况,了解企业改进生产技术和经营管理对产品成本的影响,为寻求降低成本、节约费用的途径指明方向。计算公式分别为:

$$产品成本的构成比率 = \frac{直接材料、直接人工或制造费用数额}{产品成本总额} \times 100\%$$

$$期间费用的构成比率 = \frac{营业费用、管理费用或财务费用数额}{期间费用总额} \times 100\%$$

$$制造费用构成比率 = \frac{某费用项目数额}{制造费用总额} \times 100\%$$

3. 趋势比率分析法

趋势比率分析法又称动态比率分析法,是将几个时期的同类指标对比,求出比率,进行动态比较,据以分析该项指标的增减速度和变化趋势,从中发现企业生产经营方面的成就或不足。在连续的若干期之间,可以按绝对数进行对比,也可以按相对数进行对比;可以以某个时期为基期,其他各期均与该时期的基数进行对比,也可以在各个时期之间进行环比,分别以上一时期为基期,下一个时期与上一个时期的基数进行对比。

【例11-2】某企业A产品某年四个季度单位产品成本和趋势比率如表11-9所示。

表11-9 A产品单位成本及趋势比率

单位:元

指　　标	第一季度	第二季度	第三季度	第四季度
产品单位成本	190	210	295	335
基期指数	100	110.50	128.90	176.30
环比指数	—	110.50	116.70	136.70

通过表11-9中的趋势比率的计算和对比,可以看出该企业A产品的单位成本呈逐年上升趋势,且提高的幅度较大。企业必须采取有效的措施,解决生产和管理方面存在的问题。

比率分析法与其他分析法相比,具有容易判断、可比性强等特点。但由于它同样受会计资料、成本核算方法及行业特点的影响与制约,因此,在使用比率分析法时,同样需要结合实际,对具体问题进行具体分析。不论采用什么比率法,分析时都将比率的实际数与基数进行比较,揭示其与基数之间的差异。例如,进行相关指标比率的成本利润率分析时,应将本期实际成本利润率与计划成本利润率、前期实际成本利润率进行对比,揭示其与计划指标、前期指标的差异。进行构成比率分析也是如此。

(三)因素分析法

因素分析法又称连环替换法,它是将某一综合指标分解为若干个相互联系的因素,并分别计算、分析每个因素影响程度的一种方法。企业产品成本是一个综合性的价值指标,影响产品成本升降的因素很多,但概括起来无外乎是外部因素和内部因素两类。外部因素是指来自社会以及外部经济环境和条件的影响因素;内部因素则是企业本身经营管理所造成的。

通常在采用因素分析法时,首先要确定分析指标的构成因素;其次要确定各个因素与指标的关系,如加减关系、乘除关系等;再次要采用适当的方法,把指标分解成各个因素;最后再来确定各个因素对指标变动的影响方向与程度。具体计算程序如下:

(1) 将影响经济指标的各个因素按一定的顺序排列,并按其依存关系将指标分解为基数(计划数、上期实际数等)和实际数两个体系;

(2) 以成本的基数为基础,按预定的顺序依次用实际指标去替换各因素的基指标,直至全部替换完为止;

(3) 将每次计算结构与前次计算结果相比,求得某一因素对成本指标变动的影响程度;

(4) 将各因素的影响数值相加,即为被分析指标实际数与基数的总差异数。

下面对因素分析法的分析原理作进一步阐述。

设成本指标 F 由 x、y、z 三个因素所构成,且三个因素与成本指标的关系为 $F=f(x,y,z)=xyz$,成本指标的基数和实际数分别为 $F_0=x_0 y_0 z_0$,$F_1=x_1 y_1 z_1$,成本指标的实际数与基数的差额为 F_1-F_0。分析计算过程如下:

成本指标的基数 $F_0=x_0 y_0 z_0$

第一次替换 $F_x=x_1 y_0 z_0$,$F_x-F_0=x$ 变动的影响

第二次替换 $F_y=x_1 y_1 z_0$,$F_y-F_x=y$ 变动的影响

第三次替换 $F_z=F_1=x_1 y_1 z_1$,$F_z-F_y=z$ 变动的影响

x、y、z 三个因素变动影响总额 $=F_x-F_0+F_y-F_x+F_z-F_y=F_z-F_0=F_1-F_0$

【例 11-3】假设某企业有关材料费用的计划和实际资料如表 11-10 所示。

表 11-10 材料成本资料

指　　标	单　位	计　划	实 际 数
产品产量	件	200	220
单位产品材料消耗量	千克	20	18
材料单价	元	5	6
材料费用总额	元	20 000	23 760

材料费用总额实际脱离计划的差异:23 760－20 000＝3 760(元),是产量增加、单位产品材料消耗量节约和材料单价提高三个因素综合影响的结果。用因素分析法测定各因素变动对材料费用总额的影响程度:

材料费用总额计划数:200×20×5＝20 000(元)

第一次替换(产品产量):220×20×5＝22 000(元),产量增加对材料费用总额的影响＝22 000－20 000＝2 000(元)

第二次替换(单位产品材料消耗量):220×18×5＝19 800(元),单位产品材料消耗量节约对材料费用总额的影响＝19 800－22 000＝－2 200(元)

第三次替换(材料单价):220×18×6＝23 760(元),材料单价提高对材料费用总额的影

响＝23 760－19 800＝3 960(元)

综合各因素影响数：2 000－2 200＋3 960＝3 760(元)

分析表明，由于产量增加、材料价格提高使材料费用总额增加了 5 760(2 000＋3 760)元，虽然单位产品材料消耗量节约使材料费用减少了 2 200 元，但结果造成材料费用总额超支了 3 760 元。对此，应进一步分析各因素变动的具体原因。

因素分析法在实际运用中通常采用简便的形式，即差额计算法。运用这一方法时，先确定各因素实际数与基数的差额，然后按各因素的排列顺序依次求出各因素变动的影响：某因素的实际数与基数的差额，乘以前面因素的实际数、后面因素的基数，乘积即为该因素对指标的影响程度。

仍按前例假设，成本指标的基数为 $F_0=x_0 y_0 z_0$，实际数为 $F_1=x_1 y_1 z_1$，成本指标的实际数与基数的差额为 F_1-F_0。分析计算过程如下：

x 因素变动的影响 $=(x_1-x_0)y_0 z_0$

y 因素变动的影响 $=(y_1-y_0)x_1 z_0$

z 因素变动的影响 $=(z_1-z_0)x_1 y_1$

x、y、z 三个因素变动影响总额 $=(x_1-x_0)y_0 z_0+(y_1-y_0)x_1 z_0+(z_1-z_0)x_1 y_1$
$$=x_1 y_1 z_1-x_0 y_0 z_0$$

仍以上例数字资料，以差额计算法测定各因素变动对材料费用总额的影响程度如下：

产量变动的影响 $=(220-200)\times 20\times 5=2\,000$(元)

单位产品材料消耗量变动的影响 $=(18-20)\times 220\times 5=-2\,200$(元)

材料单价变动的影响 $=(6-5)\times 220\times 18=3\,960$(元)

综合各因素影响数：2 000－2 200＋3 960＝3 760(元)

差额计算法由于计算简便，所以应用比较广泛，特别是在影响因素只有两个时更为适用。

应用因素分析法时，必须注意以下几个基本要点：

(1) 成本指标体系的组成因素，必须是能反映造成该项指标差异的内在原因；

(2) 分析某一方面因素变动对成本差异的影响程度，只有暂时假定其他因素不变的情况下才有可能；

(3) 各因素对成本指标差异数的影响，必须顺序连环地逐一进行，不可采用不连环的方法计算，否则算出诸因素的影响程度之和就不等于成本指标的差异数；

(4) 各个因素替换的顺序不同，各个因素的影响差异程度也就不一样，因而，正确确定各因素的替换顺序非常重要。

(四) 积分法

因素分析法能够揭示各因素变化对指标的影响程度和方向，但其计算结果并非各因素变化对指标影响值的客观真实反映。因为因素分析法最基本的特征就是分析过程中因素替换的连环性，不同的替换顺序会得出不同的计算结果。导致这一结果的根本原因在于因素分析法本身存在的弊端。对此，可通过对因素分析法的剖析而得到认识。

仍按前例假设，另外再设 Δ 表示增量，即 $\Delta F=F_1-F_0$，$\Delta x=x_1-x_0$，$\Delta y=y_1-y_0$，$\Delta z=z_1-z_0$，等。

成本指标的基数为 $F_0 = x_0 y_0 z_0$

成本指标的实际数为 $F_1 = F_0 + \Delta F = (x_0 + \Delta x)(y_0 + \Delta y)(z_0 + \Delta z)$
$$= x_0 y_0 z_0 + \Delta x y_0 z_0 + x_0 \Delta y z_0 + x_0 y_0 \Delta z + \Delta x \Delta y z_0 + \Delta x y_0 \Delta z +$$
$$x_0 \Delta y \Delta z + \Delta z \Delta x \Delta y$$

产生差异 ΔF 的原因如下：

x 因素变动的影响 $= \Delta x y_0 z_0$

y 因素变动的影响 $= x_0 \Delta y z_0 + \Delta x \Delta y z_0$

z 因素变动的影响 $= x_0 y_0 \Delta z + \Delta x y_0 \Delta z + x_0 \Delta y \Delta z + \Delta z \Delta x \Delta y$

由此可见,采用因素分析法时,排在最前面的因素只负担其基本影响额,而后面的因素除要负担各自的基本影响额外,还要负担一切与它有关的共同影响额部分。因此,因素排列越后,负担的共同影响额部分就越多。显然,这样的分配很不合理。因为共同影响额是由两个或两个以上的因素共同变动对指标的影响结果。正确的分配方法应当是将共同影响额部分在各影响因素之间进行分配。

根据高等数学知识我们可以利用全微分的公式计算各个因素(自变量)的变动对经济指标(函数)的影响。

仍按前例假设, $F = f(x, y, z) = xyz$,各因素变动对指标的影响程度(分别以 A_x、A_y、A_z 表示)的计算公式为：

$$A_x = \int_0^{\Delta x} (y_0 + kx)(z_0 + lx) dx$$

$$A_y = \int_0^{\Delta x} k(x_0 + x)(z_0 + lx) dx$$

$$A_z = \int_0^{\Delta x} l(x_0 + x)(y_0 + kx) dx$$

式中, $k = \dfrac{\Delta y}{\Delta x}$; $l = \dfrac{\Delta z}{\Delta x}$

用积分法对上例资料中的材料费用总额超支 3 760 元的原因进行分析,则分析结果如下：

产品产量的影响 $= \int_0^{20} \left(20 - \dfrac{1}{10} x\right)\left(5 + \dfrac{1}{20} x\right) dx = 2\,086.67(元)$

单位产品材料消耗量的影响 $= \int_0^{20} -\dfrac{1}{10}(200 + x)\left(5 + \dfrac{1}{20} x\right) dx = -2\,313.33(元)$

材料单价的影响 $= \int_0^{20} \dfrac{1}{20}(200 + x)\left(20 - \dfrac{1}{10} x\right) dx = 3\,986.66(元)$

各因素影响之和 $= 2\,086.67 - 2\,313.33 + 3\,986.66 = 3\,760(元)$

积分法避免了因素分析法最棘手的因素排列顺序问题,这就能排除进行分析前人们对各种因素的作用所做的任何主观推测,从而使得分析结果能够客观正确地反映各因素变动对经济指标的实际影响程度。这还可以通过下面对积分法分析公式的进一步剖析而得到认识。

当 $F = f(x, y, z) = xyz$ 时，根据积分法得：

$$A_x = \int_0^{\Delta x}(y_0 + kx)(z_0 + lx)\mathrm{d}x = \Delta x y_0 z_0 + \frac{\Delta x \Delta y z_0 + \Delta x y_0 \Delta z}{2} + \frac{\Delta x \Delta y \Delta z}{3}$$

同理，

$$A_y = \int_0^{\Delta x} k(x_0 + x)(z_0 + lx)\mathrm{d}x = x_0 \Delta y z_0 + \frac{\Delta x \Delta y z_0 + x_0 \Delta y \Delta z}{2} + \frac{\Delta x \Delta y \Delta z}{3}$$

$$A_z = \int_0^{\Delta x} l(x_0 + x)(y_0 + kx)\mathrm{d}x = x_0 y_0 \Delta z + \frac{\Delta x y_0 \Delta z + x_0 \Delta y \Delta z}{2} + \frac{\Delta x \Delta y \Delta z}{3}$$

可以看出，各因素的基本影响额是由各该因素自己负担的：A_x 中包含了 $\Delta x y_0 z_0$，A_y 中包含了 $x_0 \Delta y z_0$，A_z 中包含了 $x_0 y_0 \Delta z$；而共同影响额部分是在各有关因素之间根据因素的个数来分摊的：$\Delta x \Delta y z_0$ 是由 x、y 因素各分摊 $1/2$，$\Delta x y_0 \Delta z$ 是由 x、z 因素各分摊 $1/2$，$x_0 \Delta y \Delta$ 是由 y、z 因素各分摊 $1/2$，$\Delta z \Delta x \Delta y$ 是由 x、y、z 因素各分摊 $1/3$。其实，按积分法分析的结果就是对影响经济指标的各因素按照各自可能的排列顺序都作一番替代计算，然后在此基础上计算出来的平均数。当函数值表现为自变量相乘时，这些自变量的顺序是可先可后的，不管怎样排列，函数值始终不变。如果我们在进行经济分析时，只承认其中一种因素排列顺序正确，这显然是与基本常识相违背的。各因素变动对经济指标的影响理应是在各种可能出现的排列顺序下计算出来的那个平均数。

以上所述只是常见的几种数量分析方法，企业还可以根据分析的目的和要求，采用分组法、指数法、图表法等其他数量方法。需要指出的是，不论采用什么分析方法，都只能为进一步调查研究指明方向，而不能代替调查研究。要确定成本、工作好坏的具体原因，并据以提出切实有效的建议和措施来改进工作，都必须在采用上述分析方法进行分析的基础上，深入实际调查研究。

三、产品生产成本表的分析

（一）按成本项目反映的产品生产成本表的分析

按成本项目反映的产品生产成本表，一般采用对比分析法、构成比率分析法和相关指标比率分析法进行分析。

采用比较分析法，将产品成本合计数、生产费用合计数及其各个成本项目费用的本年计划数进行对比，揭示差异，以便为进一步分析指明方向。

表 11-1 中的产品成本合计数，本年累计实际数不仅低于上年实际数，而且也低于计划数。可见该年产品总成本是降低的。成本降低的原因是多方面的，可能是由于单位成本的降低，也可能是由于产品产量和产品品种构成的变动。应进一步分析影响产品成本变动的主要因素和具体原因，才能对产品成本的降低是否合理作出评价。

就表 11-1 中的生产费用合计来看，本年累计实际数虽然低于上年实际数但高于计划数。这是由于产品生产成本本年累计实际数低于上年实际数 $-5\,638(107\,529-113\,167)$，计划的期初、期末在产品和自制半成品的余额 $1\,888(8\,520-6\,632)$ 大于实际的期初、期末在产品和自制半成品的余额 829(6 529－5 700)。就各个成本项目来看,直接材料费用、直接人工费用和制造费用的本年累计实际数与上年数和计划数相比,升降的情况和程度各不相同,应进一步查明原因。

对于各项生产费用,还可计算构成比率,并在本年实际、本月实际、本年度计划和上年实际之间进行对比。各项指标的计算如下:

本年实际构成比率:

$$直接材料费用比率 = \frac{56\ 140}{106\ 700} \times 100\% = 53\%$$

$$直接人工费用比率 = \frac{23\ 000}{106\ 700} \times 100\% = 22\%$$

$$制造费用比率 = \frac{27\ 560}{106\ 700} \times 100\% = 25\%$$

本月实际构成比率:

$$直接材料费用比率 = \frac{4\ 490}{9\ 190} \times 100\% = 49\%$$

$$直接人工费用比率 = \frac{1\ 850}{9\ 190} \times 100\% = 20\%$$

$$制造费用比率 = \frac{2\ 850}{9\ 190} \times 100\% = 31\%$$

本年计划构成比率:

$$直接材料费用比率 = \frac{56\ 120}{106\ 490} \times 100\% = 53\%$$

$$直接人工费用比率 = \frac{24\ 050}{106\ 490} \times 100\% = 23\%$$

$$制造费用比率 = \frac{26\ 320}{106\ 490} \times 100\% = 24\%$$

上年实际构成比率:

$$直接材料费用比率 = \frac{57\ 860}{110\ 936} \times 100\% = 52\%$$

$$直接人工费用比率 = \frac{23\ 250}{110\ 936} \times 100\% = 21\%$$

$$制造费用比率 = \frac{29\ 826}{110\ 936} \times 100\% = 27\%$$

根据以上各项构成比率的计算,可以看出,本年实际构成与本年计划构成相比,直接人工费用的比重有所降低,而制造费用的比重有所提高;与上年实际构成相比,三项费用的比重都有所变化,其中直接材料费用和直接人工费用比重都有所提高,而制造费用的比重则有所降低;本月各项费用构成的变化还是较大的,应分析其产生变化的具体原因。

为了比较各期相对的经济效益,可将产品生产成本与产值、销售收入或利润相比,计算相关指标比率,即产值成本率、销售收入成本率或成本利润率,然后进行比较,以计算和了解企业的经济效益情况及其变动的趋势。

(二) 按产品种类反映的产品生产成本表的分析

按产品种类反映的产品生产成本表的分析,一般可以从以下两个方面进行:① 本期实际成本与计划成本的对比分析;② 本期实际成本与上年实际成本的对比分析。

1. 本期实际成本与计划成本的对比分析

将产品生产成本表中所列全部产品和各种主要产品的本月实际总成本和本年累计实际总成本分别与本月计划总成本和本年累计计划总成本进行比较,对全部产品和各种主要产品的成本计划完成情况进行总括评价。

下面对表 11-2 中的本年累计总成本计划的完成情况进行分析,如表 11-11 所示。

表 11-11 全部产品成本计划完成情况分析　　　　　　　　单位:元

产品名称	计划总成本	实际总成本	成本降低额	成本降低率
甲产品	23 940	25 650	1 710	7.14%
乙产品	33 550	33 855	305	0.91%
丙产品	47 472	48 024	552	1.12%
合　计	104 962	107 529	2 567	2.44%

计算表明,本年全部产品累计实际总成本超过计划 2567 元,升高 2.44%。就产品品种来看,甲、乙、丙三种产品本年累计实际总成本都超过计划,但甲产品成本超过计划较多,超支幅度也较大,应进一步分析甲产品成本超支的原因。值得注意的是,从表 11-2 可知,本月全部产品总成本实际比计划降低了 330 元,降低 3.82%,说明年末工作有所好转。

2. 本期实际成本与上年实际成本的对比分析

可比产品的实际成本,除了与计划比较外,还应进一步与上年实际成本对比,确定可比产品较上年成本的降低额和降低率,并同成本计划中规定的降低额和降低率相比较,以考察可比产品成本降低计划的执行结果。

可比产品成本升降情况的分析,可以按产品品种进行,也可以按全部可比产品进行。由于可比产品成本降低计划一般按全部可比产品综合规定,因而可比产品成本降低计划执行结果的分析一般按全部可比产品进行。分析时,应首先将全部可比产品本年累计实际总成本和本年按上年实际平均单位成本计算的累计总成本进行比较,计算可比产品本期实际成本降低额和降低率,确定可比产品成本降低计划的执行结果;在此基础上,进一步对影响可比产品成本降低任务完成情况的因素进行分析。

影响可比产品成本降低任务完成情况的因素,概括起来有以下三个:

(1) 产品产量。可比产品计划降低额是根据各种产品计划产量制定的,而实际成本降低额是根据各种产品实际产量制定的。所以,在产品品种结构和单位成本不变的情况下,产品产量的增减会是成本降低额同比例增减,因而不会影响成本降低率的变化,这时只需计算出产品产量变动对成本降低额的影响程度。其计算公式为:

$$\begin{aligned}\text{产量变动对成本} \\ \text{降低额的影响}\end{aligned} = & \left[\sum\begin{pmatrix}\text{实际}\\\text{产量}\end{pmatrix}\times\begin{pmatrix}\text{上年实际平均}\\\text{单位成本}\end{pmatrix}\right. \\ & \left. - \sum\begin{pmatrix}\text{计划}\\\text{产量}\end{pmatrix}\times\begin{pmatrix}\text{上年实际平均}\\\text{单位成本}\end{pmatrix}\right] \times \begin{matrix}\text{计划成本}\\\text{降低率}\end{matrix} \\ = & \left[\sum\begin{pmatrix}\text{实际}\\\text{产量}\end{pmatrix}\times\begin{pmatrix}\text{上年实际平均}\\\text{单位成本}\end{pmatrix}\times\begin{matrix}\text{计划成本}\\\text{降低率}\end{matrix}\right] - \begin{matrix}\text{计划成本}\\\text{降低额}\end{matrix}\end{aligned}$$

(2) 产品品种结构。产品品种结构是指各种可比产品在全部可比产品中所占的比重。全部可比产品成本降低率实质上是以各种产品的个别成本降低率为基础计算出来的,由于各种可比产品成本降低率不同,如果成本降低率大的产品在全部可比产品中所占比重比计划提高,那么,全部可比产品成本降低率就会多降低,降低额也会相应地多降低;反之,则降低率和降低额都会降低得少些。产品成本结构因素的影响可以用结构变动后的降低额减去结构变动前的降低额,其计算公式为:

$$\begin{aligned}\text{产品结构变动对成本} \\ \text{降低额的影响}\end{aligned} = & \left[\sum\begin{pmatrix}\text{实际}\\\text{产量}\end{pmatrix}\times\begin{pmatrix}\text{上年实际平均}\\\text{单位成本}\end{pmatrix} - \sum\begin{pmatrix}\text{实际}\\\text{产量}\end{pmatrix}\times\begin{pmatrix}\text{计划单}\\\text{位成本}\end{pmatrix}\right] \\ & - \left[\sum\begin{pmatrix}\text{实际}\\\text{产量}\end{pmatrix}\times\begin{pmatrix}\text{上年实际平均}\\\text{单位成本}\end{pmatrix}\times\begin{matrix}\text{计划成本}\\\text{降低率}\end{matrix}\right]\end{aligned}$$

$$\begin{matrix}\text{品种结构变动}\\\text{成本降低率的影响}\end{matrix} = \frac{\text{品种结构变动对降低额的影响}}{\sum(\text{实际产量}\times\text{上年实际平均单位成本})}\times 100\%$$

(3) 单位成本。可比产品计划成本降低额和成本降低额都是以上年成本进行对比作为基础的,为此,可比产品成本降低任务的完成程度实际上是各种产品单位成本发生变动所致。产品单位成本比计划降低越多,成本降低额和降低率也就越大;相反,成本降低额和降低率就越小。产品单位成本的变动与成本降低额和降低率的变动方向相反。其计算公式为:

$$\begin{aligned}\text{产品单位成本变动对} \\ \text{成本降低额的影响}\end{aligned} = & \sum\left[\begin{pmatrix}\text{实际}\\\text{产量}\end{pmatrix}\times\begin{pmatrix}\text{计划单}\\\text{位成本}\end{pmatrix} - \begin{pmatrix}\text{实际单}\\\text{位成本}\end{pmatrix}\right] \\ = & \sum\begin{pmatrix}\text{实际}\\\text{产量}\end{pmatrix}\times\begin{pmatrix}\text{计划单}\\\text{位成本}\end{pmatrix} - \sum\begin{pmatrix}\text{实际}\\\text{产量}\end{pmatrix}\times\begin{pmatrix}\text{实际单}\\\text{位成本}\end{pmatrix}\end{aligned}$$

$$\begin{matrix}\text{单位成本变动}\\\text{成本降低率的影响}\end{matrix} = \frac{\text{单位成本变动对降低额的影响}}{\sum(\text{实际产量}\times\text{上年实际平均单位成本})}\times 100\%$$

假定表 11-2 企业全部可比产品成本的计划降低额为 4 789 元,计划降低率为 4.23%。根据该企业 12 月份按产品种类反映的产品生产成本表的补充资料,可以了解该企业该年全部可比产品成本实际的降低额为 4 090 元,降低率为 3.66%。实际脱离计划的差异如下:

$$\text{降低额} = 4\,090 - 4\,789 = -699(\text{元})$$
$$\text{降低率} = 3.66\% - 4.23\% = -0.57\%$$

可以看出,该企业该年度全部可比产品的实际总成本虽然比上年有所下降,但成本降低计划规定的成本降低要求较高,成本降低额和成本减低率均未完成计划。产品产量、产品品种结构和产品单位成本三因素变动对可比产品成本降低计划执行结果的影响程度计算如下：

A. 产品产量变动的影响：

对成本降低额的影响＝(111 619×4.23％)－4 789＝－68(元)

B. 产品品种构成变动的影响：

对成本降低额的影响＝(111 619－104 962)－(111 619×4.23％)＝1 936(元)

对成本降低率的影响＝$\frac{1\ 936}{111\ 619}$×100％＝1.73％

C. 产品单位成本变动的影响：

对成本降低额的影响＝104 962－107 529＝－2 567(元)

对成本降低率的影响＝$\frac{-2\ 567}{111\ 619}$×100％＝－2.30％

以上三因素的影响程度可展示在表 11-12 中。

表 11-12　各因素影响程度汇总表

因　　素	对成本降低额影响	对成本降低率影响
产品产量变动	－68	0
产品品种构成变动	1 936	1.73％
产品单位成本变动	－2 567	－2.30％
合　　计	－699	－0.57％

以上分析结果表明，该企业该年度可比产品成本没有完成降低计划的主要原因，是由于产品单位成本升高，使成本少降低 2 569 元，约合降低率 2.30％。其中主要是甲产品成本升高，而乙产品和丙产品成本却是降低的。值得注意的是，本月(12 月)甲产品单位成本低于上年和本年累计实际平均成本，略高于本年计划；而乙产品和丙产品本月实际单位成本比上年实际平均、本年计划、本年累计实际平均成本都低，进一步应结合单位成本分析查明原因。此外，产量减少使成本实际比计划少降低了 68 元，而品种结构变动却使成本比计划多降低了 1 936 元。对于这一变动原因需结合生产分析和销售分析查明原因。

3. 对两种情况的说明

进行可比产品成本降低任务完成情况的分析，既包括分析成本降低额，也包括分析成本降低率。成本降低额是用绝对数来反映企业通过降低成本所取得的节约额是多少，而成本降低率是用相对数来表示成本水平节约的程度。在一般情况下，企业可比产品成本降低额计划与降低率计划的完成情况是一致的，同时各可比产品成本降低任务与全部可比产品成本降低任务的完成情况也是一致的。但是，在实际工作中情况并非如此简单，有时也会出现刚好相反的现象。

(1) 成本降低额计划与成本降低率计划的完成情况相矛盾。这是指企业没有完成某种产品的成本降低额计划，却完成了成本降低率计划；或者企业完成了某种产品的成本降低额计划，而成本降低率计划却没有完成。

【例 11-4】 某企业生产的可比产品 A、B，其成本计划资料如表 11-13 所示。

表 11-13　A、B 产品成本计划资料　　　　　　　　　　　　　　单位：元

产品名称	计划产量	单位成本		总成本		成本降低额	成本降低率
		上年实际平均	本年计划	按上年实际平均计算	本年计划		
A 产品	200	750	700	150 000	140 000	10 000	6.67%
B 产品	500	380	370	190 000	185 000	5 000	2.63%
合　计	—	—	—	340 000	325 000	15 000	4.41%

现根据两种假设的执行结果，编制产品成本计算分析表如表 11-14、表 11-15 所示。

表 11-14　A、B 产品成本计算分析表　　　　　　　　　　　　　单位：元

产品名称	实际产量	单位成本		总成本		成本降低额	成本降低率
		上年实际平均	本年累计实际平均	按上年实际平均计算	本年累计实际		
A 产品	180	750	6 950	135 000	125 100	9 900	7.33%
B 产品	400	380	370	152 000	148 000	4 000	2.63%
合　计	—	—	—	287 000	273 100	13 900	4.84%

表 11-15　A、B 产品成本计算分析表　　　　　　　　　　　　　单位：元

产品名称	实际产量	单位成本		总成本		成本降低额	成本降低率
		上年实际平均	本年累计实际平均	按上年实际平均计算	本年累计实际		
A 产品	300	750	705	225 000	211 500	13 500	6%
B 产品	600	380	375	228 000	225 000	3 000	1.32%
合　计	—	—	—	453 000	436 500	16 500	3.64%

从表 11-13 与表 11-14 的对比分析中我们发现，该企业可比产品成本的计划降低额为 15 000 元，实际降低额为 13 900 元，成本降低额计划没有完成，但成本降低率却由计划的 4.41% 上升到实际的 4.84%，超计划完成了。从表 11-13 与表 11-15 的对比分析中我们又发现，该企业可比产品成本的实际降低额为 16 500 元，成本降低额指标超计划完成了，但成本降低率却下降到 4.84%，未能完成计划。

致使成本降低额计划与成本降低率计划完成情况相矛盾的原因是，影响成本降低率的因素只有单位成本和品种结构这两个，而影响成本降低额的因素除此之外还有产品产量。当产品产量实际较计划减少，而产品单位成本实际又较计划降低时，就有可能出现成本降低率完成计划而成本降低额未能完成计划的现象。产品产量实际较计划增加，而产品单位成本实际又较计划上升时，就有可能出现成本降低额完成计划而成本降低率未能完成计划的现象。因此，为了全面客观地评价企业成本工作的好坏，必须将成本降低额和成本降低率结

合起来考核。

(2) 个别产品的成本降低率计划与综合的成本降低率计划完成情况相矛盾。这是指企业的各种产品的成本降低率指标都超计划完成了,但总的成本降低率计划却没有完成;或者,企业没有一种产品能完成成本降低率计划,但总的成本降低率计划却完成了。

【例 11-5】承【例 11-4】企业情况,根据这样两种假设的实际资料,编制产品成本分析如表如表 11-16、表 11-17 所示。

表 11-16　A、B 产品成本计算分析表　　　　　　　　　　　　　　单位:元

产品名称	计划产量(件)	单位成本		总成本		成本降低额	成本降低率
		上年实际平均	本年累计实际平均	按上年实际平均计算	本年累计实际		
A 产品	150	750	695	112 500	104 250	8 250	7.33%
B 产品	800	380	368	304 000	294 400	9 600	3.16%
合　计	—	—	—	416 500	398 650	17 850	4.29%

表 11-17　A、B 产品成本计算分析表　　　　　　　　　　　　　　单位:元

产品名称	计划产量(件)	单位成本		总成本		成本降低额	成本降低率
		上年实际平均	本年累计实际平均	按上年实际平均计算	本年累计实际		
A 产品	400	750	702	300 000	280 800	19 200	6.4%
B 产品	550	380	3 372	209 000	204 600	4 400	2.11%
合　计	—	—	—	509 000	485 400	23 600	4.64%

从表 11-13 和表 11-16 的对比分析中我们发现,该企业 A、B 产品的实际成本降低率分别高于计划 0.66% 和 0.53%,但是综合的成本降低率实际却低于计划 0.12%。从表 11-13 和表 11-17 的对比分析中我们又发现,该企业 A、B 产品都未能完成成本降低率计划,分别低于计划 0.27% 和 0.52%,但是可比产品成本综合降低率实际却高于计划 0.23%。致使各个产品的成本降低率计划与综合的成本降低率计划完成情况相矛盾的原因是产品品种结构发生了变化。可比产品的成本降低率指标不仅受各个产品的成本降低率大小的影响,同时还受产品品种结构变动的影响。即:

$$成本综合降低率 = \sum (各个产品的成本降低率 \times 各该产品的比重)$$

所以,在企业各可比产品的单位成本实际较计划降低的情况下,只要将降低率较小的产品的比重提高到一定程度,就必然会发现各种产品的成本降低率都完成计划,而综合成本降低率却不能完成计划的现象;或者,在企业各可比产品的单位成本实际较计划提高的情况下,只要将降低率较大的产品的比重提高到一定程度,就必然会发现各种产品的成本降低率都未能完成计划,而综合成本降低率却超计划完成的现象。因此,在对可比产品成本降低率指标进行考核的时候,必须将各个产品的成本降低率与综合降低率联系起来,以便更正确地认识和评价企业的经营管理工作。

四、主要产品单位成本表的分析

该表的分析应选择成本超支或节约较多的产品有重点地进行,以揭示产品单位成本及其成本项目的变动情况,查明单位成本升降的具体原因。分析时,可先根据本期实际的生产成本与其他各种生产成本(计划、上年实际、历史最好水平等)进行对比,进行一般分析;然后,按成本项目分析其增减变动,查明造成单位成本升降的具体原因。在可能的条件下,还可以组织厂际同类产品单位成本的对比分析。

(一)主要产品单位成本变动情况分析

现以某企业 A 产品的单位成本表为例,说明一般分析方法。

1. 主要产品单位成本的水平分析

【例 11-6】根据 A 产品单位成本表,编制 A 产品单位成本比较分析表,以了解 A 产品单位成本的升降情况及其原因,如表 11-18 所示。

表 11-18　A 产品单位成本比较分析表　　　　　　　　单位:元

成本项目	上年成本	计划成本	实际成本	实际比上年降低或超支			实际比计划降低或超支		
				金额	降低率	对单位成本影响	金额	降低率	对单位成本影响
直接材料	120	120	118.75	-1.25	-1.04	-0.66	-1.25	-1.04	-0.66
直接人工	34.50	32.50	28.75	-5.75	-16.67	-3.02	-3.75	-11.54	-2
制造费用	35.50	35	36.25	+0.75	+2.11	+0.39	+1.25	+3.58	+0.66
合　计	190	187.50	183.75	-6.25	-3.29	-3.29	-3.75	-2	-2

从比较分析的结果看,A 产品的单位成本比上年降低 6.25 元,降低率为 3.29%。主要是由于直接材料和直接人工的降低使单位成本降低,尤其是直接人工降低幅度比较大,使单位成本显著降低。A 产品的单位成本与计划相比降低了 3.75 元,降低率为 2%,是由于直接材料和直接人工的降低、制造费用提高共同影响的结果。

2. 主要产品单位成本的垂直分析

【例 11-7】根据 A 产品单位成本表,编制 A 产品单位成本结构分析表,以了解 A 产品单位成本的构成情况及其变动原因,如表 11-19 所示。

表 11-19　A 产品单位成本结构分析表　　　　　　　　单位:元

成本项目	上年成本	计划成本	实际成本	成本构成%			构成变动	
				上年	计划	实际	实际与上年	实际与计划
直接材料	120	120	118.75	63.16	64	64.63	+1.47	+0.63
直接人工	34.50	32.50	28.75	18.16	17.33	15.65	-2.51	-1.68
制造费用	35.50	35	36.25	18.68	18.67	19.72	+1.04	+1.05
合　计	190	187.50	183.75	100	100	100	—	—

从以上分析可以看出,该产品单位成本的构成与上年相比,直接材料和制造费用的比重有所提高,而直接人工所占比重则有所降低。与本年度计划相比,直接人工所占比重则有所降低,制造费用的比重有所提高,而直接材料的比重则变化不大。

此外,为了了解产品单位成本的发展变化情况,还可以对产品单位成本进行趋势分析。运用多年的产品单位成本资料,计算定基比率及环比比率,揭示各期间单位成本的增减变化,并据以预测单位成本的发展趋势。

(二)主要产品单位成本的分项目分析

企业一定时期的产品单位成本的高低,是与企业的生产技术、生产组织的状况和经营管理水平,以及采取的技术组织措施效果紧密相连的。因此,紧密结合企业技术经济方面的资料,查明成本升降的具体原因,是进行产品单位成本各个成本项目分析的特点。

下面以直接材料、直接人工和制造费用几个主要成本项目为例,说明分析的一般方法。

1. 直接材料项目的分析

直接材料费用在产品成本中所占比重一般较大,节约使用材料是降低产品成本的一个重要内容,也是增加产品生产的一个重要条件。因此,对直接材料要进行重点分析,以便制定节约使用材料的有效措施,在保证产品质量的条件下,进一步降低原料、材料、燃料及动力的消耗,争取最大的节约。

在分析直接材料项目变动的原因时,首先将各种主要材料成本的实际数与基数(计划数、上年数等)相比较,查明哪种材料或哪几种材料的升降较大;其次,分析直接材料费用升降的原因。一般情况下,直接材料费用的升降取决于材料的消耗量和材料价格两个因素。材料耗用量和价格变动对直接材料成本的影响,可通过下列公式计算:

材料耗用量变动的影响=(实际耗用量-计划耗用量)×计划价格

材料价格变动的影响=(实际价格-计划价格)×实际耗用量

[例11-8] 根据某企业生产A产品的成本计划和成本核算的有关资料,编制的直接材料成本差异明细表如表11-20所示。

表11-20 A产品直接材料费用分析表

材料名称	计量单位	耗用量		单 价		直接材料费用	
		计 划	实 际	计 划	实 际	计 划	实 际
甲	千克	10	9	6.75	7	67.5	63
乙		16	15	4.35	4.50	69.6	67.50
合 计						137.10	130.50
废料收回	元					17.10	11.75
合 计						120	118.75

A产品直接材料成本实际比计划降低1.25元,其中,材料耗用量和价格两因素变动使直接材料成本降低了6.60元,废料回收价值的减少使直接材料成本升高了5.35元。

材料耗用量变动的影响:甲材料(9-10)×6.75=-6.75(元)

乙材料(15-16)×4.35=-4.35(元)

合计-11.10(元)

价格变动的影响：甲材料(7－6.75)×9＝2.25(元)
　　　　　　　乙材料(4.50－4.35)×15＝2.25(元)
　　　　　　　合计 4.50(元)

材料耗用量减少使直接材料成本降低了11.10元，材料价格上涨使直接材料成本升高了4.50元，两因素的共同影响使直接材料成本实际较计划降低了6.60元。在此基础上，还要进一步分析材料消耗量、材料价格变动的原因，以便寻求降低直接材料成本的具体途径。

影响材料耗用量变动的原因很多，归纳起来主要有以下几个方面：

(1) 产品结构的变化。在保证或提高产品性能和产品质量的前提下，不断改变产品设计，使产品简化结构，缩小体积，减轻重量，就会减少产品生产中的材料消耗，降低材料成本。

(2) 材料加工方式的变化。改进工艺和加工方式或采取合理的套材下料措施，减少毛坯的切削余量和工艺损耗，就能提高原材料利用率，节约原材料消耗，降低产品成本。

(3) 材料质量和规格的变化。企业生产中使用优质材料，不仅可以提高产品质量，还可以节约材料消耗，但材料费用会升高；如果质量低于计划要求，价格虽然较低，但会增大材料的消耗量，增加生产操作时间，或者降低产品质量。如果材料规格与生产所需要的不符，造成大材小用，长材短用，优材劣用，也会使生产中多消耗材料数量。

(4) 材料代用或配料比例的变化。在保证产品质量的前提下，采用廉价的代用材料，选用经济合理的技术配方，就会节约材料消耗或降低材料费用。

(5) 材料综合利用。在利用原材料生产主产品的同时，开展原材料的综合利用，生产副产品，将同样多的材料费用分配到更多品种和数量的产品中去，从而降低主产品的材料费用。

(6) 产生废品和废料的回收利用情况。生产中出现的废品越多，单位合格品所负担的材料消耗量就越多。加工过程中所产生的废料，如能得到很好的回收利用，也能相对地减少材料消耗。

此外，生产工人的操作和技术水平、生产设备性能的优劣以及有关材料管理制度的健全状况及其实行情况等，都会影响材料消耗量的增减。

影响材料价格变动的原因也很多，常见的有以下几个方面：

(1) 材料买价的变动。材料价格由买价和采购费用两部分组成。材料买价的变动一般属于客观因素，但从企业内部来看，同供应部门的工作质量往往存在一定的联系。

(2) 运输费用的变动。这种费用的变动可能是由于运价发生变化，也可能是由于材料采购地点变化，或者是运输方式的变化。分析时应区别两种情况：一是与企业工作质量无关的客观因素，如运价的调整；另一种是由企业的组织管理工作所决定的，属主观因素，如运输线路、方式的选择。

(3) 运输途中的材料损耗。运输途中的损耗在合理范围内，都要计入材料的采购成本。运输途中材料的损耗状况，必然会影响入库材料的价格。

此外，采购部门的经营管理和经费支出水平，也会影响到材料价格。

2. 直接人工项目的分析

直接人工费用是指直接从事产品生产工人的工资、福利费、社会保险费、住房公积金等。直接人工费用的多少，反映企业劳动组织是否合理、工时利用是否充分以及劳动生产率的高低。

单位产品中直接人工费用的多少,既取决于企业所实行的工资制度,同时也与企业所采用的工资分配方法有关。当企业实行计件工资制度时,计件单价不变,单位产品的直接人工成本一般也不变,除非生产工艺或劳动组织方面有所改变。当企业实行计时工资制度时,单位产品的直接人工成本则同劳动生产率有关。劳动生产率提高,一定时期所生产的产品就增多(或降低),单位产品所负担的直接人工成本就减少(增多)。对直接人工成本项目的分析,可以分以下两种不同的情况:

(1) 生产一种产品。此时,企业发生的直接人工费用都由该种产品负担,单位产品直接人工成本的多少,取决于该种产品产量和生产工人工资数额这两个因素。他们之间的关系为:

$$单位产品直接人工成本 = \frac{生产工人工资总额}{产品产量}$$

如果产品产量的增长速度大于生产工人工资的增长速度,单位产品直接人工成本就会下降;如果产品产量的增长速度小于生产工人工资的增长速度,单位产品直接人工成本就会上升。

【例 11-9】某企业生产 B 产品,直接人工成本有关资料如表 11-21 所示。

表 11-21 B 产品直接人工费用分析表

项 目	本年计划	本年实际	差 异
生产工人工资总额(元)	4 500	5 040	540
产品产量(件)	100	120	20
单位产品直接人工成本(元)	45	42	—3

B 产品单位产品直接人工成本较计划降低了 3 元,其原因是:

$$生产工人工资总额变动的影响 = \frac{5\ 040}{100} - \frac{4\ 500}{100} = 5.40(元)$$

$$产品产量变动的影响 = \frac{5\ 040}{120} - \frac{5\ 040}{100} = -8.40(元)$$

生产工人的工资总额,主要受工人人数的增减、工人工资的调整、工人出勤情况等原因的影响。产品产量主要受工人人数、劳动生产率、生产工艺等因素的影响。

(2) 生产多种产品。由于各种产品的使用价值不同,也就不能按实物量将各种产品加以汇总,即不能得到一个以实物量反映的产品总产量指标。这时,应将生产工人工资按一定标准在各有关产品之间进行分配。产品中的直接人工费用,一般是按生产工时比例分配计入的,这时,产品单位成本中的直接人工成本取决于生产单位产品的工时消耗和每小时工资两个因素。它们之间关系为:

$$单位产品直接人工成本 = 单位产品工时消耗 \times 小时工资率$$

生产单位产品消耗的工时越少,成本中分摊的直接人工费用就越少,而每小时工资的变动则受计时工资总额和生产工时总数的影响。其变动原因须从这两个因素的总体去查明。

单位产品消耗工时和小时工资率两个因素变动对直接人工成本的影响,可通过下列公式计算:

单位产品消耗工时变动的影响=(实际工时-计划工时)×计划小时工资率

小时工资率变动的影响=(实际小时工资率-计划小时工资率)×实际工时

单位产品工时消耗变动,反映了劳动生产率的高低,劳动生产率越高,单位产品的生产工时消耗就越少;小时工资率反映了生产工人平均工资的高低,小时工资率越高,单位产品成本中包含的工资费用就越高。分析单位产品的直接人工费用,应结合生产技术、工艺和劳动组织等方面的情况,重点查明单位产品生产工时和每小时工资变动的原因。

【例11-10】A产品每件所耗工时数和每小时工资的计划数和实际数如表11-22所示。

表11-22　A产品直接人工费用分析表　　　　　　　　　　单位:元

项　目	单位产品所耗工时	每小时工资费用	单位产品成本中的直接人工
本年计划	4	8.125	32.50
本月实际	5	5.75	28.75
直接人工差异	+1	-2.375	-3.75

A产品实际单位产品直接人工成本较计划降低3.75元的原因是:

单位产品所耗工时变动的影响=+1×8.125=+8.125(元)

每小时工资变动的影响=-2.375×5=-11.875(元)

3. 制造费用项目的分析

对制造费用成本项目的分析,可仿照直接人工成本项目的分析方法来进行。

在生产单一产品的企业或车间里,单位产品费用的多少,直接受产量的高低和费用增减两个基本因素的影响,它们之间的关系为:

$$单位产品应负担的制造费用 = \frac{制造费用总额}{产品产量}$$

产品产量和制造费用总额两因素变动的影响可通过下列公式计算:

$$产量变动的影响 = \frac{计划制造费用}{实际产量} - 单位产品计划制造费用$$

$$制造费用总额变动的影响 = 单位产品实际制造费用 - \frac{计划制造费用}{实际产量}$$

在生产多种产品的企业或车间,一般是按各种产品的工时数分配制造费用的,单位产品的制造费用是按下列公式来计算的:

单位产品的制造费用=单位产品工时消耗×制造费用分配率

单位产品工时消耗和制造费用分配率两因素变动的影响的计算公式为:

单位产品工时消耗变动的影响=(实际工时-计划工时)×制造费用计划分配率

制造费用分配率变动的影响 ＝（制造费用实际分配率－制造费用计划分配率）×实际工时

【例 11-11】A 产品每件所耗工时数和制造费用分配率的计划数和实际数如表 11-23 所示。

表 11-23　A 产品制造费用分析表　　　　　　　　　　　　　　　　　　单位：元

项　　目	单位产品所耗工时	制造费用分配率	单位产品成本中的制造费用
本年计划	4	8.75	35
本月实际	5	7.25	36.25
制造费用差异	＋1	－1.50	＋1.25

A 产品实际单位产品制造费用较计划升高 1.25 元的原因是：

$$单位产品所耗工时变动的影响＝＋1×8.75＝＋8.75（元）$$
$$制造费用分配率变动的影响＝－1.50×5＝－7.50（元）$$

在进行产品成本计划完成情况分析时，还应注意以下问题：

（1）成本计划本身的正确性。计划如果不正确、不科学，就难以作为衡量的标准和考核的依据。尤其是不可比产品，因为过去没有正式生产过，缺乏完整、可靠的成本资料作为制定计划的依据。

（2）成本核算资料的真实性。如果成本计划是正确的，而成本核算资料不真实，也难以正确评价企业成本计划的完成程度和生产耗费的经济效益。检查成本核算资料是否真实，关键是看生产费用的归集和分配是否严格遵守了规定的成本开支范围，是否正确划分了各个月份、各个产品以及完工产品与在产品间的费用界限，有无挤占成本、少计成本等任意调节成本的现象。

（3）为了分清企业或车间在降低成本方面的主观和客观因素的影响，划清经济责任，在评价企业成本工作时，应从实际成本中扣除客观因素和相关车间、部门工作的影响。

（三）单位产品成本厂际分析

以上进行的成本分析，一般都是局限于企业内部，即以成本指标的实际数与计划数或上年数进行的对比分析。这种对比分析，对正确评价企业的成本管理工作，挖掘降低成本的潜力，无疑是很重要的，但仅有这样的对比还不够。在市场经济条件下，为了在竞争中取胜，一定要了解竞争对手的情况，要与竞争对手进行横向比较，以开阔眼界，掌握信息，明了自己的优势与不足。为此，各企业应积极地创造条件，开展厂际成本的对比分析。

进行厂际成本分析通常是以企业主要产品的单位成本和各成本项目，以及直接有关的技术经济指标作为分析对象，一般按以下步骤：首先，对比分析同类型产品的单位成本及各成本项目，找出差距；其次，分析影响成本变动的各个因素，找出造成成本差距的主要原因；最后，研究和制定改进企业工作的措施方案。举例如下：

【例 11-12】某钢厂与先进企业——A 厂每吨钢锭的成本资料如表 11-24 所示。

表11-24 钢锭单位成本分析表　　　　　　　　　　　　　　　单位：元

成本项目	本　厂	A　厂	差　异　额	差异率(%)
直接材料	1 720	1 500	+220	+14.67
直接人工	156	120	+36	+30
制造费用	60	50	+10	+20
单位成本	1 936	1 670	+266	+15.93

可见，本厂每吨钢锭的单位成本较 A 厂高 266 元，幅度达 15.93%，就各个成本项目来看，也都程度不同地高于 A 厂，这说明在生产经营的各个方面可能存在着浪费、损失、低效等现象。企业应根据有关技术经济指标和消耗定额等资料，进一步分析单位成本中各成本项目提高的原因。

1. 直接材料成本提高的原因

假定有关直接材料成本的资料如表 11-25 所示。

表11-25 钢锭直接材料费用分析表　　　　　　　　　　　　　　单位：元

项　目	本　厂	A　厂	差　异
合格钢锭收合率	90.70	96	−5.30
每千克金属料的平均单价	1.56	1.44	+0.12
每吨钢锭的直接材料成本	1 720	1 500	+220

表 11-25 中，合格钢锭收合率是指合格钢锭重量和投入的金属料重量之比。该指标值越大，说明企业熔炼过程中金属料的利用越充分；否则，就说明熔炼过程中金属料的浪费越严重。

现根据资料，对直接材料成本产生差异的原因进行分析：

（1）由于合格钢锭收合率比 A 厂低 5.30%，使每吨钢锭直接材料成本增加：

$$\text{合格钢锭收合率变动对直接材料成本的影响} = \left(\frac{1\,000}{90.70\%} - \frac{1\,000}{96\%}\right) \times 1.44 = 88(元)$$

（2）由于金属料平均单价比 A 厂高 0.12 元，使每吨钢锭的直接材料成本增加：

$$\text{金属料价格变动对直接材料成本的影响} = \frac{1\,000}{90.70\%} \times 0.12 = 132(元)$$

钢锭的直接材料成本是由合格钢锭收合率和金属料价格这两个因素所构成的，而这两个因素本身又受到一系列因素变动的影响。所以，分析时，应结合生产实际，具体查明各主、客观原因，以促使钢锭成本不断降低。

2. 直接人工成本提高的原因

假定有关直接人工的资料如表 11-26 所示。

据此，可分析出本厂每吨钢锭的直接人工成本较 A 厂高 36 元的原因如下：

表 11-26　钢锭直接人工费用分析表

项　目	本　厂	A　厂	差　异
每一生产工人平均工资(元)	170	174	−4
每一生产工人平均钢产量(吨)	1.09	1.45	−0.36
每吨钢锭的直接人工成本(元)	156	120	+36

(1) 由于劳动生产率(每一生产工人平均钢产量)低于 A 厂，使每吨钢锭中的直接人工成本增加：

$$\text{生产工人平均工资变动对直接人工成本的影响} = \left(\frac{174}{1.09} - \frac{174}{1.45}\right) = 39.60(\text{元})$$

(2) 由于每一生产工人平均工资低于 A 厂，使每吨钢锭中的直接人工成本减少：

$$\text{劳动生产率变动对直接人工成本的影响} = \left(\frac{174}{1.09} - \frac{170}{1.09}\right) = 3.60(\text{元})$$

至于影响单位产品直接人工的两个因素——生产工人平均工资和劳动生产率，又是由许多原因变动所引起的。对此，应结合生产统计资料的生产技术与组织等具体原因，进行深入分析。

3. 制造费用提高的原因

假设有关制造费用的资料如表 11-27 所示。

表 11-27　钢锭制造费用分析表

项　目	本　厂	A　厂	差　异
每一生产工人平均制造费用(元)	65.40	72.50	−7.10
每一生产工人平均钢产量(吨)	1.09	1.45	−0.36
每吨钢锭的制造费用(元)	156	120	+36

据上述资料可知，本厂单位产品所负担的制造费用之所以比 A 厂高 10 元，其原因是：

(1) 由于劳动生产率水平比 A 厂低，使单位成本上升：

$$\text{劳动生产率变动对制造费用的影响} = \left(\frac{72.50}{1.09} - \frac{72.50}{1.45}\right) = 16.51(\text{元})$$

(2) 由于每一生产工人平均制造费用比 A 厂低，使单位成本降低：

$$\text{生产工人平均制造费用变动对制造费用的影响} = \left(\frac{72.50}{1.09} - \frac{65.40}{1.09}\right) = 6.51(\text{元})$$

同样，影响每一生产工人平均制造费用和每一生产工人平均钢产量的因素也很多，要真正找到降低人均制造费用和提高人均钢产量的具体途径，尚须结合企业的实际，作深入、细致的分析研究。

通过厂际成本的对比分析，不仅能开阔眼界、看到不足，而且还能促进企业之间相互学习,共同提高,这对加强成本管理、降低成本水平起到积极作用。

进行厂际成本对比分析,必须注意对比对象之间的可比性。这不仅要求被比较的产品其功能、结构和质量应当一致,同时,企业间的技术装备、原材料来源、运输条件、专业化和协作化水平也应当基本相同,并且产品成本的构成内容、生产费用的分配方法也要求相同。

五、产品成本的技术经济分析

技术经济指标是指与企业生产技术特点具有密切内在联系的那些经济指标。由于企业在产品生产过程中具有各自不同的生产技术特点,即拥有不同的技术装备、耗用不同的原材料、采用不同的加工方法和工艺过程,所以用来考核和分析各类企业的技术经济指标也是各不相同的。如冶金企业生产中的锅炉有效容积利用系数和焦比,机械企业生产中的机床利用率、铸件成品率,酿酒企业生产中的出酒率,电力企业生产中的标准煤耗率等。技术经济指标能够综合反映企业的经济与技术状况,各项技术经济指标完成的好坏,都会直接或间接地影响到产品成本。因此,通过对技术经济指标变动对产品成本影响的分析,可以使经济分析与技术分析结合起来,使成本分析深入到生产技术领域。

各项技术经济指标变动对产品成本的影响方式是不同的。有的直接影响产品总成本,如原材料、燃料和动力的消耗量;有的通过产量间接地对单位成本产生影响,如设备利用率;还有些技术经济指标既直接影响产品总成本,也通过产量间接地影响单位成本。正因为各企业有反映生产经营特点的不同技术经济指标,并且各项技术经济指标对产品成本的影响方式又不一样,这就决定了产品技术经济分析的多样性与灵活性。一般可以从产量、产品生产质量、劳动生产率和材料利用率等几个方面进行分析。

(一) 原材料等物资消耗变动对产品成本的影响

原材料等物资消耗在产品成本中占很大比重,并且随着劳动生产率的提高这些费用在成本中所占比重还将随之提高。因此,努力降低原材料等物资消耗对降低产品成本具有重要意义。原材料等物资消耗变动对产品成本的影响,可按下列公式计算:

$$\text{产品成本降低率} = \text{材料(包括燃料和动力)消耗定额降低率} \times \text{材料(包括燃料和动力)成本占成本的计划比重}$$

【例 11-13】某产品计划原材料成本在总成本中所占比重为 60%,燃料和动力占 12%;实际由于采取了某项技术措施,使原材料消耗定额降低 8%,燃料和动力消耗定额降低 10%。则:

$$\text{产品成本降低率} = 60\% \times 8\% + 12\% \times 10\% = 6\%$$

一般情况下,材料成本占总成本的比重是相对稳定的,降低产品成本的主要途径是降低材料消耗定额。材料消耗定额降低可采用下列方法。

1. 改进产品设计,减轻产品重量

设计中的失误将会给企业带来巨大的损失和浪费,一项好的产品设计要做到:体积由大变小、结构由繁变简、重量由重变轻、效能由低变高。改进产品设计,减轻产品重量对产品成本的影响可按下列公式计算:

$$\text{重量变动对产品成本的影响} = \left(\frac{\text{改变后的产品重量}}{\text{改变前的产品重量}} - 1\right) \times \text{改变前的原材料成本}$$

【例 11-14】，某产品原来的重量为 300 千克，原材料成本为 240 元，现在通过改进产品设计，使产品重量降至 275 千克。则：

$$\text{重量变动对产品成本的影响} = \left(\frac{275}{300} - 1\right) \times 240 = -20（\text{元}）$$

2. 提高材料利用率

材料利用率是说明材料利用程度的相对指标，它反映了投入生产的材料消耗量和实际利用重量之间的比例关系。其一般计算公式为：

$$\text{材料利用率} = \frac{\text{生产中利用重量}}{\text{投入生产的材料消耗量}} \times 100\%$$

材料利用率变动对材料成本的影响程度，可用单位产品材料成本降低率来表示，可按下式计算：

$$\text{单位产品材料成本降低率} = 1 - \frac{\text{原来的材料利用率}}{\text{变动后的材料利用率}} \times 100\%$$

$$\text{或} = \frac{\text{变动前的材料单位成本} - \text{变动后的材料单位成本}}{\text{变动前的材料单位成本}} \times 100\%$$

【例 11-15】某产品变动前的材料单位成本为 30 元，材料利用率为 60%，变动后的材料单位成本为 24 元，材料利用率为 75%。提高材料利用率对材料成本的影响为：

$$\text{提高材料利用率对材料成本的影响} = \frac{30-24}{30} \times 100\% = 20$$

$$\text{或} = \left(1 - \frac{60\%}{75\%}\right) \times 100\% = 20\%$$

在此基础上，再乘以材料成本在产品中所占的比重，就可以确定材料利用率提高对产品成本的影响程度。设上列材料在产品成本中占 70%，则由于材料利用率提高使产品成本降低 14%（20%×70%）。

3. 合理采用代用材料

在保证产品质量不受影响的前提下，合理采用代用材料，通常可以扩大材料来源，促进生产发展，同时也可以使产品成本得到降低。采用代用材料对产品成本的影响，可按下式计算：

$$\text{材料成本降低额} = \text{原耗用材料数量} \times \text{该材料单价} - \text{耗用代用材料数量} \times \text{代用材料单价}$$

【例 11-16】某产品原来每件耗用 A 材料 38 千克，材料单价为 7 元。后来通过研制，改用价格比较低廉的 B 材料，B 材料的单价为 6.4 元，单位产品需消耗 B 材料 40 千克。则由于材料代用，使单位产品材料成本降低了 10 元。即：

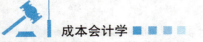

$$\frac{\text{材料成本}}{\text{降低额}} = 38 \times 7 - 40 \times 6.4 = 10 \text{ 元}$$

(二) 产量变动对产品成本的影响

产量变动对成本的影响是通过固定成本而引起的。由于固定成本总额在企业保持一定规模的条件下,一般不受产量变动的影响;当产量增加时,单位产品所分摊的份额就会相应减少;反之,当产量减少时,单位产品所分摊的份额就会相应增加。产量变动对单位成本的影响可按下列公式计算:

$$\text{产量变动对产品成本的影响} = \left(1 - \frac{1}{1 + \text{产品产量增长率}}\right) \times \frac{\text{固定成本占}}{\text{成本的计划比重}}$$

【例 11-17】某企业生产某产品 100 件,单位成本 20 元。单位成本中,固定成本 8 元,变动成本 12 元。而实际产量为 118 件。则:

$$\frac{\text{产量变动对}}{\text{产品成本的影响}} = \left(1 - \frac{1}{1+18\%}\right) \times 40\% = 6.1\%$$

实际上,固定成本总额只是相对稳定,并非绝对不变。当固定成本总额发生增减变化时,只要固定成本的增长幅度小于产品产量的增长幅度,就会减少单位成本所分摊的固定成本,从而使单位产品成本降低。当固定成本变动时,可按下列公式来计算产品产量和固定成本两个因素变动对单位成本的影响:

$$\frac{\text{产量、固定成本变动}}{\text{对产品成本的影响}} = \left(1 - \frac{1 + \text{固定成本增长率}}{1 + \text{产品产量增长率}}\right) \times \frac{\text{固定成本占}}{\text{成本的计划比重}}$$

仍按照上列资料,假定固定成本总额由计划的 800 元增加到 840 元,则:

$$\frac{\text{产量、固定成本变动对}}{\text{产品成本的影响}} = \left(1 - \frac{1+5\%}{1+18\%}\right) \times 40\% = 4.41\%$$

(三) 质量变动对产品成本的影响

产品质量是衡量企业经营管理水平高低的重要指标。提高产品质量,对于企业本身的发展和社会需要的满足具有重大意义。产品质量的好坏,直接影响着产品成本的高低。产品质量好,成品率高,次品率低,产品成本就下降;反之,产品成本就上升。在实行按质论价、推行质量差价的情况下,产品质量的优劣也决定着企业的收入和经济效益。质量变动对产品成本的影响可分别按以下两种情况进行。

1. 等级系数变动对产品成本的影响

可以划分等级的产品,其质量水平可以通过平均等级系数来表示。平均等级系数越大,说明其有效的总产量越多,即折合为一级品的总产量越多,这样,在总成本一定的条件下,折合产量的单位成本就必然降低;反之,折合产量的单位成本就上升。等级系数变动对产品成本的影响,可按下面公式计算:

$$\frac{\text{产品成本}}{\text{降低率}} = \frac{\text{实际平均等级系数} - \text{计划平均等级系数}}{\text{实际平均等级系数}} \times 100\%$$

【例 11-18】某企业有关资料见表 11-28。

表 11-28　各等级产品产量和成本资料

产品等级	等级系数	产量(件) 计划	产量(件) 实际	成本(元) 计划	成本(元) 实际
一级品	1	300	350	3 600	4 200
二级品	0.8	150	110	1 800	1 320
三级品	0.6	50	40	600	480
合　计		500	500	600	6 000

$$\text{计划平均等级系数} = \frac{300 \times 1 + 150 \times 0.8 + 50 \times 0.6}{500} = 0.9$$

$$\text{实际平均等级系数} = \frac{350 \times 1 + 110 \times 0.8 + 40 \times 0.6}{500} = 0.924$$

$$\text{产品成本降低率} = \frac{0.924 - 0.9}{0.924} \times 100\% = 2.597\%$$

2. 废品率变动对产品成本的影响

废品率变动对产品成本变动有着直接的影响。因为废品不计入产品产量,而废品损失却包括在合格品的成本中,所以,废品率越高,即意味着合格品数量越少,并且这较少的合格品还要负担更多的废品损失,产品单位成本就必然升高;反之,单位成本就会降低。废品率变动对产品成本的影响,可按下列公式计算:

$$\text{产品成本降低率} = \frac{\text{废品率} \times (1 - \text{废品残值率})}{1 - \text{废品率}} \times 100\%$$

【例 11-19】企业生产某产品 50 件,单位成本 100 元。检查发现产品的废品率为 10%,废品可收回残值占原废品成本的百分比为 30%。则,废品率变动对产品成本的影响为:

$$\text{产品成本降低率} = \frac{10\% \times (1 - 30\%)}{1 - 10\%} \times 100\% = 7.78\%$$

（四）劳动生产率变动对产品成本的影响

劳动生产率的提高意味着单位产品所消耗生产时间的减少,从而使单位产品负担的工资成本也会相应地减少。但是,劳动生产率的增长往往伴随着工资率的增长,从而使单位产品成本提高。因此,要计算劳动生产率增长对成本的影响,要看劳动生产率的增长速度是否快于工资率的速度。劳动生产率的增长速度超过工资的增长速度,才能降低单位成本,保证既增加工资,又提高企业盈利。两因素的共同作用对产品成本的影响可用下列公式计算:

$$\text{产品成本降低率} = \left(1 - \frac{1 + \text{工资增长率}}{1 + \text{劳动生产率增长率}}\right) \times \text{生产工人工资占成本的计划比重}$$

【例 11-20】某产品的生产工人工资占产品成本的比重为 20%,当劳动生产率增长 14%,工资增长 10% 时,可对该产品成本降低率进行测算:

$$\text{产品成本降低率} = \left(1 - \frac{1 + 10\%}{1 + 14\%}\right) \times 20\% = 0.7\%$$

上述计算方法指的是整个企业或车间的总体情况,在生产多种产品的企业和车间里,直接人工通常是按产品的生产工时消耗数进行分配的,单位产品成本中的直接人工费用直接受到单位产品工时消耗和小时工资率这两个因素的影响。单位产品的工时消耗和小时工资率两因素的变动对产品单位成本的影响程度,可按下列公式计算:

$$\text{产品成本降低率} = \left[1 - \left(1 + \text{小时工资率增长率}\right) \times \left(1 - \text{单位产品工时消耗降低率}\right)\right] \times \text{生产工人工资占成本的计划比重}$$

【例11-21】某产品单位产品工时数:计划为50小时,实际为40小时;小时工资率:计划为8元,实际为9元。直接人工在产品成本中的比例为20%,单位产品工时消耗降低率为20%,小时工资率增长率为12.5%,两因素的变动对单位成本的影响程度为:

$$\text{产品成本降低率} = [1 - (1 + 12.50\%) \times (1 - 20\%)] \times 20\% = 2\%$$

六、各种费用明细表的分析

制造费用、销售费用、管理费用和财务费用,虽然有的是作为生产费用计入产品成本,有的是作为期间费用计入当期损益,但是它们都是由许多具有不同经济性质和不同经济用途的费用组成的。对各种费用明细表进行分析时,可采用对比分析法和构成比率分析法。

在采用对比分析法进行分析时,应将本月实际数和上年同期实际数进行对比,揭示本月实际和上年同期实际之间的增减变化;在列有本月计划数的情况下,应将本月实际数和计划数对比,以分析月份计划的执行结果。在将本年累计实际数与本年计划数进行对比时,如果不是12月份的报表,差异只是反映年度内计划的执行情况;如果是12月份的报表,则差异就是全年费用计划的执行结果。

由于各项费用所包含的费用项目具有不同的经济性质和用途,各项费用的变动又分别受不同因素变动的影响,因此,在确定费用实际支出脱离计划差异时,应根据各项费用组成项目分别进行,而不能只检查各项费用总额计划的完成情况,不能用其中一些项目的节约额来抵补其他项目的超支。同时,要注意不同费用项目支出的特点,不能简单地把任何超过计划的费用支出都看作是不合理的;同样,对某些费用项目支出的减少也要作具体分析:有的可能是企业工作成就,有的则可能是企业工作中的问题。总之,不能孤立地看费用是超支了还是节约了,应结合其他有关情况,结合各项技术组织措施效果来分析,结合各项费用支出的经济效益进行评价。

在按费用组成项目进行分析时,由于费用项目较多,应选择超支或节约较大或者费用比重较大的项目有重点地进行。还应特别注意那些非生产性的损失项目,如材料、在产品和产成品等存在的盘亏和毁损。这些费用的发生与企业管理不善直接相关。在采用构成比率法进行分析时,可以计算某项费用占费用合计数的构成比率,与企业或车间的生产、技术特点联系起来,分析其构成是否合理;也可以将本月实际和本年累计实际的构成比率与本年计划的构成比率和上年同期实际的构成比率进行对比分析其差异和增减变动是否合理。

在对各种费用明细表进行分析时,还应注意以下问题:
(1) 对于变动费用项目,应联系业务量的变动计算其相对节约或超支额。变动费用随着生产或销售等业务量变动而变动,如销售费用中的包装费、运输费、装卸费等都会由于产品销售量增减而相应地增减。对于这些项目的超支或节约,要与业务量联系起来进行分析。在前列销售费用明细表中,包装费、运输业费和装卸费的本年累计实际数都低于本年计划,看起来是节约数,但如果本年的实际销售量少于计划销售量,则可能是超支数。

(2) 只有固定项目才能用实际数与基数相比较的绝对差异确定其节约或超支。固定费用不随生产、销售等业务量变动而变动,例如管理费用中的工资及福利费、折旧费、工会经费等,不会由于产销等业务量增减而增减。对于这些费用的超支或节约,可以通过本期实际数与计划和上期实际数等基数的比较直接确定。在前列管理费用明细表中(见表11-7),职工薪酬本年累计实际与本年计划数的差异45(23 355-23 400)元,就是该项费用的节约数;工会经费本年累计实际与本年计划数的差异5(7 855-7 850)元,就是该项费用的超支数。

(3) 对于某些支出和损失项目,应结合其抵消数进行分析,例如财务费用中的利息支出和汇兑损失,应查明有无利息收入和汇兑收益的抵消数;又如管理费用中的材料产品盘亏毁损的损失,应查明有无材料产品盘盈,以便确定材料产品的实际损失。在前列财务费用明细表(见表11-8)中,利息支出的本年累计实际比本年计划数减少445(20 905-21 350)元,假定本年有利息收入1 505元,则本年的利息支出实际上不是节约,而是超支1 060元。

本 章 小 结

本章主要阐述了成本报表的含义、作用、分类及其编制要求,成本分析的意义、任务、内容和方法。

成本报表是根据产品成本和期间费用的核算资料以及有关的计划、统计资料编制的,用以反映和监督企业在一定时期产品成本和期间费用的水平及其构成情况的报告文件。成本报表作为对内报表,与对外报表相比较具有以下特点:首先,成本报表是服务于企业内部经营管理目的的报表;其次,不同企业之间成本报表的个性差异是成本报表的特点之一;再次,成本报表是会计核算资料与技术经济资料结合的产物,其信息具有综合性与全面性的特点;最后,成本报表还具有及时与灵敏的特点。

成本报表不是对外报送或公布的会计报表,其种类、项目、格式和编制方法国家不作统一规定,由企业自行确定。成本报表按其所反映的内容可以分为反映成本情况的报表和反映各种费用支出的报表,一般包括产品生产成本表、主要产品单位成本表、制造费用明细表、销售费用明细表、管理费用明细表和各种期间费用明细表。此外,企业还可以根据本身的生产特点和管理要求,编制其他成本报表。

编制成本报表的主要资料来源有:报告期的账簿资料、本期成本计划及费用预算资料、以前年度的会计报表资料以及企业有关的统计资料和其他资料等。要真实、准确、完整清楚、及时地编制成本报表还应做到以下几点:数字准确、内容完整、编报及时。成本报表中有的反映本期产品的实际成本,有的反映本期各种实际费用发生额,有的还可能反映实际成本或实际费用的累计数。为了考核和分析成本计划的执行情况,这些报表一般还列示了有关的计划数和其他有关资料。成本报表中的实际成本和实际费用,应根据有关的产品成本明细账和费用明细账的本期实际发生额填列;累计的实际成本、费用,应根据本期报表的本期实际成本、费用加上上期报表的累计实际成本、费用计算填列;计划数应根据有关的计划资料填列；其他有关资料，应根据报表编制要求填列。

成本报表的分析，大体上可按以下步骤进行：确定分析课题，收集有关资料，揭示存在的问题，分析影响因素，提出改进措施。对成本报表进行分析的方法是多种多样的，采用哪种取决于分析的目的、企业的特点及其所掌握资料的性质和内容。常用的方法主要有对比分析法、比率分析法、因素分析法和趋势分析法。

按成本项目反映的产品生产成本表，一般采用对比分析法、构成比率分析法和相关指标比率分析法进行分析；按产品种类反映的产品生产成本表的分析，一般可以从以下两个方面进行：本期实际成本与计划成本的对比分析，本期实际成本与上年实际成本的对比分析。主要产品单位成本表的分析，可先根据本期实际的生产成本与其他各种生产成本（计划、上年实际、历史最好水平等）进行对比，进行一般分析；然后，按成本项目分析其增减变动，查明造成单位成本升降的具体原因。产品成本的技术经济分析的多样性与灵活性，一般可以从产量、产品生产质量、劳动生产率和材料利用率等几个方面进行分析。对各种费用明细表进行分析时，可采用对比分析法和构成比率分析法。

思 考 题

1. 为什么要编制成本报表？
2. 成本报表作为内部报表，在编制上有哪些要求？
3. 简述对比分析法的特点和适用范围。
4. 比率分析法的具体形式有哪几种？
5. 如何利用产品生产成本表对企业全部产品成本计划的完成情况进行总括评价？
6. 影响可比产品成本降低计划完成情况的因素有哪几个？其变动影响的特点是什么？
7. 在分析产品成本计划完成情况时，应注意哪些问题？
8. 技术经济指标变动对产品单位成本影响的途径有哪几种？

业 务 题

星火公司是一家生产制造企业，公司产品的相关信息如下：

1. A、B 两种产品的成本明细账中，2015 年 7 月份生产费用合计数如表 11-29 所示。

表 11-29　A、B 产品生产成本表

2015 年 7 月　　　　　　　　　　　　　　　　　　单位：元

项　　目	成本项目	A 产品	B 产品
本月生产费用	直接材料	162 960	138 860
	直接人工	13 566	10 374
	燃料及动力	64 172	50 968
	制造费用	55 894.61	39 695.39
合　　计		296 592.61	239 897.39

2. A、B 两种产品的成本明细账中，2015 年 7 月初和 7 月末的在产品成本如表 11-30 所示。

表11-30　A、B产品在产品成本表

2015年7月　　　　　　　　　　　　　　　　　　　　　　　　单位：元

项　目	成本项目	A 产品	B 产品
本月生产费用	期　初	47 150	99 520
	期　末	94 300	43 614.56

3. 截至2015年7月末，产品实际成本与计划成本对比表如表11-31所示。

表11-31　产品实际成本与计划成本对比表　　　　　　　　　　单位：元

项　目	上年实际数	本年计划数	本年累计实际数
生产费用：			
直接材料	3 602 970	3 581 820	2 612 330
直接人工	280 312	276 290	206 480
燃料及动力	1 516 710	1 434 200	1 035 370
制造费用	1 123 400	1 167 110	934 100
生产费用合计	6 523 392	6 459 420	4 788 280
加：在产品、自制半成品期初余额	210 110	197 810	195 230
减：在产品、自制半成品期末余额	159 310	148 800	137 914.56
产品生产成本合计	6 574 302	6 508 430	4 845 595.44

4. A产品的账簿记录中，总成本的相关资料如表11-32所示。

表11-32　A产品总成本比较表　　　　　　　　　　　　　　单位：元

项　目	本月生产费用合计	本年生产费用累计
直接材料	162 960	1 181 250
直接人工	13 566	103 250
燃料及动力	64 172	483 000
制造费用	55 894.61	420 350
主要材料用量(千克)	16 500	141 575

5. A产品的账簿记录中，单位成本的相关资料如表11-33所示。

表11-33　A产品单位成本比较表　　　　　　　　　　　　　单位：元

项　目	直接材料	直接人工	燃料及动力	制造费用	生产成本	主要材料用量(千克)
历史先进水平	670	61	272	237	1 240	81
上年实际平均水平	679	62	274	240	1 255	82
本年计划	676	60	275	239	1 250	81.5

另外，该公司本年7月份各基本生产车间制造费用明细账中的本年累计实际数为：职工薪酬42 100元，折旧费52 810元，机物料消耗314 100元，办公费15 300元，水电费17 600元，运输费151 200元，保险费21 500元，修理费301 800元，其他17 690元，总计934 100元。该公司上年7月份各基本生产车间制造费用明细账中的制造费用为：职工薪酬3 650元，折旧费4 500元，机物料消耗31 120元，办公费1 300元，水电费1 510元，运输费16 100元，保险费1 800元，修理费34 210元，其他600元，总计94 790元。

本年度该公司制造费用预算表中的本年计划数为：职工薪酬57 080元，折旧费68 910元，机物料消耗405 100元，办公费21 480元，水电费24 200元，运输费191 410元，保险费27 710元，修理费3 427 500元，其他28 470元，总计1 167 110元。

要求：
(1) 分别编制A产品7月份按产品种类和按成本项目反映的产品生产成本表；
(2) 编制A产品7月份主要产品单位成本表；
(3) 编制A产品7月份制造费用明细表。

第十二章 其他行业成本核算

引 导 案 例

小张于2011年从某知名财经大学会计专业毕业后,凭借扎实的专业知识和勤奋好学的性格顺利进入某大型钢铁企业就职,成为一名会计工作者。入职的大型钢铁企业主要从事钢铁冶炼和压延加工。至2015年底,小张已经非常熟悉自己的工作,拥有了较为丰富的工作经验。2015年11月12日,财政部发出关于印发《企业产品成本核算制度——钢铁行业》的通知。由于小张在工作中需要进行企业钢铁产品成本的核算,所以,小张需要学习并掌握新的企业产品成本核算制度,并据此进行日后的成本核算工作。

问题:1. 查阅中华人民共和国财政部网站(http://www.mof.gov.cn),2016年将实行哪些新的成本核算会计制度?2. 相比于之前使用的会计制度,新成本核算会计制度做出了哪些改变?3. 其他行业,如石油、钢铁、房地产、物流等,与制造业相比在成本核算方面有什么异同?

【学习目标与要求】

通过本章学习,应了解房地产开发企业、物流企业、石油石化企业和钢铁企业的基本概况以及特点,明确各企业的成本内容、范围、成本核算过程中的核算对象、核算项目等,并对各企业在产品成本的归集、分配和结转有清晰的认识,掌握房地产开发企业成本、物流企业成本、石油石化企业成本和钢铁企业成本的核算,重点掌握物流企业中运输成本的核算。理解并学会运用其他行业成本核算知识,进一步完善对成本会计的学习。

【本章逻辑框架】

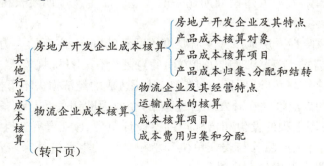

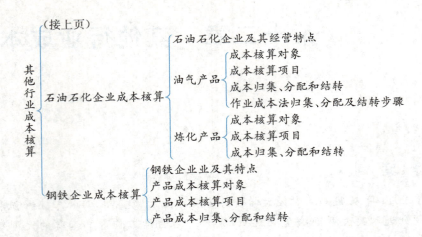

第一节 房地产开发企业成本核算

▶ 一、房地产开发企业及其特点

房地产开发企业是进行房地产开发和经营的企业,其主要业务包括土地开发、房屋开发配套设施开发和代建工程开发等。房地产开发企业的开发经营活动要经历可行性研究、征地拆迁组织规划设计、组织施工、竣工验收、产品销售等开发经营的全过程。与其他行业相比,房地产开发企业的经营活动有其自身的特点,主要表现在以下几个方面:

(1) 开发产品的商品性。企业所完成的开发产品,无论是建设场地,还是房屋建筑物,均可作为商品进入流通领域,按照供需双方合同协议规定的价格或市场价格作价转让或销售。

(2) 经营业务的复杂性。企业开发建设,特别是商品房住宅小区建设,除了商品房本身的建设,还要承担相关的市政公用、动力、通信等基础设施和公共配套设施的开发建设。开发的各类产品要根据市场需求,有的销售,有的转让,有的出租,有的自行经营,还要进行必要的售后服务。

(3) 开发建设的长期性。房地产的开发建设,一般要经过可行性研究、勘察设计、工程施工、竣工验收等阶段,其开发建设周期比一般工业产品生产周期要长得多,有的产品需要数年才能完成。

(4) 经营的高风险性。房地产开发需要投入巨额的资金、广泛的人力,在长期运作期间必须时刻防范市场需求、工程管理和其他方面的意外变化。投资规模大、开发周期长、市场变化因素多必然带来市场风险,项目一旦失败,其所造成的经济损失不可挽回。

(5) 往来对象的广泛性。在开发经营过程中,企业因购销关系与设备、材料物资供应单位等发生经济往来;因工程的发包和招标与勘察设计单位、施工单位发生经济往来;因受托代建开发产品、出租开发产品等与委托单位和承租单位发生经济往来。企业与众多对象发生的经济往来活动贯穿开发经营全过程。

二、产品成本核算对象

房地产开发企业的任何一项开发建设费用都是为特定的开发项目而发生的,都应由其开发产品来承担。成本计算对象,就是指承担开发建设费用的开发产品。具体说,房地产开发成本计算对象的确定有以下几种情况:

(1) 一般的项目应以每一独立编制设计概算或施工图预算为成本对象。

(2) 同一开发地点,开竣工时间接近,结构类型相同的群体开发项目,合并作为一个成本计算对象。

(3) 规模较大、工程较长的开发项目可划分为若干部分,以每一部分作为成本计算对象。

需要说明的是,企业在确定成本计算对象时,还应充分考虑企业的管理要求。

三、产品成本核算项目

房地产开发企业的成本项目主要由以下六个项目组成:

(1) 土地征用及拆迁补偿费。土地征用及拆迁补偿费指因开发房地产而征用土地所发生的各项费用,包括征地费、安置费以及原有建筑的拆迁补偿费。

(2) 前期工程费。前期工程费指土地房屋开发前发生的规划、设计、可行性研究以及水文地质勘察、测绘、场地平整等费用。

(3) 基础设施费。基础设施费指土地、房屋开发过程中发生的供水供电、供气、排污、排水、通讯、照明、绿化、环卫设施以及道路等基础设施费用。

(4) 建筑安装工程费。建筑安装工程费指土地房屋开发项目在开发过程中按建筑安装工程施工图施工所发生的各项建筑安装工程费和设备费。

(5) 配套设施费。配套设施费指在开发小区内发生,可计入土地、房屋开发成本的不能有偿转让的公共配套设施费用,如锅炉房、水塔、消防、车棚、公厕等设施支出。

(6) 开发间接费用。开发间接费用指房地产开发企业内部独立核算单位及开发现场为开发房地产而发生的各项间接费用,包括现场管理机构人员工资福利费、折旧费、修理费、办公费、水电费、劳动保护费、周转房屋摊销等。

以上六个项目构成了房地产开发企业产品的开发成本,其中土地征用及拆迁补偿费、前期工程费、基础设施费、建筑安装工程费、配套设施费是构成房地产企业开发产品实体或有助于产品形成的直接成本,可直接计入有关开发产品成本;开发间接费用应先进行归集,月末,再按一定分配标准分配计入有关的开发产品成本。

房地产开发企业行政管理部门为组织和管理开发经营活动而发生的管理费用、财务费用以及为销售、出租、转让开发产品而发生的销售费用,都应作为期间费用,计入当期损益。

四、产品成本归集、分配和结转

(一) 土地开发成本的计算

土地开发是房地产开发企业的主要业务之一,其开发产品为建设场地。土地开发主要有两个目的：一个是为销售或有偿转让而开发土地，即商品性建设场地；另一个是直接为企业兴建商品房和其他经营性用房而开发土地，即自用建设场地。

土地开发成本是指企业为开发各种建设场地而发生的各项费用，企业应设置"开发成本——土地开发"明细账户。该账户的借方登记土地开发过程中发生的各项开发费用；贷方登记期末结转已开发完毕交付使用的土地实际成本；期末余额在借方，表示企业在建开发土地的实际成本。

企业在开发土地过程中所发生的各种直接费用，如土地征用及拆迁补偿费、前期工程费、基础建设费等费用，可以直接计入土地开发成本；土地开发过程中发生的各种间接费用，如开发现场机构发生的工资费用、福利费、折旧费、修理费、办公费水电费、劳动保护费、周转房屋摊销等，先通过"开发间接费用"账户进行归集，期末再按一定的分配标准分配计入土地开发成本。土地开发的各项直接费用加上应负担的间接费用，就是土地开发的实际成本。

由于已完成土地开发项目（即建设场地）的用途不同，开发成本结转的方法也不同。商品性建设场地开发完成，形成企业的最终开发产品，应于竣工验收时将其实际成本结转到"开发产品——土地开发"账户；自用建设场地，开发完成形成企业的中间产品，应在竣工验收时，将其实际成本结转到"开发成本——房屋开发"账户。

【例12-1】甲房地产开发公司开发A建设用地10 000平方米，计划40%作为商品性建设用地对外销售，60%作为本企业商品房开发用地。

(1) 用银行存款支付征用土地的拆迁费、耕地占地税、劳动力安置费等3 000 000元。根据有关凭证，会计部门应作如下会计分录：

借：开发成本——土地开发　　　　　　　　　　　　　　　　　　　3 000 000
　　贷：银行存款　　　　　　　　　　　　　　　　　　　　　　　　　　3 000 000

(2) 甲房地产开发公司结算应付承包单位A建设用地"三通一平"费用60 000元。根据有关凭证，会计部门应作如下会计分录：

借：开发成本——土地开发　　　　　　　　　　　　　　　　　　　　　60 000
　　贷：应付账款　　　　　　　　　　　　　　　　　　　　　　　　　　　60 000

(3) 期末分配结转开发间接费用，A建设用地应负担40 000元，会计部门应作如下会计分录：

借：开发成本——土地开发　　　　　　　　　　　　　　　　　　　　　40 000
　　贷：开发间接费用　　　　　　　　　　　　　　　　　　　　　　　　　40 000

(4) A土地开发工程完工并验收合格，其中，4 000平方米直接对外销售，6 000平方米用于企业开发商品房，结转其成本，会计部门应作如下会计分录：

① 计算各成本核算对象应分摊的土地开发成本。

土地总成本＝3 000 000＋60 000＋40 000＝3 100 000（元）
对外销售土地应分摊额＝3 100 000×40%＝1 240 000（元）
自用土地应分摊额＝3 100 000×60%＝1 860 000（元）

② 结算土地开发成本。

借：开发产品——土地开发　　　　　　　　　　　　　　　　　　　1 240 000
　　开发成本——房屋开发　　　　　　　　　　　　　　　　　　　　1 860 000
　　贷：开发成本——土地开发　　　　　　　　　　　　　　　　　　　3 100 000

(二)房地产开发成本的计算

房地产开发也是房地产开发企业的主要业务之一。房地产开发分为四个方面：一是为销售开发商品房；二是为出租经营而开发经营房；三是为拆迁居民周转使用而开发的周转房；四是受其他单位委托而开发建设代建房。尽管这些开发建设的目的不同，但其费用支出和建设开发的过程基本上是相同的。

房屋开发成本是指企业为开发建设各种房屋而发生的各种费用支出。为计算房屋开发成本，企业应设置"开发成本——房屋开发"明细账户。该账户的借方登记房屋开发过程中发生的各项开发费用；贷方登记期末结转已开发完毕交付使用房屋的实际成本；期末余额在借方，表示企业在建开发房屋的实际成本。

企业在房屋开发过程中发生的土地征用及拆迁补偿费、前期工程费、基础设施费，凡能分清成本计算对象的，应直接计入有关房屋开发成本；发生时分不清成本计算对象，由两个或两个以上成本计算对象负担的费用，应先通过"开发成本——土地开发"账户进行归集，待土地开发完成并用于房屋建设开发时，再采用一定的方法分配，分配之后结转到有关房屋开发成本。

在房屋建设开发过程中进行的建筑安装工程。有的采用出包方式，有的采用自营方式。采用出包方式的企业，其建筑安装工程费应根据承包企业的"工程价款结算账单"所列的建设工程款，计入有关房屋开发成本；采用自营方式的企业，其实际发生的建筑安装工程费，一般可以直接计入有关房屋开发成本。如果自行施工的工程较大，可以增设"工程施工"和"施工间接费用"两个账户，进行建筑安装工程费用核算，定期核算"开发成本——房屋开发"账户。

房屋开发项目应负担的开发间接费用，平时通过"开发间接费用"账户进行归集，月末分配结转到有关房屋开发成本。

结转开发完工商品房等开发产品成本时，借记"开发产品——商品房"，贷记"开发成本——房屋开发"。

【例 12-2】 A 房地产开发公司将花园小区的一幢商品住宅工程出包给市建公司。工程已全部完工。

(1) 市建公司提交"工程价款结算单"，工程价款共计 8 000 000 元，预付 4 500 000 元。经审查同意，支付余款。会计部门应作如下会计分录：

借：开发成本——房屋开发　　　　　　　　　　　　　　8 000 000
　　贷：银行存款　　　　　　　　　　　　　　　　　　3 500 000
　　　　预付账款　　　　　　　　　　　　　　　　　　4 500 000

(2) 期末分配结转该商品住宅开发工程应负担的开发间接费用 14 000 元。根据费用分配凭证，会计部门应作如下会计分录：

借：开发成本——房屋开发　　　　　　　　　　　　　　14 000
　　贷：开发间接费用　　　　　　　　　　　　　　　　14 000

(3) 期末分配结转该商品住宅过程中发生的土地征用及拆迁补偿费、前期工程费、基础设施费共 893 000 元。根据费用分配凭证，会计部门应作如下会计分录：

借：开发成本——房屋开发　　　　　　　　　　　　　　893 000
　　贷：开发成本——土地开发　　　　　　　　　　　　893 000

(4) 结转完工商品住宅开发实际成本 8 907 000 元，会计部门应作如下会计分录：

借：开发产品——商品房　　　　　　　　　　　　　　　　8 907 000
　　贷：开发成本——房屋开发　　　　　　　　　　　　　　　8 907 000

第二节　物流企业成本核算

一、物流企业及其特点

物流能够创造价值，物流行业显露出增值的潜力和巨大的商机。于是，人们开始更多地关注物流行业的管理问题。其中，对于物流企业的成本管理尤为突出。

物流成本（logistics cost）是指产品的空间移动或时间占有中所耗费的各种活劳动和物化劳动的货币表现。它是产品在实物运动过程中，如包装、装卸、运输、储存、流通加工等各个活动中所支出的人力、财力和物力的总和。

物流成本核算是根据企业确定的成本计算对象，采用相应的成本计算方法，按照规定的成本项目，通过一系列物流费用的汇集与分配，从而计算出各物流环节成本计算对象的实际总成本和单位成本。

相比于工业企业，物流企业有以下特点：

(1) 物流企业仅仅使得劳动对象（旅客和货物）发生位置上的变化，并不能对其属性和形态造成一定影响；

(2) 一般来说，物流企业进行生产经营活动所需要的固定资产比重大于流动资产；

(3) 在运输生产过程中，只消耗劳动手段（运输工具及设备），并不会对劳动对象造成影响；

(4) 运输生产过程具有很强的流动性和分散性；

(5) 运输生产和消费同时进行；

(6) 各种运输方式之间的替代性和协作性比较强。

二、运输成本的核算

随着科学技术的发展，运输方式呈现了多样化，其中包含汽车运输业务、火车运输业务、航空运输业务和轮船运输业务等。本书以汽车运输业务为例进行讲解。

(1) 成本核算对象。由于物流企业汽车运输业务会涉及多种不同车型，企业为了反映不同车型的经济效益，通常以不同燃料和不同厂牌的营运车辆所提供的运输服务作为成本计算对象。对于以特种大型车、集装箱车、零担车、冷藏车、油罐车从事运输服务的物流企业，还应当以不同类型不同用途车辆所提供的运输服务作为单独成本计算对象。

(2) 成本计算单位。物流企业运输业务的成本计算单位是以汽车运输工作量的计量单位为依据的，货物运输工作量通常称为货物周转量，其计量单位为"吨公里"，即其实际运输的货物的吨数乘以运输车辆行驶的距离。但在实际工作中，由于运输业务一般货运量较大，所以采用"千吨公里"为计量单位。集装箱车辆的成本计算单位为"千标准箱公里"。

(3) 成本计算期。汽车运输业务的成本应按月、季、半年和年计算从年初至各月末的累计成本。营运车辆在经营跨越运输业务时,通常以行车路单签发日期所归属的月份计算其运输成本。

三、成本核算项目

汽车运输业务的成本项目包含直接材料、直接人工、其他直接费用和营运间接费用。

(1) 直接材料。主要包括营运车辆行驶过程中耗用的各种燃料和轮胎等。燃料包含汽油、柴油、天然气等。需要注意的是,即使是自动倾卸车在卸车时耗用的燃料也包括在内。轮胎的耗用包括内胎、外胎、垫带、轮胎翻新和修补等。

(2) 直接人工。包括工资费用和其他薪酬费用。工资费用既包括按规定支付给运营车辆司机和助手的标准工资、工资性津贴、补贴和生产性奖金,也包括实行承包经营物流企业的司机和助手的收入所得。

(3) 其他直接费用。主要包括修理费、折旧费、养路费、车辆运营管理费、车辆保险费、事故费、税金及其他费用。

(4) 营运间接费用。营运间接费用指物流企业所属的基层营运单位,如分公司、车站、车队等为组织和管理物流营运过程中所发生的不能直接计入成本计算对象的间接费用,具体包括这些部门发生的工资、职工福利费、折旧费、取暖费、差旅费、水电费、保险费、修理费等,但不包括企业行政管理部门发生的费用。

四、成本费用归集和分配

(一) 直接材料

(1) 燃料费用的核算。物流企业燃料费用的核算需要确定每个月燃料实际耗用数,应根据领料单进行汇总,编制燃料耗用汇总表,以便于对燃料费用进行归集和分配。一般来说,确定燃料实际耗用数的方法有两种,分别是满油箱制和实地盘存制。实行满油箱制需要在月初和月末车辆油箱均加满的前提下,车辆当月的加油数量即为当月燃料的实际耗用数。实行实地盘存制则只需要在月末实地测量货运车辆油箱的存油数,并结合当月的领用数来计算车辆当月实际消耗的燃油数量。计算公式如下:

$$当月实际耗用数=月初车存数+本月领用数-月末车存数$$

注意:若燃料费用的核算方法采用计划成本法,还需要相应地摊销材料成本差异。若货运车辆在本单位以外的加油还需要根据该货运车辆所归属的部门,直接计入相关的成本费用账户。

(2) 轮胎费用的核算。物流企业轮胎费用的核算应根据领料单进行汇总,编制轮胎领用汇总表,以便于对轮胎费用进行归集和分配。一般来说,确定轮胎外胎费用的方法也有两种,分别为一次性摊销法和按行程摊提法。若采用一次性摊销法,在领用材料时应根据领用部门计入"主营业务成本"或"营运间接费用"等相关成本费用账户;若采用按行程摊提法,物流企业应根据外胎行驶里程数的原始记录及其摊提率编制外胎摊提费用计算表。

(二) 直接人工

直接人工主要指货运车辆司机和助手的职工薪酬费用,包括工资费用和其他薪酬费用。物流企业每月根据工资结算表对员工工资进行汇总和分配。对于驾驶固定车辆的司机及助手的工资,直接计入各成本计算对象的成本费用内;对于驾驶车辆不固定的司机及助手的工资,应按一定标准分别计入各成本计算对象的成本费用内。一般来说,分配标准有营运货物吨位和营运车日两种。计算公式如下:

$$工资费用分配率 = \frac{应分配的司机及助手的工资总额}{总营运货物千吨公里或总营运车日}$$

$$某车队应分配的工资费用 = 该车队营运货物千吨公里(或营运车日) \times 工资费用分配率$$

此外,相应的员工福利费等其他薪酬直接计入各成本计算对象的明细账户。

(三) 其他直接费用

(1) 折旧费。一般来说,物流企业中货运车辆的折旧一般采用工作量法。前文提到轮胎费用有两种计算方法,那么也有两种折旧方式与之相对应。若外胎采用一次摊销法,那么计提折旧时外胎价值不必从车辆原值中扣减;若采用按行驶公里数摊提法,为避免重复摊提,计提折旧时必须将外胎价值从车辆原值中扣减。

(2) 其他费用。其他费用可以根据相关凭证直接计入各类运输成本。

(四) 营运间接费用

一般来说,物流企业中不能直接计入成本计算对象的各种间接费用,都通过"营运间接费用"科目进行核算,该科目属于成本类账户,期末结转无余额。

$$营运间接费用分配额 = 受益单位的直接费用金额 \times \frac{营运间接费用总额}{营运直接费用总额}$$

所以,直接材料、直接人工、其他直接费用和营运间接费用构成了物流企业汽车运输业务的总成本。单位运输成本的计算公式如下:

$$单位运输成本(元/千吨公里) = \frac{运输总成本}{运输周转量(千吨公里)}$$

【例 12-3】 某物流企业有 A、B 两个车队,2016 年 3 月份的相关情况如下:

企业对燃料耗用采用盘存制计算。A、B 两车队月初车辆存油量分别为 900 升和 1 100 升,当月分别领用 10 000 升和 5 000 升,月末存油量分别为 600 升和 500 升。汽油的计划成本每升为 5.5 元,成本差异率为 2%。A 车队计提折旧 100 000 元,B 车队计提折旧 150 000 元。

2016 年 3 月,企业编制会计分录。

(1) 作如下计算:

A 车队耗用燃料的计划成本 = 5.5 × (900 + 10 000 − 600) = +56 650(元)

A 车队耗用燃料的成本差异 = 56 650 × 2% = +1 133(元)

B 车队耗用燃料的计划成本 = 5.5 × (1 100 + 5 000 − 500) = +30 800(元)

B 车队耗用燃料的成本差异＝30 800×2‰＝＋616(元)

(2) 会计分录如下：

借：主营业务成本——运输成本——A 车队(燃料)　　　　　57 783
　　主营业务成本——运输成本——B 车队(燃料)　　　　　31 416
　　贷：原材料——燃料　　　　　　　　　　　　　　　　　87 450
　　　　材料成本差异——燃料　　　　　　　　　　　　　　 1 749
借：主营业务成本——运输成本——A 车队(折旧费)　　　 100 000
　　主营业务成本——运输成本——A 车队(折旧费)　　　 150 000
　　贷：累计折旧　　　　　　　　　　　　　　　　　　　 250 000

第三节　石油石化企业成本核算

为了规范石油石化行业产品成本核算,保证石油石化企业产品成本信息真实、完整,提升企业之间成本信息的可比性,促进行业和企业可持续发展,财政部在2014年12月24日制定了《企业产品成本核算制度——石油石化行业》,并于2015年1月1日起实行。

一、石油石化企业及其特点

石油石化产业在20世纪60年代在我国兴起,到现在已成为我国的支柱产业。近几年来,石油化工产业发展十分迅速,并朝着"大型、先进、系列"的发展方向进军。在我国,绝大多数石油石化企业是国有企业,且管理水平较低。尽管国有企业不再实行国家高度集中统一的管理体制,纷纷开始股权改革,但由于企业所有者与企业经营者之间的委托代理机制以及相应的激励机制不健全,使得我国石油石化企业缺乏效率。除此之外,我国油气资源属于国家所有,导致油气资源开采权的相对垄断,造成我国石油石化产业内部的竞争缺失,这不利于企业可持续竞争优势的创造。

本书将以油气产品和炼化产品分别阐述其成本核算对象、成本核算项目、产品成本归集、分配和结转。

二、油气产品

(一) 油气产品成本核算对象

油气产品成本核算以油气产品为核算对象,通常包括原油、天然气、液化气和凝析油等油气产品。

原油,是指在采至地面后的正常压力和温度下,未经加工的、已脱气的呈液态或半固体状态的石油。对于原油的产品成本核算,一般按照密度进行分类。原油按照密度可以划分为轻质原油、中质原油、重质原油(稠油)、超重原油(沥青)等。

天然气,是指以气态碳氢化合物为主的各种气体组成的混合物。

液化气,主要成分是甲烷,含有少量的乙烷、丙烷、氮或天然气中常见的其他组分。

凝析油,是指在地层条件下的气态烃类物质,在采出到地面的过程中,随着温度和压力的降低,从气相中析出的由戊烷和以上重烃组分组成的液态混合物。

(二) 油气产品成本核算项目

油气产品成本主要包括操作成本和折旧折耗及摊销等。操作成本也称作业成本,包括油气生产过程中发生的材料、燃料、动力、人工等各项费用支出。

一般采用作业成本法或按照重点成本类别归集油气产品成本费用要素,油气产品成本费用要素一般按照成本费用性质分类,主要包括:材料费(指为生产油气产品消耗的井站日常用料、油管、仪器仪表及各类化学药剂等各种材料的成本)、燃料费、水费、电费、人工费(主要包括职工工资及各项津贴、福利费、社会保险费、住房公积金、商业人身险、其他劳动保险及劳务费等)、折旧折耗及摊销、运输费、维护及修理费等。

(三) 油气产品成本归集、分配和结转

油气产品生产企业一般按照成本中心并分成本要素,对油气产品成本进行归集,按照受益原则采用当量系数法对油气产品成本进行分配、结转。采用作业成本法进行管理,或采用重点成本类别进行核算的油气产品生产企业,可分别增加作业过程维度或重点成本类别,对油气产品成本进行归集、分配和结转。

油气产品成本归集、分配和结转的一般流程如下:

(1) 收集各区块原油、天然气、凝析油、液化气等各种产品的生产量、自用量、商品量、销售量、库存量等有关资料。

(2) 对各成本中心发生的成本费用进行审核,正确划分油气生产成本和期间费用。

(3) 将应当计入产品成本的油气生产成本,区分为直接成本和间接成本,按照受益原则进行分配:① 能分清受益对象的,直接计入相应的成本中心;② 不能分清受益对象的,按照产量、开井口数或人数等适当的标准进行分配后,计入相应的成本中心。

(4) 将各成本中心归集的油气生产成本在原油、天然气、凝析油、液化气等产品间按照受益原则进行分配:① 能分清受益产品的,直接计入相应的产品;② 不能分清受益产品的,按照当量系数法在各产品间进行分配。即将不同产品的商品量全部折合为油气当量,按照各产品油气当量占总油气当量的比例分配油气生产成本,计入相应的产品。

确定油气当量系数时,通常按照热值将天然气的产量折算为原油产量。原油的吨桶换算系数通常按照密度确定。

(5) 根据各产品商品量计算各产品的单位生产成本,并据此将产成品成本结转至"库存商品"科目。

(四) 作业成本法下油气成本的归集、分配及结转

作业成本法下,油气产品生产企业在按成本中心核算基础上,按照生产活动中发生的各项作业归集和计算作业成本,并根据作业成本与成本核算对象(产品、区块)之间的因果关系,将作业成本追溯到成本核算对象,完成成本计算过程。

(1) 作业成本法归集、分配及结转步骤如下所示:

① 根据油气生产过程划分作业类型。

② 识别作业单元。分析各作业设施、组织机构及业务类型与作业过程的关系,确定各作业过程对应的作业单元。

③ 将各作业单元发生的成本费用归集到对应的作业过程。

④ 将作业过程的成本直接归集或按照受益原则分配到对应的成本中心。

⑤ 将各作业过程归集的油气生产成本在原油、天然气、凝析油、液化气等产品间按照受益原则、采用当量系数法进行分配。

⑥ 根据各产品商品量计算各产品的单位生产成本,并据此将产成品成本结转至"库存商品"科目。

(2) 其他辅助作业成本的分配和结转按照以下原则对其他辅助作业成本进行分配后计入相应的成本中心和作业过程如下所示：

① 水、电部门发生的费用,按照各受益对象接受的用电(水)量分别计入相应类型的成本中心和作业过程。

② 运输部门、车管部门发生的费用,按照各受益对象接受的运输工作量(台班、车次等)分别计入相应类型的成本中心和作业过程。

③ 维修部门、准备部门发生的费用,按照各受益对象接受的维修工作量分别计入相应类型的成本中心和作业过程。

④ 海工部门发生的费用,按照各受益对象接受的服务工作量分别计入相应类型的成本中心和作业过程。

⑤ 海港管理部门发生的费用,按照各受益对象接受的工作量分别计入相应类型的成本中心和作业过程。

三、炼化产品

(一) 炼化产品成本核算

炼化产品成本核算以炼化产品为核算对象,通常包括石油燃料类产品、石油溶剂类产品、化工原料类产品等炼化产品。

石油燃料类产品,主要包括原油经常减压蒸馏在一定温度条件下切割,或二次加工调和取得的汽油、煤油、柴油、重油、液化石油气等产品。

石油溶剂类产品,主要包括以原油经蒸馏所得的直馏汽油馏分或以催化重整的抽余油为原料,经精制、分馏、切割出一定馏分取得的溶剂油、航空洗涤汽油等。

化工原料类产品,主要包括原油经初馏、常压蒸馏在一定温度条件下蒸出的轻馏分,或二次加工而得到的石脑油、轻烃、加氢尾油、直馏柴油等化工原料。

此外还包括润滑油类产品、石蜡类产品、石油焦类产品、石油沥青类产品、有机化工原料类产品和合成树脂类产品等。

(二) 炼化产品成本核算项目和范围

炼化产品成本包括基本生产成本和辅助生产成本。其中,基本生产成本,是指直接将原料生产加工成炼化产品过程中发生的成本;辅助生产成本,是指为生产炼化产品提供动力产品和辅助劳务的生产装置(部门)发生的成本,也包括部分对外销售动力产品或提供劳务过程中发生的成本。基本生产成本和辅助生产成本下设置炼化产品成本项目,归集各成本费用要素。

1. 炼化产品成本项目

炼化产品成本项目主要包括：

原料及主要材料,是指经过加工构成炼化产品实体的各种原料及主要材料,主要包括原油、天然气、液化气、轻烃等。

辅助材料,是指炼化产品生产过程中投入的有助于产品形成,但不构成产品实体的材料,主要包括各种催化剂、引发剂、助剂、化工添加剂、包装材料、生产过程中使用的净化材料等。

燃料,是指炼化产品生产过程中直接耗用的各种固体、液体、气体燃料。主要包括天然气、干气、液化气、瓦斯、柴油、重油、煤等。

动力,是指炼化产品生产耗用的各种水、电、汽、风、氮气等。

直接人工,是指炼化产品生产企业直接从事产品(劳务)生产人员的各种形式的报酬及各项附加费用。主要包括职工工资及各项津贴、福利费、工会经费、职工教育经费、社会保险费、住房公积金、商业人身险、其他劳动保险及劳务费等。

制造费用,是指生产炼化产品的基本生产车间(部门)和辅助生产车间(部门)为组织和管理生产所发生的各项间接费用。

2. 炼化产品成本费用要素

炼化产品成本费用要素一般按照成本费用性质分类,主要包括以下几个部分:

原料及主要材料费,指为生产炼化产品投入的原料及主要材料的成本。

辅助材料费,指为生产炼化产品投入的辅助材料的成本。

其他直接材料费,是指为生产炼化产品投入的不能列入上述两个项目的其他直接材料的成本。

燃料费,指为生产炼化产品耗用的燃料发生的费用。

动力费,指为生产炼化产品直接耗用的各种水、电、汽、风、氮气等发生的费用。

人工费,是指为生产炼化产品向职工提供的各种形式的报酬及各项附加费用。主要包括职工工资及各项津贴、福利费、工会经费、职工教育经费、社会保险费、住房公积金、商业人身险、其他劳动保险及劳务费等。

折旧及摊销,是指对炼化产品生产过程中使用的生产装置、厂房、附属机器设备等计提的折旧,以及其他长期资产的摊销。

运输费,是指为生产炼化产品提供运输服务发生的费用。

此外,还包括水费、电费、办公费、差旅费、会议费、低值易耗品摊销、图书资料费和租赁费等。

(三) 炼化产品成本归集、分配和结转

一般按照成本中心、成本项目,对炼化产品成本进行归集、分配和结转。炼化产品生产企业通常以装置设置成本中心或成本中心组,也可按车间(部门)等生产管理单元设置成本中心或成本中心组。

1. 炼化产品成本归集

(1) 原料及主要材料成本的归集。炼化生产使用的原料及主要材料按照实际成本进行核算,采用加权平均等方法结转原料成本。根据计划统计部门提供的资料,确认原油及外购原(料)油的进厂量、加工量,采用加权平均等方法核算本期加工的各类原(料)油成本。

(2) 辅助材料成本的归集。炼化生产使用的辅助材料按照实际成本核算,按照装置实际消耗量计算辅助材料成本。对于一次填加,使用期限超过一年的催化剂等材料,按照使用周期逐月平均摊销或按照实际消耗计入辅助材料成本。对于一次装填,使用期限在一年以内的催化剂等材料,按照使用期限分月平均摊销或按照实际消耗计入辅助材料成本。对于

金额较小或没有明确使用周期的,直接计入辅助材料成本。

(3) 燃料成本的归集。炼化生产使用的外购燃料按照实际成本进行核算,本装置自产自用的燃料按照固定价格或其他合理方式进行核算,其他装置耗用的自用燃料按照实际成本核算,采用加权平均等方法进行结转。

(4) 动力成本的归集。动力产品,是指炼化产品生产企业辅助生产装置生产、加工(包括转供)的各种水、电、蒸汽、氮气、风等产品。炼化生产耗用的动力,根据统计部门提供的数据,确认消耗量,按照外购或自产动力的实际成本核算。辅助生产部门提供的自产动力,在辅助部门之间交互分配后,按照各动力产品的实际成本进行核算。

基本生产装置产生的动力,作为副产品核算,按照可变现净值、标准成本或固定价格从成本中扣除,但本装置产生的动力类副产品不得直接抵扣本装置的动力消耗。

(5) 直接人工成本的归集。属于生产车间直接从事产品生产人员的人工成本,直接计入基本(辅助)生产成本。

(6) 制造费用的归集。属于基本(辅助)生产部门为组织和管理生产而发生的各项间接费用,计入制造费用。

2. 炼化产品成本分配和结转

(1) 制造费用的分配和结转。基本(辅助)生产部门发生的制造费用归集后,月末全部分配转入基本(辅助)生产成本。制造费用按照产品产量、直接材料比例、固定资产原值比例等方法进行合理分配。通常与资产有关的制造费用按照固定资产原值比例分配,与人员有关的制造费用按照人工成本比例分配,分配方法一经确定不能随意变更。

(2) 辅助生产成本的分配和结转。辅助生产成本费用归集后,按照一定的分配标准将提供的劳务和产品分配到各受益对象。辅助劳务,是指炼化产品生产企业辅助生产装置(部门)为保证基本生产装置、辅助生产装置生产运行而提供的排污、化验、运输、仓储等劳务。

(3) 产成品的成本分配和结转。根据炼化生产装置连续生产、顺序加工的特点,产品成本计算一般采用"逐步结转分步法",先计算上游装置产品成本,然后根据下游装置的消耗量按照实际成本逐步结转半成品、产成品成本。自制半成品按照实际成本或固定成本结转。炼油企业也可将整个炼厂作为一个整体,采用综合系数法核算产品成本。产成品,是指炼化产品生产企业完成炼化生产过程并已验收合格入库、可供出售的产品;在产品,是指炼化产品生产企业月末尚未完工或虽已完工但由于尚需检验等原因不具备入库条件的产品;自制半成品,是指炼化产品生产企业在一个生产装置已经加工完毕,待转入下一生产装置继续加工或暂时入库的产品,包括可供出售的自制半成品。基本生产成本费用归集后,根据计划统计部门提供的盘点资料,确认产成品和半成品的产量,计算商品产品总成本和各品种单位成本。

第四节 钢铁企业成本核算

一、钢铁企业及其特点

钢铁企业是指对黑色金属矿石进行开采、处理、冶炼或加工成材的工业企业。钢铁企业

所在的钢铁行业是国家重要的原材料工业,有以下几个特点:

(1) 与基础性行业具有较高的产业关联度。固定资产投资、房地产投资、基建投资、机械工业、汽车工业等产业与钢铁产业关联度较大,钢铁工业将随着这些行业的发展趋势进行同向变动。钢铁工业和上游产业如采矿业、能源工业等相关联;同时,钢铁工业向下游又与机械工业、汽车制造业、建筑业、交通运输业等各种重要的行业存在密切的联系。

(2) 周期性行业,受经济发展周期的影响大。由于钢铁行业主要为机械、建筑业等下游行业提供产品,而下游的建筑业等行业随宏观经济发展而变动,因此,钢铁行业也具有周期性。经济周期繁荣,带动钢铁行业需求旺盛;而经济周期衰退,则会导致钢铁行业需求减弱。

(3) 具有资金和技术双重挑战。钢铁行业具有规模经济特征,所需项目投资规模较大,同时,随着竞争的加剧以及整体产业发展,产品技术逐渐成为核心竞争力。因此,资金与技术成为钢铁行业发展的关键。

二、产品成本核算对象

钢铁企业产品成本核算应当以生产工序为基础,以相应工序产出的产品为核算对象,通常包括炼焦工序产品、烧结球团工序产品、炼铁工序产品、炼钢工序产品和轧钢工序产品等。

(1) 炼焦工序产品,主要包括全焦、煤气等。
(2) 烧结球团工序产品,主要包括烧结矿和球团矿。
(3) 炼铁工序产品,主要包括炼钢生铁和铸造生铁。
(4) 炼钢工序产品,主要包括连铸钢坯和模铸钢锭。
(5) 轧钢工序产品,主要包括各种成品钢材。
(6) 辅助工序产品,主要包括自制耐火材料、冶金配件和备品备件、燃料和动力、内部运输、化验检验、检修劳务等。

三、产品成本核算项目

(1) 原料及主要材料费,是指为生产产品投入的原料及主要材料的成本。原料及主要材料费包括投入的铁矿石、铁水、生铁块、废钢、铁合金、钢坯、钢锭、用于再加工的钢材、锌、锡、有机涂料等成本。

(2) 辅助材料费,是指为生产产品投入的辅助材料的成本。辅助材料费主要包括投入的皮带、耐火材料、熔剂、电极、轧辊、酸碱类、油脂类、包装材料等成本。

(3) 燃料和动力费,是指为生产产品耗用燃料和动力发生的费用。燃料和动力费主要包括耗用的煤炭、焦炭、助燃剂,以及风、水、电、气等费用。

(4) 人工费,是指为生产产品向职工提供的各种形式的报酬及各项附加费用。人工费主要包括职工工资及各项津贴、福利费、工会经费、职工教育经费、社会保险费、住房公积金、商业人身险、其他劳动保险及劳务费等。

(5) 折旧费,是指为生产产品使用的生产装置、厂房、附属机器设备等计提的折旧。
(6) 运输费,是指为生产产品提供运输服务发生的费用。

(7) 维护及修理费,是指为维持产品生产的正常运行,保证设施设备原有的生产能力,对设施设备进行维护、修理所发生的费用。维护及修理费主要包括材料费、修理工时费、备品备件费等。

(8) 财产保险费,是指为组织产品生产管理,向社会保险机构或其他机构投保的各项财产所支付的保险费用。

(9) 办公费,是指为组织产品生产管理,发生的文具费、邮电费、通讯费、印刷费等办公性费用。

(10) 差旅费,是指为组织产品生产管理,职工因公出差所发生的住宿费、交通费、出差补助等。

(11) 会议费,是指为组织产品生产管理,召开或参加会议发生的费用。

(12) 外委业务费,是指在产品生产过程中,委托外部单位提供服务发生的费用。

(13) 低值易耗品摊销,是指为组织产品生产管理,耗用的不能作为固定资产的各种用具物品的摊销。

(14) 租赁费,是指为组织产品生产管理租入的各种资产,按照合同或协议的约定支付给出租方的租赁费用。

(15) 机物料消耗,是指在产品生产过程中耗用的未作为原材料、辅助材料或低值易耗品管理使用的一般性材料支出。

(16) 劳动保护费,是指为生产产品为职工提供劳动保护、防护等发生的费用。

(17) 排污费,是指为生产产品负担的排污机构处理废气、废水、废渣等所发生的费用。

(18) 信息系统维护费,是指为组织产品生产管理,在计算机信息系统建设完成后所发生的运行维护费用。

四、产品成本归集、分配和结转

钢铁企业一般按照成本中心,分别成本项目,对产品成本进行归集、分配和结转。

(一) 成本中心的设置

钢铁企业通常按照生产工序设置成本中心,也可以按照车间(部门)等生产管理单元设置成本中心。

(二) 产品成本的归集

(1) 原料及主要材料成本的归集。生产产品使用的原料及主要材料按照实际成本进行核算,采用加权平均等方法结转原料及主要材料成本。

(2) 辅助材料成本的归集。生产产品使用的辅助材料按照实际成本进行核算,根据工序实际消耗量或预计可使用寿命计算其成本。

(3) 燃料和动力成本的归集。生产产品使用的外购或自产燃料和动力按照实际成本进行核算,根据相关数据确认其消耗量并计算其成本。辅助生产部门提供的自产燃料和动力,在辅助部门之间按照交互分配等方法分配后,按照各燃料和动力产品的实际成本进行核算。

(4) 直接人工成本的归集。直接从事产品生产人员的人工成本,直接计入基本(辅助)工序生产成本。

(5) 制造费用的归集。为组织和管理产品生产而发生的各项间接费用,计入制造费用。

(6) 回收物料、能源冲减成本。生产过程产生的高炉返矿、高炉水渣、转炉钢渣、锭坯切头切尾、轧制氧化铁屑、剪切边角料、报废锭坯材等回收物料,返焦粉、煤气、蒸汽、循环水、余热发电、压差发电等回收能源,应当按照其价值冲减相应成本核算对象的原材料成本、燃料和动力成本等,回收物料、能源的价值应当参照市场价格予以确定;如回收物料、能源无法明确归属至产品的,可按照成本核算对象的实际产量或根据有关技术经济资料分析确定的适当比例对回收物料、能源的价值进行分配后,冲减相应成本核算对象的成本项目。

(三) 产品成本的分配和结转

1. 制造费用的分配和结转

成本中心发生的制造费用按照费用要素归集后,月末全部分配转入成本核算对象的生产成本。钢铁企业应当根据实际情况,一般采用生产工人工时、机器工时、耗用原材料的数量或成本、产品产量等为基础对制造费用进行分配。制造费用分配方法一经确定,不得随意变更。

2. 辅助生产成本的分配和结转

辅助生产成本费用归集后,按照一定的分配标准将提供的劳务和产品分配到各受益对象。各辅助部门之间相互提供辅助产品或劳务的,按照交互分配等方法进行分配。互相提供劳务不多的,可以不进行交互分配,直接分配给辅助生产部门以外的受益单位。

3. 产成品成本的分配和结转

根据钢铁企业生产工序连续生产、顺序加工的特点,产品成本计算一般采用"逐步结转分步法"。基本生产工序的产品成本,按照向下游工序的实际运送量和实际成本,分步结转为下游工序在产品、半成品和产品的原料及主要材料。辅助工序的产品和劳务,按照输入使用单位的实际数量和实际成本,结转为使用单位的燃料及动力等成本。基本工序生产成本费用归集后,根据产成品和半成品的产量,计算商品产品总成本和各产品品种单位成本。钢铁企业按照标准成本、计划成本、模拟市场价等非实际成本结转产成品成本的,应当在每月末汇总实际成本与非实际成本的差异,按受益原则分配至各工序的相应成本项目。炼焦工序和含有伴生(共生)金属的冶炼工序以联产品为对象进行成本核算。炼焦工序一般采用"系数法"在全焦、煤气和焦油等产品中进行成本分配;含有伴生(共生)金属的冶炼工序一般采用"系数法"在钢铁产品和伴生(共生)金属产品中进行成本分配。"系数法"计算方法如下:

$$某产品成本积数 = 某产品成本系数 \times 产品产量$$

$$某产品总成本 = \frac{某产品成本积数}{全部产品成本积数之和} \times 全部商品产品总成本$$

$$某产品单位成本 = 某产品总成本 \div 某产品产量$$

联产品系数的确定,一般以产品生产工艺流程、产品结构、产品收率和市场价值为基础,采用经济比值法等确定。联产品系数的确定方法一经确定,不得随意改变。

期末,将产成品成本按照产品品种进行结转。

本 章 小 结

本章针对房地产开发企业、物流企业、石油石化企业、钢铁企业四大类企业进行成本核算的阐述。

房地产开发企业是进行房地产开发和经营的企业,房地产开发企业的成本项目主要有六个,其中土地征用及拆迁补偿费、前期工程费、基础设施费、建筑安装工程费、配套设施费直接计入有关开发产品成本,开发间接费用应先进行归集,月末,再按一定分配标准,分配计入有关的开发产品成本。

物流企业指从事物流活动的经济组织,至少从事运输(含运输代理、货物快递)或仓储一种经营业务。在对物流的含义、物流成本的内涵以及物流的功能阐述的基础上,进一步说明了物流成本核算的具体内容,以运输业务为主,明确了具体的核算方法,为物流企业降低和控制成本提供了可靠的依据。

石油石化企业指以石油和天然气为原料,生产石油产品和石油化工产品的加工企业。明确了其适用范围、基本定义、成本核算的基本步骤、会计科目设置和使用等内容。概括介绍了油气产品和炼化产品的成本核算对象,明确了油气产品成本核算通常以石油、天然气及相关产品为核算对象,炼化产品成本核算通常以炼化产品及各生产步骤为成本核算对象,并规定了相关成本核算对象的具体内容。为产品成本核算项目和范围,明确了油气产品成本构成、主要费用要素项目和内容,以及油气生产作业过程项目及内容;明确了炼油化工产品生产成本的基本分类、项目分类和主要费用要素项目和内容。为产品成本归集、分配和结转,适当引入作业成本法,规范了油气产品和炼化产品成本的归集、分配和结转流程。

钢铁企业是指对黑色金属矿石进行开采、处理、冶炼或加工成材的工业企业。概括介绍了钢铁行业产品含义、成本核算的基本步骤、会计科目设置和使用等内容。为产品成本核算对象,明确了钢铁企业产品成本核算通常以生产工序为基础,以工序产出产品为成本核算对象,并规定了相关工序产品的具体内容。为产品成本核算项目和范围,明确了钢铁产品成本的项目分类和主要费用要素项目和内容。这三类企业成本项目有较多相似之处,例如原料及主要材料费、辅助材料费、燃料和动力费、人工费等,规范了钢铁企业产品成本的归集、分配和结转流程。

思 考 题

1. 房地产开发企业有哪些经营特点和成本核算特点?应当如何确定成本计算对象?
2. 物流企业有哪些经营特点和成本核算特点?
3. 物流成本可能会涉及哪些成本?
4. 简述物流企业成本核算内容。
5. 我国石油石化企业有哪些经营特点?有哪些成本核算项目?
6. 我国钢铁行业有哪些经营特点?有哪些成本核算项目?

业 务 题

万利房地产开发公司开发乙商品房,发生以下相关经济业务和事项:

(1) 开发土地 5 000 平方米,用银行存款支付下列费用:土地征用及拆迁补偿费 800 万元,前期工程费 100 万元,基础设施费 100 万元,共计 1 000 万元。

(2) 土地开发完成,商品房一号、商品房二号和周转房三号占用土地的比例分别为 40%、30% 和 30%,按占用场地面积比例进行分配。

(3) 将商品房一号的建设工程出包给甲公司,商品房一号竣工,甲公司提交"工程价款结算单",共计工程价款1 000万元,原已预付工程价款500万元,支付余款500万元。

(4) 经分配,商品房一号应负担间接工程费用30万元。

(5) 商品房一号竣工并通过验收,结转上述所发生的全部实际成本,共计14 300 000元。

请编制相关的会计分录。

第十三章　成本核算专题

引导案例

小张下岗后与同事合伙创建了一家小型机械厂,几年下来经营效益并不理想,有的年份略有盈利,有的年份甚至出现了亏损。于是,小张咨询会计师小李。经过调查小李发现,该机械厂缺乏现代企业管理知识,多年来经营效益不好主要是产品成本控制不理想。于是他提出了按照标准成本法来控制相关成本费用。由采购员负责控制材料采购价格,不能超过年初制定的价格标准。执行的好有奖励,超支则要扣减工资;由老王负责控制生产材料用量。一年后,进行绩效考评,采购员小赵采购材料价格低于年初规定的价格标准,但利润与上年比还出现了下降。你认为可能是什么原因呢?

【学习目标与要求】

通过本章的学习,了解标准成本的产生及制定,掌握标准成本差异的计算和分析,熟悉标准成本法下的账务处理。了解作业成本产生的背景,理解作业成本的基本思想,掌握作业成本法核算的基本程序。熟知质量成本和环境成本不同核算目的下成本核算的内容和要求,理解每种成本核算方法的特点和成本管理要达到的目的,了解和掌握各种成本的构成内容以及成本核算的具体做法。

【本章逻辑框架】

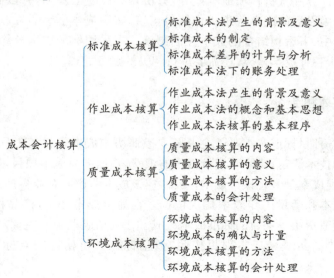

第一节 标准成本核算

一、标准成本法产生的背景及意义

20世纪初,随着社会生产力水平的提高,社会资本日益集中,企业规模不断扩大,但由于企业管理落后,劳动生产率普遍较低,且大规模生产带来了平均利润率下降,企业迫切需要改变传统的凭经验或惯例的管理模式,寻求更为科学的管理方法。为了改进管理,一些工程技术人员和管理者进行了各种试验,他们努力把科学技术的最新成就应用于生产管理,大大提高了劳动生产率。1911年,被誉为"科学管理之父"的美国工程师、管理学家弗雷德里克·温斯洛·泰罗(Frederick Winslow Taylor,1856—1915)出版了《科学管理学原理》一书,提出以科学的管理方法代替传统的经验管理方法,实行工作定额原理和标准化原理,很快在美国企业中得到广泛的应用,并迅速传播到其他工业发达的国家。随着科学管理理论与方法的推广,会计中的"标准成本""差异分析"和"预算控制"等技术方法应运而生。最初的标准成本是独立于会计系统之外的一种计算工作。1919年美国全国成本会计师协会成立,对推广标准成本起了很大的作用。1920—1930年,美国会计学界经过长期争论,才把标准成本纳入了会计系统,从此出现了真正的标准成本会计制度。以标准成本为中心的成本会计体系成为成本会计发展的一个重要阶段。

标准成本法通过将单纯的事后核算成本转变为事前制定标准成本,事中根据标准成本控制实际耗费,事后对成本差异进行分析与考核,从而实现了成本控制与成本核算的有机结合。事前制定的标准成本,既是员工工作的目标,又是衡量实际成本超支或节约的尺度,可以起到事前控制成本的目的。在生产过程中,按照各项成本标准控制支出,随时揭示耗费差异,及时采取措施纠正偏差,从而达到成本的事中控制。会计期末,将产品的实际成本与标准成本进行比较,计算和分析各项成本差异,分析差异产生的原因,并以此作为成本考核或业绩评价的依据,为以后的成本管理工作提供借鉴,实现成本的事后控制。因此,标准成本法是一种事前、事中、事后相结合的成本控制制度。当采用标准成本核算产品成本时,企业不仅要计算和分析各种成本差异,还需要进行相关的账务处理。

二、标准成本的制定

标准成本是一种目标成本水平。企业需要参照历史成本资料和工程技术资料,通过精确的调查、分析和技术测定,排除不应该发生的浪费,根据产品成本项目,制定单位产品的标准成本。单位标准成本是一种预计成本,一种"应该成本",说明企业生产单位产品应该的消耗,为评价实际成本和衡量工作效率提供依据。在完全成本法下,产品标准成本由直接材料、直接人工和制造费用等项目的标准成本组成。在变动成本法下,制造费用标准只包括变动性制造费用标准。每一个成本项目按照"数量标准×价格标准=标准成本"的公式来确定。

(一)直接材料标准成本的制定

制定直接材料标准成本需要制定直接材料数量标准和直接材料价格标准。直接材料数量标准指在现有的生产技术条件下,生产单位产品所需要的各种材料标准耗用量,包括构成产品实体的原材料消耗和加工时的正常损耗,通常可根据工程技术部门提供的数据来确定。直接材料价格标准是指采购部门确定的每种材料的单位标准采购价格,包括原材料的买价和相关采购费用。由于材料的采购价格随着市场行情的波动而波动,所以企业通常需要根据现行市价经常调整材料的标准价格。单位产品直接材料标准成本的计算公式如下:

$$\text{单位产品直接材料标准成本} = \sum (\text{材料标准耗用量} \times \text{材料标准价格})$$

(二)直接人工标准成本的制定

制定直接人工标准成本包括制定直接人工工时标准和标准小时工资率。直接人工工时标准指现有的生产技术条件下,加工单位产品所需要的生产工时数,包括产品的直接加工工时、工人必要的休息及生产停顿的时间,通常按照产品的加工工序,根据技术测定或历史资料来计算确定。标准小时工资率一般由劳资部门提供,根据企业的薪酬制度确定。单位产品直接人工标准成本的计算公式如下:

$$\text{单位产品直接人工标准成本} = \sum (\text{单位产品标准工时} \times \text{标准小时工资率})$$

(三)制造费用标准成本的制定

制定制造费用标准成本同样包括制定数量标准和价格标准两个方面。数量标准一般就用直接人工工时标准,也可以用机器工时标准。与直接材料和直接人工不同的是,制造费用不能直接制定单位工时消耗定额,需要通过以责任中心为单位,分别按变动性制造费用和固定性制造费用编制预算,根据制造费用预算总额除以产能标准总工时来计算确定标准费用分配率。产能标准总工时等于计划产量乘以单位产品的工时标准。

$$\text{变动性(固定性)制造费用标准小时费用率} = \text{变动性(固定性)制造费用总额} \div \text{产能标准总工时}$$

$$\text{单位产品制造费用标准成本} = \sum (\text{单位产品标准工时} \times \text{标准小时费用率})$$

企业一般通过编制产品标准成本卡的方式来提供某产品单位标准成本的详细资料。生产多品种产品的企业需要为每一种产品编制一张标准成本卡,参考格式如表 13-1 所示。

表 13-1 甲产品标准成本卡

成本项目		数量标准	价格标准	标准成本(元)
直接材料	甲材料	3 千克	20 元/千克	60
	乙材料	1 千克	80 元/千克	80
	合 计	—	—	140
直接人工		5 小时	20 元/小时	100
变动性制造费用		5 小时	6 元/小时	30
固定性制造费用		5 小时	8 元/小时	40
单位产品标准成本合计		—	—	310

三、标准成本差异的计算与分析

成本差异是指产品实际成本与标准成本的差额。如果实际成本超过标准成本,所形成的差异被称为不利差异或超支;如果实际成本低于标准成本,所形成的差异被称为有利差异或节约。成本差异是一种重要的"信号",可以使企业管理者及时了解生产过程中的成本超支或节约,具体分析差异产生的原因和责任,进而采取应对的措施,以消除不利差异的影响,为成本控制、考核提供依据,实现有效的成本管理。需要指出的是,有利差异和不利差异只是表明了实际成本和标准成本之间的比较关系,有利差异不一定都是好消息,不利差异不一定都是坏消息。判断一项差异到底是好是坏,需要进一步分析差异产生的原因。为了便于区分成本差异产生的原因和责任,标准成本差异要按照每一个成本项目分别计算分析,并把成本总差异分解为数量差异(量差)和价格差异(价差)两个部分。计算成本差异的通用公式如下:

$$产品实际成本=实际数量\times实际价格$$
$$产品标准成本=标准数量\times标准价格$$
$$成本总差异=实际成本-标准成本$$
$$=实际数量\times实际价格-标准数量\times标准价格$$
$$=(实际数量\times实际价格-实际数量\times标准价格)$$
$$+(实际数量\times标准价格-标准数量\times标准价格)$$
$$=实际数量\times(实际价格-标准价格)+(实际数量-标准数量)\times标准价格$$
$$=价格差异+数量差异$$

这里有两点注意事项:① 成本总差异指的是当期产品实际总成本和标准总成本的差额,标准总成本等于当期产品实际产量乘以单位产品标准成本;② 公式中的实际数量指当期产品实际耗用的总数量,标准数量等于当期产品实际产量乘以单位产品标准数量。

(一)直接材料成本差异的计算与分析

直接材料成本差异是指一定产量产品的直接材料实际成本与标准成本的差额,由材料数量差异和材料价格差异两部分构成。其计算公式如下:

$$材料数量差异=(实际耗用量-标准耗用量)\times标准价格$$
$$材料价格差异=(实际价格-标准价格)\times实际耗用量$$

计算结果为正数表示成本超支,为不利差异;结果为负数表示成本节约,为有利差异。如果产品耗用的材料不止一种,应对每种材料分别计算数量差异和价格差异。

【例 13-1】假设 A 产品只耗用一种甲材料,单位产品材料标准耗用量为 1 千克,甲材料标准价格为 10 元/千克。201×年 3 月份生产了 200 件 A 产品,实际使用甲材料 205 千克,实际价格为 9.8 元/千克。

$$材料成本总差异=205\times9.8-1\times200\times10=9(元)(不利差异)$$
$$材料数量差异=(205-1\times200)\times10=50(元)(不利差异)$$
$$材料价格差异=(9.8-10)\times205=-41(元)(有利差异)$$

造成材料数量差异和价格差异的原因是多方面的,材料数量差异一般由生产部门负责,材料价格差异一般由采购部门负责,但不能一概而论,应作具体分析。数量差异和价格差异之间也可能存在着相互影响。例如,采购部门为节约采购成本采购了价格更低但是质量有瑕疵的材料,造成生产中材料用量的上升,就可能造成有利的价格差异和不利的数量差异。

(二) 直接人工成本差异的计算与分析

直接人工成本差异是指一定产量产品的直接人工实际成本与标准成本的差额,由人工效率差异和工资率差异两部分构成。其计算公式如下:

$$人工效率差异=(实际工时-标准工时)\times 标准小时工资率$$
$$工资率差异=(实际小时工资率-标准小时工资率)\times 实际工时$$

计算结果为正数表示成本超支,为不利差异;结果为负数表示成本节约,为有利差异。

【例13-2】假设 A 产品直接人工工时标准为 8 小时,每小时标准工资率为 20 元。201×年 3 月份生产了 200 件 A 产品,实际耗用 1 580 小时,实际支付工资 33 180 元。

$$直接人工成本总差异=33\,180-8\times 200\times 20=1\,180(元)(不利差异)$$
$$人工效率差异=(1\,580-8\times 200)\times 20=-400(元)(有利差异)$$
$$工资率差异=(33\,180\div 1\,580-20)\times 1\,580=1\,580(元)(不利差异)$$

人工效率差异可能由于生产工人熟练程度不够、工作态度不认真、生产计划安排不当或机械设备故障等原因造成,一般由生产部门负责。造成工资率差异的原因包括调整工资标准、变更工人等级、加班工资等,一般由劳资部门负责。

(三) 变动性制造费用差异的计算与分析

变动性制造费用差异是指一定产量产品的实际变动性制造费用与标准变动性制造费用之间的差额,由效率差异和耗费差异两部分构成。其计算公式如下:

$$变动性制造费用效率差异=(实际工时-标准工时)\times 标准小时费用率$$
$$变动性制造费用耗费差异=(实际小时费用率-标准小时费用资率)\times 实际工时$$

计算结果为正数表示成本超支,为不利差异;结果为负数表示成本节约,为有利差异。

【例13-3】假设 A 产品直接人工工时标准为 8 小时,变动性制造费用每小时标准费用率为 12 元。201×年 3 月份生产了 200 件 A 产品,实际耗用 1 580 小时,实际发生变动性制造费用 18 644 元。

$$变动性制造费用总差异=18\,644-8\times 200\times 12=-556(元)(有利差异)$$
$$变动性制造费用效率差异=(1\,580-8\times 200)\times 12=-240(元)(有利差异)$$
$$变动性制造费用耗费差异=(18\,644\div 1\,580-12)\times 1\,580=-316(元)(有利差异)$$

变动性制造费用效率差异可结合直接人工效率差异进行分析,变动性制造费用耗费差异要结合变动性制造费用预算的明细项目进行深入分析,可能的原因包括费用项目价格变动、预算估计不准确、间接人工过多等。

(四) 固定性制造费用差异的计算与分析

固定性制造费用差异是指实际固定性制造费用与实际产量的标准固定性制造费用的差额。其计算公式如下:

$$\begin{aligned}\text{固定性制造} \atop \text{费用总差异} &= \text{实际固定性制造费用} - \text{实际产量的标准固定性制造费用} \\ &= \text{实际固定性制造费用} - \text{实际产量} \times \text{单位产品标准工时} \\ &\quad \times \text{标准小时费用率}\end{aligned}$$

固定性制造费用总额在相关范围内是不受产量变动的影响的，单位产品分担的固定性制造费用会随着产量的增加而减少。因此，实际产量与预算产量的差异会影响到单位产品负担的固定性制造费用。固定性制造费用差异的分析方法不同于前面所述的其他成本项目差异分析的方法，计算思路有所不同。固定性制造费用成本总差异可分为耗费（预算）差异和能量差异两个部分，或者分为耗费（预算）差异、生产能力利用差异和效率差异三个部分，前者称为两因素分析法，后者称为三因素分析法。

1. 两因素分析法

两因素分析法将固定性制造费用成本总差异分为固定性制造费用耗费（预算）差异和固定性制造费用能量差异。固定性制造费用耗费差异指固定性制造费用实际发生额和固定性制造费用预算额之间的差异。固定性制造费用能量差异指预算生产能力利用程度的差异而导致的成本差异，即实际产量的标准工时与预算产量标准工时的差异。

$$\begin{aligned}\text{固定性制造费用耗费差异} &= \text{固定性制造费用实际数} - \text{固定性制造费用预算数} \\ \text{固定性制造费用能量差异} &= \text{固定性制造费用预算数} - \text{实际产量标准工时} \\ &\quad \times \text{标准小时费用率}\end{aligned}$$

2. 三因素分析法

三因素分析法将固定性制造费用成本总差异分为耗费（预算）差异、生产能力利用差异和效率差异三个部分。耗费（预算）差异的计算方法与两因素分析法下相同。生产能力利用差异和效率差异为两因素分析法下的能量差异进一步分解而成。生产能力利用差异是实际工时脱离预算生产能力而形成的差异，效率差异是实际工时脱离标准工时而形成的差异。其计算公式如下：

$$\begin{aligned}{\text{固定性制造费用} \atop \text{生产能力利用差异}} &= {\text{固定性制造} \atop \text{费用预算数}} - \text{实际工时} \times {\text{标准小时} \atop \text{费用率}} \\ {\text{固定性制造} \atop \text{费用效率差异}} &= \text{实际工时} \times {\text{标准小时} \atop \text{费用率}} - \text{实际产量} \times {\text{标准工时} \atop } \times {\text{标准小时} \atop \text{费用率}}\end{aligned}$$

【例 13-4】假设某车间只生产一种甲产品，2016 年 6 月份预算产量 1 000 件，制造费用预算总额 5 000 元，甲产品直接人工工时标准为 10 小时。6 月份实际生产了 1 100 件甲产品，实际耗用 10 880 小时，实际发生固定性制造费用 5 130 元。

固定性制造费用标准小时分配率 = 5 000÷(10×1 000) = 0.5(元/小时)
固定性制造费用总成本差异 = 5 130 − 10×1 100×0.5 = −370(元)（有利差异）

两因素分析：

固定性制造费用耗费差异 = 5 130 − 5 000 = 130(元)（不利差异）
固定性制造费用能量差异 = 5 000 − 10×1 100×0.5 = −500(元)（有利差异）

三因素分析：

固定性制造费用耗费差异＝5 130－5 000＝130(元)(不利差异)
固定性制造费用生产能力利用差异＝5 000－10 880×0.5＝－440(元)(有利差异)
固定性制造费用效率差异＝10 880×0.5－10×1 100×0.5＝－60(元)(有利差异)

与变动性制造费用耗费差异相似，固定性制造费用耗费差异产生的原因也要结合制造费用预算的明细项目进行逐项分析。固定性制造费用生产能力利用差异可能由订单调整、机械设备修理停工、人工不足、材料短缺等原因造成。固定性制造费用效率差异与人工效率差异的分析一样，无须赘述。

四、标准成本法下的账务处理

在标准成本法下，"原材料""生产成本"和"产成品"等账户按照标准成本来进行核算，即这类账户按实际数量的标准成本来登记增加或减少的数额，期末余额一般在借方，反映期末该项目的标准成本数额。各项目实际成本和标准成本的差异计入各种成本差异账户。成本差异账户的设置可根据企业管理的需要，按差异类别分别设置，如"材料数量差异""材料价格差异""人工效率差异""人工工资率差异""变动性制造费用效率差异""变动性制造费用耗费差异""固定性制造费用生产能力利用差异""固定性制造费用效率差异""固定性制造费用耗费差异"等。当实际成本超过标准成本，发生不利差异时，计入相关成本差异账户的借方；当实际成本低于标准成本，发生有利差异时，计入相关成本差异账户的贷方。

根据【例 13-1】，假设原材料无期初期末存货，当期生产领用材料即为当期购入，反映购入材料及材料价格差异的会计分录如下：

借：原材料——甲材料　　　　　　　　　　　　　　　　2 050
　　贷：银行存款　　　　　　　　　　　　　　　　　　　　2 009
　　　　材料价格差异　　　　　　　　　　　　　　　　　　　41

反映生产领用材料及材料数量差异的会计分录如下：

借：生产成本——A 产品　　　　　　　　　　　　　　2 000
　　材料数量差异　　　　　　　　　　　　　　　　　　　　50
　　贷：原材料——甲材料　　　　　　　　　　　　　　　2 050

根据【例 13-2】，反映直接人工成本差异的会计分录如下：

借：生产成本——A 产品　　　　　　　　　　　　　　32 000
　　工资率差异　　　　　　　　　　　　　　　　　　　1 580
　　贷：应付职工薪酬　　　　　　　　　　　　　　　　33 180
　　　　人工效率差异　　　　　　　　　　　　　　　　　400

根据【例 13-3】，反映变动性制造费用成本差异的会计分录如下：

借：生产成本——A 产品　　　　　　　　　　　　　　19 200
　　贷：制造费用　　　　　　　　　　　　　　　　　　18 644
　　　　变动性制造费用效率差异　　　　　　　　　　　　240
　　　　变动性制造费用耗费差异　　　　　　　　　　　　316

根据【例13-4】，假设使用三因素分析法，反映固定性制造费用成本差异的会计分录如下：

借：生产成本——甲产品　　　　　　　　　　　　　　　　　　　5 500
　　固定性制造费用耗费差异　　　　　　　　　　　　　　　　　130
　贷：制造费用　　　　　　　　　　　　　　　　　　　　　　　5 130
　　　固定性制造费用效率差异　　　　　　　　　　　　　　　　440
　　　固定性制造费用耗费差异　　　　　　　　　　　　　　　　 60

会计期末，对各项成本差异的处理通常有以下两种方式可选择：

（1）将全部成本差异转入当期损益，由当期已销售的产品来承担。这种方法避免了成本差异分配的烦琐，简化了核算，当期经营成果可以体现当期成本控制的业绩，但如果成本差异金额较大或各期成本差异水平波动较大，这种方法会对不同期间的损益造成较大影响，并导致在产品或产成品成本失真。

（2）将成本差异在产品、产成品和已销售的产品之间按照标准成本的比例进行分配。这种方法可以使期末存货和已销售产品成本调整为实际成本，但应用起来较为烦琐。

由于第一种方法可以使当期损益反映出当期成本控制的状况，且账务处理过程更为简单，所以相对而言应用更为广泛。

第二节　作业成本核算

一、作业成本法产生的背景及意义

美国会计学家埃里克·科勒（Eric Kohler）在20世纪30年代就首先提出作业成本法的基本思想，然而直到20世纪七八十年代它才开始被全面研究及在企业中实施。由哈佛商学院教授罗伯特·卡普兰（Robert S. Kaplan）和青年学者罗宾·库珀（Robin Cooper）发起的系列探讨引发了作业成本法研究与应用的热潮。作业成本法的产生与发展与其他理论一样，都是诸多因素共同作用的结果。科学技术和社会经济环境的重大变化都对企业的成本计算方法产生了一定的影响。一方面，20世纪70年代以来，科学技术得到了巨大发展，而在此基础上，企业的生产也高度自动化，这集中体现在大量使用机器及由计算机控制的仪器设备，同时，这也极大地改变了产品成本结构，如直接人工成本比例大大下降、制造费用大规模提升，这同时也产生了一个亟待解决的问题：如何科学、合理地分配制造费用。另一方面，社会经济的快速发展，市场由卖方市场向买方市场转变，人们的消费需求更加地个性化，要求企业改变传统的大批量、重复性的生产方式，转向能对顾客多样化的需求做出快速反应的制造系统——柔性制造系统，传统成本计算方法所依赖的基本假设受到冲击。传统的成本计算以业务量作为影响成本的唯一因素，而构成制造费用的项目并非都与业务量相关，如生产调整准备成本与生产调整准备的次数相关，而与生产批量并无直接关联。因此，利用传统的制造费用分配方法得出的成本信息有可能会严重失实，从而引起成本控制失效，经营决策失误。

为解决间接费用的合理分配问题，作业成本法以"产品消耗作业，作用消耗资源"为指导思想，在资源消耗和产品成本分配之间搭起了一座桥梁，先将作业所消耗的资源费用分配给作业，再把作业成本分配给产品。此方法建立在"作业"概念基础上，首先将作业作为成本核算对象。在利用作业成本法下所得出的产品成本一般包含生产领域发生的直接材料、直接人工、各种作业成本和非生产领域的各种作业成本。现代经济环境下，作业成本法一般适用于规模较大、产品或服务种类繁多、成本结构中间接费用所占比重较大的企业。

二、作业成本法的概念和基本思想

作业成本法（Activity-based Costing，ABC）指将作业作为间接费用归集对象，通过资源动因的确认和计量，从而将资源费用归集到作业成本库，进而通过作业成本动因的确认和计量，将作业成本分配到产品或者服务上的一种间接费用分配方法。作业成本法能够细化间接成本分配到成本对象的过程，拓宽成本计算的范围，进而使得成本信息更加真实、准确、客观。本质上，作业成本法是一种费用分配的方法，它与传统的成本方法所分配的对象都是产品或者服务所消耗的资源。为了更好地把握作业成本法的基本思想，必须理解以下几个相关概念。

（一）资源

资源指支持作业的成本、费用来源。它是一定期间内为了生产产品或提供服务而发生的各类成本、费用项目，或者是作业执行过程中所需要花费的代价。制造行业中典型的资源项目一般有原材料、辅助材料、燃料、动力费用、职工薪酬、折旧、办公费、修理费、运输费等等。例如，发出订货单是采购部门的一项作业，那么，相对应的办公场地折旧，采购人员的工资和福利费、电话费用、办公费等都是订货作业的资源费用。

（二）作业

作业指企业在经营活动中的各项具体活动，例如签订材料采购合同、将材料运达仓库、对材料进行质量检验、办理入库手续、登记材料明细账等，其中每一项的具体活动就是一项作业。一项作业对于任何加工或者服务对象，都必须是重复执行特定的或者标准化的过程和方法，执行任何一项作业都需要消耗资源。

按照不同的划分标准可以将作业分为以下几类：

1. 增值作业与非增值作业

增值作业指企业生产经营所必需的，并且能为顾客带来价值的作业。一个企业典型的增值作业主要有：① 设计作业。该作业通过消耗一定的时间和资源，根据客户的需要，在生产之前预先制定方法、成本等。② 生产加工作业。该作业通过消耗一定的时间和资源，利用生产工具为客户创造产品或服务。③ 产品交付作业。该作业通过消耗一定的时间和资源，将已生产的产品交付给客户使用。

非增值作业指不能给顾客带来附加价值的作业，如原材料、在产品的存储和搬运作业。

2. 主要作业与次要作业

主要作业指作业的产出用于组织单位外部的作业。主要作业直接为部门或者组织的使命做出贡献，而次要作业指在部门内部协助主要作业的作业。例如，对于技术部门来说，产品设计和改良就属于主要作业，而技术人员参加会议、接受培训等就属于次要作业。

3. 单位作业、批别作业、产品别作业及过程作业

单位作业指使单位产品或者劳务受益的作业。单位作业是重复进行的,每生产一个单位产品就需要作业一次,其所耗用的成本与产品的产量成比例变动,如直接材料和直接人工等。

批别作业指能使一批产品受益的作业。此种作业的成本与产品的批次数成比例变动。例如,机器从生产某批产品转向生产另一批产品时,就需要对机器进行调整准备。当生产批数越多时,机器准备成本就越多,但与每批产量多少无关。

产品别作业,也即品种别作业,是为各种产品的生产而从事的作业,这种作业的目的是服务于各种产品的生产与销售。例如,对一种产品进行工艺设计、编制数控程序、处理工程变更、测试线路等。

过程作业,也称管理级作业,是为了维持和管理生产经营活动而从事的作业,例如工厂管理。

(三) 成本动因

作业是由产品引起的,作业又引起资源耗用,而这种引起成本发生的驱动因素,即隐藏在成本之后的推动力便是成本动因。按照成本动因在资源流动中所处的位置,其可分为资源动因和作业成本动因。

资源动因指资源被各种作业消耗的方式或者原因,体现了资源消耗量与作业之间的关系。资源成本动因作为一种分配基础,它是将资源耗费分配到作业成本库的标准,体现了作业对有关资源的耗费情况。选择资源动因时应体现资源消耗和作业成本之间的因果关系。例如工厂生产产品的各项作业所消耗的水费,可以通过分别安装水表并通过查看水表得到各项生产作业的耗水量,从而将水费直接分配到生产作业中。此时,耗水量就是资源动因。

作业成本动因指各项作业被最终产品或者劳务消耗的方式或者原因,这反映了作业消耗量与最终产出之间的关系。它是资源消耗与最终成品沟通的中介。例如,机器调整准备作业的作业动因是机器调整准备次数,质量检验作业的成本动因是检验小时。

(四) 作业中心与成本库

作业中心指一系列相互联系、能够实现某种特定功能的作业集合。比如,原材料采购作业中,材料采购、材料检验、材料入库、材料仓储保管等都是相互联系的,并且都可以归于材料处理作业中心。

成本库指由若干个同一成本动因导致的费用项目归集在一起的特定的集合体。成本库的建立把间接费用的分配与产生这些费用的原因——成本动因联系起来。

(五) 作业链

作业链指为实现某个特定目标而联系在一起的一系列作业。作业链体现了成本的流动情况和成本发生的原因。典型的制造企业作业链包括从产品设计开始,到原材料采购供应,生产工艺流程的各个环节,产品销售、配送及售后服务的全过程。

三、作业成本核算的基本程序

作业成本法将直接成本直接计入产品,间接费用则按照"作业消耗资源,产品消耗作业"的基本思想进行分配。作业成本核算的基本程序主要有以下几个步骤。

(一) 确认主要作业

确认作业是作业成本法的基础,也是这一方法区别于传统成本计算的关键所在。企业

需要对每项消耗资源的作业进行定义和描述,常见的作业如采购、客户订单处理、质量控制、生产控制、生产准备、加工制造、材料处理、维修等。一个企业有诸多的作业,划分作业时,既不能过粗,也不能过细,过粗不利于成本的有效管理,过细则会增加数据收集和加工处理的成本,违背成本效益原则。因此,企业应该根据管理对成本信息的要求,对用于系统设计的作业数量进行决策,使得作业认定详略得当,保证作业成本计算与管理的可行与有效。

(二) 将资源成本分配给作业

在确认作业的基础上,借助资源动因将一定期间发生的资源成本分配到各项作业。如果某项资源消耗可以直接确认为某一特定产品所消耗,则直接计入该产品成本。

(三) 将作业成本分配给最终产品

将归集在各个作业成本库中的制造费用按各最终产品消耗的作业动因的比例进行分配,从而计算出产品的各项作业成本,最后明确最终产品的成本。

【例 13-5】好友来是一家面包加工厂,购入面粉、奶油等原材料进行加工制造成面包进行销售。好友来主要生产两种口味面包,分别为奶香口味和草莓口味。原材料是其主要成本,在高度自动化的加工过程中会发生大量的间接费用,直接人工成本相对较小。该公司采用作业成本法核算成本,成本核算程序如图 13-1 所示。2016 年 1 月生产奶香面包为 60 000 磅,草莓面包为 4 000 磅。生产过程中耗用的直接材料费用和直接人工费用的有关资料如表 13-2 所示。间接费用各项作业资源消耗及成本动因资料如表 13-3 所示。

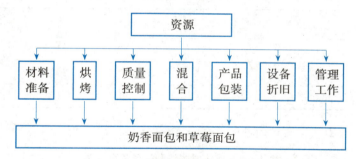

图 13-1 好又来公司作业成本核算模型

表 13-2 直接材料和直接人工费用   单位:元

资　　源	奶香面包	草莓面包	合　　计
直接材料	140 000	140 000	280 000
直接人工	10 000	8 000	18 000
合　　计	150 000	148 000	298 000

表 13-3 各项作业成本及成本动因

作业项目	作业成本（元）	作业成本动因	奶香面包成本动因数	草莓面包成本动因数
材料准备	9 000	准备次数	10 次	20 次
烘　　烤	30 000	烘烤小时	4 500 小时	500 小时

(续表)

作业项目	作业成本（元）	作业成本动因	奶香面包成本动因数	草莓面包成本动因数
质量控制	120 000	检验次数	50 次	10 次
混 合	80 000	混合小时	300 小时	100 小时
产品包装	160 000	包装小时	160 小时	40 小时
设备折旧	100 000	烘烤小时	4 500 小时	500 小时
管理工作	50 000	烘烤小时	4 500 小时	500 小时
合 计	549 000			

1. 按传统成本计算法计算两种面包的单位成本（见表 13-4）

我们以烘烤小时作为制造费用分配标准，分配率计算如下：

制造费用分配率＝549 000÷(4 500＋500)＝109.8(元/小时)

奶香面包应分配制造费用＝4 500×109.8＝494 100(元)

草莓面包应分配制造费用＝500×109.8＝54 900(元)

表 13-4 传统成本计算法下产品成本汇总表(2016 年 1 月) 单位：元

产品名称	直接材料	直接人工	制造费用	总 成 本	单位成本
奶香面包	140 000	10 000	494 100	644 100	10.74
草莓面包	140 000	8 000	54 900	202 900	50.72
合 计	280 000	18 000	549 000	847 000	

2. 按作业成本法计算两种面包的单位成本（见表 13-5）

表 13-5 作业成本法制造费用分配表

作业项目	作业成本（元）	作业成本动因分配率	奶香面包成本(元)	草莓面包成本(元)
材料准备	9 000	300 元/次	3 000	6 000
烘 烤	30 000	6 元/小时	27 000	3 000
质量控制	120 000	2 000 元/次	100 000	20 000
混 合	80 000	200 元/小时	60 000	20 000
产品包装	160 000	800 元/小时	128 000	32 000
设备折旧	100 000	20 元/小时	90 000	10 000
管理工作	50 000	10 元/小时	45 000	5 000
合 计	549 000		453 000	96 000

产品成本汇总如表 13-6 所示，表中直接材料和直接人工是按产品直接归集的。

表 13-6　作业成本法下产品成本汇总表(2016 年 1 月)　　　　　　单位：元

产品名称	直接材料	直接人工	制造费用	总成本	单位成本
奶香面包	140 000	10 000	453 000	603 000	10.05
草莓面包	140 000	8 000	96 000	244 000	61
合　　计	280 000	18 000	549 000	847 000	

3. 两种方法计算结果比较

作业成本法下奶香面包的单位成本低于传统成本计算法下的单位成本，草莓面包的单位成本高于传统成本计算法下的单位成本。这是由于奶香面包的产量相对更大，烘烤时间相对更长，在传统成本计算法下根据烘烤小时的比例分配制造费用，奶香面包分配了更多的制造费用；改用作业成本法之后，材料准备、质量控制、混合和包装等作业成本分别选择了不同的成本动因进行分配，得到了不同的结果，能够更加准确地反映两种产品对制造费用的消耗情况，分配结果更加合理。

第三节　质量成本核算

一、质量成本核算的内容

质量成本这一概念最初是在 20 世纪 50 年代初期美国质量管理专家 A. V. 菲根堡姆提出来的。他在通用电气公司任职期间，向公司高层提交了一份将质量预防、鉴定活动产生的费用和因产品质量不符合要求而引起的损失汇总起来的质量成本报告，并强调质量管理是企业全员全过程的管理。这种把质量与成本、经济效益联系起来考虑的质量成本概念为公司各方所接受并迅速推广到其他公司。同一时期，美国质量管理专家朱兰(J. M. Juran)和伦德瓦尔(M. Landwhar)相继提出了"矿中黄金"的概念。他们认为减少生产中的废品、次品，就犹如挖掘矿中黄金，是降低质量成本、增加利润的有效途径。此后，质量成本在企业管理实践中不断得以发展，为保证和提升产品质量、提高企业的经济效益和社会效益发挥了重要的作用。

按照费根堡姆所提出的"预防——鉴定——内外损失"质量成本四分法理论，质量成本一般被划分为预防成本、鉴定成本、内部故障成本和外部故障成本四个部分。其中前两项统称为可控成本，一般将这部分质量成本看做投入；后两项统称为质量损失成本或结果成本。

（1）预防成本：指为了防止产生不合格品与质量故障而发生的各项费用。预防成本包括如制定质量规划、新产品评审费、教育培训、工艺研究、质量报告等方面的开支。

（2）鉴定成本：指检查和评定产品的质量是否满足规定的要求及标准的成本支出。如针对作业流程的所发生的质量方面的计量、检测、审核、定级等费用。

（3）内部故障成本：指产品销售之前由于自身的缺陷而产生的费用，如可修复废品的返修损失、不可修复的废品损失、因产品质量事故导致的停工损失及产品降级损失等。

（4）外部故障成本：指产品在销售之后由于产品质量缺陷而导致的一切损失费用，如因质量缺陷而支付的诉讼费用、索赔费用、退换货损失、保修费用和降价损失等。

除了以上分类，质量成本还可以按照其表现形式划分为显性质量成本和隐性质量成本。显性质量成本是企业在生产经营过程中发生的并已记入财务会计中的质量成本，能从收益中得到补偿，是一种有形的损失。隐性质量是由不良质量而引起的机会成本，无法在会计记录中反映出来，只能通过估计的方法进行计量，它间接地对企业造成损失，因此又称间接质量不良成本。

二、质量成本核算的意义

全球竞争给消费者带来大量的选择，消费者变得更具成本和价值意识，他们需要高质量的产品和服务，因而高质量的产品和服务也使企业获得竞争优势，凭此增加销售额。在制造行业中，产品质量成本的数额可能是非常巨大的，有研究表明，大部分美国公司的质量成本占销售额的 20%—30%，但是质量管理专家坚持认为，最优的质量成本水平应该是占销售额的 2%—4%。这意味着，存在着通过改进质量成本大大提高利润的可能性。在质量成本管理中，质量成本核算是非常重要的中心环节，为质量成本预测、决策和计划提供实际资料，为质量成本分析和考核提供依据，并与日常质量成本控制相结合，发挥着承上启下的重要作用。因此，财务人员在做好财务成本核算的同时要加强对质量成本的核算，以促进企业提高产品质量，降低产品成本，最终达到产品最优化的目的，提高社会效益和经济效益。

三、质量成本核算的方法

质量成本核算是依据质量成本开支范围，采用专门的方法，对企业发生的质量成本进行计算、归集、汇总，提供和报告质量成本信息的一系列工作。现行企业发生的各种质量成本列支的渠道较多，废品损失、停工损失等内部故障成本计入产品生产成本，外部故障成本有的计入产品销售费用，有的计入营业外支出，预防成本和鉴定成本大都计入了管理费用。这些列支办法既不利于全面、系统地反映企业质量成本的总的核算情况，也不利于加强企业质量成本的管理。因此，企业需要开展专门的质量成本核算。质量成本核算模式可归类为三种：统计核算模式、会计与统计相结合的模式、会计核算模式。三种模式各有特点。

（一）质量成本统计核算模式

（1）运用多种计量尺度，如实物尺度、劳动尺度和货币尺度。用多种统计指标和统计图表来体现质量水平、质量缺陷、质量费用等。

（2）强调其主要目的为反映质量成本总体情况和质量经济性的基本规律。不强调核算资料的完整性和精确性。

（3）使用普查、重点调查、典型调查、抽样调查、分组法、平均法等统计方法获取所需的核算资料。

统计核算方法的优点是重点突出、简便易行；主要缺陷是数据不精确、可靠性较差。这种方法适用于处在质量成本管理与质量成本核算初级阶段的企业。

(二) 质量成本会计与统计相结合的核算模式

质量成本会计与统计相结合的核算模式是指对生产经营活动中发生的质量成本更易于用会计方法反映的部分则使用会计核算模式反映，对于不易或不能精确计算的部分则应用统计核算模式反映。显性质量成本通过会计核算可以在会计账簿中进行反映和归集。隐性质量成本实际并未发生或支付，因此比较适合运用统计模式进行核算。有些显性质量成本的资料也可用统计模式来进行收集和处理。

会计与统计相结合的核算模式的特点如下所示：

(1) 运用多种计量尺度，如货币尺度、实物尺度、劳动尺度。
(2) 核算方式机动灵活，力求资料的完整和准确。
(3) 利用统计调查、统计分组、凭证、记账、报账等方法收集质量成本的数据资料。

此种核算模式将工业统计学和成本会计学相结合，优点是简便易行、核算精确、方式灵活；不足之处是资料的准确性稍显不够。此种方法适用于已初步具有统计核算经验的企业。

(三) 质量成本会计核算模式

质量成本会计核算模式是将质量成本纳入会计核算体系，对生产经营过程中发生的质量成本通过会计核算程序进行归集、分配与计算的一种方法。这种方法的特点是：

(1) 将货币作为主要的计量尺度，以劳动计量尺度和实物计量尺度为辅。
(2) 根据审核无误的会计凭证，记录质量经济活动的全过程，数据资料准确可靠。
(3) 运用设置账户、复式记账、填制和审核会计凭证、登记账簿、成本计算和编制会计报表等会计的专门方法，按生产经营过程质量经济业务发生的顺序进行连续、系统、全面和综合的记录与反映。

质量成本会计核算方法的优点是数据准确、资料完整、核算严密；缺点是工作量比较大，程序比较复杂。这种方法适用于质量成本管理体系比较健全，核算人员素质较高，并有较好核算基础的企业。

以上三种模式各有各的特点，其理论基础、优缺点和适用范围也有差异。但同时三种模式也有诸多共同之处，如核算目的和要求相同，原始凭证及数据收集渠道一致，质量成本项目相同。因此企业应结合本企业实际情况，采用适合本企业的核算方法。对于基础较好的大型企业集团、上市公司，应当建立质量成本会计核算模式；对于中等规模的企业，要求开拓自己的发展领域，在结合自身情况下，最好采用会计与统计相结合的核算模式，从而为过渡到会计核算模式打下基础；对于中小企业，自身实力较差，应利用统计核算模式逐步积累经验，在继续壮大的基础上，抓好质量成本管理。

四、质量成本的会计处理

(一) 账户的设置

为了正确进行质量成本核算，为企业实施质量改进指明方向，从管理会计角度出发，质量成本账户可设置一个一级科目"质量成本"，四个二级科目"预防成本""鉴定成本""内部故障成本"和"外部故障成本",如果有特殊要求可增设"外部质量保证成本"。二级账户按质量成本明细项目设置多栏式明细账,如预防成本科目下可以设置质量改进措施费、质量管理培训费、专职质量管理人员费用等专栏;鉴定成本科目下设检验费、测试费、检测设备维护费、专职鉴定人员费用等专栏;内部故障成本科目下设废品损失、返修损失、停工损失、事故分析处理费用、产品降级损失等专栏;外部故障成本科目下设诉讼费、索赔费、退货损失、保修费用、产品降价损失等专栏。

(二) 账务处理

本期发生的质量成本,借记"质量成本——预防成本(或鉴定成本、内部故障成本、外部故障成本)"科目,贷记"银行存款""原材料""应付职工薪酬"等科目,期末再将质量成本分配计入相关产品成本或计入损益。

【例 13-6】 某生产企业当期发生涉及质量成本的事项如下:(1) 为提高员工的质量管理意识,对员工进行培训,发生支出 20 000 元;(2) 增加了一台新的产品质量检测设备,当期应计提折旧 10 000 元;(3) 当期发生废品损失 8 000 元,停工损失 5 000 元;(4) 当期发生产品保修费用 30 000 元。

(1) 对员工进行质量培训的费用属于预防成本。

借:质量成本——预防成本　　　　　　　　　　　　　　20 000
　　贷:银行存款　　　　　　　　　　　　　　　　　　　　20 000

(2) 质量检测设备的折旧及使用维护费用属于鉴定成本。

借:质量成本——鉴定成本　　　　　　　　　　　　　　10 000
　　贷:累计折旧　　　　　　　　　　　　　　　　　　　　10 000

(3) 废品损失、停工损失是在产品交货前因为产品或工作的质量缺陷造成的,属于内部故障成本。

借:质量成本——内部故障成本　　　　　　　　　　　　13 000
　　贷:银行存款(原材料/应付职工薪酬等)　　　　　　　　13 000

(4) 产品保修费用是在产品交付给顾客之后发生的因产品质量不良带来的成本,属于外部故障成本。

借:质量成本——预防成本　　　　　　　　　　　　　　30 000
　　贷:银行存款(原材料/应付职工薪酬等)　　　　　　　　30 000

第四节　环境成本核算

一、环境成本核算的内容

20 世纪 70 年代以来各国政府都加强了对环境保护的干预,颁布了一系列环境保护方面的政策法规,随着"谁污染,谁治理"的理念提出,企业发生的由社会承担的外部环境成本将逐步内部化到企业中。目前对环境成本的定义尚未形成共识,引用较多的、较为权威的定义来自联合国国际会计和报告标准政府间专家工作组(ISAR)第 15 次会议文件《环境会计和财务报告的立场公告》(1998),"环境成本是指本着对环境负责的原则,为管理企业活动对环境造成的影响而采取或被要求采取的措施的成本,以及企业因执行环境目标和要求所付出的其他成本"。这一定义表明,谁对环境造成了影响,谁就应该对环境负责,从而也应该执行环境目标和要求。按照这一定义,环境成本可以具体分为:环境保护维持成本、环境保护发展成本、环境治理成本、环境污染补偿成本、环境损失成本等。环境保护维持成本指为预防生态环境污染和破坏而支出的日常维持费用;环境保护发展成本指为进一步发展环境保护产业而投入的各项支出;环境治理成本指企业为治理被污染和破坏的环境而发生的各项支出;环境污染补偿成本指企业由于污染和破坏生态环境应予补偿的费用;环境损失成本指企业对生态环境的污染和破坏而造成的损失以及由于环境保护需要勒令某些企业停产或减产而造成的损失。

二、环境成本的确认与计量

从会计核算的角度来看,企业的环境成本按照一定的标准可以分为资本化成本和费用化成本。联合国国际会计和报告标准政府间专家工作组(ISAR)认为环境成本若符合资产的确认条件,则应将其资本化,然后按照资产的摊销方法在以后各期分别摊销;否则,应作费用化处理,计入当期损益。关于哪些环境成本可以资本化,国际上有两种判断方法:一种是未来收益增加法(Increased future benefits approach),另一种是未来收益的附加成本(Additional cost-of-future-benefit approach)。前者从经济视角出发,认为只要该环境成本可以提高经济效益,为企业带来实际的利益且受益期预计在一年以上的就可以将它资本化;而后者从环境角度出发,认为只要所发生的环境成本能够促进企业在未来获得经济利益且受益期预计在一年以上的,即可以被资本化。国际会计准则委员会(IASB)主张采用未来收益附加法,而 ISAR 和美国的财务会计准则委员会(FASB)更倾向于未来收益的附加成本法,我国也采用这一方法。环境成本资本化以后,当未来期间利益实现时,再将这些成本计入当期损益,一般是采用折旧或摊销的方式。

在权责发生制原则下,环境成本的确认应符合两个条件:① 导致环境成本发生的事项已经发生;② 金额能够可靠计量或合理估计。环境成本事项发生与否主要看此项支出是否与环境相关,并且是否已导致企业资产减少或负债增加等。有些环境支出在发生时容易确认和量化,如绿化费、排污费、环境管理体系认证费用等;有些环境支出一时不能确切计量,如对已经造成的水污染进行治理的成本,在治理完成前无法准确计量,对此我们可以根据其他企业治理的成本费用或技术测算进行合理估计。目前来看,我国企业所确认的环境成本主要是以费用化为主。

从企业环境成本发生的空间范围来说,企业的环境成本主要可以分成内部环境成本和外部环境成本两大类。内部环境成本是指企业在日常生产经营过程中实际环境支出,比如排污费、环保工人支出、环境损害赔偿金、环保设备的购置费等,这一类支出事项比较明确,容易识别,所以其计量方法也相对简单一些,只需要对该事项的不同特性予以辨别区分,然后分别采用各自适用的方法计量就可。外部环境成本指企业的生产活动对环境资源造成破坏,但在目前的社会法制环境下尚没有产生实际支出,显著特点是其"外部性"。这部分成本很容易被企业忽略,对这类环境成本的计量也是目前环境成本会计领域的一个难题。对生态环境破坏损失计量，除了要运用传统的会计计量方法外，还要参考环境经济学中对环境成本计量的方法，如市场价值法、机会成本法、意愿调查法、工资差额法等。

三、环境成本核算的方法

环境成本核算的常用方法有三种：完全成本法、作业成本法和生命周期成本法。

（1）完全成本法指将与企业的经营、产品或劳务对环境产生的影响有关的内部成本和外部成本综合起来的方法。这里的内部成本是指所有已分配到产品上和未分配作为期间费用处理的环境成本，外部成本是指由企业的活动产生但是由企业外部其他主体承担的成本。外部成本往往很难准确地归属到某个企业，但应用完全成本法时，只要可能，就要对外部成本进行量化，不然也要提供定性的信息。在环境管理上政府采用"谁污染谁治理"的原则，通过税收、罚款等方式将外部环境成本内部化，由产生环境影响的个体来承担，因此外部成本早晚要转变为企业的内部成本。如果企业在长期计划或投资中预先考虑这些成本，就可以采取相应措施，有效避免环境风险。

（2）以作业为基础的成本管理将作业区分为增值作业和非增值作业，致力于有效实施增值作业，尽可能减少和消除非增值作业，从而提升顾客价值，增加企业利润。这一思想同样可以应用于环境会计中，分析作业对环境的影响，对不能带来经济增值且对环境造成不利影响的作业要设法减少或消除，对能够带来经济增值且对环境产生有利影响的作业加以保持或扩展。采用作业成本法分配环境成本，能更好地使环境成本与产生这些成本的作业相联系，可以帮助企业管理者对企业整体的环境管理活动影响的广度和重要性有所认识，采取减少环境影响和预防污染的决策，并将环境成本纳入到产品或服务的定价中。

（3）生命周期成本法从产品的生命周期角度出发，把产品整个生命周期中的环境成本都考虑在内，克服了传统成本计算方法下仅考虑生产过程中发生的环境成本的缺点，使得产品成本信息更加完整准确，有利于企业按照既定的环境战略来有效管理环境成本，也有利于产品的合理定价。一个产品需要经过资源开采、产品生产、产品包装、使用和回收处置几个阶段，虽然并不是全部的过程都由生产者来控制，但产品对环境的影响很大程度上是由产品的设计决定的。近年来，为了促使生产者采取有利于环境的设计，许多国家都出台了相关法规，如日本的《绿色采购法》《容器包装循环法》，德国的《循环经济与废物管理法》等，强制性要求进行资源的循环利用，迫使生产者考虑产品生命周期的环境影响，将供应商、生产者和消费者联系在一起，对产品或流程的设计进行调整。

四、环境成本的会计处理

（一）科目设置

根据环境成本核算的需要，企业可设置"环境成本"科目，用于环境成本的归集和分配。该账户属于损益类账户，借方登记发生的环境成本，贷方登记转出的环境成本，期末余额为零。环境成本一级科目下可根据环境成本的构成内容增设二级科目，如设置环境治理成本、环境预防成本、环境损失成本。还可根据管理需要,在二级科目下按具体成本项目分设专栏,如材料费、折旧费、职工薪酬、排污费等。

(二)账务处理

本期发生与本期相关的环境成本,借记"环境成本"科目,贷记"银行存款""应付职工薪酬""累计折旧"等科目。期末结转损益时,借记"本年利润"科目,贷记"环境成本"科目。

【例13-7】某油田当期发生的部分环境事项如下:(1)青苗赔偿费500万元;(2)污染物处理费400万元;(3)环境监测费100万元;(4)排污费150万元;(5)环保教育费10万元;(6)绿化费50万元。(假定以上费用均以银行存款支付)

据以分析:

(1)青苗赔偿费是由于油田勘探开发对土地造成破坏而给予农民的补偿,属于环境损失成本。

借:环境成本——损失成本　　　　　　　　　　　500万
　　贷:银行存款　　　　　　　　　　　　　　　　　500万

(2)污染物处理费属于环境治理成本。

借:环境成本——治理成本　　　　　　　　　　　400万
　　贷:银行存款　　　　　　　　　　　　　　　　　400万

(3)环境监测费用属于环境预防成本。

借:环境成本——预防成本　　　　　　　　　　　100万
　　贷:银行存款　　　　　　　　　　　　　　　　　100万

(4)排污费实质上是因为排污破坏环境而支付的补偿性支出,属于环境损失成本。

借:环境成本——损失成本　　　　　　　　　　　150万
　　贷:银行存款　　　　　　　　　　　　　　　　　150万

(5)环保教育费属于环境预防成本。

借:环境成本——预防成本　　　　　　　　　　　 10万
　　贷:银行存款　　　　　　　　　　　　　　　　　 10万

(6)绿化费是用于修复环境的,属于环境治理成本。

借:环境成本——治理成本　　　　　　　　　　　 50万
　　贷:银行存款　　　　　　　　　　　　　　　　　 50万

本 章 小 结

本章简要介绍了标准成本、作业成本、质量成本和环境成本四个成本核算专题。

标准成本法是一种事前、事中、事后相结合的成本控制制度。事前制定的标准成本,既是员工工作的目标,又是衡量实际成本超支或节约的尺度,实现事前控制成本的目的。在生产过程中,按照各项成本标准控制支出,随时揭示耗费差异,及时采取措施纠正偏差,从而达到成本的事中控制。期末通过计算和分析产品实际成本和标准成本的差异,为以后的成本管理工作提供借鉴,亦作为成本考核或业绩评价的依据,实现成本的事后控制。

作业成本法建立在"作业"概念基础上,首先将作业作为成本核算对象,通过资源动因的确认和计量,从而将资源费用归集到作业成本库,进而通过作业成本动因的确认、计量,将作业成本分配到产品或者服务。作业成本法能够细化间接成本分配到成本对象的过程,拓宽成本计算的范围,进而使得成本信息更加真实、准确、客观。现代经济环境下,作业成本法一般适用于规模较大、产品或服务种类繁多、间接费用占总成本比重较大的企业。

质量成本一般被划分为预防成本、鉴定成本、内部故障成本和外部故障成本四个部分。其中前两项统称为可控成本,一般将这部分质量成本看做投入;后两项统称为质量损失成本或结果成本。在质量成本管理中,质量成本核算是非常重要的中心环节,为质量成本预测、决策和计划提供实际资料,为质量成本分析和考核提供依据,并与日常质量成本控制相结合,发挥着承上启下的重要作用。

环境成本是指本着对环境负责的原则,为管理企业活动对环境造成的影响而采取或被要求采取的措施的成本,以及企业因执行环境目标和要求所付出的其他成本。按照这一定义,环境成本可以具体分为:环境保护维持成本、环境保护发展成本、环境治理成本、环境污染补偿成本、环境损失成本等。从会计核算的角度来看,企业的环境成本按照一定的标准可以分为资本化成本和费用化成本。环境成本核算的常用方法有三种:完全成本法、作业成本法和生命周期成本法。

思 考 题

1. 什么是标准成本法?有何特点?
2. 如何制定产品的标准成本?一种产品的标准成本包括哪些方面的标准?
3. 什么是成本差异?为什么要分析成本差异?
4. 传统成本计算方法在现代制造环境下有哪些不适应性?对企业管理会造成什么样的影响?
5. 传统成本计算方法和作业成本法有何不同?
6. 简述作业成本法的一般程序。
7. 什么是质量成本?如何分类?简述质量成本核算的意义。
8. 什么是环境成本?如何分类?环境成本核算有哪些主要方法?有何特点?

业 务 题

1. 某企业生产甲产品,单位产品耗用的直接材料标准成本资料如表13-7所示。

表13-7 单位产品耗用的直接材料标准成本

成本项目	价格标准	用量标准	标准成本
直接材料	0.5元/千克	6千克/件	3元/件

直接材料实际购进量是4 000千克,单价0.55元/千克;本月生产产品400件,使用材料2 500千克。要求:

(1) 计算企业生产甲产品所耗用直接材料的实际成本与标准成本的差异。

(2) 将差异总额进行分解。

2. 资料:某企业生产甲、乙两种产品,其中甲产品900件,乙产品300件,其作业情况数据如表13-8所示。

表 13-8　作业情况数据

作业中心	资源耗用（元）	动因	动因量（甲产品）	动因量（乙产品）	合计
材料处理	18 000	移动次数	400	200	600
材料采购	25 000	订单件数	350	150	500
使用机器	35 000	机器小时	1 200	800	2 000
设备维修	22 000	维修小时	700	400	1 100
质量控制	20 000	质检次数	250	150	400
产品运输	16 000	运输次数	50	30	80
合计	136 000				

要求：按作业成本法计算甲、乙两种产品的成本，并填制表13-9。

表 13-9　按作业成本法计算甲、乙两种产品的成本

作业中心	成本库（元）	动因量	动因率	甲产品	乙产品
材料处理	18 000	600			
材料采购	25 000	500			
使用机器	35 000	2 000			
设备维修	22 000	1 100			
质量控制	20 000	400			
产品运输	16 000	80			
合计总成本	136 000				
单位成本					

附录：企业产品成本核算制度（试行）

财政部财会〔2013〕17号

第一章 总　　则

第一条 为了加强企业产品成本核算工作，保证产品成本信息真实、完整，促进企业和经济社会的可持续发展，根据《中华人民共和国会计法》《企业会计准则》等国家有关规定制定本制度。

第二条 本制度适用于大中型企业，包括制造业、农业、批发零售业、建筑业、房地产业、采矿业、交通运输业、信息传输业、软件及信息技术服务业、文化业以及其他行业的企业。其他未明确规定的行业比照以上类似行业的规定执行。

本制度不适用于金融保险业的企业。

第三条 本制度所称的产品，是指企业日常生产经营活动中持有以备出售的产成品、商品、提供的劳务或服务。

本制度所称的产品成本，是指企业在生产产品过程中所发生的材料费用、职工薪酬等，以及不能直接计入而按一定标准分配计入的各种间接费用。

第四条 企业应当充分利用现代信息技术，编制、执行企业产品成本预算，对执行情况进行分析、考核，落实成本管理责任制，加强对产品生产事前、事中、事后的全过程控制，加强产品成本核算与管理各项基础工作。

第五条 企业应当根据所发生的有关费用能否归属于使产品达到目前场所和状态的原则，正确区分产品成本和期间费用。

第六条 企业应当根据产品生产过程的特点、生产经营组织的类型、产品种类的繁简和成本管理的要求，确定产品成本核算的对象、项目、范围，及时对有关费用进行归集、分配和结转。

企业产品成本核算采用的会计政策和估计一经确定，不得随意变更。

第七条 企业一般应当按月编制产品成本报表，全面反映企业生产成本、成本计划执行情况、产品成本及其变动情况等。

第二章　产品成本核算对象

第八条 企业应当根据生产经营特点和管理要求，确定成本核算对象，归集成本费用，计算产品的生产成本。

第九条 制造企业一般按照产品品种、批次订单或生产步骤等确定产品成本核算对象。

（一）大量大批单步骤生产产品或管理上不要求提供有关生产步骤成本信息的，一般按照产品品种确定成本核算对象。

（二）小批单件生产产品的，一般按照每批或每件产品确定成本核算对象。

（三）多步骤连续加工产品且管理上要求提供有关生产步骤成本信息的，一般按照每种（批）产品及各生产步骤确定成本核算对象。

产品规格繁多的，可以将产品结构、耗用原材料和工艺过程基本相同的产品，适当合并作为成本核算对象。

第十条 农业企业一般按照生物资产的品种、成长期、批别（群别、批次）、与农业生产相关的劳务作业等确定成本核算对象。

第十一条 批发零售企业一般按照商品的品种、批次、订单、类别等确定成本核算对象。

第十二条 建筑企业一般按照订立的单项合同确定成本核算对象。单项合同包括建造多项资产的，企业应当按照企业会计准则规定的合同分立原则，确定建造合同的成本核算对象。为建造一项或数项资产而签订一组合同的，按合同合并的原则，确定建造合同的成本核算对象。

第十三条 房地产企业一般按照开发项目、综合开发期数并兼顾产品类型等确定成本核算对象。

第十四条 采矿企业一般按照所采掘的产品确定成本核算对象。

第十五条 交通运输企业以运输工具从事货物、旅客运输的，一般按照航线、航次、单船（机）、基层站段等确定成本核算对象；从事货物等装卸业务的，可以按照货物、成本责任部门、作业场所等确定成本核算对象；从事仓储、堆存、港务管理业务的，一般按照码头、仓库、堆场、油罐、筒仓、货棚或主要货物的种类、成本责任部门等确定成本核算对象。

第十六条 信息传输企业一般按照基础电信业务、电信增值业务和其他信息传输业务等确定成本核算对象。

第十七条 软件及信息技术服务企业的科研设计与软件开发等人工成本比重较高的，一般按照科研课题、承接的单项合同项目、开发项目、技术服务客户等确定成本核算对象。合同项目规模较大、开发期较长的，可以分段确定成本核算对象。

第十八条 文化企业一般按照制作产品的种类、批次、印次、刊次等确定成本核算对象。

第十九条 除本制度已明确规定的以外，其他行业企业应当比照以上类似行业的企业确定产品成本核算对象。

第二十条 企业应当按照第八条至第十九条规定确定产品成本核算对象，进行产品成本核算。企业内部管理有相关要求的，还可以按照现代企业多维度、多层次的管理需要，确定多元化的产品成本核算对象。

多维度，是指以产品的最小生产步骤或作业为基础，按照企业有关部门的生产流程及其相应的成本管理要求，利用现代信息技术，组合出产品维度、工序维度、车间班组维度、生产设备维度、客户订单维度、变动成本维度和固定成本维度等不同的成本核算对象。

多层次，是指根据企业成本管理需要，划分为企业管理部门、工厂、车间和班组等成本管控层次。

第三章 产品成本核算项目和范围

第二十一条 企业应当根据生产经营特点和管理要求，按照成本的经济用途和生产要素内容相结合的原则或者成本性态等设置成本项目。

第二十二条 制造企业一般设置直接材料、燃料和动力、直接人工和制造费用等成本项目。

直接材料,是指构成产品实体的原材料以及有助于产品形成的主要材料和辅助材料。

燃料和动力,是指直接用于产品生产的燃料和动力。

直接人工,是指直接从事产品生产的工人的职工薪酬。

制造费用,是指企业为生产产品和提供劳务而发生的各项间接费用,包括企业生产部门(如生产车间)发生的水电费、固定资产折旧、无形资产摊销、管理人员的职工薪酬、劳动保护费、国家规定的有关环保费用、季节性和修理期间的停工损失等。

第二十三条　农业企业一般设置直接材料、直接人工、机械作业费、其他直接费用、间接费用等成本项目。

直接材料,是指种植业生产中耗用的自产或外购的种子、种苗、饲料、肥料、农药、燃料和动力、修理用材料和零件、原材料以及其他材料等;养殖业生产中直接用于养殖生产的苗种、饲料、肥料、燃料、动力、畜禽医药费等。

直接人工,是指直接从事农业生产人员的职工薪酬。

机械作业费,是指种植业生产过程中农用机械进行耕耙、播种、施肥、除草、喷药、收割、脱粒等机械作业所发生的费用。

其他直接费用,是指除直接材料、直接人工和机械作业费以外的畜力作业费等直接费用。

间接费用,是指应摊销、分配计入成本核算对象的运输费、灌溉费、固定资产折旧、租赁费、保养费等费用。

第二十四条　批发零售企业一般设置进货成本、相关税费、采购费等成本项目。

进货成本,是指商品的采购价款。

相关税费,是指购买商品发生的进口关税、资源税和不能抵扣的增值税等。

采购费,是指运杂费、装卸费、保险费、仓储费、整理费、合理损耗以及其他可归属于商品采购成本的费用。采购费金额较小的,可以在发生时直接计入当期销售费用。

第二十五条　建筑企业一般设置直接人工、直接材料、机械使用费、其他直接费用和间接费用等成本项目。建筑企业将部分工程分包的,还可以设置分包成本项目。

直接人工,是指按照国家规定支付给施工过程中直接从事建筑安装工程施工的工人以及在施工现场直接为工程制作构件和运料、配料等工人的职工薪酬。

直接材料,是指在施工过程中所耗用的、构成工程实体的材料、结构件、机械配件和有助于工程形成的其他材料以及周转材料的租赁费和摊销等。

机械使用费,是指施工过程中使用自有施工机械所发生的机械使用费,使用外单位施工机械的租赁费,以及按照规定支付的施工机械进出场费等。

其他直接费用,是指施工过程中发生的材料搬运费、材料装卸保管费、燃料动力费、临时设施摊销、生产工具用具使用费、检验试验费、工程定位复测费、工程点交费、场地清理费,以及能够单独区分和可靠计量的为订立建造承包合同而发生的差旅费、投标费等费用。

间接费用,是指企业各施工单位为组织和管理工程施工所发生的费用。

分包成本,是指按照国家规定开展分包,支付给分包单位的工程价款。

第二十六条　房地产企业一般设置土地征用及拆迁补偿费、前期工程费、建筑安装工程费、基础设施建设费、公共配套设施费、开发间接费、借款费用等成本项目。

土地征用及拆迁补偿费，是指为取得土地开发使用权（或开发权）而发生的各项费用，包括土地买价或出让金、大市政配套费、契税、耕地占用税、土地使用费、土地闲置费、农作物补偿费、危房补偿费、土地变更用途和超面积补交的地价及相关税费、拆迁补偿费用、安置及动迁费用、回迁房建造费用等。

前期工程费，是指项目开发前期发生的政府许可规费、招标代理费、临时设施费以及水文地质勘察、测绘、规划、设计、可行性研究、咨询论证费、筹建、场地通平等前期费用。

建筑安装工程费，是指开发项目开发过程中发生的各项主体建筑的建筑工程费、安装工程费及精装修费等。

基础设施建设费，是指开发项目在开发过程中发生的道路、供水、供电、供气、供暖、排污、排洪、消防、通讯、照明、有线电视、宽带网络、智能化等社区管网工程费和环境卫生、园林绿化等园林、景观环境工程费用等。

公共配套设施费，是指开发项目内发生的、独立的、非营利性的且产权属于全体业主的，或无偿赠与地方政府、政府公共事业单位的公共配套设施费用等。

开发间接费，指企业为直接组织和管理开发项目所发生的，且不能将其直接归属于成本核算对象的工程监理费、造价审核费、结算审核费、工程保险费等。为业主代扣代缴的公共维修基金等不得计入产品成本。

借款费用，是指符合资本化条件的借款费用。

房地产企业自行进行基础设施、建筑安装等工程建设的，可以比照建筑企业设置有关成本项目。

第二十七条 采矿企业一般设置直接材料、燃料和动力、直接人工、间接费用等成本项目。

直接材料，是指采掘生产过程中直接耗用的添加剂、催化剂、引发剂、助剂、触媒以及净化材料、包装物等。

燃料和动力，是指采掘生产过程中直接耗用的各种固体、液体、气体燃料，以及水、电、汽、风、氮气、氧气等动力。

直接人工，是指直接从事采矿生产人员的职工薪酬。

间接费用，是指为组织和管理厂（矿）采掘生产所发生的职工薪酬、劳动保护费、固定资产折旧、无形资产摊销、保险费、办公费、环保费用、化（检）验计量费、设计制图费、停工损失、洗车费、转输费、科研试验费、信息系统维护费等。

第二十八条 交通运输企业一般设置营运费用、运输工具固定费用与非营运期间的费用等成本项目。

营运费用，是指企业在货物或旅客运输、装卸、堆存过程中发生的营运费用，包括货物费、港口费、起降及停机费、中转费、过桥过路费、燃料和动力、航次租船费、安全救生费、护航费、装卸整理费、堆存费等。铁路运输企业的营运费用还包括线路等相关设施的维护费等。

运输工具固定费用，是指运输工具的固定费用和共同费用等，包括检验检疫费、车船使用税、劳动保护费、固定资产折旧、租赁费、备件配件、保险费、驾驶及相关操作人员薪酬及其伙食费等。

非营运期间费用，是指受不可抗力制约或行业惯例等原因暂停营运期间发生的有关费用等。

第二十九条 信息传输企业一般设置直接人工、固定资产折旧、无形资产摊销、低值易耗品摊销、业务费、电路及网元租赁费等成本项目。

直接人工，是指直接从事信息传输服务的人员的职工薪酬。

业务费，是指支付通信生产的各种业务费用，包括频率占用费，卫星测控费，安全保卫费，码号资源费，设备耗用的外购电力费，自有电源设备耗用的燃料和润料费等。

电路及网元租赁费，是指支付给其他信息传输企业的电路及网元等传输系统及设备的租赁费等。

第三十条 软件及信息技术服务企业一般设置直接人工、外购软件与服务费、场地租赁费、固定资产折旧、无形资产摊销、差旅费、培训费、转包成本、水电费、办公费等成本项目。

直接人工，是指直接从事软件及信息技术服务的人员的职工薪酬。

外购软件与服务费，是指企业为开发特定项目而必须从外部购进的辅助软件或服务所发生的费用。

场地租赁费，是指企业为开发软件或提供信息技术服务租赁场地支付的费用等。

转包成本，是指企业将有关项目部分分包给其他单位支付的费用。

第三十一条 文化企业一般设置开发成本和制作成本等成本项目。

开发成本，是指从选题策划开始到正式生产制作所经历的一系列过程，包括信息收集、策划、市场调研、选题论证、立项等阶段所发生的信息搜集费、调研交通费、通信费、组稿费、专题会议费、参与开发的职工薪酬等。

制作成本，是指产品内容制作成本和物质形态的制作成本，包括稿费、审稿费、校对费、录入费、编辑加工费、直接材料费、印刷费、固定资产折旧、参与制作的职工薪酬等。电影企业的制作成本，是指企业在影片制片、译制、洗印等生产过程所发生的各项费用，包括剧本费、演职员的薪酬、胶片及磁片磁带费、化妆费、道具费、布景费、场租费、剪接费、洗印费等。

第三十二条 除本制度已明确规定的以外，其他行业企业应当比照以上类似行业的企业确定成本项目。

第三十三条 企业应当按照第二十一条至第三十二条规定确定产品成本核算项目，进行产品成本核算。企业内部管理有相关要求的，还可以按照现代企业多维度、多层次的成本管理要求，利用现代信息技术对有关成本项目进行组合，输出有关成本信息。

第四章　产品成本归集、分配和结转

第三十四条 企业所发生的费用，能确定由某一成本核算对象负担的，应当按照所对应的产品成本项目类别，直接计入产品成本核算对象的生产成本；由几个成本核算对象共同负担的，应当选择合理的分配标准分配计入。

企业应当根据生产经营特点，以正常生产能力水平为基础，按照资源耗费方式确定合理的分配标准。

企业应当按照权责发生制的原则，根据产品的生产特点和管理要求结转成本。

第三十五条 制造企业发生的直接材料和直接人工，能够直接计入成本核算对象的，应当直接计入成本核算对象的生产成本，否则应当按照合理的分配标准分配计入。

制造企业外购燃料和动力的，应当根据实际耗用数量或者合理的分配标准对燃料和动力费用进行归集分配。生产部门直接用于生产的燃料和动力，直接计入生产成本；生产部门间接用于生产（如照明、取暖）的燃料和动力，计入制造费用。制造企业内部自行提供燃料和动力的，参照本条第三款进行处理。

制造企业辅助生产部门为生产部门提供劳务和产品而发生的费用，应当参照生产成本项目归集，并按照合理的分配标准分配计入各成本核算对象的生产成本。辅助生产部门之间互相提供的劳务、作业成本，应当采用合理的方法，进行交互分配。互相提供劳务、作业不多的，可以不进行交互分配，直接分配给辅助生产部门以外的受益单位。

第三十六条 制造企业发生的制造费用，应当按照合理的分配标准按月分配计入各成本核算对象的生产成本。企业可以采取的分配标准包括机器工时、人工工时、计划分配率等。

季节性生产企业在停工期间发生的制造费用，应当在开工期间进行合理分摊，连同开工期间发生的制造费用，一并计入产品的生产成本。

制造企业可以根据自身经营管理特点和条件，利用现代信息技术，采用作业成本法对不能直接归属于成本核算对象的成本进行归集和分配。

第三十七条 制造企业应当根据生产经营特点和联产品、副产品的工艺要求，选择系数分配法、实物量分配法、相对销售价格分配法等合理的方法分配联合生产成本。

第三十八条 制造企业发出的材料成本，可以根据实物流转方式、管理要求、实物性质等实际情况，采用先进先出法、加权平均法、个别计价法等方法计算。

第三十九条 制造企业应当根据产品的生产特点和管理要求，按成本计算期结转成本。制造企业可以选择原材料消耗量、约当产量法、定额比例法、原材料扣除法、完工百分比法等方法，恰当地确定完工产品和在产品的实际成本，并将完工入库产品的产品成本结转至库存产品科目；在产品数量、金额不重要或在产品期初期末数量变动不大的，可以不计算在产品成本。

制造企业产成品和在产品的成本核算，除季节性生产企业等以外，应当以月为成本计算期。

第四十条 农业企业应当比照制造企业对产品成本进行归集、分配和结转。

第四十一条 批发零售企业发生的进货成本、相关税金直接计入成本核算对象成本；发生的采购费，可以结合经营管理特点，按照合理的方法分配计入成本核算对象成本。采购费金额较小的，可以在发生时直接计入当期销售费用。

批发零售企业可以根据实物流转方式、管理要求、实物性质等实际情况，采用先进先出法、加权平均法、个别计价法、毛利率法等方法结转产品成本。

第四十二条 建筑企业发生的有关费用，由某一成本核算对象负担的，应当直接计入成本核算对象成本；由几个成本核算对象共同负担的，应当选择直接费用比例、定额比例和职工薪酬比例等合理的分配标准，分配计入成本核算对象成本。

建筑企业应当按照《企业会计准则第15号——建造合同》的规定结转产品成本。合同结果能够可靠估计的，应当采用完工百分比法确定和结转当期提供服务的成本；合同结果不能可靠估计的，应当直接结转已经发生的成本。

第四十三条 房地产企业发生的有关费用，由某一成本核算对象负担的，应当直接计入成本核算对象成本；由几个成本核算对象共同负担的，应当选择占地面积比例、预算造价比例、建筑面积比例等合理的分配标准，分配计入成本核算对象成本。

第四十四条 采矿企业应当比照制造企业对产品成本进行归集、分配和结转。

第四十五条 交通运输企业发生的营运费用,应当按照成本核算对象归集。

交通运输企业发生的运输工具固定费用,能确定由某一成本核算对象负担的,应当直接计入成本核算对象的成本;由多个成本核算对象共同负担的,应当选择营运时间等符合经营特点的、科学合理的分配标准分配计入各成本核算对象的成本。

交通运输企业发生的非营运期间费用,比照制造业季节性生产企业处理。

第四十六条 信息传输、软件及信息技术服务等企业,可以根据经营特点和条件,利用现代信息技术,采用作业成本法等对产品成本进行归集和分配。

第四十七条 文化企业发生的有关成本项目费用,由某一成本核算对象负担的,应当直接计入成本核算对象成本;由几个成本核算对象共同负担的,应当选择人员比例、工时比例、材料耗用比例等合理的分配标准分配计入成本核算对象成本。

第四十八条 企业不得以计划成本、标准成本、定额成本等代替实际成本。企业采用计划成本、标准成本、定额成本等类似成本进行直接材料日常核算的,期末应当将耗用直接材料的计划成本或定额成本等类似成本调整为实际成本。

第四十九条 除本制度已明确规定的以外,其他行业企业应当比照以上类似行业的企业对产品成本进行归集、分配和结转。

第五十条 企业应当按照第三十四条至第四十九条规定对产品成本进行归集、分配和结转。企业内部管理有相关要求的,还可以利用现代信息技术,在确定多维度、多层次成本核算对象的基础上,对有关费用进行归集、分配和结转。

第五章 附　　则

第五十一条 小企业参照执行本制度。

第五十二条 本制度自 2014 年 1 月 1 日起施行。

第五十三条 执行本制度的企业不再执行《国营工业企业成本核算办法》。

参 考 文 献

1. 陈风云、任欣、徐永凡主编：《成本会计学》，中国工商出版社，2013年。
2. 程旭阳主编：《成本会计与实务》，清华大学出版社，2009年。
3. 刘豆山、王义华主编：《成本会计》，华中科技大学出版社，2012年。
4. 陈云主编：《成本会计案例分析》，立信会计出版社，2015年。
5. 常颖主编：《成本会计学》，机械工业出版社，2004年。
6. 简东平主编：《成本会计》，经济科学出版社，2012年。
7. 刘文辉、黄毅勤主编：《行业会计特点与核算》，2012年。
8. 刘智英、于冬梅主编：《成本会计》，清华大学出版社，2012年。
9. 刘建中主编：《成本会计学》，北京大学出版社，2012年。
10. 李金泉、余新培主编：《成本管理会计》（第二版），中国财政经济出版社，2013年。
11. 李金泉主编：《成本会计学》，中国财政经济出版社，2016年。
12. 吕明主编：《成本会计学》，中国财政经济出版社，2015年。
13. 乐艳芬主编：《成本会计》，清华大学出版社，2005年。
14. 卢静、任立乾、彭燕主编：《成本会计》，机械工业出版社，2011年。
15. 罗绍德、张珊主编：《成本会计》，暨南大学出版社，2006年。
16. 企业会计准则编审委员会编：《企业会计准则案例讲解2016年版》，立信会计出版社，2016年。
17. 宋小明著：《成本会计史研究》，立信会计出版社，2014年。
18. 田霞主编：《成本会计》，中国商务出版社，2005年。
19. 汪祥耀主编：《现代成本会计学》，浙江人民出版社，2004年。
20. 万寿义、任月君主编：《成本会计》（第三版），东北财经大学出版社，2013年。
21. 万寿义主编：《成本管理研究》，东北财经大学出版社，2007年。
22. 辛旭主编：《成本会计学》（第三版），中国人民大学出版社，2011年。
23. 于冬梅主编：《成本会计》，上海财经大学出版社，2013年。
24. 于富生、黎来芳、张敏主编：《成本会计学》（第七版），中国人民大学出版社，2015年。
25. 张林、吴宝宏主编：《成本会计》，科学出版社，2012年。
26. 张德荣、江金锁主编：《成本会计》，湖南大学出版社，2012年。
27. 张力上主编：《成本会计》（第三版），西南财经大学出版社，2015年。
28. 周婕峥主编：《成本会计学》，清华大学出版社，2012年。
29. 中华人民共和国财政部制定、企业会计准则编审委员会编：《企业会计准则》，立信会计出版社，2015年。

30. 中华人民共和国财政部制定、企业会计准则编审委员会编：《企业会计准则应用指南》（含企业会计准则及会计科目），立信会计出版社，2015年。
31. 中华人民共和国财政部网站(http://www.mof.gov.cn)。
32. 郑卫茂主编：《成本会计实务》(第三版)，电子工业出版社，2013年。
33. 曾富全主编：《成本会计》，清华大学出版社，2009年。

图书在版编目(CIP)数据

成本会计学/郭小金主编. —上海:复旦大学出版社,2017.1(2018.11 重印)
信毅教材大系
ISBN 978-7-309-12694-5

Ⅰ. 成… Ⅱ. 郭… Ⅲ. 成本会计-高等学校-教材 Ⅳ. F234.2

中国版本图书馆 CIP 数据核字(2016)第 283042 号

成本会计学
郭小金　主编
责任编辑/宋朝阳

复旦大学出版社有限公司出版发行
上海市国权路 579 号　邮编:200433
网址: fupnet@fudanpress.com　　http://www.fudanpress.com
门市零售: 86-21-65642857　　团体订购: 86-21-65118853
外埠邮购: 86-21-65109143　　出版部电话: 86-21-65642845
上海华业装潢印刷厂有限公司

开本 787×1092　1/16　印张 21.5　字数 497 千
2018 年 11 月第 1 版第 2 次印刷

ISBN 978-7-309-12694-5/F·2332
定价: 45.00 元

如有印装质量问题,请向复旦大学出版社有限公司出版部调换。
版权所有　　侵权必究